Filosofia medieval

ANTHONY KENNY

UMA NOVA HISTÓRIA
DA FILOSOFIA OCIDENTAL

volume II

FILOSOFIA MEDIEVAL

Tradução
Edson Bini

Revisão Técnica
Marcelo Perine

Edições Loyola

Título original:
A New History of Western Philosophy
Volume II: Medieval Philosophy
© Sir Anthony Kenny 2005
ISBN 0-19-875275-X

A New History of Western Philosophy. Volume II: Medieval Philosophy was originally published in English in 2005. This translation is published by arrangements with Oxford University Press. For sale in Brazil only.

A New History of Western Philosophy. Volume II: Medieval Philosophy foi originalmente publicada em inglês em 2005. Esta tradução é publicada de acordo com a Oxford University Press. Para venda somente no Brasil.

Preparação: Carlos Bárbaro
Capa: Viviane B. Jeronimo
Diagramação: Ronaldo Hideo Inoue
Revisão: Maurício Balthazar Leal

Edições Loyola Jesuítas
Rua 1822, 341 – Ipiranga
04216-000 São Paulo, SP
T 55 11 3385 8500/8501 • 2063 4275
editorial@loyola.com.br
vendas@loyola.com.br
www.loyola.com.br

Todos os direitos reservados. Nenhuma parte desta obra pode ser reproduzida ou transmitida por qualquer forma e/ou quaisquer meios (eletrônico ou mecânico, incluindo fotocópia e gravação) ou arquivada em qualquer sistema ou banco de dados sem permissão escrita da Editora.

ISBN 978-85-15-03533-5

2ª edição: 2012

© EDIÇÕES LOYOLA, São Paulo, Brasil, 2008

Sumário

Introdução   13

1
Filosofia e fé: de Agostinho a Maimônides   21
Agostinho na história   24
As duas cidades de Agostinho   29
As consolações de Boécio   37
A filosofia grega do período final da Antiguidade tardia   43
Filosofia no Império Carolíngio   49
Filósofos muçulmanos e judeus   54
Avicena e seus sucessores   57
Anselmo de Cantuária   61
Abelardo   65
Averróis   69
Maimônides   72

2
Os escolásticos: do século XII à Renascença   75
Robert Grosseteste e Alberto Magno   78

São Boaventura   81
Tomás de Aquino   84
A posteridade de Tomás de Aquino   97
Siger de Brabant e Roger Bacon   101
Duns Scotus   104
Guilherme de Ockham   112
A recepção de Ockham   118
Os calculadores de Oxford   120
John Wyclif   123
Além de Paris e Oxford   125
Platonismo da Renascença   128
Aristotelismo da Renascença   134

3

Lógica e linguagem   139

Agostinho sobre a linguagem   139
A lógica de Boécio   143
Abelardo como lógico   147
A lógica dos termos do século XIII   152
Proposições e silogismos   157
Tomás de Aquino sobre pensamento e linguagem   161
Analogia e univocidade   164
Lógica modista   167
A linguagem mental de Ockham   169
Verdade e inferência em Ockham   173
Walter Burley e John Wyclif   176
Lógica de três valores em Louvain   180

4

Conhecimento   183

Agostinho sobre o ceticismo, a fé e o conhecimento   183
Agostinho a respeito da iluminação divina   186
Boaventura sobre a iluminação   189
Tomás de Aquino acerca da formação de conceitos   191
Tomás de Aquino a respeito de fé, conhecimento e ciência   194
A epistemologia de Duns Scotus   198
Conhecimento intuitivo e abstrativo em Ockham   201

5

Física 205

Agostinho sobre o tempo 205
Filopono, crítico de Aristóteles 208
Filosofia natural no século XIII 210
Infinidade em ato e em potência 214

6

Metafísica 219

Avicena sobre ser, essência e existência 220
Tomás de Aquino sobre ato e potência 225
A metafísica de Duns Scotus 231
O programa redutivo de Ockham 238
Wyclif e o determinismo 242

7

Mente e alma 245

Agostinho sobre a vida interior 245
Agostinho sobre a vontade 251
O intelecto agente no pensamento islâmico 254
Avicena sobre intelecto e imaginação 256
A psicologia de Averróis 261
Tomás de Aquino sobre os sentidos e o intelecto 265
Tomás de Aquino sobre a vontade 270
Scotus *versus* Tomás de Aquino 274
Ockham *versus* Scotus 277
Pomponazzi a respeito da alma 281

8

Ética 285

Agostinho sobre como ser feliz 285
Agostinho sobre a mentira, o assassinato e o sexo 288
A ética da intenção de Abelardo 294
O sistema ético de Tomás de Aquino 297
Tomás de Aquino como moralista 301
Scotus a respeito da lei divina 306
A ética de Ockham 309

9
Deus 313

O Deus de Agostinho 313
Boécio sobre a presciência divina 319
Teologia negativa em Erígena 321
Argumentos islâmicos a favor da existência de Deus 324
A prova de Deus de Anselmo 326
Onipotência em Damiani e Abelardo 331
Grosseteste sobre a onisciência 333
Tomás de Aquino sobre o conhecimento e o poder eternos de Deus 335
As provas de Tomás de Aquino da existência de Deus 339
Prova metafísica de Duns Scotus de um ser infinito 341
Scotus, Ockham e Valla acerca da presciência divina 344
A ignorância informada de Nicolau de Cusa 348

Cronologia 351
Abreviações e convenções 353
Referências bibliográficas 359
Ilustrações 369
Índice remissivo 373

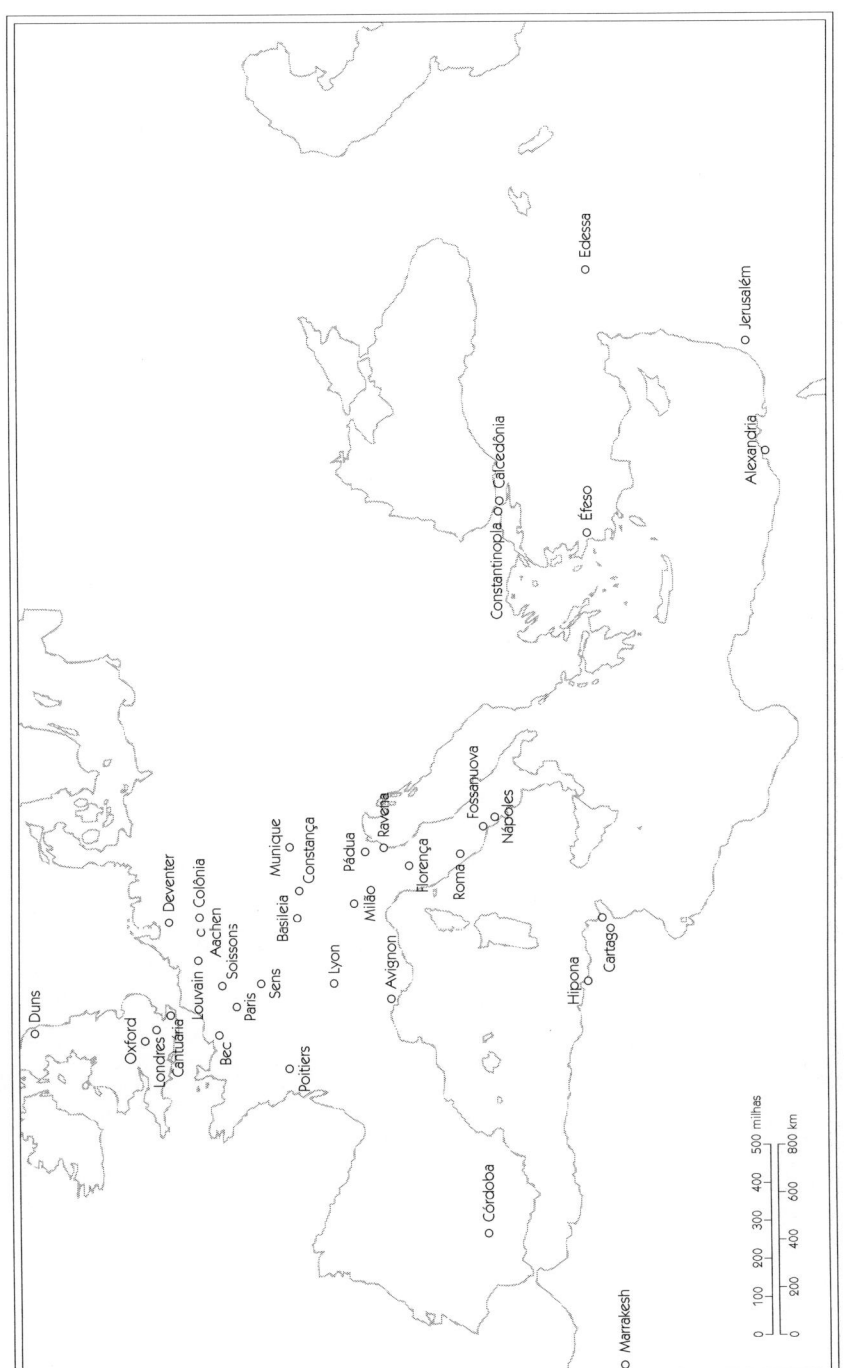

O mundo da filosofia medieval

Introdução

A maioria das histórias da filosofia, nesta época de especialização, é o produto de muitas mãos, obra de especialistas que tratam de áreas e períodos distintos. Ao convidar-me a escrever sozinho uma história da filosofia, dos primórdios aos tempos atuais, a Oxford University Press manifestou a crença de que há ainda algo proveitoso na apresentação do desenvolvimento da filosofia de um único ponto de vista, encadeando a filosofia antiga, a medieval, o início da moderna e a contemporânea numa só narrativa tendo como objeto temas conexos. Este é o segundo de quatro volumes. O primeiro volume cobriu os primeiros séculos de filosofia na Grécia e na Roma clássicas. Este volume retoma a narrativa a partir da conversão de Sto. Agostinho e dá continuidade à história até a Renascença humanista.

Há duas razões completamente diferentes que podem gerar nos leitores o desejo de estudar a história da filosofia. É possível que estejam principalmente interessados em filosofia, ou talvez estejam principalmente interessados em história. Podemos estudar os grandes filósofos mortos objetivando a busca de esclarecimento para os temas da investigação filosófica atual. Ou podemos desejar compreender as pessoas e as sociedades do passado, lendo sua filosofia para apreender o clima conceitual no qual pensavam e agiam. Podemos ler os filósofos de outras épocas visando contar com sua ajuda na resolução de problemas filosóficos que suscitam permanente interesse, ou para um ingresso mais completo no mundo intelectual de uma era passada.

Sou filósofo por profissão, não historiador, mas creio que a história da filosofia é muito importante para o estudo da própria filosofia. Constitui uma ilusão acreditar que o atual estado da filosofia representa o mais elevado ponto de empenho filosófico já alcançado. Estes volumes são escritos com a finalidade de mostrar que em muitos aspectos a filosofia dos grandes filósofos mortos não perdeu a atualidade e que é possível obter hoje esclarecimento filosófico por meio de uma leitura cuidadosa das grandes obras que tivemos o privilégio de herdar.

Nestes volumes tento ser tanto um historiador da filosofia quanto um filósofo da história. Histórias de múltiplos autores são por vezes estruturadas cronologicamente e por vezes tematicamente. Tento combinar essas duas abordagens, oferecendo em cada volume primeiramente uma visão geral cronológica e, em seguida, um tratamento temático de tópicos filosóficos particulares de importância permanente. O leitor cujo interesse principal é o histórico se concentrará na visão geral cronológica, consultando, quando necessário, as seções temáticas para ampliação. O leitor mais interessado nas questões filosóficas, ao contrário, se concentrará nas seções temáticas dos volumes, reportando-se às visões gerais cronológicas para ter uma visão contextual das questões particulares.

O público-alvo principal destes volumes é o constituído por aqueles que estão no nível de estudantes de segundo e terceiro ano de graduação. Contudo, muitos dos interessados na história da filosofia estão matriculados em cursos que não são fundamentalmente filosóficos. Diante disso, esforço-me para não assumir uma familiaridade com técnicas ou terminologia filosóficas contemporâneas. É também meu propósito escrever de maneira suficientemente clara e jovial, de modo que a história possa ser apreciada por quem a lê não com finalidades curriculares, mas para seu próprio esclarecimento e entretenimento.

Não muito tempo atrás, em muitas universidades, cursos de história da filosofia passavam diretamente de Aristóteles para Descartes, saltando a última fase da Idade Antiga e a Idade Média. Havia uma crença bastante difundida nos meios acadêmicos de que não valia a pena estudar a filosofia medieval. Essa crença, com frequência, não tinha como fundamento qualquer conhecimento rigoroso dos textos relevantes: constituía mais provavelmente uma herança não examinada de preconceito religioso ou humanista.

Contudo, havia muitos obstáculos genuínos que tornavam a filosofia medieval menos acessível do que a filosofia de qualquer outra época. Podemos identificar quatro barreiras significativas que têm que ser transpostas se pretendemos nos atracar com o pensamento dos filósofos da Idade Média: a linguística, a profissional, a confessional e a paroquial.

A maior parte da filosofia da alta Idade Média é escrita em um latim que é de dificílima compreensão mesmo para os que receberam uma boa educação em latim clássico. Até Tomás de Aquino apresenta dificuldades iniciais para um leitor educado na leitura de Tito Lívio e Cícero, e Aquino é um paradigma de franca clareza se comparado à maioria de seus colegas e sucessores. Foi apenas recentemente que traduções de autores medievais se tornaram disponíveis em larga escala, e a tarefa de tradução não é uma tarefa trivial. O latim da escolástica é repleto de neologismos técnicos que são difíceis de ser traduzidos para outras línguas sem o recurso à paráfrase embaraçosa. É verdade que muitos desses neologismos transliterados sobrevivem nas línguas modernas, inclusive frequentemente no uso cotidiano (por exemplo, "inteligência", "evidência", "voluntário", "suposição"). Entretanto, o uso moderno jamais corresponde a um exato equivalente do uso escolástico, deste amiúde diferindo largamente. "Subjetivo" e "objetivo", por exemplo, são dois termos que virtualmente inverteram seus significados desde os tempos medievais.

Esse primeiro problema, de ordem linguística, está estreitamente ligado ao segundo problema, o do profissionalismo. O estudo da filosofia foi mais profissionalizado durante a Idade Média do que em qualquer outra época anterior à atualidade — daí o termo "escolástico". A filosofia, em larga escala, era o ramo de conhecimento de comunidades universitárias fechadas que partilhavam um currículo comum, um patrimônio comum de textos e um arsenal comum de termos técnicos. A maior parte das obras que chegaram a nós é, de uma forma ou outra, o produto de conferências, exercícios ou debates universitários, e seus autores podiam esperar da parte de seus ouvintes ou leitores uma familiaridade com um complicado jargão e uma capacidade de captar a alusão erudita. Dificilmente havia qualquer filosofia escrita para o leitor em geral. Aqueles que a escreviam ou a liam eram em sua esmagadora maioria homens, clérigos e celibatários. Um apêndice de *The Cambridge History of Later Medieval Philosophy* apresenta biografias sumárias das 66 figuras mais significativas do pensamento medieval. Não há entre elas uma única mulher e apenas duas são leigos.

O terceiro problema, mais uma vez, está relacionado ao segundo. Pelo fato de os mais conhecidos filósofos medievais terem sido membros da Igreja católica, sua filosofia foi com frequência considerada um ramo da teologia ou da apologética. Isso é injusto porque todos eles estavam cientes da distinção entre argumento filosófico e evangelismo dogmático. É verdade porém que, como a maioria deles concluiu a carreira acadêmica na faculdade de teologia, muito do melhor de seu trabalho filosófico encontra-se realmente em suas obras de teologia, e exige-se alguma experiência para localizá-lo.

Além disso, muitos dos mais expressivos pensadores eram membros de ordens religiosas, que com frequência retiveram a posse desse legado de pensamento. Houve longos períodos nos quais, aparentemente, só dominicanos estudaram Sto. Tomás e exclusivamente franciscanos estudaram Boaventura e Scotus. (Alguns escolásticos dificilmente eram estudados porque não pertenciam a nenhuma ordem. John Wyclif, por exemplo, teve como seus herdeiros espirituais somente a pequena classe constituída pelo clero secular que se meteu em dificuldades com a Igreja.) Depois do papa Leão XIII conferir a Aquino a condição especial de teólogo católico, suas obras foram estudadas por muitos que não tinham nenhuma conexão com a ordem dos dominicanos. Essa promoção, entretanto, somente reforçou a opinião dos filósofos seculares de que ele era essencialmente um porta-voz eclesiástico. Além disso, no âmbito do saber católico, isso fomentou o parecer de que somente Aquino era digno de ser levado a sério como filósofo. O gradual abandono de parte de seus ensinamentos na segunda metade da Idade Média foi considerado um fator-chave para o declínio da Igreja que conduziu à Reforma. Um debate filosófico entre Scotus e Ockham, dessa perspectiva, assemelhava-se a uma disputa de luta romana entre dois homens em pé à beira de um penhasco, onde ambos se achavam prestes a tombar para sua ruína.

Um efeito do profissionalismo e do confessionalismo da filosofia escolástica é que, comparados a autores anteriores e posteriores, os filósofos medievais surgem como figuras anônimas. Não se trata exatamente do fato de em alguns casos dispormos de reduzidíssima informação externa sobre suas vidas: o fato é que seus próprios escritos revelam relativamente pouco de suas próprias personalidades. Eles produzem poucas monografias originais; seu empenho principal é devotado ao comentário e à continuação do trabalho de seus predecessores em sua ordem ou na Igreja. Todo o edifício da escolástica é como uma catedral medieval: é a criação de muitos artistas diferentes que, embora individualmente dotados, pouco se esforçaram para identificar quais partes da estrutura total foram obra de seu exclusivo labor, sem auxílio. Com frequência, é somente nas disputas espontâneas denominadas *quodlibets* que sentimos poder nos aproximar de um indivíduo vivo em ação.

É claro que essa generalização aplica-se apenas à alta Idade Média sob o domínio da escolástica. No período pré-escolástico nos deparamos com filósofos que são personalidades de intenso brilho, não são construídas com base em nenhum padrão. Agostinho, Abelardo e mesmo Anselmo estão mais próximos do paradigma romântico do filósofo como um gênio solitário do que de qualquer ideal de um humilde trabalhador adicionando sua pedra ao monte de pedras comum.

Uma história da filosofia ocidental na Idade Média tem que incluir uma abordagem de filósofos que não são "ocidentais" em nenhum dos sentidos modernos dessa palavra, porque as fronteiras intelectuais da Europa latina medieval foram, felizmente, porosas às influências do mundo muçulmano e das minorias que nele viviam. Versões latinas dos escritos filosóficos de Avicena e Averróis não exerceram menor influência sobre os grandes escolásticos do que as obras de seus predecessores cristãos. Em consonância com isso, este volume contém alguma avaliação da filosofia muçulmana e da judaica, embora somente na medida em que essas filosofias ingressaram na corrente principal do pensar ocidental, e não no que diz respeito ao seu próprio valor filosófico intrínseco.

Minha própria educação em filosofia começou na Universidade Gregoriana, em Roma, que na década de 1950 ainda buscava ensinar filosofia *ad mentem Sancti Thomae* conforme as instruções de recentes papas. Fui grato a dois dos meus professores naquela instituição, Pe. Bernard Lonergan e Pe. Frederick Copleston, por me terem ensinado que era muito mais proveitoso ler os próprios escritos de Sto. Tomás do que os populares manuais tomistas, e que Sto. Tomás não era o único pensador medieval que merecia um estudo atento.

Depois de estudar na Universidade Gregoriana, realizei trabalho de graduação em filosofia em Oxford no apogeu da filosofia da linguagem. Considerei isso muito mais apropriado do que a escolástica romana, mas fui feliz em conhecer o professor Peter Geach e o Pe. Herbert McCabe, OP, que me mostraram que muitos dos problemas que ocupavam filósofos na tradição analítica daquele tempo eram muito semelhantes aos estudados — geralmente com uma sofisticação que não era inferior — pelos filósofos e lógicos medievais.

Realmente, de várias maneiras, o vivo interesse na análise lógica da linguagem ordinária característico de Oxford na última parte do século XX aproximou-a dos métodos e interesses medievais mais do que qualquer outra época da filosofia pós-renascentista. Isso, todavia, não gozava ainda de ampla apreciação. William Kneale, por exemplo, um professor de lógica de Oxford, autor de uma bem informada e simpática avaliação da lógica medieval, declarou o seguinte a respeito do desenvolvimento da filosofia medieval entre 1200 e 1400:

> Não tentaremos decidir aqui se o resultado justificou o grande esforço intelectual que o produziu. Talvez os sistemas de Sto. Tomás de Aquino e de John Duns Scotus mereçam apenas a relutante admiração que concedemos às pirâmides do Egito e ao Palácio de Versailles. E pode ser que os milhares de jovens que lutaram com abstrações sutis nas universidades medievais teriam sido mais bem empregados nos estudos literários que, naquela época, eram considerados adequados somente às escolas de latim.[1]

Foi, de fato, na área da lógica que se percebeu pela primeira vez que o estudo dos textos medievais tinha muito a oferecer. Lógicos medievais haviam se devotado a questões que tinham caído no esquecimento após a Renascença, e muitas de suas introspecções tiveram que ser redescobertas durante o renascimento da lógica ocorrido no século XX. A *Cambridge History of Later Medieval Philosophy* atraiu a atenção de um grande público para isso e inaugurou uma nova fase para o acolhimento da filosofia medieval no mundo acadêmico geral e secular. O vigor desse renascimento pode ser avaliado pelo número de excelentes artigos sobre filosofia medieval encontrados na recente *Routledge Encyclopedia of Philosophy*.

Nas últimas décadas do século XX, o maior responsável pelo aumento do interesse na filosofia medieval no mundo de língua inglesa foi o principal editor da *Cambridge History*, Norman Kretzmann. Em associação com seu coeditor, Jan Pinborg, Kretzman reuniu o trabalho que estava sendo realizado em diversos países da Europa continental e o apresentou

---

1. *The development of logic*, Oxford, Oxford University Press, 1962, 226.

a um público mais amplo nos Estados Unidos e no Reino Unido. Seu próprio ensino na Sage School da Universidade Cornell produziu um grupo brilhante de estudiosos mais jovens, que nos últimos anos têm publicado um grande número de textos de boa qualidade sobre muitos tópicos da filosofia medieval. Paradoxalmente, um dos efeitos do novo interesse no medieval foi um rebaixamento da posição de Tomás de Aquino. Na *Cambridge History*, por exemplo, seu registro no índice não é tão grande quanto o de *sophismata*. Kretzmann percebeu e remediou essa falha passando os últimos anos de sua vida escrevendo dois livros magistrais acerca da *Summa contra gentiles* de Sto. Tomás.

Em minha opinião, Aquino conserva o direito de ser tido como o maior filósofo da alta Idade Média. Mas ele constitui um pico que se destaca de uma cordilheira que possui muitos outros cimos magníficos. Acima de tudo, a filosofia medieval é um *continuum*, e quando se lê uma figura filosófica individual, seja Abelardo, Aquino ou Ockham, se está fazendo uma sondagem de um processo contínuo. E logo se percebe que entre dois picos importantes há picos secundários que não devem ser negligenciados: entre Aquino e Scotus, por exemplo, está Henrique de Gant, e entre Scotus e Ockham está Henrique de Harclay.

Um historiador do mundo antigo é capaz de ler, sem experimentar uma fadiga excessiva, todo o *corpus* de escritos filosóficos que sobreviveram. Uma façanha comparável a essa estaria muito além da capacidade até mesmo do mais consciencioso historiador da filosofia medieval. Agostinho, Abelardo e os grandes escolásticos foram escritores tão produtivos que são necessários decênios para dominar a completa produção de um só deles. Consequentemente, qualquer pessoa que se encarrega de um volume como este tem que depender maciçamente de fontes secundárias, mesmo que seja somente para chamar a atenção para a melhor forma de fazer sondagens das fontes primárias. Reconheço aqui meu próprio débito com os autores que constam em minha bibliografia, do meu professor Frederick Copleston (cuja história da filosofia é ainda comparável a muitas obras escritas desde então) às mais recentes monografias escritas por colegas e alunos de Norman Kretzmann. Meu débito com outras pessoas é particularmente expressivo no domínio da filosofia islâmica, visto que não conheço o árabe. Enquanto escrevia este volume, tive motivos para lamentar profundamente o fato de ser apenas em latim que posso ler a obra de Avicena, de cujo gênio e de cuja influência obtive crescente percepção.

Estou especialmente em débito com o dr. John Marenbon e com o prof. Robert Pasnau, que fizeram muitas sugestões úteis para o aprimoramento de um esboço anterior deste volume e que me pouparam de cometer muitos erros.

1

Filosofia e fé: de Agostinho a Maimônides

No primeiro volume desta história da filosofia traçamos o desenvolvimento da filosofia no mundo antigo até a conversão de Sto. Agostinho, no fim do século IV de nossa era. A vida de Agostinho constitui o marco de uma época na história das ideias. Na fase anterior de sua vida, ele absorveu, de diversas fontes, ideias filosóficas de várias tradições, sobretudo da tradição platônica, quer na versão cética da Nova Academia, quer na versão metafísica do neoplatonismo. Após sua conversão ao cristianismo, desenvolveu, em muitos e volumosos tratados, uma síntese das ideias judaicas, gregas e cristãs que viria a fornecer o pano de fundo para o milênio seguinte do pensamento filosófico ocidental.

De um ponto de vista filosófico, a época mais fértil da vida de Agostinho foi o período precisamente anterior e precisamente posterior ao seu batismo cristão na Páscoa de 387. No intervalo entre sua conversão e seu batismo passou muitos meses numa preparação privada junto a amigos e membros de sua família, em Cassiciaco, uma casa de campo ao norte de Milão. Esse período rendeu muitas obras que se assemelham textualmente a transcritos de discussões ao vivo, destacadamente o *Contra Academicos*, em que se busca separar o verdadeiro do falso no ceticismo.

Agostinho também concebeu uma nova forma literária que batizou de "Solilóquios". Escreveu um diálogo consigo mesmo no qual as duas per-

O mais antigo retrato de Sto. Agostinho,
da biblioteca papal de Latrão, *c.* 600.

sonagens são chamadas de Agostinho e Razão. A Razão pergunta a Agostinho o que ele deseja conhecer. "Quero conhecer Deus e a alma", responde Agostinho. "Nada mais?". "Absolutamente nada" (S 1, 2, 7).

A Razão promete fazer Deus aparecer tão claramente à sua mente quanto o sol aparece aos seus olhos. Para esse fim os olhos da alma têm que ser purificados de todo desejo por coisas mortais. No diálogo, Agostinho renuncia à busca da riqueza, das honras e do prazer sexual (esta última renúncia é vividamente descrita). A Razão, no entanto, não mantém a promessa de mostrar Deus, mas oferece realmente a Agostinho uma prova da imortalidade de sua alma. Considere a noção de verdade. Pode ser que as coisas verdadeiras pereçam, porém a verdade em si é perpétua. Mesmo que o mundo deixasse de existir, ainda seria verdadeiro que o mundo deixou de existir. A verdade, contudo, reside na alma, de forma que a alma, como a verdade, tem que ser imortal (S 1. 15. 28, 2. 15. 28).

Depois de seu batismo, Agostinho permaneceu na Itália por um ano e meio. Nesse período escreveu um curto tratado adicional acerca da imortalidade da alma e um trabalho mais substancial, *Da liberdade da vontade*, que encontramos no primeiro volume desta nossa história. Retornou à África em 388 e durante os poucos anos que se seguiram viveu a vida privada de um cavalheiro na sua cidade natal, Tagasta. Em 391 descobriu finalmente sua vocação e foi ordenado sacerdote, tornando-se logo depois bispo de Hipona, na Argélia, onde residiu até sua morte em 430.

A grande maioria de suas obras foi escrita durante essa fase final de sua vida. Ele se revelou um escritor muito produtivo e deixou um legado de cerca de cinco milhões de palavras. Muito de sua produção consiste de sermões, comentários da Bíblia e tratados polêmicos sobre teologia ou disciplina eclesiástica. Não mais compôs textos filosóficos comparáveis àqueles dos anos de sua conversão. Entretanto, muitas de suas principais obras contêm material de grande interesse filosófico.

Em 397 Agostinho escreveu uma obra intitulada *Confissões*, um diálogo piedoso com Deus que traça a trajetória de sua vida da infância à conversão. Não se trata de uma autobiografia do tipo corrente, embora constitua o espécime que deu origem ao gênero. Além de ser a principal fonte de nosso conhecimento da vida pré-episcopal de Agostinho, encerra incidentalmente muitas reflexões filosóficas e conclui com uma madura monografia a respeito da natureza do tempo[1]. Seu estilo encantador sempre fez dessa obra a mais popular de Agostinho.

Entre 400 e 417 Agostinho trabalhou numa outra obra-prima, constituída por quinze livros, intitulada *Da Trindade*. Os livros iniciais do tratado ocupam-se extensivamente da análise de textos bíblicos e eclesiásticos que tratam do mistério de três pessoas em um Deus. Os filósofos encontram

---

1. Ver capítulo 5 deste livro.

matéria de muito maior interesse na sutil descrição de psicologia humana empregada nos últimos livros no desenrolar de uma busca por uma analogia da Trindade celestial nos corações e mentes de homens e mulheres[2].

Agostinho na história

A obra mais alentada e mais laboriosa de Agostinho foi *A Cidade de Deus*, em que trabalhou de 413 a 426. Escrita numa época em que o Império Romano era ameaçado por sucessivas invasões dos povos bárbaros, foi a primeira grande síntese do pensamento clássico e cristão, o que está implícito no próprio título da obra. Os evangelhos cristãos têm muito a dizer a respeito do Reino de Deus; para a Grécia e Roma, todavia, a instituição política modelo não era o reino, mas a cidade. Até imperadores apreciavam considerar a si mesmos como os primeiros cidadãos de uma cidade; e o imperador-filósofo Marco Aurélio achava que a cidade que devíamos amar acima de tudo era a cidade de Zeus. *A Cidade de Deus* instala Jesus, o rei crucificado dos judeus, no ápice da cidade-estado idealizada da filosofia pagã.

Como Aristóteles em sua *Metafísica*, Agostinho faz um levantamento da história da filosofia a partir da distante época de Tales, mostrando como os primeiros filósofos haviam se aproximado, mas não alcançado a verdade agora apresentada por ele. Mas, enquanto Aristóteles estava principalmente interessado nas teorias físicas de seus predecessores, Agostinho está interessado sobretudo na sua teologia filosófica — na sua teologia "natural", como ele a chamava, pondo em circulação uma expressão com uma longa história diante de si (*DCD* VIII. 1-9). Ao longo de toda a obra, Agostinho estima o ensinamento cristão em paridade com o melhor da filosofia antiga, e especialmente em paridade com os escritos dos seus favoritos, os neoplatônicos, que ele considerava quase cristãos (*DCD* VIII. 8-9). Eis disso um insinuante exemplo:

> Plotino emprega a beleza de flores e folhas para mostrar que a Providência de Deus — cuja beleza transcende palavras e é somente visível à mente — estende-se até as coisas inferiores e terrenas. Esses réprobos, ele argumenta, condenados à rápida decomposição, não poderiam exibir tão delicadas con-

---

2. Ver capítulo 7 deste livro.

figurações se não extraíssem suas formas de um domínio no qual uma forma mental e imutável congrega-as todas numa unidade. E isso é o que o Senhor Jesus nos transmite ao dizer: "Considerai os lírios do campo, como crescem; não se fatigam, nem fiam e, no entanto, vos digo que nem mesmo Salomão em toda sua glória trajou-se como um deles. Ora, se Deus assim veste a erva do campo, que hoje existe para amanhã ser lançada ao fogo, não vos vestirá ainda muito mais, ó vós, homens de pouca fé?" (*DCD* X. 14; cf. Plotino, *Enéadas* 3. 2. 13; *Matt.* 6: 28-9).

Mas, embora Agostinho esteja preparado para ler o platonismo a partir do Sermão da Montanha, pouco simpatiza com tentativas de fornecer interpretações filosóficas e alegóricas da religião romana tradicional. O ímpeto original para compor *A Cidade de Deus* — cuja conclusão exigiu treze anos — originou-se do saque de Roma realizado pelos invasores godos. Os pagãos imputaram a culpa desse desastre aos cristãos, por terem abolido o culto aos deuses da cidade, os quais, consequentemente, a haviam abandonado em seu momento de necessidade. Agostinho dedicou os primeiros livros de seu tratado à demonstração de que os deuses da Roma clássica eram viciosos e impotentes e que seu culto era odioso e dissoluto.

Os romanos havia muito tinham identificado seus deuses principais — Júpiter, Juno, Vênus e similares — aos personagens do panteão homérico, tais como Zeus, Hera e Afrodite. Agostinho adere a Platão e Cícero no denunciar como blasfemos os mitos que representam essas divindades envolvidas em comportamento arbitrário, cruel e indecente. Escarnece também da proliferação de deuses menores na superstição romana popular: será o céu tão burocratizado, ele pergunta, a ponto de, enquanto basta um só porteiro humano para vigiar uma casa, necessitamos de não menos de três deuses para isso: Fórculo para guardar as portas, Cárdea para cuidar das dobradiças e Limentino para cuidar da soleira? (*DCD* IV. 18). A identificação e a individualização dessas divindades secundárias suscitam muitos problemas filosóficos, que são ilustrados por Agostinho. Com maior frequência, ele usa contra o paganismo romano mais recente a arma do sarcasmo erudito que Gibbon, treze séculos mais tarde, se disporia a desenvolver de modo tão aborrecido contra o cristianismo histórico.

Uma breve e expressiva avaliação da história da República romana basta para mostrar que a veneração dos deuses antigos não garante a segurança contra desastres. A eventual grandeza sem paralelo do Império Romano, segundo Agostinho, foi a recompensa conferida pelo único Deus verdadeiro às virtudes dos melhores entre os cidadãos. "Não atribuíram valor algum a sua própria riqueza comparativamente à comunidade e ao tesouro público; afastaram-se da avareza e deram livremente de si à pátria; não foram culpados de nenhuma violação da lei ou de conduta licenciosa. Assim, por um caminho certo se empenharam na direção da honra, do poder e da glória" (*DCD* V. 15). A recompensa que buscaram lhes adveio: foram capazes de impor sua lei sobre muitas nações e gozam de renome nos anais de muitos povos. Mas eles não têm participação na cidade celestial, pois não veneraram o único Deus verdadeiro e visaram apenas a glorificação de si mesmos.

Uma grande parte do ataque desfechado por Agostinho à religião romana concentra-se na natureza degradante dos espetáculos públicos realizados em honra aos deuses. Não há dúvida de que muitos liberais modernos não experimentariam menos aversão do que Agostinho diante de muito do que era apresentado nos teatros e anfiteatros romanos. Ficariam provavelmente mais chocados com a crueldade do entretenimento romano do que com sua indecência. No caso de Agostinho, parece ter acontecido o oposto.

Agostinho não encara os deuses do mito pagão como completas ficções. Pelo contrário, pensa que são espíritos perversos que tiram proveito da superstição humana a fim de desviar para eles próprios o culto que é devido exclusivamente ao único Deus verdadeiro (*DCD* VII. 33). Diversos platônicos haviam se referido a uma classificação tripla dos seres racionais: deuses, seres humanos e *daimones* (demônios). Os deuses tinham como morada o céu, os seres humanos a Terra, enquanto os demônios habitavam o ar intermediário. Os demônios assemelhavam-se aos deuses por serem imortais, mas também aos seres humanos por serem sujeitos a paixões. Muitos demônios são maus, porém alguns são bons, como o *daimon* que era o espírito familiar de Sócrates[3]. Bons demônios, de acordo com esses platônicos, podiam servir como intermediários entre os seres humanos e os deuses (*DCD* VIII. 14, IX. 8, X. 9).

Agostinho não rejeita a ideia de que o ar está repleto de demônios, mas não aceita que alguns deles sejam bons, e menos ainda que possam ser intermediários entre Deus e o ser humano. Em vários aspectos, são inferiores aos seres humanos. "São espíritos inteiramente malevolentes, totalmente indiferentes à justiça, inchados de orgulho, verdes de inveja,

---

3. Ver volume I, p. 69.

astutos para enganar. Realmente vivem no ar, convenientemente nele aprisionados após serem arremessados das alturas do céu superior devido ao seu crime irreparável" (*DCD* VIII. 22). Em outras palavras, Agostinho identifica os *daimones* platônicos com os anjos caídos que a maioria dos leitores encontra primeiramente no *Paraíso perdido* de Milton. Foi realmente Agostinho que fixou no imaginário do cristianismo a história de que antes de criar os seres humanos de carne e osso Deus criou ordens de seres inteiramente espirituais, alguns dos quais participaram de uma rebelião pré-cósmica que os levou a sua condenação eterna.

Agostinho admite que a Bíblia não fornece informações a respeito da história anterior dos anjos. O Gênesis não os menciona nos sete dias da criação, e temos que nos voltar para os Salmos ou Jó para nos tornar cientes de que os anjos são realmente criaturas de Deus. Se os enquadrarmos na história da origem, concluiremos que foram criados no primeiro dia: nesse dia Deus criou a luz e os anjos como os primeiros participantes da iluminação divina (*DCD* XI. 9). No mesmo dia, a Bíblia nos informa, Deus separou a luz das trevas: e aqui Agostinho vê a atuação da previdência divina. "Somente Ele podia prever, antes que acontecesse, que ocorreria a queda de alguns anjos e que estes seriam privados da luz da verdade e deixados para sempre nas trevas de seu orgulho" (*DCD* XI. 19). "Há dois grupos de anjos, diferenciados e opostos: um bom por natureza e de vontade justa, outro bom por natureza, mas de vontade pervertida. São mostrados mediante testemunhos mais explícitos em outra parte, mas indicados aqui no Gênesis pelas palavras 'luz' e 'trevas'" (*DCD* XI. 34) Essas duas coortes de anjos constituem a origem das duas cidades que são o tema ostensivo da obra inteira, ainda que sua história não seja acolhida nas minúcias até o décimo segundo livro. Há anjos bons e maus, e seres humanos bons e maus: mas não temos que pensar que há quatro cidades; seres humanos e anjos podem unir-se nas mesmas comunidades.

Entre a criação dos anjos e a criação dos seres humanos, Agostinho nos informa, ocorreu a criação dos animais. De todos os animais, quer solitários como o lobo, quer gregários como o cervo, foram criados por Deus muitos espécimes simultaneamente. Mas a raça humana foi criada em um só indivíduo, Adão: dele proveio Eva, e desse primeiro casal provieram todos os outros seres humanos. Essa criação no singular não significava que o ser humano fosse um animal não social, pelo contrário. "O ponto era enfatizar a unidade da sociedade humana, e acentuar os vínculos da concórdia humana, se os seres humanos fossem unidos não meramente pela similaridade natural, mas também pela afeição do parentesco" (*DCD* XII. 22). A raça humana, segundo Agostinho, é por natureza mais sociável do que qualquer outra espécie. Mas — ele prossegue para acrescentar — também é, por força da má vontade, mais inclinada a rixas do que qualquer outra (*DCD* XII. 28).

Os seres humanos situam-se no meio entre os anjos e os animais estúpidos: partilham o intelecto com os anjos, mas possuem corpos como os animais. Todavia, conforme o plano original divino, deveriam ter tido um parentesco maior com os anjos, porque teriam sido imortais. Após uma vida de obediência a Deus, teriam passado à comunhão com os anjos, sem a intervenção da morte. Foi devido ao pecado de Adão no Paraíso que os seres humanos se tornaram mortais, sujeitos à morte do corpo que sempre fora natural para os animais. Depois da Queda, a morte seria a sorte comum de todos os seres humanos; mas depois da morte alguns, pela graça de Deus, seriam recompensados sendo admitidos à sociedade dos anjos bons, enquanto outros seriam punidos pela condenação ao lado dos anjos maus — uma segunda morte mais horrível do que a primeira (*DCD* XIII. 12, XIV. 1).

Quando Platão descreveu a origem do cosmos no *Timeu*, atribuiu a criação dos seres humanos não ao ser supremo que moldou o mundo, mas a deuses menores, criaturas suas que eram seus agentes (*Timeu*, 41c). Agostinho não nega a existência de tais augustos servos divinos: simplesmente encara a palavra "deuses" empregada por Platão como um nome incorreto para anjos. Mas se opõe resolutamente à ideia de que esses executivos superiores possam ser chamados de criadores. Fazer coisas existirem a partir do nada é uma prerrogativa do único Deus verdadeiro, e qualquer que seja o serviço que um anjo possa prestar a Deus no desenvolvimento de criaturas menores ele não é mais criador do que um jardineiro ou um agricultor que produz uma colheita (*DCD* XII. 26).

A diferença entre a concepção bíblica e a platônica da criatura humana assume nítido relevo se fazemos a seguinte pergunta: É a morte — a separação entre alma e corpo — uma coisa boa ou uma coisa má? Para o Gênesis, a morte é um mal: é uma punição pelo pecado. Num mundo de inocência, corpo e alma permaneceriam unidos para sempre (*DCD* XIII. 6). Para muitos platônicos, porém, e para o próprio Platão em alguns de seus escritos, a alma somente é feliz quando despida do corpo e nua diante de Deus (*DCD* XIII. 16 e 19; cf. *Fédon* 108c; *Fedro* 248c). Além disso, em Platão constitui tema comum que as almas após a morte possam ser forçadas a retornar a corpos (outros corpos humanos, talvez, ou até corpos animais) como uma punição por pecados cometidos em sua vida anterior. Entretanto, de acordo com os profetas do Antigo e do Novo Testamentos, as almas dos virtuosos retornarão, no fim, aos seus próprios corpos, e essa reunião de corpo e alma será uma fonte de perpétua felicidade (*DCD* XIII. 17 e 22, XXII. 19).

Agostinho não nega — de fato enfatiza — que os desejos e paixões do corpo podem impedir o progresso espiritual; ele cita o livro da Sabedoria: "o corpo corruptível prostra a alma". Mas isso é verdade somente no que respeita ao corpo dos seres humanos atingidos pela Queda em sua vida mortal. O corpo humano no Paraíso não experimentava emoções perturbadoras e desejos violentos. Adão e Eva viviam sem sofrimento ou medo, pois gozavam de perfeita saúde e jamais estavam submetidos ao perigo físico; seus corpos eram à prova de ferimentos e a geração de filhos, se não fosse pela Queda, teria sido indolor. Comiam apenas o necessário à preservação de seus corpos e seus órgãos sexuais estavam sob o total controle da razão ponderada, para serem usados apenas na procriação (*DCD* XIII. 23, XIV. 26). Mas, embora vivessem sem paixão, não lhes faltava amor. "O casal, vivendo em parceria verdadeira e leal, partilhava um amor imperturbável por Deus e mútuo. Isso era uma fonte de imensa alegria, visto que o amado encontrava-se sempre presente para o gozo" (*DCD* XIV. 10).

As duas cidades de Agostinho

Agostinho traça a história da raça humana a partir de suas origens em Adão e Eva, ajustando-a no molde de sua narrativa principal, as duas cidades. "Embora haja muitas grandes nações pelo mundo que vivem submetidas a diferentes sistemas de religião e ética, e que são diversificadas devido a língua, armas, vestuário, não obstante aconteceu de existir somente duas divisões principais da sociedade humana, as quais as Escrituras nos permitem chamar de duas cidades" (*DCD* XIV. 1). Uma cidade vive de acordo com a carne, a outra de acordo com o espírito; uma é criada pelo amor-próprio, a outra pelo amor de Deus; uma glorifica a si mesma, a outra recebe a glória de Deus (*DCD* XIV. 280). Uma está predestinada a unir-se ao Diabo na punição final que a destruirá como cidade, a outra está predestinada a reinar com Deus para todo o sempre (*DCD* XV. 1 e 4).

A divisão entre as duas cidades principia com os filhos do primeiro casal. "Caim foi o primogênito dos pais da raça humana e pertencia à cidade do homem; Abel, o filho mais novo do casal, pertencia à cidade de Deus" (*DCD* XV. 2). A inimizade das duas cidades é primeiramente expressa no assassinato de Abel por Caim; e o exemplo fratricida de Caim foi seguido por Rômulo, o fundador de Roma, que assassinou seu irmão Remo (*DCD* XV. 5).

Nos livros XV e XVI de *A Cidade de Deus* Agostinho traça a história dos primórdios da Cidade de Deus, acompanhando a narrativa do Gênesis e vendo a Cidade como encarnada nos patriarcas hebreus, por intermédio de Noé, Abraão, Isaac, Jacó, José e Moisés. O livro XVII busca esclarecimento acerca da Cidade de Deus nos escritos dos profetas e dos salmistas. As profecias que exaltam o reino de Davi e o sacerdócio judaico, prometendo-lhes duração perpétua, devem ter seu verdadeiro cumprimento em outra parte, já que as instituições de Israel não existem mais (*DCD* XVII. 7).

Retornamos à história secular no livro XVIII, o qual narra a ascensão e queda de uma série de impérios pagãos: Assíria, Egito, Argos e Roma. Agostinho se mostra ansioso para reconciliar as cronologias bíblica e secular, atribuindo o êxodo mosaico ao tempo do rei mítico Cecrops de Atenas e situando a queda de Troia no período dos juízes de Israel. Trata como simultâneos a fundação de Roma, as origens da filosofia na Jônia e o exílio de Israel. A destruição do Templo em Jerusalém, ele nos conta, ocorreu no reinado de Tarquínio Prisco em Roma; a escravidão dos judeus na Babilônia findou em simultaneidade à expulsão dos reis e à fundação da República romana. Um dos propósitos de sua cronologia um tanto estontiante é enfatizar que o ensinamento dos profetas hebreus antecipou as investigações dos filósofos gregos (XVIII. 37).

Na narrativa de Agostinho Jerusalém torna-se o emblema da Cidade de Deus, enquanto Babilônia se torna o emblema da cidade do mundo. Babilônia foi a cidade da confusão, onde Deus fragmentara a unidade original da língua humana com o objetivo de frustrar a construção da torre de Babel (Gn 11,1-9). Filósofos, na cidade do mundo, falam tantas línguas diferentes quanto os construtores de Babel. Alguns dizem que há um único mundo; alguns dizem que há muitos; alguns dizem que este mundo é perpétuo, enquanto outros declaram que perecerá. Alguns dizem que é controlado por uma mente divina, enquanto outros afirmam que é o jogo do acaso. Alguns dizem que a alma é imortal, outros que perece com o corpo. Alguns colocam o bem supremo na alma, outros no corpo, outros nos bens externos. Alguns declaram que os sentidos são confiáveis, enquanto outros dizem que seu testemunho é desprezível. Na cidade secular inexiste uma autoridade que decida entre essas opiniões conflitantes: Babilônia a todas adota igualmente, de forma indiscriminada e sem adjudicação (*DCD* XVIII. 42). Quão diferente é na Cidade de Deus, onde todos aceitam a autoridade das Escrituras canônicas!

As mais importantes disputas entre filósofos são as que dizem respeito ao bem final e ao mal final. O bem final é aquele pelo que outras coisas são desejáveis, enquanto ele próprio é desejável por si mesmo. Os filósofos procuraram colocar o bem final na vida presente: alguns sustentam que é o prazer, outros que é a virtude, outros que é a tranquilidade, outros que está no gozo dos bens básicos com os quais a natureza nos dotou. Muitas seitas consideram o bem final constituído por uma ou outra combinação dos itens acima indicados. Mas a Cidade de Deus sabe que a vida eterna é o bem supremo e que a morte eterna é o supremo mal, e que é exclusivamente por meio da fé e da graça que o bem supremo pode ser alcançado e o mal supremo evitado (*DCD* XIX. 1-4).

Fica claro, a partir da descrição que Agostinho faz das duas cidades, que não se pode simplesmente identificar Babilônia com o império pagão e Jerusalém com o império cristão. A Cidade de Deus já era uma comunidade muito antes do nascimento de Cristo e muitíssimo antes da conversão de Constantino. O império cristão encerra pecadores bem como santos, como ilustra Agostinho mediante o exemplo do imperador Teodósio, a quem Sto. Ambrósio forçou penitenciar-se pela brutalidade com a qual suprimiu uma rebelião em Tessalônica em 391 (*DCD* V. 26). Tampouco deve-se identificar a Cidade de Deus com a Igreja sobre a Terra, ainda que em épocas posteriores o livro de Agostinho haja sido às vezes tomado como um guia das relações entre a Igreja e o Estado. A natureza das duas cidades não é plenamente entendida enquanto não consideramos seu estado final, o que é feito por Agostinho nos últimos três livros de *A Cidade de Deus*.

Agostinho vasculha os ditos dos profetas, os sermões de Jesus, as epístolas dos apóstolos e o Apocalipse em busca de informações a respeito do futuro do mundo. Entre a ressurreição de Jesus e o fim da história há um período de mil anos, como é descrito no Apocalipse (*DCD* XX. 1-6). Durante esse período, os santos estão reinando com Cristo. Seu reinado de mil anos se desenvolve em dois estágios: durante suas vidas na Terra, os santos são os membros dominantes de uma Igreja que inclui pecadores, e após sua morte permanecem, de algum modo misterioso, em comunhão com a Igreja que é o Reino de Deus (*DCD* XX. 9). Agostinho desdenha qualquer interpretação do Apocalipse que aguarda uma orgia de bebedeira de mil anos para os santos depois do fim da história. Quer interpretemos literalmente o milênio de João, quer encaremos o número 1000 como um símbolo da perfeição, já nos encontramos no meio do reinado dos santos (*DCD* XX. 7).

Agostinho conta-nos que o drama final, transcorridos os anos numerados, se consumará em sete atos. Primeiramente, o profeta Elias virá e converterá o povo judeu a Cristo (XX. 29). Em segundo lugar, Satã será libertado e por três anos e meio o anticristo perseguirá aqueles que têm fé, usando como seus agentes as nações de Gog e Magog. Os santos suportarão seus sofrimentos até que os ataques violentos de Gog e Magog hajam consumido a eles próprios (*DCD* XX. 11-12. 19). Em terceiro lugar, Jesus retornará à Terra para julgar os vivos e os mortos. Em quarto lugar, para ser julgadas, as almas dos mortos voltarão de seu lugar de repouso e unir-se-ão novamente aos seus corpos. Em quinto lugar, o juízo separará os bons dos maus, com os santos conduzidos à eterna bem-aventurança e os perversos à danação eterna (*DCD* XX. 22. 27). Em sexto lugar, o mundo atual será destruído numa conflagração cósmica e um novo céu e uma nova Terra serão criados (*DCD* XX. 16-18). Em sétimo lugar, os abençoados e os danados assumirão a morada eterna que lhes foi destinada no céu e no inferno (*DCD* XX. 30). A Jerusalém celestial acima e os fogos inextinguíveis abaixo são a consumação das duas cidades da narrativa de Agostinho.

Agostinho compreende que suas predições não são de fácil aceitação e seleciona como a mais difícil de todas a ideia de que os maus sofrerão um castigo corpóreo eterno. Objeta-se que com certeza os corpos são consumidos pelo fogo e que tudo aquilo que é passível de padecer dor mais cedo ou mais tarde necessariamente morre. Agostinho responde que as salamandras vicejam no fogo e que o Etna arde perenemente. Almas, não menos do que corpos, são capazes de padecer o sofrimento e, no entanto, filósofos concordam que as almas são imortais. Há muitas maravilhas no mundo da natureza. Agostinho fornece uma longa lista, incluindo as propriedades da cal, dos diamantes, dos ímãs e do fruto do mar Morto — que torna inteiramente crível que um criador onipotente possa conservar vivo para sempre um corpo humano num sofrimento apavorante (*DCD* XXI. 3-7).

A maioria das pessoas está menos interessada no mecanismo físico do que na justificação moral da danação eterna. Como pode qualquer crime cometido numa breve vida merecer uma punição que dura para sempre? Mesmo no âmbito da justiça humana — responde Agostinho — não há uma necessária proporção temporal entre crime e castigo. Um homem pode ser açoitado durante horas como punição por um breve beijo adúl-

A *Massa Damnata*. Este *ms.* de *A Cidade de Deus* mostra Adão e Eva encontrando a morte depois de sua expulsão do Éden e a raça humana seguindo seu caminho para o Inferno, enquanto os eleitos são salvos pela graça divina.

tero; um escravo pode passar anos na prisão por causa de um momentâneo insulto feito ao seu senhor (*DCD* XXI. 11). Constitui falso sentimentalismo acreditar, motivado pela compaixão, que os sofrimentos do inferno algum dia terão um fim. Se fores tentado por esse pensamento, é possível que acabes acreditando, como o herege Orígenes, que algum dia até o Diabo será convertido! (*DCD* XXI. 17)

Passo a passo Agostinho procura mostrar não só que o castigo eterno é possível e justificado, mas que é extremamente difícil evitá-lo. Uma vida virtuosa não basta, pois as virtudes dos pagãos sem a verdadeira fé não passam de esplêndidos vícios. Ser batizado não é suficiente, pois os batizados podem mergulhar na heresia. A crença ortodoxa não basta, pois mesmo os católicos de maior firmeza podem cair no pecado. A devoção aos sacramentos não é suficiente: ninguém sabe se os está recebendo num tal espírito que proporcione qualificação para as promessas de Jesus de vida eterna (*DCD* XXI. 19-25). A filantropia não basta: Agostinho dedica páginas a uma explicação satisfatória da passagem no Evangelho de São Mateus na qual o Filho do Homem separa as ovelhas das cabras com base em sua realização, ou negligência, no tocante às obras de compaixão com seus semelhantes (Mt 25,31-46; *DCD* XXI. 27).

E assim, finalmente, no livro XXII de *A Cidade de Deus*, chegamos à bem-aventurança eterna dos santos na Nova Jerusalém. Aos que duvidam que os corpos terrestres poderiam algum dia morar no céu, Agostinho oferece a seguinte resposta altamente platônica:

> Suponhas que fôssemos puramente almas, espíritos destituídos de quaisquer corpos, e vivêssemos no céu sem qualquer contato com os animais terrestres. Se alguém nos dissesse que, por meio de algum vínculo misterioso, estávamos destinados a sermos unidos a corpos para transmitirmos vida a estes, não nos recusaríamos a crer nisso, argumentando que a natureza não admite que uma entidade incorpórea seja presa por um laço corpóreo? Por que então não pode um corpo terrestre ser promovido a um corpo celestial pela vontade de Deus que criou o animal humano? (*DCD* XXII. 4)

Nenhum cristão pode negar-se a acreditar na possibilidade de um corpo humano celestial, visto que todos os cristãos aceitam que Jesus ressuscitou dos mortos e ascendeu ao céu. A vida eterna prometida aos abençoados não é mais inacreditável do que a história da ressurreição de Cristo.

> É incrível que Cristo ressuscitou na carne e ascendeu ao céu com sua carne. É incrível que o mundo tenha acreditado numa história tão incrível, e é incrível que uns poucos homens sem berço, posição ou experiência hajam sido capazes de convencer o mundo e o mundo dos sábios tão eficientemente. Nossos adversários recusam-se a crer na primeira dessas três coisas incríveis, mas não podem ignorar a segunda e não podem dar conta dela a menos que aceitem a terceira. (*DCD* XXII. 5)

Visando mostrar que todas essas coisas incríveis são de fato críveis, Agostinho recorre à divina onipotência, exibida numa série de milagres que foram observados por ele próprio ou por testemunhas oculares entre seus amigos. Contudo, ele admite que tem que responder diante de dificuldades suscitadas por filósofos adversários contra todo o conceito de ressurreição do corpo.

Como podem corpos humanos, constituídos por elementos pesados, existir na sublimidade etérea do céu? Nisso não há maior problema, diz Agostinho, do que com as aves que voam através do ar ou com o fogo que irrompe da terra. Os corpos ressuscitados serão todos masculinos? Não, as mulheres manterão seu sexo, ainda que seus órgãos não irão mais servir para as relações e a geração de filhos, uma vez que no céu não haverá mais casamento. Os corpos ressuscitados terão o mesmo tamanho e a mesma forma? Não, a todos serão dadas a estatura e a compleição física que tiveram na maturidade (se morreram na velhice), ou a estatura e a compleição física que teriam tido na maturidade (se morreram na juventude). E quanto aos que morreram quando eram apenas bebês? Atingirão instantaneamente a maturidade ao ressuscitar.

Todos os corpos ressuscitados serão perfeitos e belos: a ressurreição envolverá a cirurgia plástica numa escala cósmica. Deformidades e manchas serão removidas, membros amputados serão devolvidos restaurados aos amputados. Cabelos cortados e unhas cortadas voltarão a fazer parte do corpo de seus donos originais, embora não sob a forma de cabelos e unhas. "Pessoas gordas e pessoas magras não precisam temer que nesse mundo serão os tipos de pessoas que teriam preferido não ser enquanto neste mundo" (*DCD* XXII. 19).

Agostinho levanta um problema que continuou perturbando crentes em todos os séculos em que a crença numa ressurreição final foi tomada a sério. Suponha que uma pessoa faminta alivia sua fome via canibalismo: ao corpo de quem, na ressurreição, pertencerá a carne humana digerida? Agostinho dá uma resposta que resulta de cuidadosa ponderação. Antes de A ficar tão faminto a ponto de comer do corpo de B, A deve ter perdido muito peso — bocados de seu corpo necessariamente exalaram-se no ar. Por ocasião da ressurreição, esse material se converterá novamente em carne para restituir a A o peso apropriado e a carne digerida será devolvida a B. Toda essa transação deve ser encarada como comparável ao empréstimo de uma soma de dinheiro, a ser restituída no devido tempo (*DCD* XXII. 30).

Mas o que *farão* os abençoados com esses esplêndidos corpos ressuscitados? E Agostinho confessa: "para dizer a verdade, desconheço qual será a natureza de sua atividade — ou melhor, de seu repouso e lazer". A Bíblia nos informa que verão Deus, o que coloca para Agostinho outro problema. Se os abençoados estão incapacitados de abrir e fechar seus olhos segundo sua vontade, se encontram em situação pior do que nós. Mas como poderia alguém fechar seus olhos que contemplam Deus? Sua resposta é sutil. Nesse estado abençoado, Deus realmente será visível aos olhos do corpo e não apenas aos olhos da mente, mas não será um objeto extra de visão. Pelo contrário, veremos Deus pela observação de seu controle dos corpos que constituem o esquema material das coisas que nos cercam, tal como vemos a vida de nossos semelhantes pela observação da conduta deles. A vida não é um corpo extra que vemos e, no entanto, quando vemos os movimentos dos seres vivos não nos limitamos a acreditar que estão vivos — *vemos* que estão vivos. Assim, na Cidade de Deus observaremos a obra de Deus trazendo harmonia e beleza em toda parte (*DCD* XXII. 30).

Embora dependente da Bíblia em quase todas suas páginas, *A Cidade de Deus* merece uma posição significativa na história da filosofia por duas razões. Em primeiro lugar, Agostinho esforça-se constantemente para situar sua visão de mundo religiosa na tradição filosófica de Grécia e Roma: no que é possível, ele tenta harmonizar a Bíblia com Platão e Cícero; no que não é possível, ele se sente obrigado a relatar e refutar argumentos filosóficos anticristãos. Em segundo lugar, a narrativa construída por Agostinho com base em elementos bíblicos e clássicos forneceu a estrutura para a discussão filosófica no mundo latino até a Renascença e a Reforma, e além delas.

Entre os que escreveram filosofia, Agostinho foi, em todos os tempos, um dos seres humanos mais interessantes. Possuía uma perspicaz e vigorosa mente analítica, e no melhor de si escreveu de maneira vívida, arguta e tocante. Diferentemente dos filósofos da alta Idade Média, esforça-se para ilustrar seus pontos filosóficos com imagens concretas e seus exemplos jamais são antiquados e ossificados, como o são com demasiada frequência nos textos dos grandes escolásticos. A serviço da filosofia, ele é capaz de empregar a anedota, o epigrama e o paradoxo, e pode detectar profundos problemas filosóficos sob a regular superfície da linguagem. Ele deixa de figurar no panteão filosófico porque se mantém demasiadamente um retórico: a caminho do desfecho de sua vida, jamais poderia realmente apontar a diferença entre a autêntica análise lógica e a mera pirueta linguística. Mas então, dado que era um bispo, suas metas nunca eram puramente filosóficas: tanto a retórica quanto a lógica não passavam de instrumentos da difusão do evangelho de Cristo.

As consolações de Boécio

No século V, o Império Romano viveu uma época de invasões estrangeiras (sobretudo no oeste) e de disputas teológicas (sobretudo no leste). A *Cidade de Deus* de Agostinho tivera como causa o saque de Roma realizado pelos visigodos em 410; em 430, quando ele morreu em Hipona, os vândalos se encontravam nos portões da cidade. A morte de Agostinho o impediu de aceitar um convite para comparecer a um concílio da Igreja em Éfeso. O concílio fora convocado pelo imperador Teodósio II, porque os patriarcados de Constantinopla e Alexandria divergiam veementemente quanto a como formular a doutrina da condição divina de filho do homem Jesus Cristo.

No decorrer do século, os godos e os vândalos foram sucedidos por um grupo ainda mais terrível de invasores, os hunos, liderados por seu rei, Átila. Átila conquistou vastos territórios da China ao Reno, antes de ser detido temporariamente na Gália em 451 pelas forças de um general romano aliado a um rei dos godos. No ano seguinte invadiu a Itália e Roma só foi poupada da ocupação graças aos esforços do papa Leão Magno, o qual usou uma mistura de eloquência e suborno.

O Concílio de Éfeso, em 431, condenou Nestório, o bispo de Constantinopla, porque ele ensinava que Maria, a mãe de Jesus, não era a mãe de Deus. Como podia ele sustentar isso — argumentava Cirilo, o bispo alexandrino — se realmente acreditava que Jesus era Deus? A forma correta de formular a doutrina da Encarnação, declarou o concílio, era dizer que Cristo, uma única pessoa, possuía duas naturezas distintas, uma divina e uma humana. O concílio, todavia, não avançou suficientemente no entender de alguns alexandrinos que acreditavam que o Filho encarnado de Deus possuía apenas uma única natureza. Esses extremistas organizaram um segundo concílio em Éfeso, que proclamou a doutrina da natureza única ("monofisismo"). O papa Leão, que apresentara uma evidência por escrito a favor da natureza dupla, denunciou esse concílio como um covil de ladrões.

Encorajada pelo apoio de Roma, Constantinopla contra-atacou Alexandria, e num concílio em Calcedônia, em 451, a doutrina da natureza dupla foi afirmada. Cristo era Deus perfeito e homem perfeito, com um corpo humano e uma alma humana, compartilhando divindade com seu Pai e compartilhando humanidade conosco. As decisões de Calcedônia e do primeiro Concílio de Éfeso proporcionaram doravante o teste de ortodoxia para a grande maioria dos cristãos, ainda que em regiões orientais do Império numerosas comunidades de cristãos nestorianos e monofisistas tenham se mantido, algumas das quais sobrevivem até hoje. Na história do pensamento, a importância desses concílios do século V é terem desenvolvido significados técnicos para termos como "natureza" e "pessoa" de uma maneira que exerceu influência na filosofia durante os séculos vindouros.

Depois de Átila ser repelido, o Império Romano do Ocidente sobreviveu por mais um quarto de século, apesar de o poder na Itália ter passado largamente para comandantes bárbaros dos exércitos. Um deles, Odoacro, em 476, decidiu tornar-se governante oficialmente, e não só de fato. Enviou o último imperador ocioso, Rômulo Augústulo, para o exílio perto de Nápoles. Pelos seguintes cinquenta anos, a Itália se converteu numa província gótica. Seus reis, apesar de cristãos, pouco interesse demonstraram nos recentes debates cristológicos: assentiram, mediante subscrição, a uma forma de cristianismo, a saber, o arianismo, que já fora condenada havia muito tempo, ou seja, na época de Constantino I. O arianismo assumiu várias formas, e todas elas negavam que Jesus, o Filho de Deus, compartilhava a mesma essência ou substância com Deus, o Pai. O mais enérgico dos reis góticos, Teodorico (que reinou de 493 a 526), instaurou um regime de tolerância no qual arianos, judeus e católicos ortodoxos viveram juntos com tranquilidade e no qual a arte e a cultura floresceram.

Um dos ministros de Teodorico foi Mânlio Severino Boécio, membro de uma poderosa família romana de senadores. Nascido logo após o fim do Império do Ocidente, perdeu seu pai na infância e foi adotado no seio da família do cônsul Símaco, com cuja filha ele mais tarde casou. Ele próprio tornou-se cônsul em 510 e assistiu aos seus dois filhos se tornarem cônsules em 522, ano em que se transferiu de Roma para a capital de Teodorico, em Ravena, a fim de tornar-se "mestre de ofícios", um cargo administrativo de alto escalão que ele ocupou com integridade e distinção.

Quando jovem, Boécio escrevera manuais de música e matemática com base em fontes gregas, e projetara, embora nunca tenha concluído, uma tradução latina das obras completas de Platão e Aristóteles. Escreveu comentários a respeito de alguns tratados de lógica de Aristóteles, demonstrando algum conhecimento da lógica estoica. Escreveu quatro tratados de teologia abordando as doutrinas da Trindade e da Encarnação, mostrando a influência tanto de Agostinho quanto dos debates cristológicos do século V. Sua carreira parecia ser um modelo para quem desejava combinar as vidas contemplativa e ativa. Gibbon, que raramente se dignava a elogiar um filósofo, escreveu sobre ele: "Próspero no prestígio e na fortuna, nas honras públicas e nas alianças privadas, no cultivo da ciência e na consciência

Boécio com seu sogro Símaco, de um manuscrito
do século IX de seu tratado sobre aritmética.

da virtude, Boécio poderia ter sido classificado como feliz se esse precário epíteto pudesse ser aplicado seguramente antes da última fase da vida do homem" (*Decline and Fall of the Roman Empire*, cap. 19).

Boécio, porém, não se manteve em seu honroso cargo por muito tempo porque se tornou objeto da suspeita de estar envolvido, como católico, numa correspondência traiçoeira incitando o imperador Justino em Constantinopla a invadir a Itália e dar fim ao governo ariano. Ele foi encarcerado numa torre em Pavia e condenado à morte pelo Senado em Roma. Foi enquanto esteve aprisionado, sob sentença de morte, que escreveu a obra pela qual é mais lembrado, *A consolação da filosofia*. Esse trabalho tem sido admirado por sua beleza literária e sua argúcia filosófica; foi traduzido para muitas línguas várias vezes, notavelmente pelo rei Alfredo e por Chaucer. Contém uma discussão sutil dos problemas da relação da liberdade humana com a presciência divina; mas não é, de modo algum, o tipo de obra que se poderia esperar de um católico devoto que encarava o possível martírio. Insiste no conforto proporcionado pela filosofia pagã, não havendo nenhuma referência às consolações oferecidas pela religião cristã.

No início da obra, Boécio descreve como foi visitado na prisão por uma mulher alta, de idade avançada, mas de belo porte, vestida com um traje primorosamente tecido, porém muito rasgado: essa era a senhora Filosofia. No seu vestido estava tecida uma escada, com a letra grega *Pi* em sua base e a letra grega *Theta* no alto, que indicavam as divisões prática e teórica da filosofia, a escada representando os degraus entre as duas. O primeiro ato da senhora foi livrar-se das musas da poesia representadas pelos livros de cabeceira de Boécio. Mas ela mesma desejava oferecer versos visando consolar o angustiado prisioneiro. Os cinco livros da *Consolação* consistem de passagens alternadas de prosa e poesia. Os poemas vão do sublime aos versos ruins; é necessário amiúde fazer um considerável esforço para detectar sua relevância para a narrativa desenvolvida em prosa.

No livro I, Boécio se defende das acusações que foram feitas contra ele. Todos seus problemas o assaltaram por ter ele ingressado na vida pública, em obediência à determinação de Platão de os filósofos se envolverem nos negócios políticos. A senhora Filosofia o lembra que ele não é o primeiro filósofo a sofrer: Sócrates sofreu em Atenas e Sêneca em Roma. Ela própria fora ultrajada: seu vestido está rasgado porque epicuristas e estoicos tentaram sequestrá-la e rasgaram suas roupas, arrebatando os farrapos. Ela estimula Boécio a lembrar-se que mesmo que os maus prosperem o mundo não está sujeito ao acaso fortuito, mas ao governo da razão divina. O livro termina com um poema que mais parece um farrapo rasgado por um estoico, insistindo na rejeição das paixões.

> A alegria deves expulsar
> Expulses o medo também

Toda tristeza deve desaparecer
E a esperança nenhum conforto trazer.

O livro II também desenvolve um tema estoico: matérias no âmbito da fortuna são insignificantes se comparadas a valores na esfera de si mesmo. As dádivas da fortuna que desfrutamos realmente não nos pertencem: riquezas podem ser perdidas e se revelam maximamente valiosas quando delas abrimos mão. Uma casa magnífica é para mim uma bênção somente se meus servos são honestos, e a virtude deles a eles pertence, não a mim. O poder político pode terminar em assassinato ou escravidão, e mesmo durante sua posse é trivial. O mundo habitado corresponde apenas a um quarto de nosso globo; nosso globo é minúsculo se comparado à esfera celeste; de fato, um homem gabar-se de seu poder é como um camundongo tripudiar sobre outros camundongos. A maior das famas dura somente alguns anos que equivalem a zero se comparados à eternidade perpétua. Não posso encontrar felicidade na riqueza, no poder ou na fama, mas unicamente na minha mais preciosa posse: eu mesmo. Boécio não tem nenhuma efetiva razão para queixar-se da fortuna: ela lhe concedeu muitas boas coisas e ele tem que aceitar também o mal enviado por ela. Na verdade, a má sorte é melhor para os homens do que a boa sorte. A boa sorte é enganosa, constante apenas em sua inconstância; a má sorte traz aos homens autoconhecimento e lhes ensina quem são seus verdadeiros amigos, o mais precioso de todos os tipos de riquezas.

A mensagem de que a verdadeira felicidade não é encontrada em bens externos é enfatizada no livro III, em que Boécio desenvolve material de Platão e Aristóteles:

> Felicidade [*beatitudo*] é o bem que, uma vez alcançado, nada mais deixa para ser desejado. É o mais elevado de todos os bens, contendo consigo todos os bens; se qualquer bem lhe faltasse, não poderia ser o mais elevado bem visto que restaria algo a ser desejado. Assim, a felicidade é um estado tornado perfeito pela acumulação de todos os bens existentes. (*DCP* 3. 2)

Riqueza, honras, poder, glória não preenchem essas condições, tampouco os prazeres do corpo. Alguns corpos são muito atraentes, mas se tivéssemos olhos de raios-X nos provocariam aversão. É possível que o casamento e seus prazeres sejam algo excelente, mas os filhos são pequenos atormentadores. É necessário que cessemos de depositar confiança nas coisas deste mundo visando a felicidade. Deus, argumenta a senhora Filosofia, é a melhor e mais perfeita de todas as boas coisas; o bem perfeito, porém, é a verdadeira felicidade. Portanto, a verdadeira felicidade só pode ser encontrada em Deus. Todos os valores que são procurados separadamente pelos seres humanos em sua busca de formas equivocadas de felicidade — autossuficiência, poder, respeito, prazer — são encontrados unidos na bondade singular de Deus. A perfeição de Deus é enaltecida no nono poema do livro III, *O qui perpetua*, um hino que é objeto da frequente admiração dos cristãos, ainda que quase todas suas ideias sejam extraídas do *Timeu* de Platão e de um comentário neoplatônico desse diálogo[4]. Porque toda bondade reside em Deus, os seres humanos somente podem se tornar felizes se, de alguma forma, se tornarem deuses. "Todo homem feliz é um deus, embora por natureza Deus seja apenas um; mas nada impede que sua divindade seja compartilhada por muitos" (*DCP* 3. 10).

No livro IV, Boécio pede à senhora Filosofia que responda à pergunta "Por que os maus prosperam?". O Universo, ele concorda, é controlado por um governante ideal, Deus; mas assemelha-se a uma casa na qual os vasos imprestáveis são cuidados enquanto se deixa que os valiosos se tornem imundos. A Filosofia retira argumentos do *Górgias* de Platão para mostrar que a prosperidade dos maus é tão só aparente. A malevolência (o querer fazer o mal) é ela própria um infortúnio e o êxito em sua realização é um desastre pior. E pior ainda é se conservar impune pelas próprias más ações. Enquanto um homem bom pode aspirar à divindade, um homem mau se transforma num animal: a avareza faz de ti um lobo, a inclinação para a rixa faz de ti um cão, o embuste faz de ti uma raposa, a cólera um leão, o medo um cervo, a indolência um asno e a luxúria faz de ti um porco.

Todas as coisas são governadas pela Providência divina: isso significa que tudo acontece por determinação do destino? A senhora Filosofia faz uma distinção. Providência é a razão divina que une todas as coisas, ao passo que o destino é o que organiza os movimentos das coisas dispersas no espaço e no tempo; os arranjos complicados do destino procedem da simplicidade da Providência. Podemos ver apenas a aparente desordem da operação do destino; se fôssemos capazes de ver o esquema total tal como projetado pela Providência, compreenderíamos que tudo aquilo que acontece acontece justamente, e tudo aquilo que é, é certo.

---

4. Na tradução de Chaucer para o inglês (em prosa), começa assim: "Ó tu, pai, criador do céu e da Terra, que governas este mundo por razão eterna, que comandas os tempos que se sucedem desde o início das eras: tu que te demoras indefinidamente imóvel e estável, e causas o movimento de todas as demais coisas...".

Ao longo de todos os primeiros quatro livros, a senhora Filosofia teve muito a dizer acerca da senhora Sorte. O livro V consigna a pergunta: "Num mundo governado pela Providência divina, pode haver algo como sorte ou acaso?". Não pode haver puramente acaso fortuito na hipótese de darmos crédito à filosofia; a escolha humana, contudo, é algo diferente do acaso. O livre-arbítrio, entretanto, mesmo que não seja fortuito, é difícil de ser conciliado com a existência de um Deus que prevê tudo que é para acontecer: "Se Deus tudo prevê e não pode, de maneira alguma, estar errado, então aquilo que em sua Providência ele prevê que será terá necessariamente que acontecer". A resposta concedida é que Deus é externo ao tempo, de modo que constitui um erro referir-se à Providência como se esta envolvesse *pre*sciência. Esta resposta sutil, mas misteriosa, estava destinada a ser muito estudada e desenvolvida em épocas posteriores[5].

É de se esperar que Boécio tenha encontrado consolação em escrever filosofia, porque foi brutalmente torturado: cingiram sua cabeça com uma corda e apertaram-na até que seus olhos se projetassem de suas órbitas. Finalmente foi executado a porretadas. Muitos cristãos o consideraram um mártir e algumas igrejas o veneraram como S. Severino. O humanista Lourenço Valla, no século XV, chamou-o de "o último dos romanos, o primeiro dos escolásticos", e Gibbon diz que ele foi "o último dos romanos que Catão ou Túlio poderiam ter reconhecido como seu conterrâneo".

Boécio não foi somente o último filósofo da antiga tradição filosófica latina: sua *Consolação* pode ser lida como uma antologia de tudo que ele prezava na filosofia grega clássica. Talvez tenha sido como um cumprimento aos pensadores pagãos dos quais aprendera que ele eliminou de seu testamento filosófico qualquer elemento cristão. Até mesmo a abordagem da relação entre a presciência divina e a liberdade humana, tão influente durante os séculos de cristianismo, é expressa dentro da estrutura da discussão estoica da relação entre Providência e destino.

A filosofia grega do período
final da Antiguidade tardia

Contudo, a filosofia grega pagã não chegou completamente ao fim por ocasião da morte de Boécio: as escolas de Atenas e Alexandria estavam ainda

---

5. O argumento de Boécio é minuciosamente analisado no capítulo 9 deste livro.

ativas. O líder da escola de Atenas no século anterior fora o laborioso e erudito Proclo, que se dizia ser capaz de produzir, por dia de trabalho, cinco palestras e 700 linhas de prosa filosófica. Proclo escreveu comentários sobre diversos diálogos de Platão e uma obra enciclopédica em torno das *Enéadas* de Plotino. Seus *Elementos de teologia* serviram, mesmo nos tempos modernos, como um conveniente compêndio do neoplatonismo.

O sistema de Proclo é baseado na trindade de Plotino do Um, Mente e Alma, mas ele desenvolve as ideias de Plotino por meio de uma multiplicação de tríades e de uma teoria geral de sua operação (*ET* 25-39). Dentro de cada tríade ocorre um processo evolutivo gradual. A partir do elemento originador da tríade emerge um novo elemento que compartilha sua natureza, mas é ainda dele diferente. Esse novo elemento tanto reside em sua origem, procede dela quanto retorna em direção dela. Essa lei do desenvolvimento governa uma proliferação maciça de tríades. Do Um inicial procedem muitas Unidades divinas (hênadas) (*ET* 113-65). As hênadas, coletivamente, geram o mundo da Mente, o qual é dividido nas esferas Ser, Vida e Pensamento. No mundo seguinte, inferior, o da Alma, Proclo provê uma morada para os deuses tradicionais do panteão pagão. O mundo visível em que vivemos é a obra dessas almas divinas, que o guiam de maneira providencial.

Os seres humanos, para Proclo, abarcam os três mundos da Alma, Mente e Um (*ET* 190-7). Unida ao nosso corpo animal, a alma humana se expressa em Eros, concentrada na beleza terrestre. Mas ela possui também um corpo etéreo imperecível feito de luz. Assim, vai além do amor à beleza na busca da Verdade, uma busca que a põe em contato com as realidades ideais do mundo da Mente. Entretanto, ela possui uma faculdade superior à do pensamento, e esta a conduz, via êxtase místico, à união com o Um.

A teoria das tríades apresenta uma certa semelhança com a doutrina cristã da Trindade, mas o fato é que Proclo, a despeito de ser devoto de muitas superstições, nutria uma cáustica hostilidade ao cristianismo. Na verdade, supunha-se ter ele escrito dezoito refutações independentes da doutrina cristã da criação. Não obstante isso, muitas de suas ideias ingressaram na corrente principal do pensamento cristão por caminhos indiretos. O próprio Boécio fez uso frequente, ainda que possivelmente não reconhecido, de sua obra. Um neoplatônico cristão contemporâneo desses autores escreveu uma série de tratados inspirados por Proclo, impingindo-os como a obra de Dionísio, o Areopagita, que foi um parceiro de S. Paulo em Atenas (Atos 17). Um outro canal pelo qual as ideias de Proclo fluíram

A filósofa pagã Hipátia, acossada por uma turba cristã, refugia-se num altar, nesta pintura vitoriana de C. W. Mitchell.

para a filosofia medieval foi um livro conhecido como o *Liber de Causis*, que circulava com o nome de Aristóteles. Até Tomás de Aquino, que sabia não ser esse livro autêntico, tratava-o com grande respeito.

Na Alexandria do século V, onde estava presente um poderoso patriarca cristão, o florescimento da filosofia pagã revelou-se mais difícil do que em Atenas. Hipátia, uma matemática e astrônoma neoplatônica, se destaca num mundo masculino da filosofia da mesma maneira que Safo se destaca num mundo masculino da poesia. Enquanto Agostinho escrevia *A Cidade de Deus* em Hipona, Hipátia era despedaçada em Alexandria por uma turba de fanáticos cristãos (no ano de 415)[6]. O mais importante filósofo da escola de Alexandria nos seus derradeiros dias foi Amônio, um contemporâneo mais velho de Boécio. Era mais eficiente para ensinar do que para escrever e deve sua fama à distinção de seus dois discípulos mais famosos, Simplício e Filopono.

Esses dois filósofos viveram no reinado do imperador Justiniano, que herdou a dignidade imperial em 527, dois ou três anos após a execução de Boécio. Justiniano foi o mais célebre dos imperadores bizantinos. Possuía renome tanto como conquistador quanto como legislador. Seus generais conquistaram grandes áreas do antigo Império do Ocidente e as uniram por algum tempo sob o governo de Constantinopla. Seus juristas reuniram e racionalizaram num só código todos os editos e decretos imperiais existentes e juntaram um digesto de comentários jurídicos. O Código de Direito Civil que foi transmitido no decorrer de seu reinado influenciou a maioria dos países europeus até os tempos modernos.

O reinado de Justiniano, entretanto, não foi tão favorável à filosofia quanto o foi à ciência do direito e das leis. A escola de Atenas prosseguiu segundo a tradição neoplatônica anticristã de Proclo, o que conquistou para ela o desfavor imperial. Simplício foi um dos membros do último grupo de sábios a adornar a escola. Dedicou muito empenho e muita erudição na redação de comentários de Aristóteles, cujos ensinamentos estava ansioso para reconciliar com o pensamento de Platão, tal como interpretado no período final da Antiguidade tardia. Estudiosos de gerações posteriores têm com ele um débito porque no desenrolar desse empreendimento citou extensivamente seus predecessores, remontando até os pré-socráticos, e constituindo nossa fonte de muitos de seus fragmentos que sobrevive-

---

6. Infelizmente muito pouco se conhece de Hipátia. Charles Kingsley produziu a maior parte do que há em seu romance *Hipatia* (1853).

Este mosaico procedente de S. Vitale em Ravena
mostra o imperador Justiniano e sua corte.

ram. Simplício ainda trabalhava lá quando, no ano 529, Justiniano fechou a escola por causa de sua tendência anticristã. Seu edito, nas palavras de Gibbon, "impôs um silêncio perpétuo às escolas de Atenas e estimulou a angústia e indignação dos poucos adeptos restantes da ciência e superstição gregas" (*Decline and Fall of the Roman Empire*, cap. 40).

Também Filopono sofreu no reinado de Justiniano, mas devido a outras razões. Enquanto Simplício foi um filósofo pagão sediado em Atenas, Filopono foi um filósofo cristão sediado em Alexandria. Enquanto Simplício foi o mais ardente admirador de Aristóteles na Antiguidade, Filopono foi o seu crítico mais severo. Enquanto filósofos anteriores haviam ou ignorado Aristóteles (como os epicuristas e os estoicos), ou o interpretado pacificamente (como os neoplatônicos), Filopono o conhecia muito bem e o atacou frontalmente.

Como um cristão, Filopono rejeitou a doutrina da eternidade do mundo e demoliu os argumentos de Aristóteles e Proclo a favor da ausência de uma origem do Universo. Conduziu seu ataque ao longo de toda a *Física* de Aristóteles, rejeitando as teorias do movimento natural e do lugar natural e negando que os corpos celestes fossem governados por princípios físicos diferentes dos atuantes aqui embaixo⁷. Convinha à sua devoção cristã demolir a noção de que o mundo do Sol, da Lua e dos astros era algo sobrenatural, colocando-se numa relação com Deus diferente daquela da Terra, em cuja superfície suas criaturas humanas vivem.

Filopono escreveu tratados sobre doutrina cristã bem como comentários a Aristóteles. Não foram bem recebidos pelos ortodoxos, que julgaram que seu tratamento da doutrina da Trindade lhe franqueava o caminho para a acusação de acreditar em três Deuses. Surpreendentemente, ele aceitou a crença platônica na existência de almas humanas antes da concepção; ainda mais surpreendente foi essa sua crença parecer não ter perturbado seus irmãos cristãos. Mas, como muitos cristãos alexandrinos anteriores, ele era um monofisista, crendo que no Cristo encarnado havia somente uma única natureza, e não duas, humana e divina, como definido pelo Concílio de Calcedônia. Ele foi convocado a Constantinopla pelo imperador para defender suas opiniões sobre a encarnação, mas não atendeu à convocação. Filopono sobreviveu alguns anos a Justiniano, mas foi condenado após sua morte por seu ensinamento herético a respeito da Trindade. Foi o último filósofo significativo do mundo antigo, e depois de sua morte a filosofia hibernou por dois séculos.

Entre 600 e 800, o antigo Império Romano encolheu para pouco mais do que Grécia, os Bálcãs e parte da Ásia Menor. O talento intelectual foi despendido principalmente em disputas teológicas. A Igreja monofisista à qual pertencia João Filopono fora excluída da comunidade religiosa pelos ortodoxos, que acreditavam que Cristo tinha não apenas uma, mas duas naturezas, a humana e a divina. Durante o século VII imperadores e patriarcas fizeram tentativas para reunir as comunidades cristãs pelo consenso de que mesmo que Cristo tivesse duas naturezas tinha, não obstante, somente uma vontade; ou que mesmo se tivesse duas vontades, uma humana e uma divina, essas duas estavam unidas numa única atividade do querer, uma única atualidade, ou *energeia*. Qualquer concessão desse tipo sofreu forte resistência por parte de um funcionário imperial aposentado chamado Máximo, que escreveu copiosamente contra o "monotelitismo", a doutrina da vontade única.

Máximo (conhecido como "o Confessor") obteve êxito ao ter as doutrinas da vontade única e da atualidade única condenadas num Conselho em Roma em 649, mais tarde endossado em Constantinopla em 681. A von-

---

7. A física de Filopono é discutida minuciosamente no capítulo 5 deste livro.

tade humana de Cristo e a vontade divina estiveram sempre em perfeita harmonia, mas eram duas entidades separadas. Ao persuadir os guardiões da ortodoxia desse ensinamento, Máximo foi obrigado a investigar minuciosamente os conceitos de *vontade* e de *atualidade*. A palavra vontade e seus equivalentes e os cognatos destes em grego (*thelesis/thelema*) e latim (*voluntas*) podem referir-se a uma faculdade (como em "Seres humanos têm vontade livre, animais não"), a uma disposição da vontade (por exemplo, disposição para ser martirizado), a um ato (por exemplo, "Eu aceito" numa cerimônia de casamento), ou a um objeto desejado (como em "Que seja feita tua vontade"). Máximo analisou esses conceitos cuidadosamente e com um certo grau de originalidade. Mas ele não foi tão original a ponto de merecer que lhe fosse creditada, como alguns fizeram, a invenção do conceito da vontade *tout court* (PG 90)[8].

Filosofia no Império Carolíngio

Fora do Império Romano, o mundo foi transformado a ponto de não ser mais reconhecido. O profeta Maomé morreu em 633, e nos dez anos que sucederam sua morte a religião islâmica se difundira, por meio da conquista, a partir de seu local de nascimento, a Arábia, através do vizinho Império Persa e das províncias romanas da Síria, Palestina e Egito. Em 698, os muçulmanos tomaram Cartago, e uma década depois eram senhores de todo o norte da África. Em 711 atravessaram o estreito de Gibraltar, derrotaram facilmente os cristãos góticos e se moveram em torrentes pela Espanha. Seu avanço para o norte da Europa foi detido somente em 732, quando foram derrotados em Poitiers pelo líder franco Carlos Martel.

O neto de Carlos Martel, Carlos Magno, que se tornou rei dos francos em 768, empurrou os muçulmanos de volta para os Pireneus, mas tudo que conseguiu foi arrancar pequenos bocados de seus domínios na Espanha. A leste, entretanto, conquistou a Lombardia, a Baviera e a Saxônia, e coroou seu filho rei da Itália. Quando o papa Leão III foi expulso de Roma por uma revolução, Carlos Magno devolveu-lhe a Santa Sé. Em gratidão, o

---

8. O grande debate teológico do século seguinte referiu-se ao culto de imagens ou ícones. É possível que se esperasse que a controvérsia iconoclasta proporcionasse interessantes contribuições à semiótica, a teoria filosófica dos signos. Essa esperança, contudo, após um breve levantamento da literatura, parece ser vã.

papa o coroou imperador romano na catedral de São Pedro no dia de Natal do ano 800 — data que, se não a mais memorável da história, é, ao menos, a mais fácil de ser lembrada. Assim começou o Sacro Império Romano, o qual por ocasião da morte de Carlos Magno em 814 incluía quase todos os habitantes cristãos do oeste da Europa continental.

Carlos Magno ansiava por aprimorar os padrões de educação e cultura em seus domínios e reuniu estudiosos de diversas partes da Europa em sua capital, Aachen, para formar uma "Escola Palatina". Um dos mais destacados desses sábios foi Alcuíno de York, que mostrou um agudo interesse nas *Categorias* de Aristóteles. O livro de lógica escrito por ele, *Dialectica*, assume a forma de um diálogo em que o discípulo Carlos Magno faz perguntas e o mestre Alcuíno oferece respostas. Alcuíno afastou-se nos últimos anos de sua vida para dirigir uma pequena escola na abadia de São Martinho de Tours, da qual se tornou mais tarde abade. Gastava seu tempo, conforme comunicou ao imperador, fornecendo aos seus discípulos o mel das Escrituras, o vinho da literatura clássica e as maçãs da gramática. A uns poucos privilegiados exibia os tesouros da astronomia, o passatempo favorito de Carlos Magno.

O renascimento da filosofia entre o século IX e o XI ocorreu não no interior do velho Império Romano de Bizâncio, mas no Império Franco dos sucessores de Carlos Magno e na corte abássida da Bagdá muçulmana. Os principais filósofos desse renascimento foram, no Ocidente, John Scot, e no Oriente, Ibn Sina (Avicena).

John nasceu na Irlanda nas primeiras décadas do século IX. Não deve ser confundido com o mais famoso John Duns Scotus, que floresceu no século XIV. É incontestavelmente confuso haver dois filósofos medievais com o nome de John Scot. E o que o torna duplamente confuso é que um deles era irlandês, enquanto o outro era, para todos os propósitos de ordem prática, inglês. O filósofo do século IX, para evitar dúvidas, se concedeu o sobrenome Erígena, que significa filho de Erin.

Por volta de 851, Erígena migrara da Irlanda para a corte de Carlos, o Calvo, o neto de Carlos Magno. Isso foi provavelmente em Compiègne, nome que Carlos pensou em mudar para Carlópolis, dentro do paradigma de Constantinopla. Carlos era um amante da cultura grega e o extraordinariamente culto Erígena, que obtivera domínio no grego (ninguém sabe onde), conquistou seu favorecimento e escreveu para ele lisonjeiros poemas nessa língua. Ensinou artes liberais por algum tempo na corte, mas seus interesses começaram a se voltar para a filosofia. Certa vez, comentando um texto na fronteira entre a gramática e a lógica, escreveu: "ninguém ingressa no céu a não ser pela filosofia"[9].

Erígena envolveu-se pela primeira vez com a filosofia em 851, quando foi convidado por Hincmar, o arcebispo de Reims, a escrever uma refutação às ideias de um monge culto e pessimista chamado Gottschalk, que retomara o problema da predestinação no ponto em que Agostinho o deixara. Dizia-se dele que deduzira dos textos de Agostinho algo que neles fora deixado geralmente implícito, a saber, que a predestinação afetava tanto pecadores como santos. Eram, ensinava ele, não só os abençoados no céu que haviam tido seu destino final predestinado: também os danados tinham sido predestinados ao inferno antes sequer de terem sido concebidos. Essa doutrina da dupla predestinação parecia herética ao arcebispo Hincmar. No mínimo, como os monges do tempo de Agostinho, ele a encarava como uma doutrina prejudicial à boa disciplina monástica: os pecadores poderiam concluir que como seu destino fora selado havia muito tempo não havia sentido em renunciar ao pecado. Daí seu convite a Erígena para derrubar Gottschalk (PL 125. 84-85).

Independentemente da informação sobre Gottschalk ter sido precisa ou não, a refutação que Erígena realizou de sua suposta heresia foi, do ponto de vista de Hincmar, pior do que a doença. Os argumentos de Erígena foram fracos, e no ataque à predestinação dos danados ele emasculou a predestinação dos abençoados. Não podia haver uma dupla predestinação, disse, porque Deus era simples e não dividido; e não havia *pre*destinação porque Deus era eterno. O primeiro argumento não é convincente, porque se uma dupla predestinação ameaça a simplicidade de Deus também ameaça esta simplicidade a distinção entre predestinação e presciência, que constituía a solução preferida dos opositores de Gottschalk. O segundo argumento não fornece o estímulo desejado para que o pecador se arrependa, porque, qualquer que seja a qualificação temporal que conferimos à divina determinação de nosso destino, ele é certamente, do ponto de vista agostiniano, independente de qualquer escolha nossa (CCCM 50. 12).

O reino franco foi dividido pela disputa doutrinária, e tanto Gottschalk quanto Erígena se viram condenados por concílios da Igreja. O Concílio de Quierzy, em 853 — o terceiro de uma série —, definiu, contra Gottschalk, que embora Deus predestinasse os abençoados ao céu não predestinava os outros ao pecado: meramente os deixava na massa humana

---

9. Ver J. J. O'MEARA, *Eriugena*, Oxford, Clarendon Press, 1988, capítulos 1 e 2.

de perdição e predestinava somente seu castigo, não sua culpa. A condenação de Erígena em Valência (855) afirmou que havia realmente uma predestinação dos ímpios à morte não menos do que uma predestinação dos eleitos à vida. A diferença era a seguinte: na eleição daqueles a ser salvos, a misericórdia de Deus precedia todo mérito, enquanto na danação dos que eram para perecer o demérito precedia o julgamento justo. Os padres do Concílio não estiveram acima do insulto vulgar ao declarar que Erígena maculara a pureza da fé com nauseante mingau irlandês.

Apesar de sua condenação, Erígena permaneceu sob o favorecimento de Carlos, o Calvo, e por ele foi incumbido em 858 de traduzir para o latim três tratados de Dionísio, o Areopagita: o *Nomes divinos*, o *Hierarquia celestial* e o *Hierarquia eclesiástica*. Considerou adequadas as ideias neoplatônicas de Dionísio, e empreendeu a construção de seu próprio sistema em linhas um tanto similares numa obra de cinco tomos denominada *Da natureza*, ou, para conferir-lhe seu título grego, *Periphyseon*.

Segundo Erígena, há quatro grandes divisões da natureza: natureza criadora e não criada, natureza criada e criadora, natureza criada e não criadora e natureza não criadora e não criada (1. 1). A primeira dessas naturezas é Deus. A segunda é o mundo intelectual das ideias platônicas, o qual cria a terceira natureza, o mundo dos objetos materiais. A quarta natureza é novamente Deus, concebido não como criador, mas como o fim ao qual as coisas retornam.

Erígena nos diz que a mais importante distinção na natureza é aquela entre as coisas que são e as coisas que não são. É desconcertante ouvir que Deus está entre as coisas que não são. Entretanto, Erígena não quer dizer que Deus não existe, mas que Deus não se enquadra em nenhuma das dez categorias do ser de Aristóteles (2. 15). Deus está acima do ser e o que está fazendo é algo melhor do que existir. Um nome que podemos atribuir ao esplendor inefável e incompreensível da bondade divina é "Nada"[10].

A terceira divisão de Erígena, o mundo material, é a mais facilmente compreensível (3. 3). Como Filopono, ele acredita que o céu e a Terra são feitos dos mesmos elementos; não há uma quintessência especial para os corpos celestes. O cosmos, ele nos diz, consiste de três esferas: a Terra no centro, próxima dela a esfera do Sol (que está aproximadamente a uma distância de 70 mil quilômetros), e, mais exteriormente, a esfera da Lua e das estrelas (aproximadamente a uma distância de 140 mil quilômetros).

---

10. A teologia de Erígena é discutida mais extensivamente na sequência, no capítulo 9.

Embora Erígena pense que o Sol gira em torno da Terra, dá alguns passos rumo a um sistema heliocêntrico ao acreditar que Júpiter, Marte, Vênus e Mercúrio eram planetas do sol que giravam em torno dele.

Onde se encaixam os seres humanos no esquema quádruplo de Erígena? Parecem se situar na segunda e na terceira divisões. Como animais, pertencemos à terceira divisão e, no entanto, transcendemos os outros animais. Podemos afirmar com igual propriedade que o ser humano é um animal e que não é um animal. Compartilha a razão, o espírito e a percepção interior com as essências celestiais, mas compartilha sua carne, seu eu exterior com outros animais. O ser humano foi criado duas vezes: uma vez da terra, com os animais, mas também uma vez com as criaturas intelectuais da segunda divisão da natureza. Isso significa que temos duas almas? Não, cada um de nós possui uma única alma indivisa: integralmente vida, integralmente espírito, integralmente razão, integralmente memória. Essa alma, atuando como agente de Deus, cria o corpo, considerando-se que o próprio Deus não cria nada mortal. Mesmo quando alma e corpo são separados por ocasião da morte, a alma continua governando o corpo, disperso por todos os elementos (4. 8).

Como criadora do corpo, a alma pertence à divisão da natureza que é tanto criada quanto criadora. Essa segunda divisão consiste do que Erígena chama de "as causas primordiais das coisas", identificadas por ele com as Ideias platônicas (2. 2). Essas foram pré-formadas por Deus, o Pai, em seu Mundo eterno. A Ideia de Ser Humano é aquela de acordo com a qual o ser humano é feito à imagem de Deus. Mas esta imagem é deformada nos seres humanos na queda. Se Deus não houvesse previsto a queda de Adão, os seres humanos não teriam sido divididos em homem e mulher; teriam se propagado como se propagam os anjos. Seus corpos teriam sido celestiais e não teriam metabolismo. Após a ressurreição, nossos corpos retomarão sua forma assexuada e etérea. Quando o mundo finalmente acabar, o espaço e o tempo desaparecerão e todas as criaturas encontrarão a salvação na natureza que é não criada e não criadora.

Erígena foi um dos pensadores mais originais e imaginativos da Idade Média, e com base nas ideias de suas fontes gregas construiu um sistema singular próprio. Sua leitura não é fácil, mas seu texto é capaz de exercer um fascínio no leitor. Ele tem uma paixão fanática pelo paradoxo: sempre que escreve uma sentença, dificilmente resiste a sucedê-la com sua contraditória. Exibe amiúde grande sutileza e engenhosidade em expor que as duas aparentes contradições podem ser interpretadas de tal forma a ser reconciliadas. Às vezes, contudo, seu intelecto caprichoso o conduz ao puro absurdo, como quando escreve: "Na unidade ela mesma todos os números estão imediatamente juntos, e nenhum número precede ou sucede um outro, uma vez que todos são um" (3. 66).

Embora Erígena cite constantemente a Bíblia, seu sistema está mais próximo do neoplatonismo pagão do que do pensamento cristão tradicional, e não é de surpreender que o *Da natureza* tenha sido finalmente condenado pela autoridade eclesiástica. Em 1225 o papa Honório III ordenou que todas as cópias ainda existentes da obra fossem enviadas a Roma para ser queimadas. Mas a lenda foi generosa com sua memória. Contou-se sempre a história de que quando, durante um jantar, Carlos, o Calvo, lhe perguntou o que separava um escocês de um beberrão, ele respondeu: "Somente esta mesa". E houve uma época em que a Universidade de Oxford, de modo implausível, o venerou como seu fundador[11].

Filósofos muçulmanos e judeus

O cristão Erígena foi um precursor muito menos importante da filosofia medieval ocidental do que uma série de pensadores muçulmanos dos países que constituem atualmente o Iraque e o Irã. Além de serem filósofos importantes por sua própria capacidade, esses muçulmanos forneceram o caminho indireto através do qual muito saber grego se tornou finalmente disponível para o Ocidente latino.

No século IV havia em Edessa, na Mesopotâmia, uma escola de cristãos sírios que realizou um sério estudo da filosofia e da medicina gregas. Esses cristãos não aceitaram a condenação de Nestório no Concílio de Éfeso em 431, e não houve para eles reconciliação no Concílio de Calcedônia em 451. Consequentemente, sua escola foi fechada pelo imperador Zenão em 489. Os estudiosos migraram para a Pérsia, onde continuaram o trabalho que haviam iniciado em Edessa e que consistia em traduzir as obras de lógica de Aristóteles do grego para o siríaco.

Depois da conquista muçulmana da Pérsia e da Síria, estudiosos pertencentes a essa escola foram convidados para a corte de Bagdá na época dos califas esclarecidos das *Mil e uma noites*. Entre 750 e 900 esses sírios traduziram para o árabe boa parte do *corpus* aristotélico, bem como a *Re-*

---

11. Ver O'Meara, *Eriugena*, 214-216.

A santa padroeira da filosofia latina foi Catarina de Alexandria, que segundo a lenda derrotou cinquenta filósofos pagãos num debate diante do imperador Maxêncio. Pintoricchio, neste afresco presente nos apartamentos Bórgia do Vaticano, a mostra derrotando, muito satisfatoriamente, também um par de filósofos islâmicos.

pública e as *Leis*, de Platão. Também tornaram disponíveis para o mundo muçulmano os tratados científicos e médicos de Euclides, Arquimedes, Hipócrates e Galeno. Obras de matemática e astronomia foram concomitantemente traduzidas com base em fontes indianas. Os números "arábicos" que atualmente utilizamos, que eram enormemente mais convenientes aos propósitos da aritmética do que os números romanos e bizantinos que substituíram, foram importados da Índia nesse mesmo período.

A introdução da filosofia grega, sobretudo a aristotélica, exerceu um efeito muito significativo sobre o pensamento muçulmano. A teologia islâmica (*kalam*) já formara um rudimentar vocabulário filosófico e se mostrou inicialmente — e subsequentemente — hostil a esse sistema de ideias estrangeiro (*falsafa*). Por exemplo, os pensadores da *kalam* (conhecidos como Mutakallimun) desenvolveram uma série de provas para demonstrar que o mundo tivera um princípio no tempo; os novos filósofos apresentaram argumentos aristotélicos com o fito de demonstrar que o mundo sempre existira[12]. Enquanto para pensadores ocidentais, como Agostinho, o latim

---

12. Ver William Lane CRAIG, *The Kalam Cosmological Argument*, London, Macmillan, 1979.

vulgar de traduções da Bíblia tornara o cristianismo inicialmente insípido, para os sábios da *kalam* do *Quran* foi o árabe imperfeito das traduções de Aristóteles que se revelou um obstáculo à aceitação da filosofia. Por algum tempo resistiram à ideia de que a lógica possuía validade universal, antes a tratando como um ramo obscuro da gramática grega.

O indivíduo tradicionalmente considerado o pai da filosofia muçulmana é al-Kindi (*c*. 801-866), um contemporâneo de Erígena, que ocupou um terreno mediano entre *kalam* e *falsafa*. Escreveu um tratado intitulado *A arte de afastar tristezas*, semelhante ao *Consolação* de Boécio. Mais importante, contudo, é seu tratado sobre a Primeira Filosofia, que desenvolve de um modo altamente formal o argumento da *kalam* a favor da finitude do mundo no tempo[13]. Também é lembrado por seus escritos sobre o entendimento humano, em um dos quais sugere que nosso intelecto é posto em funcionamento por uma inteligência única cósmica, talvez identificável com a Mente, a qual ocupa o segundo lugar na trindade neoplatônica do Um, Mente e Alma. Essa ideia foi assumida por um filósofo posterior, al-Farabi, membro da escola de Bagdá que morreu em 950. Ele costumava explicar a passagem desnorteante no *De Anima* de Aristóteles que se refere a duas mentes, uma mente para constituir coisas e uma para tornar-se coisas[14].

Al-Farabi distinguiu claramente gramática e lógica, considerando esta última uma ferramenta preparatória da filosofia. A filosofia propriamente dita, segundo ele, apresentava três divisões: física, metafísica e ética. A psicologia era uma parte da física, a teologia sendo uma disciplina inteiramente independente que se ocupava do estudo dos atributos de Deus como recompensador e aquele que pune. Podia-se, entretanto, servir-se de argumentos filosóficos para provar a existência de Deus como primeiro movente e ser necessário. Al-Farabi foi um integrante da seita mística dos sufis e enfatizava que a tarefa dos seres humanos consistia em buscar a iluminação em Deus e a ele retornar, que é de quem originalmente emanamos.

Um contemporâneo de al-Farabi foi Saadiah Gaon (882-942), o primeiro filósofo judeu da Idade Média, que nascera no Egito e se mudara para a Babilônia, onde se tornou diretor da escola de estudos bíblicos. Traduziu a Bíblia para o árabe e escreveu profusamente sobre liturgia e tradi-

---

13. Isso é exposto minuciosamente na sequência, no capítulo 5.
14. Ver volume I, p. 286-287.

ção judaicas. Nutria o desejo intenso de harmonizar a doutrina bíblica com a filosofia racional, as quais concebia como dois brotos do mesmo galho. Nessa tarefa valeu-se de fontes neoplatônicas e de material extraído da *kalam*. Seu livro mais influente intitulava-se *Livro das doutrinas e crenças*.

Certezas humanas, segundo Saadiah, têm três fontes: os sentidos, a razão e a tradição. A razão é de dois tipos: intuição racional, que fornece as verdades da lógica e o conhecimento do bem e do mal, e a inferência racional, que deduz verdades por meio de argumentos a partir das premissas fornecidas pelos sentidos e pela intuição. É por inferência racional que sabemos que os seres humanos possuem uma alma e que o universo tem uma causa. A tradição do povo judeu, cujo elemento mais importante é a Bíblia, constitui uma fonte adicional de conhecimento cuja validade é certificada pela realização de milagres por parte dos profetas. Trata-se de uma fonte independente, mas é necessário que seja interpretada judiciosamente à luz de informações obtidas a partir de outras fontes.

Os sentidos, segundo Saadiah, são incapazes de nos informar se o mundo teve um começo ou se sempre existiu, de modo que temos que recorrer à razão. Ele oferece quatro provas de que o mundo foi criado no tempo: (1) tudo no universo é finito no tocante ao tamanho, de sorte que a força que o mantém coeso é necessariamente finita e não pode ter existido sempre; (2) os elementos do cosmos são complexos, mas se ajustam entre si admiravelmente, de modo que têm que ser a obra de um habilidoso criador; (3) todas as substâncias no mundo natural são contingentes e requerem um necessário criador; (4) uma série infinita é inapreensível ou impercorrível, de maneira que o tempo é necessariamente finito. Alguns desses argumentos remontam a Filopono, e alguns deles tiveram um longo futuro à sua frente (*PMA* 344-350).

Avicena e seus sucessores

O maior de todos os filósofos muçulmanos foi Ibn Sina, conhecido no Ocidente como Avicena (980-1037). Avicena foi um persa nascido próximo de Bokhara (atualmente Uzbequistão). Foi educado no árabe e escreveu a maioria de suas obras nessa língua. Supõe-se que tenha obtido o domínio da lógica, da matemática, da física e da medicina na adolescência. Começou a atuar como médico aos dezesseis anos. Em sua autobiografia, editada por seu discípulo Juzjani, ele descreve como então assumiu a filosofia:

Durante um ano e meio devotei-me ao estudo. Retomei o estudo da lógica e de todas as partes da filosofia. Nessa época não dormia a noite inteira e tudo que fazia durante todo o dia era estudar. Toda vez que um problema me deixava confuso [...] dirigia-me à mesquita, orava e suplicava ao Criador de Tudo que me revelasse aquilo que estava para mim oculto e a mim tornasse fácil o que se mostrava difícil. Então, à noite, voltava para casa, acendia uma candeia diante de mim e me lançava ao labor de ler e escrever.[15]

Assim, nos informa, passou a dominar todas as ciências quando tinha dezoito anos. Com vinte anos, publicou uma enciclopédia — a primeira das cinco publicadas no decorrer de sua vida, quatro em árabe e uma em persa.

Havia muita demanda da habilidade médica de Avicena. Ele foi convocado para tratar do sultão de Bokhara e fez pleno uso de sua esplêndida biblioteca. Entre 1015 e 1022 Avicena foi tanto médico da corte quanto vizir do soberano de Hamadan. Ocupou posteriormente um cargo similar na corte de Isfahan. Deixou atrás de si cerca de duzentas obras, das quais mais de cem sobreviveram. Seu *Cânone de medicina* sumaria muito material clínico clássico e agrega observações suas. Foi utilizado por praticantes da medicina na Europa até o século XVII.

A principal enciclopédia filosófica de Avicena foi chamada em árabe de *Kitab-al-Shifa*, ou "Livro da cura". É dividida em quatro partes, das quais as primeiras três abordam respectivamente lógica, física e matemática. A segunda parte inclui um desenvolvimento do *De Anima* de Aristóteles. A quarta parte, cujo nome árabe significa "Das coisas divinas", foi conhecida no Ocidente medieval como sua *Metafísica* e quando traduzida para o latim em Toledo, por volta de 1150, exerceu imensa influência na filosofia latina da Idade Média.

Avicena declarou que lera a *Metafísica* de Aristóteles quarenta vezes e que a decorara sem compreendê-la. Foi somente quando topou com um comentário de al-Farabi que entendeu o significado da teoria do ser enquanto ser[16]. Sua própria *Metafísica* é muito mais do que um comentário de Aristóteles; trata-se de um sistema original plenamente concebido. Essa obra, composta de dez tratados, apresenta duas partes: os primeiros cinco

---

15. Citado em J. L. Espósito, *Islam: The Straight Path*, New York, Oxford Univ. Press, 1991, 57.
16. Avicena, *The Life of Ibn Sina*, trans. W. E. Gohlman, Albany, State University of New York Press, 1974.

livros tratam de ontologia, a ciência do ser em geral; os livros restantes são dedicados, sobretudo, à teologia natural. Nos livros iniciais Avicena se ocupa das noções de substância, matéria e forma, potência e ato e do problema dos universais. Nos livros finais examina a natureza da primeira causa, o conceito do ser necessário e o modo no qual as criaturas, particularmente os seres humanos, derivam seu ser e sua natureza a partir de Deus.

Para ilustrar como Avicena modifica os conceitos aristotélicos, podemos tomar a doutrina da matéria e forma. Qualquer entidade corpórea, ele sustenta, consiste de matéria sob uma forma substancial, uma forma de corporeidade que dela faz um corpo. Todas as criaturas corpóreas pertencem a espécies particulares, mas qualquer delas, por exemplo um cão, não possui apenas uma forma substancial, mas muitas: tanto quanto corporeidade, possui as formas da animalidade e da caninidade. Como as almas, para um aristotélico, são formas, os seres humanos nessa teoria têm três almas: uma alma vegetativa (responsável pela nutrição, pelo crescimento e pela reprodução), uma alma animal (responsável pelo movimento e pela percepção) e uma alma racional (responsável pelo pensamento intelectual). Nenhuma das almas existe antes do corpo, mas, enquanto as duas almas inferiores são mortais, a alma superior é imortal e sobrevive à morte numa condição ou de bem-aventurança ou de frustração, em conformidade com os méritos da vida que levou. Avicena adotou a interpretação de al-Farabi de Aristóteles no que tange ao intelecto e admitiu, além da mente humana receptiva que absorve informações encaminhadas pelos sentidos, um singular intelecto ativo sobre-humano que confere aos seres humanos a capacidade de apreender conceitos e princípios universais[17].

Na descrição da natureza única de Deus, Avicena introduziu uma ideia nova que desempenhou um papel central em toda a metafísica subsequente: a distinção entre essência e existência[18]. Em todas as criaturas essência e existência são distintas: nem sequer a mais completa investigação de *que tipo* de coisa é uma espécie particular mostrará *que* quaisquer indivíduos dessa espécie existem. Deus, porém, é totalmente diferente: no seu caso, e exclusivamente no seu caso, essência envolve existência. Deus é o único ser necessário, todos os demais são contingentes. Como a exis-

---

17. A filosofia da mente de al-Farabi e de Avicena é discutida detalhadamente no capítulo 7 deste livro.
18. Alguns autores têm afirmado que esta distinção remonta a Aristóteles, mas isso é duvidoso (ver volume I, p. 263).

tência de Deus depende somente de sua essência, sua existência é eterna; e assim, também, Avicena concluiu, é o mundo que dele emana[19].

A despeito de na prática ter sido irregular e desatento, Avicena foi um muçulmano sincero e tomou o cuidado de harmonizar seu esquema filosófico com o ensinamento e as determinações do Profeta, considerados por ele uma única iluminação do intelecto ativo. Mas seu tratamento sistemático da religião na segunda parte de sua *Metafísica* não recorreu de modo especial à autoridade do Corão. Apresenta justificações racionalistas para o ritual e as práticas sociais islâmicas (incluindo a poligamia e a subordinação das mulheres), mas é baseado em princípios religiosos de um caráter geral e filosófico. Foi o que possibilitou que seus escritos exercessem influência entre os filósofos católicos do Ocidente latino; mas também atraiu para suas obras a suspeita de muçulmanos conservadores. Contudo, devido ao favorecimento de príncipes, ele escapou de uma séria perseguição. Avicena encontrou seu fim em 1037 em Hamadan, durante uma campanha movida contra essa cidade liderada pelo governante de Isfahan. Dizem que ingeriu um veneno receitado equivocadamente como medicação para uma doença de pouca gravidade causada por sua vida dissoluta.

Um contemporâneo mais jovem de Avicena, Salomão Ibn Gabirol (*c*. 1021-1058), realizou uma marcante contribuição para a metafísica. Embora fosse um judeu devoto e poeta litúrgico, Ibn Gabirol escreveu uma obra filosófica, *A fonte da vida*, que não denuncia qualquer traço de sua origem judaica — a tal ponto que quando foi traduzida para o latim em meados do século XII foi considerada obra de um muçulmano, ao qual os ocidentais atribuíram o nome Avicebron.

O sistema de Ibn Gabirol é fundamentalmente neoplatônico, mas encerra um elemento neoaristotélico. Todas as substâncias criadas, segundo sustentado por ele, quer corpóreas, quer espirituais, quer terrestres, quer celestes, são compostas de matéria e forma. Há tanto matéria espiritual quanto matéria corpórea: o universo é uma pirâmide com a divindade imaterial no vértice e a matéria primordial sem forma na base. Visto não ser mais possível equiparar "material" com "corpóreo" em seu sistema, Ibn Gabirol é obrigado a introduzir, como Avicena, uma forma de corporeidade para fazer dos corpos, corpos. O hilemorfismo universal de Ibn Gabirol exerceria uma considerável influência no aristotelismo latino do século XIII (*PMA* 359-367).

---

19. A metafísica de Avicena é discutida minuciosamente no capítulo 6 deste livro.

Neste ínterim, tanto na cristandade quanto no Islã, o século XI assistiu a uma reação contra a filosofia da parte de teólogos conservadores. S. Pedro Damiani (1007-1072), enraivecido com críticas filosóficas feitas às crenças católicas referentes à Eucaristia, trombeteou que Deus não escolhera salvar seu povo por meio da dialética. Ele próprio, entretanto, realmente serviu-se do raciocínio filosófico ao discutir os atributos divinos, e este o conduziu a algumas estranhas conclusões. Se estas colidiram com o princípio de contradição, que o seja: a lógica não era a senhora, mas a serva da teologia[20].

Perto do desfecho do século, o filósofo e místico persa al-Ghazali (1058-1111) escreveu uma obra, *Tahafut al-falasifa* ("A incoerência dos filósofos"), na qual procurou mostrar não só que filósofos muçulmanos, Avicena em particular, eram heréticos perante o Islã, como também que eram falíveis e incoerentes no âmbito de suas próprias luzes filosóficas. Suas críticas aos argumentos de Avicena a favor da existência de Deus e da imortalidade da alma foram amiúde bem acolhidas. Mas ele atualmente é mais lembrado porque sua obra *Incoerência* provocou uma resposta de um filósofo do século XII de maior peso, ou seja, Averróis.

Anselmo de Cantuária

A despeito desses choques entre dialéticos e conservadores, o século XI produziu um pensador que foi tanto um filósofo original independente quanto um teólogo suficientemente ortodoxo para ser canonizado: Sto. Anselmo de Cantuária (1033-1109). Nascido em Aosta, se tornou, aos 27 anos, monge na abadia de Bec, onde estudou as obras de Agostinho sob a orientação do abade Lanfranc, estudioso de elevada competência que viria a se tornar mais tarde o primeiro arcebispo de Cantuária após a conquista normanda da Inglaterra. Na qualidade de monge, primeiramente prior e finalmente abade de Bec, Anselmo escreveu uma série de obras breves de cunho filosófico e meditativo.

O *Monologion*, dedicado a Lanfranc, visava ensinar os estudantes a meditar sobre a natureza de Deus. A maior parte dele (seções 29 a 80) diz respeito à doutrina cristã da Trindade, mas as seções iniciais apresentam

---

20. As opiniões incomuns de Damiani a respeito da onipotência são discutidas na sequência, no capítulo 9.

argumentos a favor da existência de Deus — a partir de graus de perfeição a ser encontrados nas criaturas e a partir do confronto entre ser dependente e independente. É numa obra um pouco posterior, o *Proslogion*, que ele aventa seu célebre argumento a favor da existência de Deus como aquilo comparado ao qual nada maior pode ser concebido. É principalmente nesse argumento (comumente denominado "argumento ontológico") que se apoia seu renome filosófico[21]. O *Proslogion*, um breve discurso dirigido a Deus no estilo das *Confissões* de Agostinho, compartilha com esta última obra um insinuante encanto literário que fez dele um clássico duradouro da literatura filosófica.

Anselmo, como foi afirmado antes, distinguiu-se tanto como filósofo quanto como teólogo, e em seus escritos não faz uma distinção nítida entre as duas disciplinas. Ao tratar de Deus, não estabelece uma distinção sistemática, como viriam a estabelecer escolásticos tardios, entre teologia natural (o que é possível descobrir de Deus por meio tão só da razão, sem qualquer outro auxílio) e teologia dogmática (o que pode ser aprendido somente a partir da Revelação). Ele sintetiza sua própria postura num trecho presente no início do *Proslogion* (c. 1).

> Não viso, Senhor, penetrar tua profundidade, porque sei que meu intelecto não se equipara a ela; mas quero compreender, em alguma modesta medida, aquela tua verdade em que crê meu coração e a qual ele ama. Pois não busco compreender que posso crer; mas creio que posso compreender. Com efeito, também creio nisso, ou seja, que se não crer não compreenderei (Is 7,9).

Assim, ele trata tanto a existência de Deus quanto o mistério da Trindade do mesmo modo, como verdades em que crê desde o início, mas que quer compreender mais completamente. Se no decorrer desse processo descobre argumentos filosóficos que possam ser utilizados para influenciar também o descrente, isso é um bônus e não o propósito de sua investigação.

Vários tratados, portanto, versam a uma só vez sobre filosofia e teologia. O *Da verdade* analisa distintas aplicações da palavra "verdadeiro" — às sentenças, aos pensamentos, às percepções sensoriais, às ações e às

---

21. Os argumentos de Anselmo a favor da existência de Deus são analisados na sequência, no capítulo 9.

A torre de Anselmo na Catedral de Cantuária. Ele está sepultado sob uma simples laje numa capela na base da Catedral.

coisas. Conclui que há apenas uma única verdade em todas as coisas, que é idêntica à justiça. O *Do livre-arbítrio* explora em que medida os seres humanos são capazes de evitar o pecado. O *Da queda do Diabo* ocupa-se de uma das mais tormentosas versões do problema do mal: como poderiam anjos inicialmente bons, supremamente inteligentes e destituídos de qualquer tentação carnal se distanciar de Deus, a única fonte verdadeira da felicidade?

Enquanto esteve em Bec, Anselmo realmente escreveu uma obra puramente filosófica. *Do gramático* reflete sobre a interface entre a gramática e a lógica e sobre a relação entre significantes e significados. Contra o fundo das categorias de Aristóteles, Anselmo analisou os contrastes entre substantivos e adjetivos, termos concretos e abstratos, substâncias e qualidades, e relacionou esses contrastes entre si.

Em 1093 Anselmo sucedeu a Lanfranc como arcebispo de Cantuária, cargo que exerceu até sua morte. Nos derradeiros anos de sua vida, esteve bastante ocupado com disputas relativas à jurisdição envolvendo o rei (Guilherme II) e o papa (Urbano II). Encontrou, porém, tempo para escrever uma justificativa original para a doutrina cristã da Encarnação, que recebeu o título de *Por que Deus se tornou homem?* Exige a justiça, diz ele, que onde haja ofensa haja necessariamente reparação: o ofensor tem que oferecer uma recompensa que seja igual e oposta à ofensa. No estilo feudal, ele argumenta que a grandeza de uma ofensa é estimada pela importância da pessoa ofendida, ao passo que a grandeza de uma recompensa é estimada pela importância da pessoa que a confere. O pecado humano é ofensa infinita, uma vez que é ofensa contra Deus; a recompensa humana é apenas finita, uma vez que é conferida por uma criatura. Sem contar com ajuda, portanto, a raça humana é incapaz de efetuar a reparação dos pecados de Adão e seus herdeiros. A reparação só pode ser adequada se efetuada por alguém que seja humano (e, consequentemente, um herdeiro de Adão) e também divino (com o que, consequentemente, se capacita a conferir uma recompensa infinita). Daí a necessidade da Encarnação. Na história da filosofia, esse tratado de Anselmo é importante devido ao seu conceito de reparação, o qual, juntamente com impedimento e retribuição, por muito tempo figurou em justificações filosóficas da punição no contexto político, bem como no teológico.

Precisamente antes de tornar-se arcebispo, Anselmo se envolvera numa disputa com um teólogo belicoso, Roscelin de Compiègne (*c.* 1050-1120). Roscelin é famoso devido à sua participação numa disputa que teve uma longa história diante de si: o debate sobre a natureza dos universais. Numa sentença como "Pedro é humano", o que significa o termo universal "humano"? Filósofos através dos séculos foram divididos em realistas, os que consideraram que tal predicado denotava alguma realidade extramental, e nominalistas, que consideraram que nenhuma entidade correspondia a tal palavra do modo que o homem Pedro corresponde ao nome "Pedro". Roscelin é frequentemente considerado na história da filosofia o fundador do "nominalismo", mas suas opiniões eram de fato mais extremas do que aquelas da maioria dos nominalistas. Ele sustentava não só que predicados universais eram meros nomes, mas que eram meros arquejos da respiração. Se essa teoria é aplicada à doutrina da Trindade, suscita um problema. O Pai, o Filho e o Espírito Santo são cada um Deus. Mas, se o predicado "Deus" é uma mera palavra, então as três pessoas da Trindade nada têm em comum. Anselmo obteve a condenação de Roscelin num Concílio em 1092, sob uma acusação de triteísmo, a heresia que consiste em afirmar que há três Deuses separados.

Abelardo

Nenhuma obra de lógica que possa ser seguramente atribuída a Roscelin sobreviveu. Tudo que podemos estar seguros de ter vindo de sua pena é uma carta endereçada ao seu mais famoso discípulo, Abelardo.

Abelardo nasceu numa aristocrática família bretã em 1079 e veio estudar com Roscelin logo após a condenação deste. Por volta de 1100 mudou-se para Paris e ingressou na escola ligada à Catedral de Notre Dame. O mestre ali atuante era Guilherme de Champeaux, que defendia uma teoria realista dos universais que se situava no extremo oposto do nominalismo de Roscelin. A natureza universal do ser humano, ele sustentava, está inteiramente presente em cada indivíduo num único tempo idêntico. Abelardo considerou a doutrina de Guilherme não mais adequada do que a de seu antigo mestre e deixou Paris para estabelecer uma escola em Melun, onde escreveu suas primeiras obras que sobreviveram — comentários palavra por palavra das obras de lógica de Aristóteles, Porfírio e Boécio.

Mais tarde retornou a Paris e fundou uma escola que competia com a de Guilherme, a quem sucedeu em 1113 como mestre da escola de Notre Dame. Enquanto ali ensinava hospedou-se com um dos cônegos da catedral, Fulbert, e tornou-se tutor de sua sobrinha Heloísa, de dezesseis anos.

Provavelmente em 1116 se tornou amante de Heloísa, e quando ela engravidou desposou-a secretamente. Heloísa relutara em casar-se com receio de interferir na carreira de Abelardo, e logo após o casamento e o nascimento de seu filho retirou-se para um convento. Seu ultrajado tio Fulbert providenciou para que dois assassinos invadissem à noite os aposentos de seu marido, onde o emascularam. Abelardo tornou-se monge em Saint Denis, enquanto Heloísa tornou-se freira em Argenteuil.

Abelardo amparava Heloísa com seus ganhos tutoriais e o casal retomou seu relacionamento mediante uma correspondência edificante. Uma das cartas mais longas de Abelardo, escrita alguns anos depois, é chamada de *História das calamidades*. Constitui a principal fonte para nosso conhecimento de sua vida até esse ponto, e é a mais vívida peça de autobiografia entre as *Confissões* de Agostinho e o diário de Samuel Pepys.

Em Saint Denis, Abelardo prosseguiu ensinando e principiou a escrever tratados teológicos. O primeiro, *Teologia do Bem Supremo*, tratava do problema que transformou Anselmo e Roscelin em adversários: a natureza da distinção entre as três pessoas divinas na Trindade, e a relação na Divindade entre a tríade "poder, sabedoria, bondade" e a tríade "Pai, Filho e Espírito". Como Roscelin, Abelardo se desentendeu com a Igreja; sua obra foi condenada como inidônea por um sínodo em Soissons, em 1121. Ele foi obrigado a queimar o tratado com suas próprias mãos e foi encarcerado por algum tempo num mosteiro correcional.

Quando de sua volta a Saint Denis, Abelardo logo se enredou novamente em problemas, ao negar que o padroeiro da Abadia tinha algum dia sido bispo de Atenas. Foi forçado a deixar a abadia e estabeleceu uma escola rural num oratório construído por ele em Champagne e dedicado ao Paráclito (o Espírito Santo). De 1125 a 1132, ou mais ou menos isso, ele foi abade de Saint Gildas, uma abadia corrupta e turbulenta na Bretanha, onde suas tentativas de reforma esbarraram em ameaças de assassinato. Nesse ínterim, Heloísa se tornara priora de Argenteuil. Quando ela e suas freiras ficaram sem teto em 1129, Abelardo as instalou no oratório de Paráclito.

Em alguma ocasião no início de 1130 Abelardo regressou a Paris, voltando a ensinar no Monte Sta. Geneviève. Passou a maior parte do resto de sua vida de trabalho aí, fazendo preleções de lógica e teologia e escrevendo copiosamente. Escreveu um comentário da Epístola aos Romanos e um tratado de ética, com o título socrático *Conhece-te a ti mesmo*. Continuou montando uma coletânea de textos oficiais acerca de importantes tópicos teológicos, agrupando-os em pares contraditórios sob o título *Sic et non*

Heloísa e Abelardo, unidos na morte, num túmulo
no cemitério parisiense de Père Lachaise.

("Sim e não"). Desenvolveu as ideias de sua *Teologia do Bem Supremo* em diversas versões sucessivas, das quais a definitiva foi A *teologia escolástica*, finalizada em meados de 1130.

Esse livro ocasionou um conflito com S. Bernardo, abade de Claraval e segundo fundador da ordem cisterciense, posteriormente o pregador da segunda Cruzada. Bernardo extraiu do livro (às vezes justa, às vezes injustamente) um elenco de dezenove heresias e as condenou num concílio em Sens, em 1140. Entre as proposições condenadas havia algumas absolutamente incitantes, por exemplo: "Deus não deve e não pode impedir o mal" e "O poder de ligar e desligar foi dado somente aos Apóstolos e não aos seus sucessores" (DB 375, 379). Abelardo apelou a Roma contra a condenação, mas o único resultado que obteve foi o papa condená-lo ao silêncio perpétuo. Nessa ocasião ele se retirou para a Abadia de Cluny, onde morreu dois anos depois; sua morte serena foi descrita pelo abade Pedro, o Venerável, numa carta a Heloísa.

De todos os pensadores medievais, Abelardo é sem dúvida um dos mais famosos. Mas para o mundo em geral ele é mais célebre como um trágico amante do que como um filósofo original. A despeito disso, ocupa uma posição importante na história da filosofia, devido especialmente a duas razões: por sua contribuição para a lógica e por sua influência no método escolástico.

Dele sobreviveram três tratados de lógica. Os dois primeiros são ambos denominados "Lógica" e distinguidos entre si por referência às primeiras palavras de seu texto latino: um é o *Logica ingredientibus* e o outro o *Logica nostrorum petitioni*. O terceiro intitula-se *Dialectica*. A opinião comum dos estudiosos costumava ser a de que o terceiro tratado foi o definitivo, datando dos últimos anos da vida de Abelardo. Por outro lado, alguns estudiosos recentes sugeriram que esse tratado data de um período bem anterior, em parte com base no espontâneo fundamento de que é improvável que exemplos como "Pode minha namorada beijar-me" e "Pedro ama sua garota" hajam sido incluídos num texto escrito depois do caso com Heloísa[22]. Quando Abelardo escreveu, pouquíssimos dos tratados de lógica de Aristóteles estavam disponíveis em latim e, nessa medida, ele se encontrou em situação desvantajosa relativamente a autores posteriores nos séculos sucessivos. Deve-se, portanto, muito mais particularmente ao seu discernimento e à sua originalidade o fato de ter contribuído para esse assunto de um modo que o fez destacar-se como um dos maiores lógicos medievais.

Uma das obras de Abelardo que exerceram a maior influência subsequente foi seu *Sic et non*, que coloca em oposição mútua textos que versam sobre o mesmo tópico, da autoria de diferentes autoridades bíblicas ou patrísticas. Essa coletânea não foi elaborada com um propósito cético, objetivando lançar dúvida sobre a autoridade dos autores sagrados e eclesiásticos; pelo contrário, os textos emparelhados foram dispostos segundo um padrão sistemático com o fito de estimular tanto a própria reflexão de Abelardo quanto a de outros sobre os pontos em pauta.

Posteriormente, no apogeu das universidades medievais, o debate acadêmico se impôs como o método favorito de ensino. Um professor designava um de seus alunos, um estudante mais adiantado e um ou mais estudantes menos adiantados para discutirem uma questão. Ao discípulo mais adiantado cabia defender alguma tese particular — por exemplo, que o mundo foi criado no tempo ou, o contrário, que o mundo não foi criado no tempo. Essa tese seria atacada, a tese oposta sendo então proposta por outros alu-

---

22. No que se refere às datas das obras de lógica de Abelardo, ver John MARENBON, *The Philosophy of Peter Abelard*, Cambridge, Cambridge University Press, 1997, 36-53.

nos. O instrutor então dirimiria o debate, tentando exibir o que havia de verdadeiro no que fora dito pelo primeiro aluno e o que havia de acertado nas críticas feitas pelos outros. Muitas das mais renomadas obras-primas da filosofia medieval — por exemplo, a grande maioria dos escritos de Tomás de Aquino — observam, na página escrita, o modelo dessas disputas orais.

O *Sic et non* de Abelardo é o ancestral desses debates medievais. O principal texto de teologia medieval, o *Sentenças*, de Pedro Lombardo, teve uma estrutura semelhante à obra de Abelardo e promoveu o tipo de debate padrão nas escolas. Assim, pode-se argumentar que, em última instância, deve-se a Abelardo o fato de a estrutura da discussão filosófica ter assumido uma forma que era oposicional e não inquisitorial, com alunos desempenhando o papel de advogados e o professor desempenhando a função de juiz. Embora ele mesmo jamais tenha sido mais do que um professor de escola, Abelardo impôs um estilo de pensamento aos mestres acadêmicos até a Renascença.

Averróis

Vários dos contemporâneos cristãos de Abelardo contribuíram para a filosofia. A maioria deles pertencia a escolas de Paris ou de seus arredores. Em Chartres, um grupo de estudiosos fomentou um renascimento do interesse em Platão: Guilherme de Conches fez comentários ao *Timeu*, e Gilberto de Poitiers patrocinou uma versão moderada de realismo. A Abadia de São Vítor produziu dois pensadores notáveis: um alemão, Hugo, e um escocês, Ricardo, tendo ambos combinado um gosto pelo misticismo com enérgicas tentativas de descobrir uma prova racional da existência de Deus. Na própria capital, Pedro Lombardo, o bispo de Paris, escreveu uma obra nos moldes do *Sic et non* de Abelardo, chamada *Sentenças*. Tratava-se de uma compilação de passagens oficiais extraídas do Antigo e do Novo Testamentos, de concílios da Igreja e dos Padres da Igreja, agrupadas tópico a tópico, a favor e contra teses particulares de teologia. Tornou-se um livro padrão da universidade.

Entretanto, os únicos filósofos do século XII comparáveis a Abelardo no que se refere a talento filosófico vieram de fora da cristandade. Ambos nasceram em Córdoba, seus nascimentos distando em um decênio, o muçulmano Averróis (cujo nome verdadeiro era Ibn Rushd) e o judeu Maimônides (cujo nome verdadeiro era Moses ben Maimon). Córdoba era o principal centro da cultura artística e literária em toda a Europa, e a Espanha muçulmana, enquanto não foi assolada pelos fanáticos *Almohads*, proporcionou um ambiente de tolerância no qual cristãos e judeus conviviam em paz com os árabes.

Averróis (1126-1198) era juiz e filho e neto de juízes. Era também conhecedor de medicina e escreveu um compêndio para médicos intitulado *Kulliyat* ("Princípios gerais"). Ingressou na corte do sultão em Marrakesh e enquanto lá esteve conseguiu avistar uma estrela não visível na Espanha, o que o convenceu da verdade contida na afirmação de Aristóteles de que o mundo era redondo. De volta à Espanha em 1168, foi incumbido pelo califa Abu Yakub de produzir um resumo das obras de Aristóteles. Em 1182 foi nomeado médico da corte adicionalmente ao seu cargo de juiz, e combinou esses cargos ao seu conhecimento aristotélico até 1195, quando caiu em desgraça com o califa al-Mansur. Não tardou para que fosse mantido em prisão domiciliar e seus livros fossem queimados. Retornou ao Marrocos e faleceu em Marrakesh em 1198.

Por toda sua vida Averróis teve que defender a filosofia de ataques de muçulmanos conservadores. Em resposta à obra *Incoerência dos filósofos*, de al-Ghazali, escreveu um livro intitulado *A incoerência da incoerência*, advogando o direito da razão humana de investigar matérias de teologia. Escreveu também um tratado, *A harmonia da filosofia e da religião*. É o estudo da filosofia — pergunta — permitido ou proibido pela lei islâmica? Sua resposta é que é proibido para os simples crentes, mas que para aqueles que possuem a apropriada capacidade intelectual é positivamente obrigatório, contanto que o conservem para si e não o comuniquem a outros (*HPR* 65).

O ensinamento de Averróis no *Incoerência* foi mal interpretado por alguns de seus seguidores e críticos como uma doutrina da verdade dupla: a doutrina segundo a qual algo pode ser verdadeiro em filosofia e não o ser em religião, e vice-versa. Sua intenção, porém, era meramente distinguir diferentes níveis de acesso a uma verdade única, níveis apropriados a diferentes graus de talento e instrução.

A diatribe de al-Ghazali fora dirigida especialmente à filosofia de Avicena. Em sua resposta a al-Ghazali, Averróis não atua como um defensor não crítico de Avicena; sua própria posição situa-se amiúde em algum ponto entre as posições dos dois oponentes. Como Avicena, Averróis crê na eternidade do mundo, argumentando que essa crença não é incompatível com a crença na criação, e procura refutar os argumentos provenientes de Filopono que visam demonstrar a impossibilidade do movimento eterno.

Por outro lado, Averróis paulatinamente abandonou o esquema de Avicena da emanação de Deus de uma série de inteligências celestes; além disso, rejeitou a dicotomia de essência e existência aventada por Avicena como a distinção-chave entre criaturas e criador. Chegou mesmo a negar a tese de Avicena de que o intelecto ativo produzia as formas naturais do mundo visível. Contra al-Ghazali, Averróis insistia que há causação autêntica no cosmos criado: causas naturais produzem seus próprios efeitos e não são meros gatilhos para o exercício da onipotência divina. Mas no caso da inteligência humana ele reduziu o papel da causação natural ainda mais do que fizera Avicena: sustentou que o intelecto passivo, não menos que o ativo, era uma substância única, sobre-humana e incorpórea (*PMA* 324-334)[23].

A mais importante contribuição de Averróis ao desenvolvimento da filosofia foi a série de comentários — 38 no todo — que escreveu sobre as obras de Aristóteles. Esses se apresentam em três tamanhos: breves, intermediários e longos. No caso de algumas obras de Aristóteles (por exemplo, *Da alma* e *Metafísica*), todos os três comentários ainda existem, no caso de outras, dois, e no caso de outras somente um. Alguns comentários sobrevivem no original árabe, alguns somente em traduções para o hebraico ou o latim. Os comentários breves, ou "epítomes", são essencialmente resumos ou condensações dos argumentos de Aristóteles e seus sucessores. Os comentários longos são trabalhos densos, com citações de Aristóteles na íntegra e comentários de cada sentença; os intermediários podem ter pretendido ser versões mais populares desses textos altamente profissionais.

Averróis conhecia a obra de Platão, mas não nutria a mesma admiração por ele que nutria por Aristóteles, cujo gênio considerava a suprema expressão do intelecto humano. Escreveu realmente uma paráfrase da *República* de Platão, talvez como uma *faute de mieux* para a *Política* de Aristóteles, então indisponível na Espanha. Omitiu algumas das principais passagens acerca das Ideias platônicas e forçou o livro para fazê-lo aproximar-se mais da *Ética a Nicômaco*. Em geral, concebia como uma de suas tarefas de comentador livrar Aristóteles do revestimento neoplatônico, ainda que, de fato, haja inadvertidamente preservado mais elementos platônicos.

Averróis causou pouca impressão nos seus colegas muçulmanos, entre os quais seu tipo de filosofia não tardou a atrair o desfavor. Seu trabalho enciclopédico, porém, viria a se revelar o veículo por intermédio do qual a interpretação de Aristóteles foi mediada à Idade Média latina, e ele fixou o

---

23. O ensinamento de Averróis sobre o intelecto é descrito em detalhes no capítulo 7 deste livro.

programa para alguns dos maiores pensadores do século XIII. Dante conferiu-lhe uma honrada posição no limbo e colocou seu seguidor cristão Siger de Brabant no céu, flanqueando Sto. Tomás de Aquino. Para o próprio Tomás e para gerações de estudiosos aristotelistas, Averróis foi o Comentador.

Maimônides

Muitos aspectos da vida de Averróis são repetidos na de Maimônides (1138-1204). Ambos nasceram em Córdoba e foram filhos de juízes religiosos, ambos foram doutos em direito e medicina e ambos viveram vidas errantes, dependentes do favorecimento de príncipes e dos caprichos da tolerância. Expulso de Córdoba pelos fundamentalistas *Almohads* quando tinha treze anos, Maimônides migrou com seus pais para Fez, em seguida para Acre e finalmente se estabeleceu no Cairo. Nesta cidade, durante cinco anos foi presidente da comunidade judaica, e a partir de 1185 médico da corte para o vizir de Saladino.

Em sua existência, sua fama se deveu sobretudo a seus estudos rabínicos: escreveu uma condensação da Torá e esboçou uma lista definitiva de mandamentos divinos (totalizando não dez, mas 613). Mas sua duradoura influência por todo o mundo foi devida a um livro que escreveu em árabe na última parte de sua vida, o *Guia dos perplexos*. O objetivo desse livro era harmonizar as aparentes contradições entre filosofia e religião que perturbavam crentes educados. Segundo Maimônides, o ensinamento bíblico e o aprendizado filosófico se complementam; o autêntico conhecimento da filosofia é necessário caso se pretenda ter a plena compreensão da Bíblia. Onde os dois parecem contradizer-se, as dificuldades podem ser resolvidas mediante uma interpretação alegórica do texto sagrado.

Maimônides foi sincero ao reconhecer seu débito com os filósofos muçulmanos e pagãos. Seu interesse pela filosofia despertou cedo e com dezesseis anos compilou um vocabulário de lógica sob a influência de al-Farabi. Também leu Avicena, mas lhe causou menos impressão. Seu maior débito foi com Aristóteles, cujo gênio era por ele considerado o cume da inteligência puramente humana. Mas era impossível compreender Aristóteles — escreveu ele — sem o auxílio da série de comentários que culminaram com os de Averróis.

O projeto de Maimônides de harmonizar a filosofia com a religião está na dependência de sua opinião densamente agnóstica da natureza da teologia. Não nos é possível dizer nada de positivo acerca de Deus, uma vez que ele nada tem em comum com pessoas como nós: desprovido de matéria e totalmente ato, imune à mudança e destituído de qualidades, Deus está infinitamente distante das criaturas. Ele é uma unidade simples e não possui atributos distintos tais como justiça e sabedoria. Quando atribuímos predicados ao nome divino, como quando dizemos "Deus é sábio", estamos realmente dizendo o que Deus *não é*: queremos dizer que Deus não é tolo. A tentativa de louvar a Deus atribuindo epítetos laudatórios humanos ao seu nome é como elogiar, por sua arrecadação acumulada em prata, um monarca cujo tesouro do reino é todo em ouro.

> O significado de "conhecimento", o significado de "propósito" e o significado de "providência", quando atribuídos a nós, diferem dos significados desses termos quando atribuídos a Ele. Quando as duas providências, ou dois conhecimentos, ou propósitos são considerados como tendo um único significado idêntico, surgem dificuldades e dúvidas. Quando, por outro lado, sabe-se que tudo que é atribuído a nós é diferente de tudo que é atribuído a ele, a verdade se torna manifesta. (*Guia*, 3. 20)[24]

Não temos como descrever Deus, sustenta Maimônides, a não ser por meio da negação. Se não pretendemos cair na idolatria, devemos explicar como metáfora ou alegoria todos os textos antropomórficos presentes na Bíblia.

Se a meta é conciliar religião e aristotelismo, terão que ser feitas concessões de ambos os lados. Para ilustrar a maneira de Maimônides executar seu projeto de conciliação, podemos considerar dois exemplos: a doutrina da criação e a doutrina da providência. No caso da criação, é a cosmologia aristotélica que tem que ceder; no caso da providência, deve-se ensinar sobriedade à devoção tradicional.

Como crente na doutrina judaica segundo a qual o mundo foi criado no tempo, Maimônides rejeitou a concepção aristotélica de um universo eterno e apresentou críticas de argumentos filosóficos que visam mostrar que o tempo não poderia ter nenhum começo. Mas ele não acreditou que a razão por si só, sem ajuda, fosse capaz de estabelecer a verdade da criação. Os seres humanos não podem deduzir a origem do mundo com base no mundo como é agora, tanto quanto um homem que nunca houvesse

---

24. Trad. S. Pines, Chicago, Chicago University Press, 1963, 2 vols.

conhecido uma mulher poderia compreender como os seres humanos vêm à existência. Maimônides rejeitou a opinião de Aristóteles de que o mundo consistia de espécies fixas e necessárias. É vergonhoso pensar, ele diz, que Deus não poderia encompridar a asa de uma mosca.

Por outro lado, não devemos pensar que o governo do universo por parte de Deus diz respeito a cada evento individual no mundo: sua Providência concerne aos seres humanos individualmente, mas diz respeito a outras criaturas apenas no geral.

> A Providência divina somente zela pelos indivíduos pertencentes à espécie humana, e exclusivamente nessa espécie todas as circunstâncias dos indivíduos bem como o bem e o mal que lhes sucedem são consequências de seus méritos ou deméritos. Porém, no que toca a todos os demais animais e, mais ainda, às plantas e outras coisas, minha opinião é a de Aristóteles. De fato, de modo algum creio que esta particular folha caiu devido a uma Providência que zelava por ela; nem que esta aranha devorou esta mosca porque Deus agora decretou e quis algo relativo a indivíduos. [...] Pois tudo isso, em minha opinião, deve-se ao puro acaso, como é sustentado por Aristóteles. (*Guia*, 3. 17)

Apesar disso, a intenção de Maimônides era ortodoxa e realmente devota. O objetivo da vida, ele insiste, é conhecer, amar e imitar Deus. O profeta pode aprender mais rapidamente do que o filósofo o pouco que há para ser conhecido de Deus. O conhecimento deve conduzir ao amor — um amor que é expresso na imitação desapaixonada da ação divina a ser encontrada nas vidas de profetas e legisladores bíblicos. Aqueles que não são nem profetas nem filósofos têm que ser induzidos às boas ações mediante histórias, que são menos do que verdades, como a de que Deus atende às preces e fica irado com o pecado.

Como Averróis, Maimônides entrou em conflito com crentes conservadores, que consideraram blasfema sua interpretação dos textos sagrados. De fato, alguns judeus na França procuraram angariar o apoio da Inquisição na tentativa de caracterizar suas heresias. Mas, diferentemente de Averróis, Maimônides, após sua morte, manteve o interesse e o respeito de seus correligionários, bem como o dos cristãos latinos.

2

Os escolásticos:
do século XII à Renascença

No século XII, uma série de dedicados tradutores fez uma contribuição à filosofia não menos significativa do que a contribuição dos pensadores originais desse século. No início do século XII, as únicas obras de Aristóteles conhecidas em latim eram as *Categorias* e *De interpretatione* (Da interpretação) nas traduções de Boécio. Mais ou menos vinte anos mais tarde, as traduções de Boécio dos outros tratados de lógica de Aristóteles foram resgatadas do verdadeiro esquecimento e Jaime de Veneza traduziu os *Segundos analíticos*, completando o *Organon* latino. Por volta de meados do século, Jaime traduzira também a *Física*, *De Anima* (Da alma) e os primeiros livros da *Metafísica*, com os livros restantes, exceção ao livro 11, tendo sido traduzidos por um estudioso anônimo. Somente uma parte da *Ética a Nicômaco*, os livros 2 e 3 (a "velha ética"), foi traduzida no século XII.

Na segunda metade do século importantes textos filosóficos foram traduzidos do árabe: obras de al-Kindi, al-Farabi, al-Ghazali, Ibn Gabirol e partes substanciais do grande *Kitab-al-Shifa* de Avicena. Muitos outros tratados também circulavam traduzidos, geralmente obras neoplatônicas ostentando o nome de Aristóteles. O mais importante para a história futura do aristotelismo latino foi a tradução para o latim dos principais comentários de Averróis, uma tarefa colossal empreendida por Michael Scot em torno de 1220.

Portanto, no começo do século XIII, os filósofos tinham à sua disposição um *corpus* bastante expressivo de textos aristotélicos e comentários dos aristotelistas. Muitas dessas primeiras traduções foram substituídas pelo trabalho de tradutores posteriores, particularmente Guilherme de Moerbeke, que trabalhou entre 1260 e 1280, e cujas versões receberam *status* canônico devido à sua utilização por Tomás de Aquino e outros importantes escolásticos. Mas já desde as primeiras décadas do século a influência de Aristóteles constituiu o estímulo predominante para o desenvolvimento da filosofia.

O século XIII foi um período de energia e entusiasmo intelectuais incomuns. O contexto para essa fermentação de ideias foi formado por duas inovações ocorridas no princípio do século: as novas universidades e as novas ordens religiosas.

Bolonha e Salerno reivindicam o título das mais antigas universidades da Europa. Bolonha celebrou seu aniversário de novecentos anos em 1988 e Salerno era uma instituição florescente em meados do século XII. Entretanto, Bolonha não possuiu prédios universitários permanentes senão em 1565 e a glória acadêmica de Salerno feneceu depressa; além disso, eram ambas escolas especializadas, que se concentravam respectivamente no direito e na medicina. Foi em Paris e Oxford que a instituição realmente fincou raízes: Paris recebeu sua carta patente em 1215 e Oxford teve seu *status* confirmado por um legado papal um ano antes.

A universidade é essencialmente uma inovação do século XIII, se por "universidade" entendermos uma corporação de pessoas envolvidas profissionalmente e em tempo integral no ensinamento e na expansão de um *corpus* de conhecimento de vários assuntos, transmitindo-o aos seus alunos dentro de um consenso em matéria de roteiro de cursos, métodos de ensino e padrões profissionais. Universidades e parlamentos passaram a existir aproximadamente na mesma época e se revelaram as mais duradouras de todas as invenções medievais.

Uma típica universidade medieval consistia de quatro faculdades: a faculdade de artes de caráter universal para os estudantes não formados e as três faculdades superiores de teologia, direito e medicina, associadas às profissões. Os estudantes nas faculdades aprendiam tanto ouvindo preleções dadas pelos estudantes mais avançados do que eles quanto, à medida que progrediam, ministrando preleções aos estudantes menos adiantados. Um mestre licenciado em uma universidade podia ensinar em qualquer universidade, e os graduados migravam livremente numa época em que todos os acadêmicos empregavam o latim como língua comum.

O programa de ensino nas faculdades era organizado em torno de textos estabelecidos. Levou algum tempo para se fixar o cânone na faculdade de artes: em 1210 um edito na Universidade de Paris proibiu quaisquer preleções sobre a filosofia natural de Aristóteles e determinou que seus textos fossem queimados. Mas, ainda que reforçada por bulas papais, a condenação parece ter rapidamente se tornado letra morta, e por volta de 1255 não só a física aristotélica, como também a metafísica e a ética de Aristóteles e, com efeito, todas suas obras conhecidas se tornaram partes obrigatórias do ementário. Em teologia, o livro do estudante que servia de base para as preleções, somando-se à Bíblia, era o *Sentenças*, de Pedro Lombardo. Os advogados tomavam como seu texto essencial a codificação de Justiniano do direito romano ou as *Decretais* de Graciano. Nas faculdades de medicina os textos estabelecidos variavam de universidade para universidade. As fronteiras entre as faculdades não eram necessariamente o que esperaria alguém familiarizado com as modernas universidades. É provável que um material que consideraríamos atualmente filosófico fosse encontrado tanto nos escritos dos teólogos medievais quanto nas preleções que sobreviveram da faculdade de artes.

Para a vida intelectual dessa época, a fundação das ordens religiosas dos frades mendicantes, dos franciscanos e dos dominicanos não foi menos importante do que a criação das universidades. S. Francisco de Assis assegurou em 1210 a aprovação papal para a regra que escrevera para sua pequena comunidade de pregadores pobres e andarilhos. S. Domingos, um lutador incansável a favor da ortodoxia, fundou conventos de freiras para a oração e de frades para a pregação contra a heresia: sua ordem foi aprovada pelo papa em 1216. Como os franciscanos ("frades menores", "frades cinzentos"), os dominicanos ("frades-pregadores", "frades pretos") tinham que viver de esmolas, mas no início o seu *ethos* era menos romântico e mais douto do que o dos franciscanos. Todavia, depois da primeira geração de frades *do outro mundo*, os franciscanos passaram a se sair bem academicamente tanto quanto os dominicanos. Perto de 1219 ambas as ordens estavam instaladas na Universidade de Paris. Os frades pretos chegaram a Oxford em 1221 e os frades cinzentos em 1224. Por volta de 1230 cada uma dessas ordens fundara ali uma escola.

O elenco dos grandes filósofos da alta Idade Média é oriundo em grande parte dessas duas ordens. Cinco dos mais ilustres pensadores são Sto. Alberto, Sto. Tomás de Aquino, S. Boaventura, John Duns Scotus e Guilherme de Ockham. Desses, os dois primeiros são dominicanos e os

Este afresco na parte superior da igreja de São Francisco em Assis mostra o papa Inocêncio III aprovando a regra da ordem franciscana.

últimos três, franciscanos. Somente no século XIV, com John Wyclif, topamos com um filósofo de talento comparável que era membro do clero secular (paroquial) e não um frade. O eventual desvio de Wyclif da ortodoxia fez dele, nas mentes dos historiadores eclesiásticos da filosofia, uma exceção duvidosa à regra de que foram pensadores das ordens religiosas que gozaram de preeminência.

Robert Grosseteste e Alberto Magno

Os três impulsos inovadores do século XIII — a acolhida de Aristóteles, o desenvolvimento das universidades e a influência das ordens mendicantes — podem todos ser observados atuando na carreira de um inglês notável, Robert Grosseteste (1170?-1253), que se tornou bispo de Lincoln em 1235. Estudou em Oxford e foi um dos primeiros chanceleres dessa Universidade. De 1225 a 1230 ensinou nas escolas de Oxford. Em 1230 transferiu-se para a recém-fundada casa franciscana e foi ali lecionador por cinco anos antes de sua nomeação para o episcopado. Além de escrever muitos trabalhos filosóficos e científicos originais, compôs o primeiro comentário da versão latina dos *Segundos analíticos*, de Aristóteles, e relativamente tarde no arco de sua existência aprendeu grego e fez sua própria tradução da *Ética a Nicômaco*.

Grosseteste pertenceu a uma geração anterior à dos grandes escolásticos do século XIII, e na opinião de muitos estudiosos ocupa uma posição mais importante na história da ciência do que na história da filosofia. Ao lidar com os *Analíticos*, ficou ciente de dificuldades relativas ao conceito aristotélico de ciência como um *corpus* de verdades necessárias demonstradas. Entre os tópicos prediletos de Aristóteles estão os eclipses da Lua. Como é possível haver verdades demonstradas acerca deles se são acontecimentos relativamente esporádicos? Grosseteste responde que as verdades necessárias possuem uma forma condicional — se o Sol e a Terra estiverem em tais e tais posições, então haverá um eclipse. Mais importante é ele sugerir que algumas dessas verdades condicionais são estabelecidas experimentalmente e não por dedução. "Observas que comer a raiz de um certo tipo de convólvulo é seguido pela passagem da bílis avermelhada. Para estabelecer com certeza que essa planta é realmente um purgativo, tens que administrá-la repetidamente aos pacientes enquanto separas por filtragem outros possíveis purgativos" (*CPA* 214-15, 252-71).

Devido a este e a outros trechos, Grosseteste foi guindado a pai da ciência experimental na Europa ocidental. Não há dúvida de que ele possuía considerável curiosidade científica, a qual é exibida na discussão de fenômenos que aparecem no texto de Aristóteles apenas como exemplos — a queda de folhas do outono, a cintilação das estrelas, a causa do trovão, a inundação do Nilo. Ele também escreveu tratados independentes de astronomia e meteorologia (*A esfera*, *Dos cometas*), e em seu comentário do Gênesis (*Hexaemeron*) tem muitas oportunidades de exibir conhecimento de história natural. A lenda medieval realmente o creditou com poderes mágicos, tal como ter construído um robô capaz de responder a perguntas difíceis e ter alcançado Roma a cavalo numa única noite. Tanto a tagarelice medieval quanto as modernas aclamações parecem exageradas. Na sua visão global da natureza do esforço científico humano, tal como expressa em seu comentário dos *Analíticos*, Grosseteste mostrou-se mais próximo de Agostinho do que de Paracelso ou Francis Bacon.

Há, segundo ele, cinco tipos de universais aos quais o conhecimento humano diz respeito. O primeiro são razões eternas na mente de Deus. (Platão as chamava de "Ideias", mas a noção de que são substâncias separadas constitui um erro ilegítimo.) Em segundo lugar, há formas que Deus imprime nas mentes dos anjos: essas, como Ideias platônicas, servem como paradigmas ou exemplos para a atividade da criatura. Em terceiro lugar, objetos sobre a Terra possuem *rationes causales* nas esferas celestes: formas estelares e planetárias operam de maneira causal para produzir efeitos sublunares. Em quarto lugar, há as formas que pertencem a substâncias terrestres, dispondo-as em suas espécies e seus gêneros. Em quinto lugar, há as formas acidentais dos objetos, que fornecem informações sobre as substâncias às quais são inerentes (*CPA* 224, 142-8).

O estreito entrelaçamento de ciência e metafísica é exibido claramente numa das mais originais contribuições de Grosseteste, sua teoria da luz, exposta no *Hexaemeron* e também num tratado distinto, *Da luz*. A luz — sustentava — foi a primeira forma corpórea a ser criada: une-se à matéria primordial para formar uma simples substância sem dimensões. No primeiro momento do tempo, essa substância simples expandiu-se instantaneamente aos limites mais remotos do Universo, criando a tridimensionalidade. Da esfera mais externa, o firmamento, retornou para o interior, criando uma após outra nove esferas celestes, das quais a nona é a esfera da Lua. A partir dessa esfera, a luz viajou para a Terra e produziu quatro esferas terrestres de fogo, ar, água e terra à medida que se movia rumo ao nosso mundo, onde produziu os quatro elementos que nos são familiares.

Até esse ponto, o que temos é uma teoria física, mas Grosseteste imediatamente ingressa na teologia. A luz é a essência natural que da maneira mais estreita imita a natureza divina: como Deus, é capaz de criar, por si só, sem ajuda, a partir de seu próprio interior; como Deus, é capaz de preencher o Universo a partir de um só ponto (*Hex.* 8. 4. 7). De todas as criaturas é a mais próxima de ser forma pura e ato puro (*Hex.* 11. 2. 4). Realmente, o próprio Deus é luz eterna e os anjos são luzes incorpóreas; Deus é uma forma universal de tudo, não pela união com a matéria, mas como o modelo de todas as formas. É apenas mediante a luz de Deus, a Verdade suprema, que o intelecto humano pode atingir a verdade de qualquer tipo.

Metafísica e ciência estão também misturadas na obra de Alberto Magno, o primeiro filósofo alemão. Em sua obra, contudo, a ciência apresenta uma proporção mais substancial. Nascido na Suábia nos primeiros anos do século XIII, Alberto estudou artes em Pádua e tornou-se dominicano em 1223. Ensinou teologia em Paris de 1245 a 1248, tendo entre seus alunos o jovem Tomás de Aquino, que levou consigo para Colônia em 1248 com o fito de estabelecer uma nova casa de estudos. Daí em diante Colônia converteu-se em sua principal base até sua morte em

1280, ainda que circulasse pelas redondezas como provincial dos dominicanos alemães (1254-1257), bispo de Ratisbona (1260-1262) e pregador da cruzada de S. Luís IX.

Alberto foi o primeiro dos escolásticos a saudar efusivamente as obras recentemente traduzidas de Aristóteles. Após comentar, na qualidade de teólogo, as *Sentenças* de Lombardo, escreveu comentários sobre a *Ética*, o *De Anima* e a *Metafísica* de Aristóteles — longas paráfrases à maneira de Avicena, e não exegeses linha a linha no estilo de Averróis. Foi o autor do primeiro comentário em latim da *Política* de Aristóteles. Alberto escreveu copiosamente e a edição crítica de suas obras está ainda em progresso; a edição completa anterior atingiu 38 volumes. Ele lia extensivamente autores gregos, árabes e judeus e adquiriu um conhecimento enciclopédico do saber que o antecedeu. Sua mente primava pela largueza e não pela precisão e, a despeito das advertências de seu discípulo Aquino, aceitou como genuínas várias obras pseudoaristotélicas, tais como o *Liber de Causis*, o que significou que seu aristotelismo reteve um matiz neoplatônico.

Diferentemente de aristotelistas medievais posteriores, Alberto compartilhou o próprio interesse de Aristóteles na observação empírica e experimental da natureza. Escreveu tratados acerca dos vegetais, das plantas e dos animais e um texto de geografia intitulado *Da natureza dos lugares*. Seu entusiasmo pela pesquisa científica, incomum entre seus pares, o levou a granjear — como Grosseteste — a reputação póstuma de alquimista e mago. Muitas obras espúrias e curiosas lhe foram atribuídas, tais como *Os segredos das mulheres* e *Os segredos dos egípcios*.

São Boaventura

Tal como a ordem franciscana inicialmente fora mais mística e menos escolástica do que a ordem dominicana, o primeiro grande filósofo franciscano foi mais agostiniano e menos aristotélico do que o dominicano Alberto. João de Fidanza, filho de um médico italiano, nasceu perto de Viterbo em 1221. Na tenra infância adoeceu e ao recuperar-se sua família atribuiu sua cura a S. Francisco. Seu nome foi mudado para Boaventura e ele juntou-se aos franciscanos por volta de 1240.

Em 1243 Boaventura foi para Paris e estudou com Alexandre de Hales, um padre secular inglês que se associara aos franciscanos quando já era professor. Alexandre tornou-se o primeiro diretor da escola franciscana e foi ele que introduziu pela primeira vez as *Sentenças* de Pedro Lombardo como texto padrão de teologia para o estudante. Compôs, com considerável assistência de seus discípulos, uma extensa *Summa halesiana*, síntese teológica que exibe conhecimento de todo o *corpus* aristotélico; essa própria síntese foi frequentemente usada como livro do estudante por franciscanos posteriores após sua morte em 1245.

Boaventura licenciou-se para ensinar em 1248 e escreveu seu próprio comentário das *Sentenças*; tornou-se superior dos franciscanos de Paris em 1253, embora problemas na universidade lhe tenham dificultado exercer seu cargo. Durante esse período escreveu um livro de teologia do estudante chamado *Breviloquium*. Quatro anos mais tarde fizeram dele ministro geral de toda a ordem e teve que enfrentar a delicada tarefa de reconciliar as distintas facções que, desde a morte de S. Francisco, reivindicavam ser as verdadeiras perpetuadoras do espírito franciscano. Reuniu e reorganizou a ordem e escreveu duas biografias de S. Francisco, uma das quais impôs como a única biografia oficial, ordenando a destruição de todas as demais. Nem todo franciscano viu com bons olhos suas reformas: "Paris, estás destruindo Assis", objetou um dissidente. Mas seria completamente errado ver Boaventura acima de tudo como um acadêmico e um administrador. No meio dos transtornos que experimentava como ministro geral escreveu um piedoso tratado místico, *A jornada da mente para Deus*, o livro graças ao qual ele é hoje mais bem conhecido. Esse livro se apresenta como uma interpretação da visão de S. Francisco no monte Alverne, onde recebeu os estigmas, a impressão das chagas de Cristo.

Os talentos de administrador de Boaventura foram largamente admirados e em 1265 foi escolhido pelo papa para ser arcebispo de York. Implorou pela dispensa, privando assim aquela sede de sua chance de competir, na história da filosofia, com Sto. Anselmo de Cantuária. Não conseguiu, entretanto, escapar da nomeação, em 1273, para bispo-cardeal de Albano. Nesse ano escreveu sua última obra, *Collationes in Hexameron*, ocupando-se da narrativa bíblica da Criação. Um ano depois faleceu no Concílio de Lyon, tendo pregado nessa oportunidade o sermão que marcou a reconciliação (de efêmera duração) das Igrejas do Ocidente e do Oriente.

Em seus escritos, Boaventura, de maneira incomum para a Idade Média latina, apresenta-se explicitamente como um platônico. As críticas de Aristóteles à teoria das Ideias de Platão, acredita ele, podem ser refutadas com plena facilidade. A partir do erro inicial de rejeitar as Ideias se sucedem todas as demais teses errôneas do aristotelismo: a de que não há

Providência, a de que o mundo é eterno, a de que há somente um único intelecto, a de que não há imortalidade pessoal e, consequentemente, nenhum céu e nenhum inferno (*CH*, visão III. 7). Boaventura, contudo, não acreditava que as Ideias existissem fora da mente divina; eram "razões eternas", modelos nos quais era moldada a existência da criatura. Essas, e não os objetos materiais do mundo natural, são os objetos primordiais do conhecimento humano.

Nos escritos de Boaventura, como nos de Grosseteste, o conceito de luz desempenha uma função central. Há quatro diferentes luzes que iluminam a alma. A primeira luz, inferior, consiste em habilidade mecânica. Isso parece apenas metaforicamente ser "luz". Em seguida, há a luz da percepção sensorial: e aqui vamos além da metáfora. Cada sentido é um recipiente de luz num distinto grau de intensidade: a visão a toma pura, a audição a toma mesclada ao ar, o paladar a toma mesclada com fluido, e assim por diante. Em terceiro lugar, há a luz que nos guia na busca da verdade intelectual: essa luz ilumina os três domínios da filosofia: lógica, física e ética. Finalmente, a luz suprema capacita a mente a compreender a verdade salvadora: esta é a luz das Escrituras. Como Agostinho, Boaventura aprecia o simbolismo dos números, e destaca que se alguém computa cada ramo da filosofia como uma luz separada então o número dessas luzes chega a seis, que correspondem aos seis dias da criação. "Há seis iluminações nesta vida, e cada uma possui seu crepúsculo, já que toda ciência será destruída: por essa razão também segue-se um sétimo dia de repouso, um dia que não conhece noite, a iluminação da glória" (*PMA* 461-467).

Somente numa outra vida, quando os abençoados veem Deus face a face, a mente humana terá conhecimento direto das razões eternas, as Ideias na mente de Deus. Na vida presente, contudo, adquirimos conhecimento de verdades necessárias e eternas através de sua luz refletida, tal como nossos olhos veem tudo graças à luz do Sol, embora não possam contemplar o próprio Sol. De fato obtemos conhecimento de um tipo através dos sentidos e da experiência, mas a luz criada do intelecto humano não é suficiente para atingir qualquer certeza acerca das coisas. Para atingir a verdade real sobre qualquer coisa, necessitamos adicionalmente de uma especial iluminação divina (II *Sent.* 30. 1; Sermão IV. 10. V). Conhecimento e fé podem residir um ao lado do outro na mesma pessoa[1].

---

1. O ensinamento de Boaventura no tocante à relação entre fé e razão é descrito mais detalhadamente no capítulo 4 deste livro.

Boaventura se familiarizou com a obra de Aristóteles, mas se ocupou dele sobretudo para refutar seus erros. Era impossível, segundo ele pensava, aceitar tanto que o mundo foi criado quanto que tenha existido por toda a eternidade: em consonância com isso, propôs uma série de argumentos, semelhantes aos empregados por Filopono e os teólogos da *kalam*, visando provar que o mundo teve uma origem no tempo (II *Sent*. 1. 1. 1. 2. 1-3). Boaventura admitiu a distinção de Aristóteles entre o intelecto agente e o intelecto passivo, mas sustentou que eram, cada um deles, faculdades do ser humano individual. As tarefas que os comentadores árabes de Aristóteles haviam destinado ao singular intelecto agente separado são executadas, no sistema de Boaventura, pela iluminação direta de Deus. Como cada pessoa humana possui uma capacidade intelectual individual, cada um de nós é pessoalmente imortal e seremos responsabilizados, após nossa morte, por nossas ações nesta vida.

Boaventura aceitou o hilemorfismo aristotélico e admitiu que a alma humana era a forma do corpo humano. Utilizou isso como um argumento contra o monopsiquismo árabe: "uma vez que os corpos humanos são distintos, as almas racionais que informam esses corpos também serão distintas" (*Brev.* 2. 9). Entretanto, diferentemente de Aristóteles, e como Ibn Gabirol, aplicou a estrutura do hilemorfismo à própria alma. Tudo exceto Deus, sustentava, é composto de matéria e forma; mesmo espíritos angélicos que não possuem corpos contêm "matéria espiritual". Pelo fato de Boaventura ter aceitado que a alma continha matéria, mostrou-se capaz de harmonizar a sobrevivência de almas individuais despojadas de corpos com a tese comumente aceita de que a matéria era o princípio de individuação. Com isso, ele evitou uma dificuldade enfrentada por aqueles, como Aquino, que sustentavam que uma alma despojada de corpo era integralmente imaterial; por outro lado, está claro que a noção de "matéria espiritual" requer explicação meticulosa para não ser uma evidente contradição em termos.

Tomás de Aquino

Tomás de Aquino nasceu no seio da nobreza feudal da Itália, em Roccasecca, provavelmente em 1225. Com cinco anos de idade foi enviado por seu pai aos monges beneditinos da grande abadia de Monte Cassino para ser educado por eles. A abadia estava situada nas fronteiras entre os Estados papais e o reino de Nápoles do imperador Frederico II. O estudo funda-

Os escolásticos: do século XII à Renascença

Aquino, o dominicano. Neste afresco de Filippo Lippi, na igreja dominicana de Sta. Maria sopra Minerva, em Roma, ele é mostrado apresentando um cardeal dominicano à Virgem Maria.

mental de Tomás foi encerrado em 1239, quando a propriedade predial da abadia foi ocupada por tropas no desenrolar de um conflito entre o papa e o imperador. Depois de um período em casa, estudou artes liberais na recém-fundada Universidade de Nápoles, onde foi introduzido à lógica e física aristotélicas, estudando sob a direção de um certo Pedro da Irlanda[2].

Em 1244 Tomás tornou-se frade dominicano, para a irritação de sua família, que nutria a esperança de que ele seguisse a vocação mais socialmente aceitável de monge beneditino. Tomás esperava escapar da pressão da família migrando para Paris, mas foi sequestrado a caminho dessa cidade e mantido em cativeiro domiciliar durante mais de um ano em um ou outro castelo familiar. Empregou seu tempo, enquanto aprisionado, compondo dois breves tratados de lógica, um manual acerca de falácias e um fragmento sobre proposições modais.

A família de Aquino não conseguiu frustrar sua resolução de ser frade. Uma tentativa para seduzi-lo colocando uma prostituta em sua cela apenas reforçou sua determinação de viver em castidade; daí por diante, seu biógrafo nos informa, ele passou a evitar as mulheres como um homem evita cobras. Finalmente foi libertado e continuou sua viagem para Paris. Lá se tornou discípulo de Alberto Magno. Sua família realizou mais uma tentativa de colocá-lo numa carreira da escolha dela: obtiveram uma oferta do papa que lhe permitia ser abade de Monte Cassino, embora permanecesse dominicano. Tomás rejeitou essa oferta e acompanhou Alberto a Colônia, onde ouviu suas preleções sobre Aristóteles. Enquanto estudante, sua taciturnidade e sua corpulência lhe granjearam o apelido de "boi mudo". Alberto não demorou a apreciar seus estupendos talentos e previu que o boi mudo encheria o mundo inteiro com seus berros.

Em 1252 Aquino mudou-se para Paris e começou a estudar visando o mestrado em teologia. Como bacharel fazia preleções sobre a Bíblia e as *Sentenças* de Pedro Lombardo. Seu comentário das *Sentenças* é a primeira de suas grandes obras que sobreviveram, e já exibe a originalidade de seu gênio. No mesmo período escreveu um panfleto sobre a metafísica aristotélica, sob forte influência de Avicena, com o título de *De ente et essentia* (Sobre ser e essência), que viria a exercer uma influência completamente desproporcional ao seu tamanho. No ano de 1256 ele continuou como mestre em teologia.

---

2. Minha exposição a respeito da vida de Tomás de Aquino é grandemente baseada em J. WEISHEIPL, *Friar Thomas d'Aquino*, Oxford, Blackwell, 1974, e em J. P. TORRELL, *Saint Thomas Aquinas*, I, Washington, Catholic University of America Press, 1996.

A ordem dominicana controlava duas das doze cadeiras de teologia em Paris. Os frades eram impopulares com o clero tradicional e a Universidade tentara suprimir uma de suas cadeiras em 1252. Na controvérsia que se seguiu muitos professores entraram em greve e as primeiras preleções de Aquino como bacharel foram ministradas na sua condição de fura-greve. Mas a cadeira sobreviveu e Aquino foi nomeado para ela logo após ter se tornado mestre. Por ocasião de sua preleção inaugural, o sentimento antidominicano era tão intenso que o convento precisava de uma guarda permanente de tropas da realeza. S. Boaventura e seus franciscanos experimentaram um sofrimento semelhante durante o mesmo período.

Aquino permaneceu em Paris por três anos, dando preleções sobre o livro de Isaías e o Evangelho de São Mateus. Na qualidade de professor cabia-lhe supervisionar os debates formais dos bacharéis, e dispomos do texto dos debates presididos por ele, nomeados em conformidade com o tópico do primeiro deles, *Quaestiones disputatae* ("Questões disputadas em torno da Verdade"). De fato, giram em torno de muitos tópicos distintos: verdade e o conhecimento da verdade em Deus, anjos e homens; providência e predestinação; graça e justificação; razão, consciência e livre-arbítrio; emoção, transes, profecia, educação e muitos outros tópicos. A coleção consiste de 253 debates individuais, designados como "artigos" nas edições e agrupados, segundo os temas, em 29 "questões". O texto da série totaliza mais de meio milhão de palavras.

Além desses debates estruturados, o currículo medieval impunha aos mestres a obrigação de empreender muitos debates livres "sutis" (*quodlibets*). Eram discussões improvisadas nas quais qualquer membro da audiência podia levantar uma questão sobre qualquer tópico. Eram realizadas no Advento (período de quatro semanas antes do Natal) e na Quaresma: não há dúvida de que constituíam uma experiência penitencial para o mestre. Dos *quodlibets* que sobreviveram do período parisiense de Aquino, alguns versam sobre questões tópicas relacionadas à controvérsia em torno das ordens mendicantes: por exemplo, a questão "Os frades são obrigados a executar trabalho manual?". Outros apresentam impacto menos imediato, tais como "Há vermes reais no inferno?". Um legado final desse período é um comentário inacabado da obra *A Trindade*, de Boécio, no qual se discute a relação entre a ciência natural, a matemática e a metafísica, classificando essas disciplinas numa hierarquia de crescente abstração a partir da matéria.

Em 1259 Aquino renunciou ao seu magistério em Paris e passou algum tempo na Itália. Quando Urbano IV tornou-se papa em 1261, a corte papal transferiu-se para Orvieto, para onde também se dirigiu Sto. Tomás. Durante o início da primeira década de 1260 encontramo-lo ensinando em Orvieto, Roma e Viterbo e se misturando aos estudiosos, diplomatas e missionários a serviço do papa. Na corte de Urbano IV conheceu Guilherme de Moerbeke, o mais preciso dos tradutores de Aristóteles, e iniciou uma frutífera associação que viria a resultar numa magnífica série de comentários das obras principais do filósofo. O santo também foi empregado pelo papa Urbano como autor de orações e hinos, especialmente para a liturgia da nova festa de Corpus Christi. Esta foi instituída em 1264 em honra do sacramento da Eucaristia, no qual, de acordo com a crença católica, pão e vinho eram transformados no corpo e sangue de Cristo. Os hinos escritos por Sto. Tomás para o ofício continuam populares entre os católicos, e a sequência da missa, *Lauda Sion*, transforma a doutrina da transubstanciação em versos surpreendentemente vívidos e cantáveis.

A mais importante realização dessa fase mediana da vida de Sto. Tomás foi a *Summa contra gentiles*, iniciada logo antes de sua partida de Paris e concluída em Orvieto, em 1265. Seu título, traduzido literalmente, significa "Resumo, ou sinopse, contra descrentes"; sua tradução inglesa mais amiúde utilizada ostenta o título *Sobre a verdade da fé católica*. Conforme uma tradição do século XIV, hoje geralmente desconsiderada pelos estudiosos, o livro era um manual do missionário, escrito a pedido do dominicano espanhol Raimundo de Penafort, que evangelizava não cristãos na Espanha e no norte da África.

Independentemente do teor de verdade dessa história, esse livro difere de outros importantes tratados de Sto. Tomás pelo fato de tomar sua posição inicial (ao longo dos primeiros três de seus quatro livros) não com base na doutrina cristã, mas em premissas filosóficas que seriam aceitáveis para pensadores judeus e muçulmanos versados na filosofia aristotélica. Tomás assim explica seu método:

> Muçulmanos e pagãos não concordam conosco na aceitação da autoridade de quaisquer Escrituras que poderíamos utilizar para refutá-los, da forma em que podemos contestar os judeus recorrendo ao Antigo Testamento e os hereges recorrendo ao Novo. Essas pessoas não aceitam nem um nem outro. Daí a necessidade de recorrermos à razão natural, à qual todos os homens são forçados a dar assentimento. (ScG 1. 2)

Consequentemente, esse texto não é uma obra de teologia revelada, mas de teologia natural, a qual é um ramo da filosofia.

A *Summa contra gentiles* é um tratado, não um registro de debates. É composta de quatro livros com cerca de cem capítulos cada, totalizando cerca de 300 mil palavras. O primeiro livro é sobre a natureza de Deus, na medida em que isso é considerado cognoscível pela razão sem o auxílio da revelação. O segundo concerne ao mundo criado e sua produção por parte de Deus. O terceiro expõe o meio no qual criaturas racionais podem encontrar sua felicidade em Deus, e assim varia largamente em torno de matérias éticas. O quarto é devotado a doutrinas especificamente cristãs, tais como a Trindade, a Encarnação, os sacramentos e a ressurreição final dos santos através do poder de Cristo. Nos três primeiros livros, Aquino é escrupuloso no sentido de utilizar textos bíblicos e eclesiásticos apenas como ilustrações, jamais como premissas das quais partem os argumentos.

Depois da conclusão da *Summa contra gentiles*, Aquino dirigiu-se a Roma para estabelecer um instituto dominicano ligado à Igreja de Sta. Sabina, no Aventino. Enquanto ali atuava como mestre regente, mais uma vez lhe coube presidir debates. Há três grupos deles, dez intitulados *Do poder de Deus* (1265-1266), e as séries mais breves *Do mal* (1266-1267) e *Das criaturas espirituais*. Essas questões são, em geral, menos profundas do ponto de vista do conteúdo do que as anteriores intituladas *Da Verdade*: é presumível que isso reflita o fato de que os estudantes de uma pequena instituição em Roma não eram tão perspicazes quanto os estudantes da Universidade de Paris. Todavia, a terceira das questões sobre poder, constituída por dezenove artigos que abordam o tópico da criação, contém material do mais elevado interesse. Durante esse mesmo período, Tomás iniciou, mas nunca terminou, um compêndio de teologia estruturado em torno das virtudes da fé, esperança e caridade.

Foi em Roma que Aquino iniciou sua série magistral de comentários das obras de Aristóteles. O primeiro foi sobre o *De Anima*. Depois de muitos séculos sucessivos de estudos eruditos aristotélicos, ainda é considerado pelos especialistas um texto que merece ser consultado. Esse comentário foi seguido, numa data incerta, por um comentário da *Física*. Entretanto, o mais importante desenvolvimento de sua regência em Roma, que provavelmente ganhou corpo a partir de sua experiência docente ali, foi o começo da obra-prima de Aquino, a *Summa theologiae*.

A *Summa theologiae* é uma obra gigantesca que ultrapassa dois milhões de palavras, dividida em três partes; a maior parte da primeira parte foi provavelmente escrita em Sta. Sabina. Quanto ao estilo, fica entre a *Summa contra gentiles* e as *Questões debatidas*: não se trata de um registro de vivo debate escolástico, porém, como um debate, é dividida em questões e artigos, não em capítulos. Contudo, os múltiplos argumentos a favor e contra uma particular tese que introduzem um autêntico debate são substituídos por um conjunto introdutório (geralmente uma tríade) de dificuldades contra a posição que Aquino pretende assumir no corpo do artigo. Essa seção inicial é o *Videtur quod non* ("Parece que não"). Essas objeções são sucedidas por uma única consideração do outro lado — usualmente a citação de um texto de autoridade — principiando com as palavras "Sed contra" ("Em sentido contrário"). Depois disso, no corpo principal do artigo, Aquino estabelece sua própria posição acompanhada das razões que lhe dão apoio. Cada artigo conclui então com a solução das dificuldades instauradas nas objeções introdutórias.

O método, ainda que inicialmente intricado para um leitor moderno, proporciona uma poderosa disciplina intelectual para impedir que um filósofo tome as coisas por certo. Ao adotá-lo, Sto. Tomás impôs a si próprio a questão "Quem tenho que convencer do que e quais são as coisas mais convincentes que podem ser ditas do outro lado?".

Visando ilustrar a estrutura da *Summa*, citarei um de seus artigos mais breves, o décimo artigo da questão 19 da Primeira Parte, que apresenta a questão "Deus tem livre-arbítrio?".

Parece que Deus não tem livre-arbítrio.

1. Com efeito, Jerônimo nos diz em sua homilia sobre o Filho Pródigo: "Somente em Deus o pecado não se encontra e nem pode se encontrar; os outros, porque têm livre-arbítrio, podem inclinar-se para o bem ou para o mal".
2. Além disso, o livre-arbítrio é uma faculdade da razão e da vontade, pela qual se elege o bem ou o mal. Ora, como se disse, Deus não quer o mal. Logo, não há livre-arbítrio em Deus.

Em sentido contrário, Ambrósio, em seu livro sobre a Fé, diz: "O Espírito Santo atribui a cada um seus dons como quer, isto é, segundo o arbítrio de sua livre vontade, não sujeito à necessidade".

Respondo. Temos livre-arbítrio com relação às coisas que não queremos por necessidade ou por instinto de natureza. Pois não pertence ao livre-arbítrio, mas ao instinto natural, que queiramos ser felizes. Eis por que não se diz dos outros animais, movidos para qualquer objeto por instinto natural, que se movem por livre-arbítrio. Como Deus quer por necessidade sua própria bondade, porém não as outras coisas, como já se demonstrou, Ele possui livre-arbítrio a respeito de tudo aquilo que não quer por necessidade.

Quanto ao 1º, portanto, deve-se dizer que Jerônimo parece excluir de Deus o livre-arbítrio, não absolutamente, mas apenas quanto a cair no pecado.

Quanto ao 2º, deve-se dizer que como o mal de culpa consiste na rejeição da vontade divina, segundo a qual Deus quer tudo o que quer, como já se demonstrou acima, é manifestamente impossível que Deus queira o mal de culpa. Entretanto, é livre quanto ao contrário, podendo querer que isto seja ou não seja. Como nós mesmos, sem pecar, podemos querer assentar-nos, ou não querê-lo. (*ST* 1. 19. 10[3])

À sua própria maneira, a *Summa theologiae* é uma obra-prima da literatura filosófica. A partir do momento em que nos acostumamos com a sintaxe do latim medieval e com os termos técnicos do jargão escolástico, passamos a considerar suave, lúcido, civil e judicioso seu estilo. A obra é quase inteiramente isenta de retórica e Tomás nunca permite que seu próprio ego se imponha.

A Primeira Parte da *Summa theologiae* cobre muito do mesmo campo dos primeiros dois livros da *Summa contra gentiles*. As primeiras 43 questões dizem respeito à existência e à natureza de Deus. Como Tomás está escrevendo para estudantes católicos de teologia e não para leitores de filosofia possivelmente pagãos, pode apresentar a doutrina da Trindade imediatamente após listar os atributos divinos, sem precisar segregá-la para um livro especial acerca dos mistérios da fé. Mas ele se mantém cuidadoso no sentido de distinguir entre verdades passíveis de ser descobertas pela razão e verdades disponíveis somente através da revelação. Seguem-se cinco questões densas que tratam da metafísica da criação, sucedidas por quinze questões sobre a natureza dos anjos. A seção a respeito da natureza humana (qq. 75-102) constitui para o leitor moderno a mais recompensadora parte do livro[4]. É mais completa e mais sistemática do que a seção correspondente do segundo livro da obra anterior e menos densamente carregada de críticas da exegese árabe da psicologia de Aristóteles.

Enquanto escrevia a Primeira Parte da *Summa*, Sto. Tomás começou um tratado de política, *Da realeza*, estabelecendo princípios para a orien-

---

3. Tradução: *Suma teológica* I, São Paulo, Loyola, 2001.
4. A explicação de Aquino no que toca à mente humana é descrita pormenorizadamente no capítulo 6 deste livro.

tação de governos seculares de uma maneira que não deixa dúvidas de que reis estão sujeitos a sacerdotes, e de que o papa goza de supremacia tanto secular quanto espiritual. Inacabado por ocasião da morte de Aquino, foi completado pelo historiador Tolomeo de Lucca.

Em 1268, após rejeitar um convite para se tornar arcebispo de Nápoles, Aquino foi chamado de volta a Paris, onde as ordens mendicantes eram novamente alvo de hostilidades. Mais importante do que isso, as ideias aristotélicas perdiam sua reputação devido à ação de um grupo de professores de artes, os "averroístas latinos", que acompanhavam comentadores árabes em conclusões incompatíveis com a ortodoxia católica. Aquino escreveu dois panfletos polêmicos, *Do intelecto único: contra os averroístas*, e *Da eternidade do mundo: contra os murmuradores*. Declarou novamente suas posições havia muito sustentadas de que tanto o intelecto agente quanto o passivo são faculdades da pessoa individual, e que o começo do mundo no tempo não pode ser nem estabelecido nem refutado por meio do argumento filosófico. Nesse último tratado ele lutava em duas frentes: tanto contra os averroístas, que pensavam que a criação no tempo podia ser contestada, quanto contra teólogos franciscanos, que pensavam que podia ser provada.

As controvérsias convenceram Tomás de que o melhor antídoto para o aristotelismo heterodoxo era um pleno conhecimento de todo o sistema aristotélico, de modo que prosseguiu com sua tarefa de produzir comentários. Provavelmente nesse período escreveu comentários linha a linha de duas obras de lógica de Aristóteles, de toda a *Ética a Nicômaco* e de doze livros da *Metafísica*. Embora baseados numa tradução imperfeita de manuscritos defeituosos, esses comentários ainda são considerados valiosos pelos modernos intérpretes de Aristóteles.

Porém, o mais importante dos trabalhos de Aquino durante essa segunda regência em Paris foi a Segunda Parte da *Summa theologiae*. Essa, de longe a mais extensa das três partes, é sempre subdividida em edições: a primeira parte da Segunda Parte (*Prima Secundae*, citada como 1a 2ae) e a segunda parte da Segunda Parte (*Secunda Secundae*, citada como 2a 2ae). Isso corresponde, quanto ao assunto, ao terceiro livro da *Summa contra gentiles*, mas é muitíssimo mais completo e deve muito mais à *Ética a Nicômaco* de Aristóteles, da qual Aquino simultaneamente escrevia seu comentário[5].

A *Prima Secundae* começa, como o tratado de Aristóteles, considerando o fim ou meta supremos da vida humana. Como Aristóteles, Aquino

---

5. O ensinamento ético de Aquino é descrito minuciosamente no capítulo 8 deste livro.

identifica o fim supremo com a felicidade e, ainda como ele, pensa que a felicidade não pode ser equiparada com o prazer, a riqueza e as honras, ou com qualquer bem corpóreo, mas necessariamente consiste na ação de acordo com a virtude, especialmente a virtude intelectual. A ação intelectual que atende às exigências aristotélicas para a felicidade é encontrada perfeitamente apenas na contemplação da essência de Deus; a felicidade nas ordinárias condições da vida presente tem que permanecer imperfeita. A felicidade verdadeira, então, mesmo nos termos de Aristóteles, é para ser encontrada somente nas almas dos abençoados no céu. Os santos, no devido tempo, receberão um bônus de felicidade, este não sonhado por Aristóteles, na ressurreição do corpo em glória.

A virtude, segundo Aristóteles, era uma disposição psíquica que encontrava expressão tanto na ação quanto na emoção. Aquino, em consonância com isso, prefacia sua exposição sobre a virtude com um tratado sobre a ação humana (qq. 6-21) e a emoção humana (qq. 22-48). Apresenta também um estudo geral do conceito de disposição (*habitus*): uma original investigação filosófica de um tópico cuja importância se perdeu de vista quando a filosofia empobreceu-se na Renascença. A explicação da natureza da própria virtude, da distinção entre virtudes morais e intelectuais e da relação entre virtude e emoção é estreitamente moldada em Aristóteles. Mas Aquino adiciona ao elenco de virtudes de Aristóteles algumas virtudes cristãs — as virtudes "teológicas" da fé, esperança e caridade, listadas como um trio numa famosa passagem de S. Paulo. Aquino vincula virtudes aristotélicas aos dons do caráter apreciados pelos cristãos e liga vícios aristotélicos a conceitos bíblicos de pecado.

As duas seções finais da *Prima Secundae* dizem respeito ao direito e à graça. As questões 90-108 constituem um tratado de jurisprudência: a natureza do direito; a distinção entre o direito natural e o direito positivo; a fonte e a extensão dos poderes dos legisladores humanos; o contraste entre as leis do Antigo e do Novo Testamento. Nas questões 109-114, Aquino trata da relação entre natureza e graça, e da justificação e salvação dos pecadores: tópicos que eram para ser o foco de muita controvérsia no tempo da Reforma. A posição adotada por ele nesses problemas situa-se em algum ponto entre aqueles mais tarde suscitados pelos controversialistas católicos e protestantes.

A *Prima Secundae* é a parte geral da ética de Aquino, enquanto a *Secunda Secundae* encerra minuciosamente seu ensinamento relativo a tópicos de moral individual. As virtudes são, uma a uma, alternadamente analisadas, e arrolados os pecados que com elas entram em conflito. São apresentadas primeiramente as virtudes teológicas: assim, a fé é contrastada com os pecados de descrença, heresia e apostasia. É no decorrer dessa seção que Aquino expõe suas opiniões a respeito da perseguição dos hereges. A virtude da caridade é contrastada com os pecados de ódio, inveja, discórdia e rebeldia; ao tratar desses pecados, Aquino expõe as condições sob as quais crê que se justifica o fazer a guerra.

As outras virtudes são tratadas dentro da estrutura que forma um arco das quatro virtudes "cardeais", a saber, prudência, justiça, coragem e temperança, um quarteto que remonta aos diálogos iniciais de Platão. O tratado sobre justiça cobre os tópicos que hoje estariam presentes num livro de direito criminal. Mas um dos ramos especiais da justiça é a devoção, a virtude de dar a Deus o que lhe é devido. Aqui o discurso de Aquino é variado e amplo, abrangendo muitos tópicos, do pagamento do dízimo à necromancia. A discussão da coragem oferece um ensejo para discorrer sobre o martírio, a magnanimidade e a magnificência. A virtude cardeal final é a temperança, o tópico em que Aquino trata de questões morais relacionadas ao alimento, à bebida e ao sexo.

A lista de virtudes de Aquino não corresponde completamente à de Aristóteles, embora ele se empenhe arduamente no sentido de cristianizar alguns dos caracteres mais pagãos que figuram na *Ética*. O homem ideal de Aristóteles é possuidor de grandeza de alma, isto é, é um ser altamente superior que está bastante consciente de sua própria superioridade relativamente aos outros. Como harmonizar isso com a virtude cristã da humildade, segundo a qual cada um deve considerar os outros melhores do que si próprio? Por meio de uma notável obra de prestidigitação intelectual, Aquino torna a magnanimidade não só compatível com a humildade, como parte da mesmíssima virtude. Há uma virtude, ele diz, que é a moderação da ambição, uma virtude baseada numa justa apreciação dos próprios dons e defeitos. A humildade é o aspecto que assegura que as ambições de cada um estejam baseadas numa justa avaliação dos defeitos de cada um; a magnanimidade é o aspecto que assegura que estejam baseadas numa justa avaliação dos dons de cada um.

A *Secunda Secundae* conclui, como o fez a *Ética a Nicômaco*, com uma comparação entre a vida ativa e a contemplativa que se mostra vantajosa a esta última. O todo, entretanto, é obviamente transposto para um código cristão, e quando Aquino passa a discutir as ordens religiosas ele aplica ao tema aristotélico uma especial torcedura dominicana. Ainda que a vida puramente contemplativa deva ser preferida à vida puramente ativa, a melhor vida de todas para um religioso é uma vida de contemplação que inclua o ensinamento e a pregação: "Tal como é melhor iluminar outros do que brilhar isoladamente, é melhor partilhar os frutos da própria contemplação com os outros do que ser contemplativo na solidão".

A segunda regência de Aquino em Paris foi um período de espantosa produtividade. A Segunda Parte e o Comentário da *Metafísica* apresentam uma extensão de quase um milhão de palavras. Quando se examina o puro colosso da produção de Aquino entre 1269 e 1272, pode-se crer no testemunho de seu principal secretário de que era seu hábito ditar, como um grande mestre num torneio de xadrez, simultaneamente a três ou quatro secretários. O mundo culto pode sentir-se grato pelo fato de a pressão da ocupação o ter forçado a compor mediante o ditado, porque seus próprios manuscritos são inteiramente ilegíveis, a não ser aos especialistas mais altamente treinados.

Em 1272 Tomás deixou Paris pela última vez. A ordem dominicana o incumbiu da tarefa de estabelecer uma nova casa de estudos na Itália. Ele optou por ligá-la ao Convento de São Domingos em Nápoles. Suas preleções em Nápoles eram patrocinadas pelo rei de Nápoles, Carlos d'Anjou, cujo irmão, S. Luís IX, avaliara seu gênio em Paris. Prosseguiu trabalhando nos seus comentários de Aristóteles e iniciou a Terceira Parte da *Summa*, que concerne estritamente a tópicos teológicos: a Encarnação, a Virgem Maria, a vida de Cristo, os sacramentos do batismo, da crisma, da eucaristia e da penitência. Mas a reflexão sobre esses tópicos proporcionou a Aquino a oportunidade de discutir muitas questões filosóficas, tais como a identidade pessoal, a individuação e a lógica da predicação. O tratado da eucaristia, em particular, exigiu a discussão da doutrina da transubstanciação e, assim, uma apresentação final do pensamento de Aquino sobre a natureza da substância material e da transformação substancial.

A *Summa* jamais foi completada. Embora não tivesse ainda cinquenta anos, Aquino tornou-se cada vez mais sujeito a graves acessos de ausência mental, e em dezembro de 1273, enquanto rezava a missa, teve uma misteriosa experiência — talvez um colapso mental — ou, como ele próprio acreditou, uma visão sobrenatural, que determinou o encerramento de sua atividade acadêmica. Não pôde continuar a escrever ou ditar, e quando seu secretário Reginaldo de Piperno insistiu para que prosseguisse com a *Summa* ele respondeu: "Não posso, porque tudo que escrevi parece agora sem valor". Reginaldo e seus colegas, após a morte de Aquino, completa-

Carlos d'Anjou, que patrocinou Aquino no seu último cargo acadêmico na Universidade de Nápoles. Segundo uma lenda, na qual acreditava Dante, ele considerou o santo politicamente indigno de confiança e o envenenou.

ram a *Summa* mediante um suplemento, extraído de escritos anteriores, que cobria os tópicos ainda não abordados: os sacramentos restantes e as "quatro últimas coisas", a saber, morte, juízo, céu e inferno.

Em 1274, o papa Gregório X convocou um concílio da Igreja em Lyon, esperando reunir as Igrejas grega e latina. O comparecimento de Sto. Tomás foi solicitado e, apesar de sua condição precária, ele partiu para o norte. Sua saúde, contudo, piorou ainda mais e foi obrigado a se deter no castelo de sua sobrinha perto de Fossanova. Foi transportado algumas semanas depois para o mosteiro cisterciense das proximidades, onde morreu em 7 de março de 1274.

A posteridade de Tomás de Aquino

Nos séculos que se sucederam à sua morte, a reputação de Aquino sofreu uma espetacular instabilidade. Poucos anos depois de sua morte, várias opiniões suas foram condenadas pelas universidades de Paris e Oxford. Um frade inglês que viajava para Roma com o objetivo de recorrer da sentença foi condenado ao silêncio perpétuo. Decorreram cerca de cinquenta anos antes dos escritos de Aquino serem geralmente considerados teologicamente sadios.

Em 1316, contudo, o papa João XXII iniciou um processo de canonização. Foi difícil descobrir relatos adequados de milagres. O melhor que pôde ser encontrado dizia respeito a uma cena do leito de morte. Em Fossanova, o enfermo, havia muito incapaz de comer, expressou um desejo de comer arenques. Não era de esperar que pudessem ser pescados no Mediterrâneo: mas, surpreendentemente, na remessa seguinte de sardinhas, uma partida de peixes se converteu no que Tomás ficou feliz em aceitar como deliciosos arenques. Os juízes do papa não consideraram isso um milagre suficientemente expressivo. O processo de canonização, entretanto, avançou. "Há tantos milagres quanto artigos da *Summa*", relataram ter dito o papa, que declarou a santidade de Tomás em 1323.

Com um certo atraso, Paris revogou a condenação de suas obras em 1325. Oxford, todavia, parece não ter recebido a notificação acadêmica da canonização, e por toda a Idade Média Aquino não gozou, fora de sua própria ordem, do especial prestígio entre teólogos católicos que viria a gozar no século XX. É verdade que a *Summa* foi colocada numa posição de honra, ao lado da Bíblia, durante as deliberações do Concílio de Trento.

Mas foi só com a carta encíclica *Aeterni Patris*, do papa Leão XIII, em 1879, que Aquino foi transformado, por assim dizer, no teólogo oficial de toda a Igreja Católica Romana.

Todos os que estudam Aquino estão em dívida com o papa Leão pelo estímulo dado por sua encíclica à produção de edições escolares da *Summa* e de outras obras. Mas a promoção do santo a filósofo oficial da Igreja teve também um efeito negativo. Barrou o estudo filosófico de Sto. Tomás da parte de filósofos não católicos, que foram repelidos por alguém que passaram a considerar como simplesmente o porta-voz de um sistema eclesiástico particular. O problema foi agravado quando em 1914 Pio X separou 24 teses da filosofia tomista para serem ensinadas nas instituições católicas.

A reação secular à canonização da filosofia de Sto. Tomás foi sintetizada por Bertrand Russell em sua *História da filosofia ocidental*: "Havia pouco do verdadeiro espírito filosófico em Aquino: ele não podia, como Sócrates, seguir um argumento aonde este pudesse conduzir, visto que conhecia antecipadamente a verdade, toda ela declarada na fé católica. A descoberta de argumentos para uma conclusão dada de antemão não é filosofia, mas especial patrocínio de uma causa".

De fato, não constitui acusação séria a um filósofo dizer que busca boas razões para aquilo em que já crê. Descartes, sentado próximo ao seu lume, vestindo seu roupão, procurava razões para julgar que aquilo era o que ele estava fazendo, e levou muito tempo para encontrá-las. O próprio Russell despendeu muita energia na busca de provas daquilo em que já acreditava: os *Principia mathematica* consomem centenas de páginas para provar que 1 mais 1 é igual a 2.

Julgamos um filósofo pelo fato de seus raciocínios serem acertados ou não, não em função de onde pela primeira vez se elucidou em relação às suas premissas ou de como pela primeira vez passou a crer em suas conclusões. A hostilidade a Aquino com base em sua posição oficial no catolicismo é, assim, injustificada, ainda que compreensível, mesmo para filósofos seculares. Mas houve maneiras mais graves pelas quais as ações de Leão XIII e Pio X produziram um desserviço à reputação filosófica de Tomás em círculos não católicos.

O respeito oficial conferido a Aquino pela Igreja significou que suas introspecções e argumentos eram frequentemente apresentados sob formas toscas por admiradores que não conseguiram apreciar sua sofisticação filosófica. Mesmo em seminários e universidades, o tomismo introduzido por

Leão XIII assumiu amiúde a forma de livros de textos para estudantes e epítomes *ad mentem Thomae* e não a de um estudo do texto do próprio santo.

Desde o Concílio Vaticano II, Sto. Tomás parece ter perdido o preeminente favorecimento de que desfrutava nos círculos eclesiásticos e ter sido substituído, nas listas de leitura dos seminaristas, por autores menores mais recentes. Esse estado de coisas é deplorado pelo papa João Paulo II em *Fides et ratio*, a mais recente encíclica papal devotada a Aquino. Por outro lado, a desvalorização de Sto. Tomás nas fronteiras do catolicismo tem sido acompanhada por uma revalorização do santo nas universidades seculares em várias regiões do mundo. Nos primeiros anos do século XXI não é exagerado falar de um renascimento do tomismo — não um tomismo confessional, mas um estudo de Tomás que transcende os limites não apenas da Igreja Católica como também do próprio cristianismo.

O novo interesse em Aquino é tanto mais variado quanto mais crítico do que a recepção anterior, denominacional, de sua obra. A possibilidade de interpretações muito divergentes é inerente à natureza do *Nachlass* de Aquino. A produção do santo foi vasta — bem acima de oito milhões de palavras —, de forma que qualquer estudo moderno de sua obra está fadado a se concentrar apenas numa pequena porção do *corpus* que sobreviveu. Mesmo que alguém se concentre — como os estudiosos geralmente fazem — em uma ou outra das grandes *Summae*, a interpretação de qualquer porção dessas obras dependerá, em parte, de quais entre muitas passagens paralelas em outras obras se escolha para lançar luz ao texto em estudo. Especialmente agora que todo o *corpus* pode ser procurado por computador, há aqui largo espaço para seletividade.

Em segundo lugar, embora o latim de Aquino seja extraordinariamente claro, sua tradução não é uma questão trivial ou isenta de controvérsias. Os termos latinos de Aquino possuem equivalentes em línguas modernas que são termos comuns na filosofia contemporânea, porém os significados dos termos latinos e seus equivalentes traduzidos são amiúde muito diferentes[6]. Não só as palavras das línguas modernas chegaram a nós após séculos de história independente, como ingressaram na linguagem, a partir do latim, numa data em que seu emprego filosófico havia sido influenciado por teorias que se opunham à própria teoria de Aquino. Temos que estar precavidos quanto a supor, por exemplo, que *actus* significa "ato", que *objectum* significa "objeto" ou que *habitus* significa "hábito".

---

6. Este é um ponto bem enfatizado por Eleonore STUMP em seu *Aquinas*, London, Routledge, 2003, 35.

Em terceiro lugar, no caso de autores como Platão e Aristóteles, é frequentemente possibilitado a um intérprete esclarecer ambiguidades da discussão concentrando-se nos exemplos concretos apresentados para ilustrar o ponto filosófico. No caso de Aquino, porém — o que é partilhado por ele com outros grandes escolásticos medievais —, exemplos ilustrativos são escassos, e quando ele realmente os oferece são com frequência exemplos de segunda mão ou gastos. Assim, um comentador, para tornar o texto inteligível a um leitor moderno, tem que fornecer seus próprios exemplos, e a escolha de exemplos envolve um grau substancial de interpretação.

Finalmente, qualquer admirador do gênio de Aquino deseja apresentar sua obra a um público moderno sob a melhor luz possível. Mas em que consiste para um intérprete fazer o melhor relativamente a Aquino depende do que ele próprio considera ser particularmente valioso em filosofia. Em especial, há uma fundamental ambiguidade no pensamento de Aquino que se acha na raiz das divergências filosóficas de seus comentadores. Aquino é mais bem conhecido como o homem que conciliou o cristianismo com o aristotelismo. Mas como veremos em capítulos posteriores há consideráveis elementos de platonismo a ser encontrados em seus escritos. Muitos comentadores modernos tomam seriamente o aristotelismo de Aquino e rejeitam os resíduos platônicos, mas há os que aderem ao Tomás platônico contra o Tomás aristotélico. O motivo para isso pode ser de natureza teológica: tal enfoque facilita a aceitação das doutrinas de que a alma sobrevive à morte do corpo, de que os anjos são formas puras e de que Deus é ato puro. O próprio Aquino, de fato, era um aristotélico na Terra, porém um platônico no céu.

Para aqueles mais interessados em filosofia do que em história, a variedade de interpretações de Aquino disponíveis é algo a ser bem acolhido. Sua própria abordagem dos escritos de seus predecessores foi, em geral, extremamente pacífica: ao contrário de atacar uma proposição que por si só se mostrava inteiramente errônea, ele procurava rabiscar a partir dela — mediante "interpretação benigna" amiúde além dos limites da probabilidade histórica — uma tese que fosse verdadeira ou um sentimento que fosse correto. Sua ampla boa acolhida a uma variedade de textos gregos, judaicos e muçulmanos tanto franqueia aos seus sucessores a possibilidade de interpretações largamente divergentes quanto os estimula a seguir seu exemplo no sentido de valorizar a busca ecumênica da verdade filosófica, tendo-a em mais alta conta do que expressar fidelidade à plausibilidade crítica.

Siger de Brabant e Roger Bacon

Nas décadas que se sucederam imediatamente à sua morte, Aquino teve poucos adeptos fiéis. No último período de sua vida devotara muita energia ao combate de uma forma radical de aristotelismo na faculdade de Artes em Paris. Os filósofos dessa faculdade sustentavam que o mundo sempre existira e que havia somente um intelecto único em todos os seres humanos. O primeiro ponto constituía indubitavelmente uma parte fundamental da cosmologia aristotélica; o segundo era a interpretação de sua psicologia apoiada por seu mais competente comentador, Averróis. Por essa razão, a escola foi com frequência chamada de "averroísmo latino": seu porta-voz principal foi Siger de Brabant (1235-1282). Os ensinamentos característicos desses escolásticos parisienses eram de difícil harmonização com as doutrinas cristãs de uma criação numa certa data no tempo e de uma vida futura para almas humanas individuais. Alguns meramente afirmavam estar relatando, sem compromisso, o ensinamento de Aristóteles; o próprio Siger parece ter ensinado numa ocasião que algumas proposições de Aristóteles e Averróis são demonstráveis em filosofia, embora a fé ensine o oposto.

Em 1270 o arcebispo de Paris condenou uma lista de treze doutrinas começando com a proposição "o intelecto de todos os homens é uno e numericamente o mesmo" e "jamais houve um primeiro homem". A condenação pode ter sido o resultado, em parte, das duas monografias que Aquino escrevera contra as doutrinas características de Siger. A despeito, contudo, dessa disputa entre eles, os dois pensadores eram frequentemente unidos nas mentes de seus contemporâneos mais jovens. Por um lado, grupos de proposições que incluíam teses extraídas tanto de Siger quanto de Aquino foram condenados em Paris e Oxford em 1277; por outro lado, Dante coloca ambos lado a lado no paraíso e faz Sto. Tomás elogiar Siger pela luz eterna que é arrojada graças à profundidade de seu pensamento. Esse cumprimento se revelou enigmático para os comentadores; mas talvez Dante classificasse Siger como um representante da contribuição feita por pensadores pagãos e muçulmanos à síntese tomista, um pensador cristão em posição favorável representando os filósofos descrentes que foram barrados do paraíso.

O próprio Dante, ainda que sem treino profissional, era bem versado em filosofia e a *Divina comédia* traduz amiúde doutrinas escolásticas em primorosos versos. Por exemplo, a explicação do desenvolvimento gradual da alma humana em *Purgatório* 25 está extremamente próxima da explicação apresentada na *Summa theologiae*. A própria contribuição mais substancial de Dante à filosofia é seu livro *Da monarquia*. O argumento deste é que o desenvolvimento intelectual humano só pode ocorrer em situações de paz, as quais num mundo de rivalidades nacionais somente podem ser atingidas sob uma autoridade supranacional. Esta, ele argumenta, não deve ser o papa, mas o sacro imperador romano.

Um contemporâneo mais velho de Dante foi Roger Bacon, que sobreviveu a Siger em cerca de dez anos. Nascido em Ilchester em torno de 1210, estudou e ensinou na Faculdade de Artes de Oxford até por volta de 1247. Transferiu-se então para Paris e na década seguinte ligou-se à ordem franciscana. Não gostou de Paris, e sua comparação dos doutores parisienses Alexandre de Hales e Alberto Magno com seu mestre de Oxford, Robert Grosseteste, era desfavorável aos primeiros. O único doutor parisiense admirado por ele foi um tal de Pedro de Maricourt, que lhe ensinou a importância do experimento na pesquisa científica e o levou à crença de que a matemática era "a porta e chave" para a certeza na filosofia. Por razões desconhecidas, em 1257 seus superiores franciscanos o proibiram de ensinar. Entretanto, foi-lhe permitido continuar a escrever, e em 1266 nada menos que o papa solicitou a ele que lhe enviasse seus escritos. Infelizmente, esse papa, Clemente IV, não viveu o suficiente para ler os textos e Bacon foi condenado, em 1278, por opiniões heréticas sobre astrologia, tendo vivido a maior parte do resto de sua vida na prisão, morrendo em 1292.

Roger Bacon é frequentemente considerado um precursor de seu homônimo do século XVII, Francis Bacon, na sua ênfase relativa ao papel do experimento na filosofia. Em sua obra principal, a *Opus maius*, Roger, como Francis, ataca as fontes do erro: deferência à autoridade, hábito cego, preconceito popular e pretensão à sabedoria superior. Há duas etapas preliminares essenciais, diz ele, à pesquisa científica. Uma é um sério estudo das línguas dos antigos — as traduções latinas correntes de Aristóteles e a Bíblia são seriamente deficientes. A segunda é um efetivo conhecimento de matemática, sem o qual é impossível fazer qualquer progresso em ciências como a astronomia. A própria contribuição de Bacon à ciência concentrou-se na óptica, na qual ele adotou alguns dos critérios de Grosseteste. Acreditou-se de fato, numa ocasião, que ele foi o primeiro inventor do telescópio.

Bacon identifica um tipo distinto de ciência, *scientia experimentalis*. O raciocínio *a priori* pode nos conduzir a uma conclusão correta, ele diz,

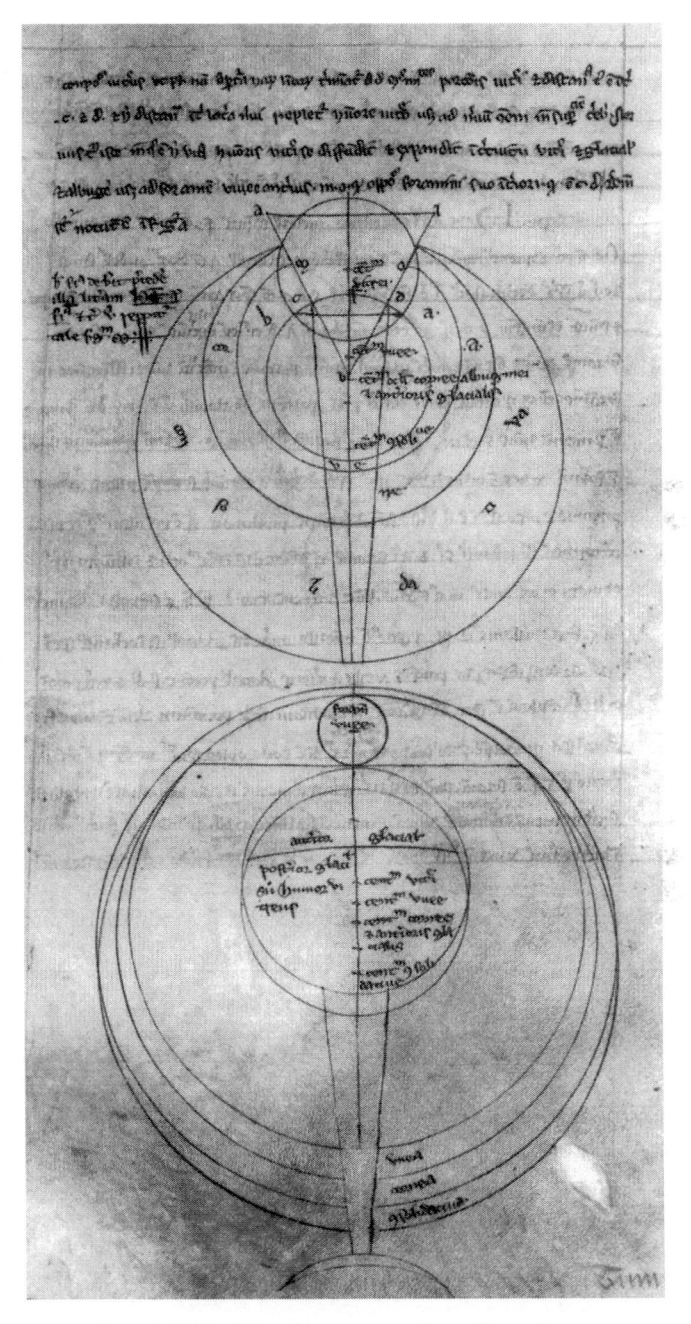

A mecânica da visão, tal como retratada por Roger Bacon.

mas somente a experiência proporciona-nos certeza. A física aristotélica pode ensinar que o fogo queima, mas é a criança realmente queimada que tem medo do fogo. O experimento pode também conduzir-nos além das conclusões demonstradas das disciplinas científicas, como podemos constatar se consideramos a farmacopeia construída pela experiência dos médicos práticos. Construir um modelo dos céus, como um astrolábio, pode ensinar-nos mais coisas sobre eles do que o pode a ciência dedutiva.

Embora Bacon acreditasse na possibilidade da transmutação alquímica de metais mais vis em ouro e contemplasse a capacidade de prever o futuro e operar prodígios como uma das recompensas da pesquisa científica, distinguia nitidamente ciência de magia. Realmente, pensava que uma razão para adotar a ciência era refutar as falsas reivindicações feitas a favor das artes mágicas. Mas, antes que seja aclamado como um protagonista em qualquer guerra entre a ciência e o misticismo, é importante lembrar que no seio da "experiência" à qual atribuía tal importância na filosofia ele inclui visões religiosas e estados místicos de êxtase.

Roger Bacon foi um dos membros de um destacado trio de pensadores franciscanos que honrou Oxford nos séculos XIII e XIV, completado por John Duns Scotus e Guilherme de Ockham. Esses três, como veremos, diferem muito entre si, de modo que seria inteiramente equivocado pensar em Oxford como o domicílio de uma particular escola franciscana de pensamento. Entretanto, todos os três exerceram uma influência que viria a se estender muito além de Oxford ou da Inglaterra.

Duns Scotus

De todos os grandes filósofos, John Duns Scotus é aquele cuja vida é menos conhecida e cuja biografia depende quase inteiramente de conjecturas. Qualquer relato de sua carreira tem que ser baseado em apenas quatro datas seguras para as quais há evidência documental: em 17 de março de 1291 foi ordenado sacerdote em Northampton; em 26 de julho de 1300 ele estava em Oxford, na qualidade de frade franciscano, buscando sem êxito uma licença para ouvir confissões; em 18 de novembro de 1304 foi recomendado pelo ministro-geral franciscano para uma posição de autoridade em Paris; em 30 de fevereiro de 1308 era um lente em teologia em Colônia. Até a data de sua morte é incerta: a data tradicionalmente dada é 8 de novembro de 1308.

A partir desses fragmentos de evidência, os estudiosos montaram esboços biográficos: o que apresentamos a seguir é apenas uma entre várias reconstruções possíveis[7]. Somos informados que João nasceu em Duns, uma cidade na fronteira escocesa, a algumas milhas rumo ao interior partindo de Berwick upon Tweed. Recuando a partir de sua ordenação, podemos conjecturar que seu nascimento ocorreu no início de 1266. Em algum período de sua adolescência ele parece ter se tornado noviço na casa franciscana em Dumfries, sob a orientação de seu tio Elias Duns, líder dos frades escoceses que haviam recentemente conquistado um grau de autonomia sob a ramificação inglesa da ordem. Durante a década de 1280 foi enviado a Oxford, onde estudou filosofia na casa franciscana, Greyfriars, já então suficientemente ampla para conter por volta de setenta estudantes. Scotus principiou os estudos teológicos na universidade em 1288: o curso durou treze anos e culminou com três anos de preleções obrigatórias, dois sobre as *Sentenças* de Pedro Lombardo e um sobre a Bíblia. Entre 1300 e 1301 ele obteve seu bacharelado em teologia, um *status* equivalente ao de professor assistente.

Por razões que só podem ser conjecturadas, as autoridades franciscanas decidiram que em lugar de obter um doutorado em Oxford Scotus deveria encaminhar-se como bacharel a Paris. É possível que haja exibido um tal brilho como prelecionador que tenham sentido que deveria ser-lhe oferecida a chance de brilhar na mais importante universidade da época — uma universidade com a qual então só Oxford estava se ombreando. Contudo, o convento franciscano em Paris, lar de Alexandre de Hales e Boaventura, não proporcionou um ambiente pacífico. Após um ano de preleções sobre as *Sentenças*, Scotus, juntamente com outros oitenta frades, foi banido da França por apoiar o lado do papado na disputa entre Filipe, o Belo, e Bonifácio VIII[8]. Ele deixou a França em junho de 1303 e retornou à Inglaterra, passando algum tempo em Cambridge, onde havia uma Casa franciscana de graduação.

Depois da morte do papa Bonifácio no final de 1303, as relações entre a Santa Sé e o reino francês melhoraram e a proclamação de banimento dos franciscanos foi revogada. Scotus retornou a Paris, completou sua série de preleções sobre as *Sentenças*, obteve seu doutorado e foi mestre-regente

---

7. Para meu relato da vida de Scotus, muito devo a um estudo pormenorizado, lamentavelmente ainda não publicado, de Antoon Vos.
8. Talvez mais bem conhecida pelo relato de Dante a respeito do mau trato francês de Bonifácio em Anagni (*Purgatório*, 20).

de 1306 a 1307. Mais uma vez foi obrigado a deixar Paris num período de agitação política, e passou o derradeiro ano de sua vida — o quadragésimo segundo — em Colônia. Morreu nesta cidade e foi sepultado na igreja franciscana com o epitáfio: "A Escócia gerou-me/a Inglaterra ensinou-me/a França recebeu-me/Colônia agora me guarda". Foi beatificado pelo papa João Paulo II em 1993.

Muitos manuscritos dos escritos de Scotus sobrevivem, porém sua natureza e sua ordem apresentam tanto enigma quanto as minúcias de sua biografia. A maior parte deles achava-se numa forma fragmentária e incompleta por ocasião da morte de Scotus, e foram coligidos e aprimorados graças ao labor devotado de discípulos ao longo de várias gerações. O cânone assim estabelecido foi publicado em doze volumes por Luke Wadding em 1639, edição republicada entre 1891 e 1895 pela firma parisiense de Vives. As peças centrais dessa edição eram dois comentários das *Sentenças*, intitulados *Opus oxoniense* e *Reportata parisiensia*; a coleção também continha uma série de comentários sobre Aristóteles, um conjunto de questões em *quodlibets* e muitas monografias, notadamente *De rerum principio*, *De primo principio* e *Grammatica speculativa*. Os estudiosos dependeram da edição Wadding/Vives até a segunda parte do século XX e ela ainda fornece o único texto impresso no tocante a muitas obras de Scotus.

O trabalho dos estudiosos no século XX, porém, remodelou completamente o cânone. A maioria dos comentários sobre Aristóteles se revelou como obra de outros autores posteriores. Permanecem como autênticos os comentários sobre as *Categorias*, o *Da interpretação* e as *Refutações sofísticas*, mais um comentário sobre Porfírio. Essas obras de lógica muito provavelmente datam do primeiro período de Scotus em Oxford, no início da década de 1290[9]. O mesmo ocorre com um grupo de questões sobre o *De anima* de Aristóteles, e provavelmente um comentário sobre a *Metafísica*, embora este pareça ter sido submetido a revisão bastante tarde na carreira de Scotus. Duas das monografias mais intensamente estudadas presentes na edição Wadding/Vives, a saber, *De rerum principio* e *Grammatica speculativa*, se revelaram, sob inspeção crítica, inautênticas.

Em meados da década de 1920 foram descobertos manuscritos de um texto que, após alguma controvérsia, passou a ser aceito agora como as pró-

---
9. As obras filosóficas de Scotus estão sendo publicadas em inglês, desde 1999, numa edição crítica de uma equipe de editores atuando primeiramente em St. Bonaventure, NY, e, mais tarde, na Universidade Católica da América em Washington DC.

prias notas de Scotus de suas preleções sobre os primeiros dois livros das *Sentenças*, em Oxford, de 1298 a 1300. Em 1938, a ordem franciscana instaurou uma delegação de estudiosos em Roma para produzir uma edição crítica das obras de Scotus, e entre 1950 e 1993 esse importante texto foi publicado pela Editora do Vaticano com o título *Lectura I – II*. O *Lectura III*, publicado em 2003, é muito provavelmente o curso ministrado por Scotus no seu período em Oxford durante o exílio de Paris em 1303. O texto anteriormente conhecido como *Opus oxoniense* é encarado atualmente como consistindo de elementos provenientes de uma contínua revisão desse curso, que prosseguiu ao longo dos anos de Paris. O *Reportata parisiensia* testemunha, num estágio tardio, a revisão a partir das mãos de estudantes que compareciam às preleções. A forma definitiva de um curso medieval de preleções era atingida quando o prelecionador comparava seus próprios esboços com as notas de seus estudantes, e incorporava o material num texto único, aprovado, conhecido como uma *Ordinatio*. A publicação da *Ordinatio* — jamais finalmente retocada pelo próprio Scotus — foi a tarefa principal da delegação dos estudiosos de Scotus. Entre 1950 e 2001 apareceram sete volumes dessa edição crítica, completando o comentário sobre as *Sentenças* I-II. No que diz respeito à *Ordinatio III* e *IV*, os estudiosos ainda contam com os dois últimos livros do *Opus oxoniense* como impresso por Wadding.

As edições do Vaticano da *Lectura* e da *Ordinatio* constituem o principal ponto de referência para o estudo de Scotus por parte dos atuais filósofos e teólogos. Mas duas obras de incontestável autenticidade fornecem evidência do pensamento maduro de Scotus. As questões em *quodlibets* pertencem sem dúvida ao breve período no qual Scotus foi mestre-regente em Paris, em 1306 ou 1307. A curta monografia *De primo principio*, publicada em diversas edições desde 1941, pertence ao último período de sua vida, e alguns estudiosos acreditam que foi escrita em Colônia no ano de sua morte. Finalmente, a autenticidade de uma obra intitulada *Theoremata* permanece objeto de polêmica entre estudiosos. O balanço das opiniões atualmente parece favorecer a posição que sustenta a autenticidade da obra, mas se esta é genuína atesta uma notável inversão de opinião de Scotus num tópico importante, a saber, a questão se a existência de Deus pode ser provada pela luz natural da razão.

Scotus não é um autor cuja leitura seja fácil. Sua linguagem é intricada, técnica e desajustada, e com frequência é difícil discernir a estrutura de seus argumentos. Possuiu, entretanto, uma das mais argutas mentes que já se devotaram à filosofia, e com certeza mereceu a alcunha "o doutor sutil". Na sua curta carreira acadêmica alterou o rumo do pensamento filosófico em muitas áreas e o colocou em novos caminhos a ser seguidos durante séculos.

Em muitas questões importantes Scotus assumiu o lado oposto de Aquino. Em seu próprio modo de pensar, se não à luz da história, igual importância foi atribuída às suas divergências com um outro de seus superiores, Henrique de Gant. Henrique ensinou em Paris de 1276 a 1292 e defendeu muitas das ideias do neoplatonismo agostiniano contra o aristotelismo radical de alguns da faculdade de artes. Scotus amiúde situava suas próprias posições em relação à posição de Henrique, e foi mediado pelos olhos de Henrique que viu muitos de seus predecessores.

Scotus rompeu com a tradição aristotélica sustentando que os conceitos de ser e de outros predicados universalmente aplicáveis, tais como "bem", não eram análogos, mas unívocos, e poderiam ser usados a respeito de Deus exatamente no mesmo sentido em que eram usados a respeito das criaturas[10]. A metafísica era a ciência que estudava o conceito unívoco de ser e suas propriedades fundamentais. Aristóteles definira a metafísica como a ciência que estuda o Ser *enquanto* ser. Scotus faz amplo uso dessa definição, mas a entende de uma maneira altamente pessoal e amplia seu alcance incomensuravelmente ao incluir no Ser o Deus cristão infinito. Tudo o que pertence a qualquer das categorias de Aristóteles — substância ou acidente — é parte do Ser. Mas o Ser é muito maior do que isso, pois tudo que se ajusta às categorias é finito, enquanto o Ser contém o infinito. A mais importante divisão a ser feita no domínio do Ser é a divisão entre ser finito e infinito[11].

A existência de um ser infinito é algo, para Scotus, que pode ser filosoficamente provado, no que concorda com Aquino e a grande maioria dos pensadores medievais. Mas ele rejeita as provas da existência de Deus oferecidas por Aquino com o fundamento de que são demasiado dependentes da física aristotélica, e apresenta uma elaborada prova metafísica, de sua própria lavra, para estabelecer a existência de Deus como primeira causa eficiente, última causa final e o mais excelente de todos os seres. Diferentemente de Aquino, ele pensa que atributos divinos como onisciência e onipotência só podem ser conhecidos por revelação e não podem ser estabelecidos exclusivamente pela razão natural[12].

---

10. A teoria da univocidade de Scotus é discutida na sequência, no capítulo 3.
11. A metafísica de Scotus é tratada mais minuciosamente na sequência, no capítulo 5.
12. A teologia natural de Scotus é discutida na sequência, no capítulo 9.

Scotus utiliza o aparato do hilemorfismo aristotélico, usando termos familiares como "matéria", "forma", "substância" e "acidente". Atribui contudo a muitos desses termos uma interpretação nova e radical; em particular, refunde os conceitos aristotélicos de ato e potência, tratando seres *potenciais* como se fossem entidades que possuem toda a minuciosa individualidade de seres *atuais*. Isso se manifesta, por exemplo, em seu tratamento do lugar e do tempo: diferentemente de Aristóteles, sustentou que pode haver espaço vácuo e tempo imóvel. Onde, para Aristóteles, a presença de um corpo é necessária para criar um espaço, para Scotus a mera possibilidade de um corpo basta para manter apartados os muros de um vácuo. Onde, para Aristóteles, há necessariamente movimento se for para haver tempo, uma vez que o tempo é a medida do movimento, para Scotus pode haver tempo sem movimento, tempo que mede o mero potencial para o movimento[13]. Ao tratar possibilidades como indivíduos obscuros, mas definidos, Scotus trai a influência de Avicena, mas explora a área com um grau de elaboração que o habilita a ser considerado o pai da filosofia dos mundos possíveis.

Na tradição aristotélica, a matéria era o princípio de individuação: dois seres humanos, Pedro e Paulo, eram distintos um do outro não em função de sua forma, mas em função de sua matéria. Scotus rejeitou isso: não era a matéria que produzia a diferença entre Pedro e Paulo, mas um traço identificador singular possuído exclusivamente por cada um, uma *haecceitas*, ou "heceidade". Assim, num indivíduo como Sócrates, havia tanto uma natureza humana comum quanto um princípio individuador. A natureza comum e a diferença individual eram, ele sustentava, realmente idênticas, porém distinguidas entre si por uma distinção de tipo especial, a "distinção formal". Por meio desse expediente, Scotus esperava preservar a validade de termos universais sem cair no platonismo: a natureza comum era suficientemente real e não meramente criada pelo intelecto humano; mas não podia jamais ocorrer na realidade exceto acompanhada de um elemento individuador.

Numa comparação com Aquino, Scotus estendeu o alcance do intelecto humano em duas direções. Aquino sustentara que não havia conhecimento individual puramente intelectual, porque uma faculdade imaterial não podia apreender a matéria, que era o princípio de individuação. Para Scotus, cada coisa possui em si um princípio inteligível de individualidade, de modo que o intelecto é capaz de apreender o individual em sua singularidade. Aquino

---

13. Ver N. LEWIS, Space and time, in *CCDS*.

sustentava que o objeto próprio do intelecto, nesta vida, era o conhecimento da natureza das coisas materiais. Scotus declarou que se fôssemos levar em consideração a vida futura bem como a presente, teríamos que dizer que o objeto próprio do intelecto seria tão amplo quanto o próprio Ser. Definir o objeto do intelecto como fez Aquino, ele sustentava, era como definir o objeto da visão como o visível mediante luz de velas.

Scotus rejeitou definitivamente a tese — cara à tradição agostiniana e revivida por Henrique de Gant — de que uma especial iluminação divina era necessária para capacitar o intelecto humano a apreender universais. Todavia, Deus não é totalmente excluído de sua epistemologia. O poder de Deus é absoluto: pode fazer tudo que não envolve contradição. Em consonância com isso, Deus poderia criar numa mente humana uma convicção da presença de uma entidade individual sem que essa entidade estivesse presente. Felizmente, ainda que tendo poder absoluto, Deus somente atua de acordo com seu poder ordenado, poder guiado pela sabedoria. Consequentemente, não exerceria o poder absoluto que nos enganaria da maneira sugerida. Aqui, Scotus, como Descartes séculos depois, pode afastar o ceticismo radical apenas recorrendo à doutrina de que o bom Deus não é enganador.

No que respeita à filosofia da mente, Scotus inovou com sua descrição da relação entre o intelecto e a vontade. Enquanto para Aquino a vontade era essencialmente um apetite racional que extraía sua liberdade da natureza flexível do raciocínio prático, Scotus viu a vontade como um poder soberano cuja atividade só podia ter como causa sua própria autodeterminação. A vontade era realmente um poder racional, um poder capaz de ser exercido em mais de uma maneira, mas isso não significava que seu exercício fosse dirigido pela razão. O intelecto, de modo contrastante, era um poder natural, um poder que, dadas as apropriadas condições naturais para sua operação, só podia atuar de uma maneira. Enquanto para a maioria dos escolásticos aristotélicos a meta fundamental dos seres humanos é uma operação intelectual, ou seja, a visão beatífica de Deus, para Scotus a união dos santos com Deus no céu consiste essencialmente num ato livre da vontade[14].

Tanto nos seres humanos quanto em Deus, Scotus atribui à vontade um alcance muito mais amplo do que o fizera qualquer um de seus predecessores. A vontade humana é um poder para opostos, não só no sentido de que pode ocorrer vontade de coisas diferentes em ocasiões diferentes, mas

---

14. A filosofia da mente de Scotus é discutida na sequência, no capítulo 7.

no de que no exato momento em que ocorre a vontade de uma coisa, a vontade retém um poder de querer seu oposto ao mesmo tempo. Uma vontade criada que existiu somente por um único momento poderia, ainda assim, efetuar uma livre escolha entre opostos. Além disso, a vontade divina, para Scotus, goza de uma liberdade muitíssimo mais ampla do que a que lhe foi conferida por teólogos anteriores. Deus seria livre, por exemplo, para dispensar ou suprimir muitos dos preceitos morais que comumente se acredita pertencerem ao direito natural.

Duns Scotus tem importância na história da filosofia não tanto por ter fundado uma escola — embora tenham existido dedicados adeptos de Scotus em todas as gerações, até a presente —, mas porque muitas de suas inovações filosóficas passaram a ser aceitas como princípios inquestionáveis por pensadores das gerações posteriores que nunca haviam lido uma palavra de suas obras. Os debates da Reforma entre Lutero e Calvino e seus adversários católicos ocorreram contra um fundo de cenário de hipóteses fundamentalmente de Scotus. A estrutura na qual Descartes dispôs os fundamentos da filosofia moderna foi, em todos seus aspectos essenciais, uma construção erigida em Oxford em torno do ano 1300. As duas décadas e meia que separaram a *Summa theologiae* de Aquino da *Lectura* de Scotus constituíram um dos períodos mais significativos na história da filosofia.

Scotus não é muito lido fora dos círculos profissionais: é um filósofo dos filósofos. Mas um dos que experimentaram a mais vívida apreciação de seu gênio foi o poeta vitoriano Gerard Manley Hopkins. Em seu poema "Oxford de Duns Scotus" Hopkins colocou-o num pedestal acima de Aquino, Platão e Aristóteles, saudando-o como

> Da realidade o elucidador de veia mais rara; aquele
> Para cujo discernimento rival não há, seja este a Itália ou a Grécia.

O que mais impressionou Hopkins foi o conceito de *haecceitas*, considerado por ele precursor de seu próprio conceito de *inscape*, a característica única de cada indivíduo, o que foi por ele celebrado em muitos de seus poemas, destacadamente "Como pescadores reais pegam fogo".

> Cada coisa mortal faz uma única e mesma coisa:
> Distribui de modo que estando em casa cada um tenha morada;
> Eus — vai ele próprio; *eu próprio* ele fala e soletra,
> Gritando *O que faço sou eu: para isso vim.*

Nas décadas que se sucederam imediatamente à sua morte, Scotus não recebeu tal aplauso em Oxford, e mesmo entre seus companheiros franciscanos houve forte oposição às suas opiniões.

Guilherme de Ockham

Guilherme de Ockham chegou a Oxford logo depois que Scotus a deixara pela última vez.. Tomou seu nome de seu torrão natal, o povoado de Ockham, em Surrey. Nasceu no final da década de 1280 e ligou-se à ordem franciscana em torno de 1302. Foi provavelmente em Greyfriars em Londres que recebeu sua educação filosófica. No fim dessa década partiu para Oxford com o objetivo de iniciar o estudo de teologia. Durante o tempo de suas preleções sobre as *Sentenças*, de 1317 a 1319, estava sendo construída uma escola de seguidores de Scotus em Oxford, e Ockham definiu sua própria posição parcialmente diferente da deles. Não tardou a ser criticado por companheiros franciscanos e também encarado com suspeita pelo chanceler da Universidade, Tomás Lutterell, que era tomista. Deixou Oxford sem obter o doutorado e viveu em Londres no começo da década de 1320, provavelmente mais uma vez em Greyfriars[15]. Tornou-se um prelecionador de filosofia e realizou muitos debates em *quodlibets*. Também descreveu de maneira minuciosa e completa suas preleções de Oxford, compôs um texto sistemático de lógica para os estudantes, um grande número de comentários a respeito das obras de lógica e física de Aristóteles e um influente tratado sobre predestinação e contingências futuras. É mais lembrado por algo que jamais disse, a saber, "Os entes não devem ser multiplicadas além da necessidade", a famosa "Navalha de Ockham".

Em suas obras, Ockham assumiu muitas posições em lógica e metafísica ou desenvolvendo Scotus ou opondo-se a ele. Embora seu pensamento seja menos sofisticado que o de Scotus, sua linguagem é felizmente muito mais clara. Como Scotus, tratava "ser" como um termo

---

15. A partida prematura de Ockham de Oxford sem um doutorado pode ser a razão de sua alcunha medieval ter sido *venerabilis inceptor* — "o venerável iniciante". Isso parece mais provável do que a explicação alternativa de que ele era considerado um admirável inovador. De qualquer modo, o título envolve um complicado jogo de palavras, uma vez que *incept* era, no jargão medieval, a palavra que indicava realmente a obtenção do doutorado, algo que Ockham nunca fez. Seu outro título, a saber, "o doutor invencível", necessita de menos explicação.

O palácio dos papas em Avignon, onde Ockham
foi julgado e de onde fugiu para Munique.

unívoco, aplicável a Deus e às criaturas no mesmo sentido. Entretanto, nitidamente reduziu o número dos seres criados, reduzindo as dez categorias aristotélicas a duas: substâncias e qualidades. A divergência mais significativa de Ockham com Scotus dizia respeito à natureza dos universais. Rejeitou inteiramente a ideia de que havia uma natureza comum existente nos muitos indivíduos que chamamos mediante um nome comum. Não existe nenhum universal fora da mente; tudo no mundo é singular. Universais não são coisas, mas signos, simples signos representando muitas coisas.

De acordo com Ockham, há dois tipos de signos: os signos naturais e os signos convencionais. Os naturais são os pensamentos em nossas mentes e os signos convencionais são as palavras cunhadas por nós para expressar esses pensamentos. Os conceitos em nossas mentes formam um sistema linguístico, uma linguagem comum a todos os seres humanos e anterior a todas as diferentes línguas faladas tais como o português e o latim. A rejeição de Ockham aos universais reais é amiúde chamada de "nominalismo": mas os nomes que, segundo ele, são os únicos universais verdadeiros não são apenas nomes falados e escritos, mas também os nomes internos de nossa linguagem mental. Em consonância com isso, quando contrastamos o ensinamento de Ockham com o realismo de seus opositores, seria mais adequado chamá-lo de um conceitualista do que de nominalista[16].

Em distintas ocasiões, Ockham apresentou distintas explicações do modo no qual os nomes da linguagem mental estão associados aos objetos do mundo. De acordo com sua teoria mais antiga, a mente modelava imagens mentais, ou "ficções", que se assemelhavam a coisas reais e que proporcionavam os termos de proposições mentais, como procurações das realidades correspondentes. Ficções eram universais no sentido de terem uma igual semelhança com muitas coisas diferentes no mundo. Mais tarde, em parte como resultado da crítica de seu colega franciscano Walter Chatton, Ockham abandonou a crença em ficções. Nomes na linguagem mental, ele passou a pensar, eram simplesmente atos do pensar, itens na história mental de uma pessoa individual.

Ockham aceitou a distinção de Scotus entre conhecimento intuitivo e abstrativo; é somente por conhecimento intuitivo que podemos saber se um fato contingente prevalece ou não. Contudo, Ockham torna explícita uma consequência da teoria que está apenas implícita em Scotus. Devido a ser todo-poderoso, afirma Ockham, Deus pode fazer diretamente tudo o que correntemente faz por meio de causas secundárias. Da maneira ordinária, Deus me faz saber que uma parede é branca fazendo a parede branca encontrar meu olho; mas se ele normalmente age assim via causação sensorial normal, pode levar-me a ter a mesma crença na brancura da parede sem que ali haja, de modo algum, qualquer parede branca. Essa tese evidentemente abre mais ainda a brecha na epistemologia que fora aberta por Scotus, e alarga o caminho que conduz ao ceticismo[17].

Essa e outras opiniões de Ockham rapidamente suscitaram preocupação entre seus irmãos franciscanos, e em 1323 lhe foi solicitado explicar a um capítulo provincial da ordem seu ensinamento acerca das categorias de Aristóteles. Um ano depois, em resposta a uma denúncia de Oxford, Ockham teve que enfrentar uma comissão na corte papal em Avignon instalada para examinar suas *Sentenças*, sob a suspeita de heresia. Essa delegação, constituída sobretudo de tomistas e que incluía o antigo chanceler de Oxford, Lutterell, não conseguiu, após muitos meses de trabalho, produzir um caso convincente contra ele.

---

16. O nominalismo de Ockham é discutido na sequência, no capítulo 3.
17. A epistemologia de Ockham é discutida na sequência, no capítulo 4.

Todavia, a estada de Ockham em Avignon efetivamente promoveu uma mudança inteiramente nova em sua carreira filosófica. O papa da época, João XXII, estava em conflito com a ordem franciscana relativamente a dois pontos de debate sobre a pobreza: a questão histórica de se Cristo e seus apóstolos haviam vivido em absoluta pobreza, e a questão prática de se a ordem franciscana podia legitimamente possuir qualquer propriedade. S. Francisco sustentara um ideal extremo de pobreza: os frades não deviam possuir nada, jamais tocar em dinheiro e deviam depender de esmolas para alimentação, vestuário e abrigo. S. Boaventura, o *principal* reformador da ordem, fez uma distinção entre propriedade (*dominium*, ou domínio) e uso (*usus*). Os franciscanos podiam usar a propriedade, mas não podiam possuí-la, fosse individualmente, fosse coletivamente como ordem religiosa. Em 1279, o papa Nicolau III destituiu a ordem franciscana da posse de toda a propriedade usada pelos frades e a integrou ao patrimônio do papado.

No fim de 1322, João XXII derrubou esse acordo, denunciando a distinção entre propriedade e uso — ao menos no que dizia respeito a artigos de consumo — como uma invenção hipócrita. No ano seguinte também rejeitou o ensinamento franciscano de que Jesus e os apóstolos tinham renunciado a toda propriedade durante suas vidas. Foi solicitado a Ockham por Miguel de Cesena, o superior da ordem franciscana, que também se encontrava em Avignon, que estudasse os decretos papais que continham essas denúncias. A conclusão a que chegou foi a de que eram imorais, absurdos e heréticos, e os denunciou publicamente. Acompanhado de Miguel, ele fugiu de Avignon em 1328, pouco antes de ser emitida uma bula papal condenando as doutrinas deles como heréticas. A dupla escapou para Munique, onde passaram a contar com a proteção de Ludovico da Baváría, inimigo de João XXII, que se opusera à sua escolha como imperador.

Ludovico, excomungado em 1324, recorrera a um concílio geral no qual utilizou a rixa com os franciscanos como uma razão para denunciar o papa como herege. Em 1328 entrou em Roma, coroou a si mesmo imperador, queimou em efígie João e instalou um antipapa. Em Roma, juntou-se a Ludovico um outro filósofo aliado, Marsílio de Pádua, antigo reitor da Universidade de Paris. Marsílio fora forçado, como Ockham, a fugir em busca da proteção de Ludovico, porque escrevera um livro que continha um sustentado ataque não apenas a João XXII, mas ao papado como instituição.

A obra, *Defensor pacis* ("O defensor da paz", 1324) converteu-se num texto clássico de filosofia política. Começa com uma denúncia da interferência papal nos negócios dos Estados seculares. A desordem, a corrupção e a guerra endêmicas na Itália, afirma Marsílio, são todas o resultado da arrogância e da ambição papais. No desenrolar da obra, ele passa de questões locais para o princípio geral.

O Estado é uma sociedade "perfeita", isto é, uma sociedade que é tanto suprema quanto autossuficiente dentro de sua própria esfera. Há dois tipos de governo: o governo baseado no consentimento dos súditos do governante e o governo contra a vontade dos súditos. Somente o primeiro é legítimo, enquanto o segundo é uma forma de tirania. As leis do Estado não extraem sua legitimidade nem da vontade do governante nem diretamente de Deus: recebem autoridade dos próprios cidadãos. A tarefa efetiva da legislação pode ser delegada a corpos e instituições particulares, que podem diferir razoavelmente de Estado para Estado. O príncipe é o chefe executivo do Estado: o consentimento dos cidadãos dado ao seu governo é expresso de melhor modo se ele for escolhido mediante eleição, embora haja outros sistemas pelos quais o consentimento pode ser legitimamente manifestado. Um príncipe irregular ou incompetente deve ser removido do cargo pela legislatura.

O livro de Marsílio exerceu uma influência extraordinária. Nenhum autor do lado do papado foi capaz de opor-se a ele num nível similar de sofisticação filosófica. Influenciou igualmente católicos ortodoxos e hereges, diretamente até a Reforma luterana. Ockham esteve entre os primeiros filósofos que exibiram a influência desse livro, no seu caso numa série de tratados políticos que escreveu durante a década de 1330. Essas obras são menos sistemáticas e também menos radicais do que o *Defensor pacis*.

A primeira foi o *Trabalho dos noventa dias*, um extenso tratado escrito às pressas em 1332. Foi mais tarde sucedido por uma *Carta aos franciscanos* e um conjunto de *Diálogos* sobre as relações entre a Igreja e o Estado. Ainda que polêmicas em sua intenção, essas obras são "recitativas", isto é, enunciam ("reiteram") argumentos empregados por opositores do papado de uma maneira que não compromete necessariamente o próprio Ockham com a concordância com suas conclusões. Mas, comparando-as com outras obras escritas na primeira pessoa (obras "assertivas"), podemos compor as próprias opiniões de Ockham.

O núcleo filosófico da posição de Ockham com referência à pobreza franciscana é uma teoria dos direitos naturais. Ele distingue duas classes de direitos: aqueles aos quais se pode legitimamente renunciar (como o direito à propriedade privada) e aqueles que são inalienáveis (como o direito à própria vida). No jardim do Éden não havia propriedade. Após a Queda, os direitos de propriedade foram estabelecidos pela lei humana. A propriedade privada não é, em si mesma, errada, mas, *com licença* do papa João, tem que ser distinguida do uso. Um anfitrião permite que seus convidados façam uso do alimento e da bebida à sua mesa, mas não concede a propriedade dessas coisas aos seus convidados. Os franciscanos gozam de um direito de usar o que é necessário à vida, mas isso não os envolve em nenhuma propriedade, porque se trata apenas de um direito moral, não executável em nenhum tribunal (*OND* 6. 260-271).

Enquanto as concepções de governo de Marsílio se configuraram pelas condições presentes nas cidades-estado italianas de seu tempo, as de Ockham são mais influenciadas pela estrutura do Sacro Império Romano. O imperador, diz ele, não tem sua fonte de poder no papa, mas no povo, intermediado pelos membros do colégio eleitoral imperial. O direito de escolher o próprio governante constitui um dos direitos naturais dos seres humanos. Esses direitos podem ser exercidos estabelecendo-se uma monarquia hereditária. Mas o mandato de um monarca hereditário depende da boa conduta, e se ele abusar de seu poder o povo estará autorizado a depô-lo.

A despeito de sua rixa com o papa João XXII, Ockham foi muito menos hostil do que Marsílio ao papado como instituição. Não importa quão tiranicamente se conduziam na prática, os papas, sustentou ele, realmente possuíam uma supremacia procedente da lei divina. Deviam, contudo, ser considerados monarcas constitucionais e não absolutos. Eles eram responsáveis perante concílios gerais, que deviam, esses mesmos, ser constituídos por membros da Igreja localmente eleitos.

Ockham jamais se reconciliou com o papado de seu tempo. Em 1331, João XXII, a caminho dos noventa anos, começou pregar uma doutrina que foi universalmente tida como herética: nomeadamente, que as almas daqueles que partem da vida em boa situação não gozam da beatífica visão de Deus até que se unam novamente aos seus corpos após o Juízo Final. É claro que isso colocou uma nova arma nas mãos de seus opositores franciscanos e o papa foi obrigado a se retratar no leito de morte em 1334. O novo papa, Bento XII, definiu que as almas dos justos, tão logo morrem, ou depois de um período no purgatório, veem Deus face a face. Mas Bento não anulou a condenação dos franciscanos dissidentes, e Ockham morreu durante a epidemia de peste, ainda excomungado pela Igreja, em Munique em 1349.

A recepção de Ockham

Paris e Oxford eram as duas grandes universidades da alta Idade Média. Embora Paris tenha sido, sem dúvida, a principal no século XIII, Oxford assumiu a liderança no século XIV. É matéria de debate entre estudiosos até que ponto a influência de Ockham foi sentida numa ou noutra dessas universidades. Decerto seria exagero afirmar que sempre houve, mesmo em Oxford, uma escola *ockhamista*; por outro lado, muitos pensadores parisienses seguiram e desenvolveram temas específicos oriundos de seus escritos.

Gregório de Rimini, por exemplo, um frade agostiniano que ensinou em Paris na década de 1340, aceitou a filosofia natural de Ockham, ainda que divergisse de sua lógica. João Buridan, membro da Faculdade de Artes que foi reitor da Sorbonne em 1328 e 1340, partilhou do nominalismo de Ockham, mas mostrou-se muito mais confiante do que Ockham de que era possível fazer progresso na exploração científica do mundo. Reintroduziu a teoria do ímpeto de Filopono e foi mestre de uma destacada geração de físicos filosóficos, inclusive Nicole Oresme, que explorou, sem endossar, a hipótese de que a Terra girava diariamente em torno de seu próprio eixo. Como Ockham, Buridan é mais bem conhecido por algo que nunca declarou. Ao discutir a liberdade da vontade na escolha entre alternativas, supõe-se que tenha dito que um burro diante de dois fardos de feno igualmente sedutores estaria incapacitado de comer um ou outro: daí a expressão "Asno de Buridan" ter se tornado proverbial no que se refere à indecisão.

Dois outros pensadores franceses foram muito influenciados pela epistemologia de Ockham: o cisterciense João de Mirecourt e um cônego secular, Nicolau de Autrecourt, tendo ambos prelecionado em Paris na década de 1340 e incorrido em censura acadêmica e eclesiástica por suas opiniões radicais. Em 1347, 41 proposições extraídas dos escritos de João foram condenadas pelo chanceler da Sorbonne, e mais de cinquenta das teses de Nicolau foram condenadas pelo legado papal. João defendeu seus escritos numa apologia; Nicolau retratou-se e deu continuidade à sua carreira.

A epistemologia de João de Mirecourt foi baseada num desenvolvimento da teoria do assentimento de Ockham. Assentimentos podem ser evidentes ou podem ser concedidos com receio de erro. Verdades centrais da lógica gozam de um elevadíssimo grau de evidência, mas há também a evidência natural, a qual é baseada na experiência do mundo. A evidência natural é incapaz de produzir certeza absoluta, exceto no caso da própria existência de alguém, que não pode ser negada sem autocontradição. Não se pode obter uma certeza similar sobre a existência de qualquer outra entidade. Mesmo a existência de Deus não pode ser provada com certeza, visto que os argumentos a favor de sua existência baseiam-se em fatos do mundo, que envolvem apenas a evidência natural. Ademais, mesmo que nada além de mim mesmo existisse, Deus poderia, mediante um prodígio, fazer parecer que há um mundo real fora de mim.

Perceber-se-á que João chegou muito perto, antecipadamente, da posição alcançada por Descartes no começo de sua *Segunda meditação*. Nicolau de Autrecourt adotou uma forma de ceticismo ainda mais radical. Se definirmos a consciência intuitiva como envolvendo um "julgamento de que uma coisa existe, se existe ou não realmente", então jamais poderemos estar certos de que aquilo que aparece aos sentidos é verdadeiro. Não podemos estar certos da existência dos objetos dos cinco sentidos. Uma das proposições condenadas que o levou a se retratar era a seguinte: "virtualmente nenhuma certeza pode ser obtida sobre as coisas com base no que aparece naturalmente". Entretanto, Nicolau qualificava essa afirmação cética com a observação de que uma módica certeza seria obtenível em pouco tempo, bastando para isso que as pessoas voltassem suas mentes para as próprias coisas e não para a leitura de Aristóteles e de seus comentadores (DB 553 ss.).

Diferentemente de João, Nicolau não viu o "Penso, logo sou" como oferecendo uma saída do impasse cético — certamente não provava a existência de qualquer ego substantivo. Mesmo "Aqui está um pensamento intelectual: logo algum intelecto existe" estava, segundo ele, longe de ser um argumento evidente. Nenhuma forma de argumento causal podia produzir certeza da existência de qualquer coisa de qualquer tipo. Somente o princípio de não contradição, concluiu Nicolau, fornecerá uma base sólida para o conhecimento: e tal base não permitirá que se vá muito longe na filosofia. "A existência de uma coisa", começava uma de suas proposições condenadas, "jamais pode ser inferida ou provada com o grau apropriado de evidência a partir da existência de alguma outra coisa, e tampouco pode a não existência de uma coisa a partir da não existência de uma outra". Neste caso não é Descartes, mas Hume, que ocorre à mente de um leitor da filosofia moderna.

De maneira acertada ou errônea, o ceticismo de Nicolau de Autrecourt foi frequentemente sustentado em épocas posteriores como um exemplo do horrível excesso a que poderia conduzir o ensinamento de Ockham. Com justiça igualmente dúbia, ele foi às vezes aclamado por positivistas lógicos do século XX como um ilustre predecessor.

A recepção imediata de Ockham na Inglaterra não se revelou uniformemente favorável. Até mesmo seus parceiros próximos, tais como Adão Wodeham e Walter Chatton, ajustaram seus ensinamentos de modo a torná-los mais compatíveis com a corrente principal da escolástica. Walter Burley, cuja carreira se justapôs à de Ockham, foi um dos mais importantes pensadores ingleses da época. Obteve seu mestrado em Artes em Oxford em 1301 e seu doutorado em teologia na Sorbonne no início da década de 1320. Foi membro do colégio de Merton e diplomata a serviço de Eduardo III. A sua melhor lembrança é devida ao seu tratado *A arte pura da lógica* (1328), um dos mais excelentes textos de lógica que sobreviveu do período medieval. Nessa obra ele defendeu a opinião tradicional da significação e suposição contra as críticas de Ockham[18].

Os calculadores de Oxford

O segundo quarto do século XIV assistiu, entre os filósofos de Oxford, ao desenvolvimento de uma escola que exerceu uma influência notável na história da física. À frente da escola estava Tomás Bradwardine (1295-1349), que foi membro sucessivamente dos colégios de Balliol e Merton, mais tarde confessor de Eduardo III e, finalmente, arcebispo de Cantuária. Outros integrantes da escola, como Guilherme Heytesbury e Ricardo Swineshead, foram, como Bradwardine, membros de Merton, de sorte que integrantes desse grupo às vezes se fazem conhecidos como os *mertonianos*. Partilharam um gosto que consistia em resolver problemas filosóficos e teológicos por meio de métodos matemáticos, pelo que são igualmente chamados de calculadores de Oxford, devido a um tratado da autoria de Swineshead denominado *Liber calculationum* (1350).

Em 1328, Bradwardine publicou uma obra intitulada *De proportionibus velocitatum in motibus* ("Das proporções de velocidade nos movimentos"). Nela desenvolveu uma teoria das proporções que foi por ele empregada para expor uma teoria de como as forças, resistências e velocidades deviam ser correlacionadas no movimento. Essa teoria não demorou a tomar o

---
18. Ver capítulo 3 na sequência.

lugar das leis do movimento de Aristóteles e se mostrou influente não só em Oxford como também em Paris, onde foi adotada por Oresme. Também outros calculadores produziram trabalhos importantes para a filosofia natural, porém devotaram seus talentos matemáticos à solução de problemas lógicos e teológicos e não à pesquisa no campo da física. Questões sobre máximos e mínimos, por exemplo, constituíram o germe do desenvolvimento rumo ao cálculo diferencial. Entretanto, foram primeiramente levantadas em conexão com a questão de qual era a mínima e qual a máxima duração de tempo a ser despendidas na oração para cumprir uma ordem de orar noite e dia. A questão de como medir qualidades não quantitativas, tais como o calor e o frio, foi resolvida pela primeira vez na análise do crescimento da graça nas almas dos fiéis, e na medição da capacidade de felicidade das almas no céu.

Muitos dos desenvolvimentos na física tiveram origem como soluções de enigmas lógicos, ou *sophismata*. Eram proposições cujo teor era ambíguo ou paradoxal, formuladas como problemas a ser resolvidos por estudantes de lógica, e solucionados ou determinados pelos mestres da Faculdade de Artes. Um dos mais engenhosos conjuntos desses *sophismata* foi produzido, em torno de 1328, por Ricardo Kilvington, ele próprio não um *mertoniano*, mas estreitamente ligado aos outros calculadores como integrante de um grupo de pesquisa formado por Ricardo de Bury, bispo de Durham e lorde-chanceler. Kilvington não era ele próprio matemático, mas seus *sophismata* logo receberam uma forma matemática graças a Heytesbury em sua *Regulae solvendi sophismata* (1335), na qual ele desenvolveu a teoria da aceleração uniforme.

Os *sophismata* caíram em descrédito na Renascença, mas se tornaram moda novamente no século XX. Numa época em que a França era uma república, Bertrand Russell indagou a respeito do valor-verdade de "O rei da França é calvo". Sua investigação conduziu a uma análise lógica muito influente de descrições definidas. Analogamente, Kilvington, em seus *sophismata*, exibe um enredo, por exemplo, em que Sócrates é tão branco quanto é possível ser e em que Platão, até então não branco, está nesse momento começando a ser branco. Indaga em seguida quanto ao valor-verdade de "Sócrates é mais branco do que Platão começa a ser branco". Uma reação natural poderia ser alegar que essa sentença, tão longe de ser ou verdadeira ou falsa, não é sequer bem formada; mas Kilvington pacientemente soletra o que se poderia significar com ela e no decorrer da explicação da sentença e de similares questões enigmáticas oferece uma análise dos conceitos de grau, razão e proporção.

John Wyclif, tal como mostrado numa inicial adornada de um manuscrito boêmio de 1472.

O decano dos calculadores, Tomás Bradwardine, foi também um teólogo muito importante. Foi o principal representante de uma outra tendência do século XIV em Oxford, ou seja, um renascimento do agostinianismo. Está claro que durante todo o período medieval Agostinho fora uma autoridade tratada com reverência e citada não menos frequentemente do que Aristóteles. Mas esses neoagostinianos, como Bradwardine e seu contemporâneo irlandês Ricardo Fitzralph (chanceler em Oxford em 1333 e, posteriormente, arcebispo de Armagh), começaram a prestar maior atenção no contexto histórico da obra de Agostinho e demonstrar maior interesse por suas obras tardias contra os pelagianos. Bradwardine, em seu alentado *De causa Dei*, apresentou um tratamento agostiniano das questões em torno da presciência divina, das proposições contingentes futuras e da liberdade humana.

John Wyclif

A mais ilustre figura desse renascimento agostiniano foi John Wyclif (1330?-1384), também um líder da reação realista contra o nominalismo dos seguidores de Ockham. Em meados do século XII foi de longe a mais destacada figura na universidade. Sua vida exibiu um padrão que é recorrente na história de Oxford e que também é ilustrado por John Wesley e John Henry Newman. Em meados do século XIV, no século XVIII e no século XIX o mais significativo acontecimento na história religiosa da universidade foi a deserção de um filho favorito da instituição religiosa[19].

Como Wesley e Newman, Wyclif era uma fina flor das escolas de Oxford, um homem que se sobressaía entre seus contemporâneos em matéria de conhecimento e vida austera. Como eles, formara em torno de si um grupo de discípulos e parecia provável que dominasse, por força de sua influência e sua reputação, a trajetória do pensamento e da prática da universidade. Como eles, deu um passo em doutrina que indispôs seus aliados teológicos mais próximos e sustentou as suspeitas de seus críticos. Exilado de Oxford, como foram eles exilados, continuou sua missão religiosa em outro lugar, limitando-se a lançar um esporádico olhar nostálgico aos distantes pináculos do lar de sua juventude e esperança.

Wyclif dirigiu-se a Oxford na década de 1350, e embora ocasionalmente desviado em função do serviço público — numa ocasião incumbido de uma missão diplomática, numa outra concedendo um parecer técnico ao Parlamento — passou sua vida sobretudo ensinando, pregando e escrevendo. Entre 1360, quando foi mestre de Balliol, e 1372, quando obteve seu título de doutorado, produziu uma *Summa* filosófica cujo mais importante volume é um tratado sobre os universais, destinado a defender o realismo contra a sofística nominalista. Na maturidade escreveu uma *Summa* teológica iniciada por dois livros de banal ortodoxia, impelida por vários livros de audaciosa inovação, transposta para manifesta heresia e finalizada numa estéril polêmica. Os tomos dessa obra cobrem toda a extensão da

---

19. Ver R. A. KNOX, *Enthusiasm*, Oxford, OUP, 1948, 66.

teologia medieval. Em três deles, o autor se ocupou de questões de direito e propriedade e propôs as teses controvertidas de que maus clérigos deviam ser despojados de suas doações e que mesmo leigos, se pecadores, não tinham direito à posse da propriedade. Em vários outros volumes sobre a Igreja, a realeza e o papado, o autor analisou a estrutura da Igreja e da sociedade cristãs, corrigiu abusos e propôs reformas. Em uma de suas últimas obras, acerca da eucaristia, apresentou uma nova interpretação da missa, centro da espiritualidade medieval.

Uma das mais espantosas inovações de Wyclif foi sua proposta de comunismo, baseada em sua teoria de *dominium*, ou propriedade. Argumentava da seguinte forma: por um lado, alguém que está em pecado não tem direito à propriedade. Só podes possuir algo justamente se puderes usá-lo justamente. Mas nenhum pecador pode usar algo justamente porque todas suas ações são pecaminosas. Por outro lado, se estás num estado de graça, como um filho adotivo de Deus, herdas todo o Reino de Deus. Mas se cada cristão em estado de graça é senhor de tudo, tem que partilhar seu domínio com todos os demais cristãos em estado de graça.

> Todos os bens de Deus devem ser comuns. Isso é demonstrado do seguinte modo. Todo ser humano deve estar num estado de graça, e se está num estado de graça é senhor do mundo e de tudo nele contido. Assim, todo ser humano deve ser senhor do Universo. Mas isso não é coerente com o fato de haver muitos seres humanos, a não ser que estes devam ter tudo em comum. Portanto, todas as coisas devem ser em comum.

Para nossa surpresa, os escritos de Wyclif sobre domínio, apesar de radicais como eram, parecem não lhe ter causado problemas com as autoridades durante sua vida. As autoridades seculares empregavam-nos em apoio da taxação do clero e ignoravam suas implicações relativamente à condição do laicato.

Todavia, a crescente audácia das especulações de Wyclif tornou sua posição em Oxford cada vez menos sustentável. Quando denunciou os papas e questionou afirmações papais pôde encontrar simpatizantes — numa época em que um cisma ignominioso secionava a cristandade em duas — mesmo no alto clero; quando ele, um sacerdote secular que gozava de vários benefícios, exigiu a supressão das doações da Igreja, muitos leigos e frades mendicantes julgaram seu discurso adequado. Mas quando em 1379 denunciou a doutrina da transubstanciação e declarou que o pão e o vinho, na missa, eram o corpo de Cristo somente da mesma maneira que o papel e a tinta na Bíblia eram a Palavra de Deus, todos — frades, nobres e bispos — voltaram-se contra ele. Foi condenado por um sínodo provincial e expulso de Oxford. Terminou seus dias no campo, em Lutterworth, no condado de Northampton, em liberdade, mas em desgraça.

A influência de Wyclif, após sua morte, foi maior do que durante sua vida. Nos decênios que se sucederam a ela, seus adeptos ingleses, os *lolardos*, disseminaram uma versão em vernáculo da Bíblia em seu nome. É questão polêmica em que medida ele pessoalmente se envolvera na tradução, mas é a essa Bíblia — acertada ou equivocadamente — que se deve a maior parte da grande fama de Wyclif até os tempos recentes. No exterior, na Boêmia, sua memória foi conservada fresca pelos seguidores de João Hus. A Igreja oficial, quando o cisma finalmente findou no Concílio de Constança em 1415, queimou Hus como herege e condenou 260 proposições atribuídas a Wyclif. Na sua terra, seu corpo foi exumado e queimado.

Devido à sua associação com a Bíblia dos lolardos e devido aos seus ataques à transubstanciação e ao papado, Wyclif foi aclamado pelos hagiógrafos protestantes como a Estrela Matutina da Reforma. Suas obras não foram muito lidas por filósofos: pensadores protestantes foram repelidos pela escolástica da qual, se acreditou, a Reforma libertou a todos nós, ao passo que os estudiosos católicos entenderam que podiam ignorar os textos de um herege quando havia homens santos de gênio ainda à espera de edições críticas. Recentemente, contudo, filósofos que prestaram atenção à sua obra acabaram por compreender que ele é um importante pensador, digno de figurar como terceiro relativamente aos seus dois grandes predecessores de Oxford: a Estrela Vespertina, realmente, da escolástica.

Além de Paris e Oxford

A carreira de Wyclif coincidiu com um período em que Oxford se tornou mais isolada do resto da Europa. Scotus e Ockham foram ambos famosos tanto em Paris quanto em Oxford e viveram durante longos períodos no continente. Wyclif permaneceu na Inglaterra salvo por uma breve visita ao exterior. O latim continuou em uso como o veículo de intercâmbio acadêmico, mas a literatura em vernáculo principiou a vicejar em todos os países da Europa e o latim deixou de ser o veículo escolhido pelos melhores escritores entre os contemporâneos de Wyclif, como Chaucer e Langland.

A Guerra dos Cem Anos entre a Inglaterra e a França instalou uma barreira entre Oxford e Paris. As duas universidades prosseguiram por seus caminhos separados, empobrecidas.

Pelo fim do século XIV, entretanto, novas universidades haviam começado a florescer em diversas partes da Europa. A Universidade Charles de Praga indica como data de sua fundação o ano de 1347. Em torno de 1402, os debates em suas escolas entre adeptos de Ockham e de Wyclif repercutiam por toda a Europa. A Universidade de Heildelberg foi fundada por força de uma bula papal em 1385 com um antigo reitor de Paris, Marsílio de Inghen, como seu primeiro reitor. Em 1399, a Universidade de Pádua recebeu seus primeiros prédios. Em 1400 a Universidade Jagielloniana recebeu sua carta patente em Cracóvia. St. Andrews, a mais antiga universidade escocesa, foi fundada em 1410, numa época em que Escócia e Inglaterra deviam obediência a dois diferentes papas em cisma. A primeira universidade nos Países Baixos foi Louvain, fundada em 1425.

Em substituição à antiga estreita parceria entre Paris e Oxford, desenvolveu-se uma nova rede internacional de universidades. Nas décadas em torno de 1500, por exemplo, um grupo de estudiosos escoceses, do qual a figura central foi John Major, ou Mair, mais tarde reitor da Universidade de Glasgow, estudava na Universidade de Paris. Proporcionaram significativas contribuições à lógica e à epistemologia que um recente estudioso não hesitou em comparar ao iluminismo escocês do século XVIII[20].

Simultaneamente, um tipo inteiramente distinto de filosofar estava sendo praticado fora das universidades. A cisão entre dois estilos de filosofia teria sérias consequências, a longo prazo, para o mundo não acadêmico. Em Paris, nos primeiros anos do século XIV, enquanto Duns Scotus prelecionava, preleções também eram ministradas por um outro filósofo de gênio, o dominicano alemão Mestre Eckhardt. Eckhardt prosseguiu até granjear grande reputação como pregador e prelecionador na Universidade de Colônia. E se Scotus pode ser encarado como o primeiro protagonista da tradição analítica de filosofar no século XIV, Eckhardt pode ser considerado o pai fundador de uma tradição alternativa mística.

Os escritos devocionais dos pensadores dessa tradição — os *Devotio moderna* dos discípulos de Eckhardt: John Tauler e Henrique Suso — não fazem parte da história da filosofia. O que realmente interessa ao historiador

---

20. Ver A. BROADIE, *The Circle of John Mair*, Oxford, OUP, 1985; *Notion and Object*, Oxford, OUP, 1989.

da filosofia é a postura anti-intelectual que se tornou associada à escola. Um holandês chamado Gerard Groote (1340-1384) fundou em Deventer uma associação piedosa denominada Fraternidade da Vida Comum. As regras redigidas por ele para a confraria incluíam um ataque à totalidade do sistema acadêmico. Somente um libertino podia ser feliz numa universidade, e debates e títulos só serviam para fomentar vaidade.

A fraternidade de Deventer deu origem a uma nova congregação de cônegos regulares, sediados em Windesheim. O mais conhecido dos cônegos de Windesheim é Tomás de Kempis, que é, com toda a probabilidade, o autor de *A imitação de Cristo*, um dos mais famosos clássicos de devoção cristã, escrito por volta da época da condenação póstuma de Wyclif. Essa obra contém uma violenta denúncia da filosofia e da teologia escolásticas.

> Qual o proveito que tiras da discussão do mistério profundo da Trindade se devido à tua falta de humildade estás desagradando a Trindade. [...] Eu preferiria sentir compunção do que conhecer sua definição. [...] Vaidade das vaidades, tudo é vaidade exceto amar a Deus e a ele servir exclusivamente. [...] Não alimentes o desejo de conhecer as profundezas das coisas, mas sim reconhecer tua própria falta de conhecimento.

A tradição de Deventer e Windesheim floresceu até o século XVI e foi uma das forças que concorreu, nesse século, para a decadência da escolástica. O jovem Erasmo foi um dos discípulos dos Irmãos da Vida Comum e durante algum tempo um relutante cônego da congregação de Windesheim. Também Lutero foi influenciado por esse anti-intelectualismo místico, que inclusive o ajudou a alimentar seus ataques ao aristotelismo medieval.

Uma pessoa no século XV adota a tradição analítico-cética e a tradição místico-fideísta. É Nicolau de Cusa (1401-1464). Nasceu em Cusa, perto de Koblenz no Moselle. Também ele foi discípulo da comunidade de Deventer e posteriormente estudou em Heidelberg e Pádua. Foi delegado do Concílio de Basileia em 1432, o qual marcou o ponto alto da afirmação da autoridade dos concílios gerais contra a supremacia eclesiástica do papa. Mais tarde, aderiu ao partido do papa e converteu-se num diplomata a serviço do papa Eugênio IV. Nomeado cardeal em 1448, foi legado papal na Alemanha de 1451 a 1452. Morreu em Todi, na Úmbria, em 1464.

Nicolau era um homem piedoso e caridoso, um devotado reformador da Igreja e um dedicado ecumenista. Durante sua vida buscou a reconciliação: entre os conciliaristas e os papistas dentro da obediência romana, entre a Igreja latina e a Igreja grega, entre a teologia escolástica e a mística e entre o pensamento cristão e o pagão. Sustentava que os nomes que judeus, gregos, latinos, turcos e sarracenos aplicavam a Deus eram equivalentes entre si, reconciliáveis no Tetragrammaton, que foi o nome que o próprio Deus revelara (Sermão 1. 6. 14).

Como os calculadores de Oxford, Nicolau escrevia acerca de assuntos matemáticos, mas sua mais conhecida obra filosófica, como também a inicial, foi *De docta ignorantia* (Da douta ignorância) de 1440. A ideia principal dessa obra é que Deus é a *coincidentia oppositorum*, uma síntese suprema e infinita de opostos. Toda vez que aplicamos um predicado a Deus, podemos com igual justeza anexar seu oposto. Se Deus é o maior ser, é também o ser mínimo: é tanto máximo quanto mínimo, pois nada pode ser maior do que ele, mas também a ele falta qualquer tamanho ou volume. O fato de que opostos coincidem em Deus mostra quão impossível é para nós ter qualquer conhecimento efetivo dele. Tentativas racionais de alcançar a verdade suprema são como um polígono inscrito num círculo: não importa quantos lados adicionemos ao polígono, este jamais coincidirá com a circunferência, por mais rente que se aproxime dela[21].

Platonismo da Renascença

Nicolau de Cusa é com frequência representado como uma figura de transição entre a Idade Média e a Renascença. A composição de *Da douta ignorância* realmente coincidiu com um dos eventos seminais da Renascença: o Concílio de Florença de 1439. O Império Grego Bizantino de Constantinopla, ameaçado pelo esmagador poderio militar dos turcos otomanos, buscou ajuda dos cristãos do Ocidente. O papa, o veneziano Eugênio IV, fez da unidade teológica uma condição para uma cruzada e o imperador João VIII e o patriarca de Constantinopla compareceram a um Concílio em Ferrara e Florença, com o objetivo de reunir as Igrejas latina e grega. Suas presenças em Florença foram imortalizadas pelos afrescos de Benozzo Gozzoli da adoração dos Magos no Palácio Médici-Ricardi, que contém retratos dos principais participantes. A união das Igrejas, proclamada no decreto *Laetentur caeli*, sob consenso do papa,

---

21. A teologia de Nicolau é estudada na sequência, no capítulo 9.

imperador e patriarca em 1439, revelou-se de vida tão curta como a que a antecedera em 1270. Mas os efeitos do Concílio na história da filosofia foram mais duradouros.

Florença já era o lar de um renascimento do saber clássico antigo: do "humanismo" não no sentido de um interesse na raça humana, mas no sentido de uma devoção à "cultura humanística". Uma das manifestações iniciais disso era uma admiração pelo estilo dos autores clássicos romanos e um correspondente desagrado com relação ao latim escolástico. Leonardo Bruni, um antigo funcionário público florentino na década de 1430, retraduziu importantes textos de Aristóteles para um latim mais elegante. Ao desejo de novas traduções dos clássicos gregos somava-se, da parte de muitos homens educados, uma ânsia de aprender o próprio grego e ler Platão, Aristóteles e outros pensadores antigos na língua original. Desde 1396 o grego passara a ser ensinado regularmente em Florença a um pequeno grupo seleto de pessoas.

A presença de estudiosos do Oriente no Concílio de Florença estimulou esse movimento. Entre aqueles que compareceram ao Concílio estavam George Gemistos Plethon (1360-1452), um destacado platônico, seu discípulo Bessarion (1403-1472) e o aristotélico George de Trebizond (1395-1484). Desses três, somente Plethon, um opositor à união das Igrejas, retornou à Grécia após o Concílio. Os outros permaneceram em Roma: George tornou-se secretário do papa e Bessarion cardeal.

Durante o Concílio, Plethon fez preleções sobre os comparativos méritos de Platão e Aristóteles. Os filósofos latinos, afirmou, haviam atribuído excessivo valor a Aristóteles. Havia muito por que Platão deveria ser preferido: acreditava num Deus criador, não simplesmente um primeiro motor; e acreditava numa alma verdadeiramente imortal. Aristóteles estava errado acerca das Ideias, errado ao pensar que a virtude era uma mediania, e errado em equiparar a felicidade à contemplação.

O ataque contundente de Plethon atraiu respostas tanto de gregos quanto de latinos. George Scholarios, admirador de Aquino e adepto da união em Florença, mais tarde desapontou-se e voltou a Constantinopla, onde finalmente se tornou patriarca. Em 1445 escreveu uma *Defesa de Aristóteles* contra aqueles que preferiam Platão. Embora Aristóteles pensasse que o mundo era eterno, não obstante realmente concebia Deus como sua causa eficiente; acreditava que a alma humana era imortal e indestrutível. Foi um filósofo muito mais claro e mais sistemático do que Platão. Scholarios julgava — talvez com acerto — que Plethon não era, de modo algum, um cristão, mas um pagão neoplatônico e, depois da morte deste providenciou para que suas obras fossem publicamente queimadas.

Uma impetuosa defesa de Aristóteles foi efetuada por George de Trebizond, que estava nessa ocasião traduzindo, para o papa Nicolau V, obras tanto de Platão quanto de Aristóteles, bem como de muitos Padres gregos. Sua *Comparação de Platão e Aristóteles* (1458) faz de Aristóteles um herói cristão e de Platão um vilão herético. George afirma que Aristóteles acreditava na criação a partir do nada, na divina providência e numa Trindade de pessoas divinas. Platão, por outro lado, propôs doutrinas asquerosas tais como a beleza da pederastia e a transmigração das almas para animais, além de ter encorajado a ginástica coletiva de homens e mulheres nus. A devoção a Platão havia levado a Igreja grega à heresia e ao cisma; aristotelistas latinos tinham combinado a filosofia com a ortodoxia. Somente estudiosos que se interessavam mais por estilo do que conteúdo podiam preferir Platão a Aristóteles.

Dois cardeais ingressaram no debate para restaurar o equilíbrio. Nicolau de Cusa, para quem George traduzira o *Parmênides* de Platão, escreveu um diálogo, *Do Não-Outro*, no qual salientava as limitações tanto da lógica aristotélica quanto da metafísica platônica, ao mesmo tempo em que se empenhava em construir em ambas, na consecução do conhecimento de Deus, o divino Não-Outro. Mais sobriamente, Bessarion escreveu um tratado, publicado tanto em grego quanto em latim, intitulado *Contra o caluniador de Platão*. Destacou que muitos santos cristãos haviam sido admiradores de Platão. Embora não houvesse, de modo algum, plena concordância nem de Platão nem de Aristóteles com a doutrina cristã, os pontos de conflito entre eles eram poucos, e havia tantos pontos de similaridade entre Platão e Aristóteles quanto entre Aristóteles e o cristianismo.

Aristóteles, ele disse, que o permita George de Trebizond, não acreditava que Deus criou livremente o mundo a partir do nada, e Platão estava muito mais próximo da crença cristã na providência divina. Aristóteles, ademais, não demonstrou que almas humanas individuais eram imortais. O modo como Aristóteles explica a formação de conceitos pela influência do intelecto agente está muito próximo da teoria de Platão dos vínculos humanos com as Ideias em reminiscência. Bessarion contrabalança as citações feitas por George de trechos licenciosos dos diálogos com outras nas quais Platão exorta à temperança e à virtude. Tanto Platão quanto Aristóteles foram pensadores notáveis enviados pela Providência para conduzir

Os escolásticos: do século XII à Renascença

Retratos do cardeal Bessarion são raros. Nesta pintura de Gentile Bellini, ele é quase esmagado sob o fino relicário que apresenta a uma confraria veneziana.

os seres humanos à verdade por caminhos diferentes. A antropologia de Platão, sustenta Bessarion, está mais próxima do que a vida teria sido sem o pecado original; Aristóteles proporciona uma explicação mais realista da humanidade caída.

Por volta da década de 1460 constituía universal aceitação que o estudo de Platão era algo apropriado aos estudiosos católicos do Ocidente. A queda de Constantinopla nas mãos dos turcos em 1453 provocou uma afluência de refugiados, que traziam consigo não só seu próprio conhecimento de grego clássico, como também preciosos manuscritos de autores antigos. Estes foram bem acolhidos tanto em Roma quanto em Florença. Cósimo de Médici incumbiu seu filósofo da corte, Marsílio Ficino, de traduzir as obras completas de Platão. O trabalho foi concluído por volta de 1469, quando o neto de Cósimo, Lourenço, o Magnífico, sucedeu como chefe do clã dos Médici. Lourenço reuniu manuscritos gregos em sua nova biblioteca Laurentiana, tal como o papa Nicolau V e seus sucessores haviam feito na novamente fundada biblioteca do Vaticano.

Marsílio Ficino reuniu em torno de si em Careggi, perto de Florença, um grupo de abastados estudantes de Platão, ao qual chamava de sua Academia. Traduziu, além de Platão, obras de Proclo e Plotino, e o *Corpus hermeticum*, uma coleção de antigos escritos de alquimia e astrologia. Escreveu comentários de quatro importantes diálogos de Platão e das *Enéadas* de Plotino. Escreveu também muitos tratados breves ele próprio, e uma obra mais importante, a *Theologia platonica* (1474), na qual expôs sua própria explicação neoplatônica da alma e sua origem e destino. Sua meta era combinar o elemento platônico presente na tradição escolástica com uma apreciação literária e histórica de suas origens no mundo antigo. Ele via a tradição pagã platônica como, ela mesma, divinamente inspirada e acreditava que sua incorporação no ensino teológico era essencial se a religião cristã quisesse tornar-se palatável aos novos intelectuais humanistas. Desse modo, equiparou a caridade a que alude S. Paulo em 1 Coríntios ao Eros do *Fedro*, e identificou o Deus cristão com a Ideia do Bem da *República*.

O mais destacado dos parceiros platônicos de Ficino foi Giovanni Pico, conde de Mirândola (1463-1494). Bem educado em latim e grego, Pico aprendeu grego e hebraico ainda jovem, e além do *Corpus* hermético realizou um sério estudo da cabala mística judaica. Seu propósito era combinar os pensamentos grego, hebraico, muçulmano e cristão numa grande síntese eclética platônica. Expressou isso em novecentas teses e convidou todos os estudiosos interessados para que as discutissem com ele num debate público em Roma em 1487. O papa Inocêncio VIII proibiu o debate e nomeou um comitê para examinar se o teor das teses era herético. Entre as proposições condenadas estava a seguinte: "Não há ramo da ciência que nos dê mais certeza da divindade de Cristo do que a magia e a cabala".

A oração preparada por Pico para apresentar o abortado debate sobrevive com o título *Da dignidade do homem*. Pico se vale igualmente do Gênesis e do *Timeu* de Platão na descrição da Criação, e imagina Deus dirigindo-se ao ser humano recém-criado nos seguintes termos:

> A natureza dos outros seres está restrita e confinada dentro dos limites de leis determinadas por Nós. Tu, que não estás confinado em quaisquer limites, de acordo com teu próprio livre-arbítrio, em cuja mão Nós te depositamos, determinarás para ti mesmo os limites de tua natureza. Colocamos a ti no centro do mundo para que possas deste ponto mais facilmente observar tudo o que existe no mundo. Não te fizemos nem de céu nem de terra, nem mortal nem imortal, para que com liberdade de escolha e com honra, como se fosses o criador e modelador de ti mesmo, possas moldar-te de qualquer forma que irás preferir. Terás o poder de degenerar-te nas mais vis formas de vida, que são bestiais. Terás o poder de, com base no julgamento de tua alma, renascer sob as formas superiores, que são divinas.[22]

Pico vê o ser humano, ao nascimento, como um ser totipotencial, que encerra as sementes de muitas formas de vida. Dependendo da semente que cultivas, podes tornar-te um vegetal, uma besta, um espírito racional ou um filho de Deus. Podes até mesmo recolher-te em ti mesmo e tornar-te um com Deus na escuridão solitária.

A consistente meta de Pico em seus escritos foi exaltar os poderes da natureza humana. Com esse objetivo defendeu o uso da alquimia e dos rituais simbólicos, que constituíam magia legítima, a ser nitidamente distinguida da magia negra que invocava a ajuda de demônios. Mas nem todas as pretensões científicas dos antigos mereciam crédito. Pico escreveu doze livros contra a astrologia: os corpos celestes podiam afetar os corpos humanos, mas não suas mentes, e ninguém poderia conhecer os movimentos e poderes dos astros o suficiente para traçar um horóscopo. A astrologia

---

22. E. CASSIRER et al., *The Renaissance Philosophy of Man*, Chicago, Chicago University Press, 1959, 225.

tinha que ser contrariada porque o determinismo que proclamava limitava a liberdade humana; a magia branca devia ser adotada porque fazia do ser humano o "príncipe e senhor" da criação.

A evocação da dignidade humana feita por Pico foi precursora da peã de Hamlet:

> Que obra é um homem, quão nobre na razão, quão infinito nas faculdades, na forma e no movimento quão expresso e admirável, na ação quão semelhante a um anjo, no entendimento quão semelhante a um deus — a beleza do mundo, o modelo de perfeição dos animais.

A despeito de suas opiniões não ortodoxas e dificuldades com as autoridades da Igreja, Pico foi muito admirado por Sto. Tomás Moro, que enquanto jovem escreveu uma biografia dele, erigindo-o como um modelo de homem piedoso para o leigo. Pico realmente teve um fim piedoso. Quando, depois dos Médici terem sido expulsos de Florença, Savonarola transformou a cidade numa república religiosa, Pico tornou-se um de seus adeptos e considerou a possibilidade de tornar-se frade. Mas, antes que pudesse realizar esse projeto, morreu aos 31 anos de idade. Por ocasião de sua morte, estava trabalhando num livro cujo tema era a harmonização das metafísicas platônica e aristotélica.

Aristotelismo da Renascença

Na década de 1490, enquanto os platônicos exibiam um espírito pacífico em relação a Aristóteles, estava em andamento em Pádua um vigoroso renascimento do aristotelismo, que assumiu duas formas, a averroísta e a tomista. Em 1486, a ordem dominicana substituíra as *Sentenças* de Pedro Lombardo pela *Summa theologiae* de Sto. Tomás como texto básico a ser prelecionado em suas escolas, o que desencadeou um renascimento do tomismo na Renascença. Mas em Pádua predominou inicialmente a facção averroísta. Os dois principais prelecionadores, Nicoletto Vernia (morto em 1499) e seu discípulo Agostinho Nifo (1473-1538), produziram ambos edições do comentário de Averróis e sustentaram a posição averroísta de que há apenas um único intelecto imortal para todos os indivíduos humanos. Em 1491, contudo, chegou a Pádua um dos maiores tomistas de todos os tempos: o dominicano Tomás de Vio, sempre conhecido como

Caetano, nome proveniente da forma latina de Gaeta, a cidade de seu nascimento e da qual posteriormente se tornou bispo.

Caetano comentou várias obras de Aristóteles, inclusive o *De anima*, mas é mais conhecido devido aos seus comentários de Sto. Tomás, principiados com um sobre *De ente et essentia* escrito em Pádua no começo da década de 1590 e que inclui um comentário de toda a *Summa theologiae*. Embora nem sempre de fácil leitura, esses comentários gozam de elevada estima dos tomistas até hoje. Particularmente influente foi um pequeno tratado sobre analogia, que sistematizava e classificava os distintos tipos de analogia encontrados em observações dispersas em Aristóteles e Sto. Tomás. Entre 1495 e 1497, Caetano ocupou o posto de professor de metafísica tomista em Pádua[23]. Embora um simpático comentador, Caetano não receava divergir de Sto. Tomás e passou a crer que Aristóteles não sustentou a imortalidade individual, e que essa imortalidade era incognoscível exclusivamente pela razão natural[24].

Também partilhava essa opinião o cultivado e erudito estudioso que surgiu como líder dos aristotélicos de Pádua, Pedro Pomponazzi. Ele era o autor de uma obra, *De immortalitate animae*, na qual argumentava que se alguém tomasse a sério a doutrina aristotélica segundo a qual a alma humana era a forma do corpo humano seria impossível acreditar que poderia sobreviver à morte[25]. Pomponazzi se considerava um cristão e estava pronto para aceitar a imortalidade pessoal como artigo de fé: mas ele e seus associados de Pádua não tardaram a ver a si mesmos como objeto da hostilidade eclesiástica.

Em 1512, o papa-guerreiro Júlio II, derrotado em batalha e doente, convocou um concílio geral a ser realizado no Laterano, com o objetivo de retificar uma Igreja em relação à qual se concordava então universalmente que necessitava grandemente de reforma. Logo após a convocação para o concílio, Júlio morreu e foi substituído pelo papa Leão X, um Médici. Leão mostrou pouco entusiasmo por reformas e o concílio não atingiu quase nada em termos práticos, salvo por um útil decreto que declarava que aqueles que dirigiam casas de penhores não eram necessariamente

---

23. Uma cadeira para o pensamento de Scotus também fora criada em Pádua, nessa época ocupada pelo franciscano Antonio Trombetta.
24. Caetano foi convocado a Roma em 1501 e tornou-se sucessivamente superior da ordem dominicana, cardeal e legado papal para a Alemanha, em cuja função realizou um célebre debate com Lutero em Augsburgo em 1518.
25. Os argumentos de Pomponazzi são expostos mais minuciosamente na sequência, no capítulo 7.

Rafael mostra Platão e Aristóteles dividindo amistosamente
o império da filosofia em domínios separados.

culpados do pecado da usura. Alguns abusos do clero foram proibidos, mas os decretos permaneceram letra morta até que os problemas foram trazidos de volta por Lutero para assombrar o papado. Nesse ínterim, o papa Leão julgou útil dirigir as mentes dos membros do concílio para questões filosóficas menos embaraçosas, como o ensinamento paduano a respeito da imortalidade.

Uma bula publicada em dezembro de 1513 lamentava que o diabo semeara recentemente um erro pernicioso no campo do Senhor, a saber, a crença de que a alma racional era ou mortal ou única em todos os homens, e que alguns filósofos temerários haviam afirmado que isso era verdadeiro "ao menos em filosofia". Proclamava, ao contrário, que a alma, por si mesma e essencialmente, era a forma do corpo humano, que era imortal, e que era multiplicada proporcionalmente ao grande número dos corpos nos quais era introduzida por Deus. Ademais, como a verdade não podia contradizer a verdade, qualquer afirmação contrária à verdade revelada foi condenada como herética.

A imortalidade da alma constituíra ensinamento cristão por muitos séculos, e o ensinamento religioso já fora combinado com o hilemorfismo aristotélico no Concílio de Viena em 1311. O que é digno de nota na declaração do Concílio Lateranense é sua insistência na relação entre verdade revelada e filosófica, e sua afirmação de que a imortalidade da alma não é apenas verdadeira como também passível de ser provada pela razão. A Igreja, pela primeira vez, estava declarando a lei não só em matéria de verdade religiosa, mas também em matéria de epistemologia religiosa. Esse decreto, tal como os decretos reformadores, parece ter tido pouco efeito prático. Alguns anos mais tarde, Pomponazzi publicou seu tratado acerca da alma: culminava e emendava com profissões de fé e submissão à Santa Sé, mas a substância da obra consiste de uma bateria de argumentos contra a imortalidade pessoal.

Foi durante a sessão do Concílio Lateranense que Rafael pintou no Vaticano, primeiramente para o papa Júlio e depois para o papa Leão, a Stanza della Segnatura, em cujas paredes e tetos estão representadas as disciplinas de teologia, direito, filosofia e poesia. O afresco *A Escola de Atenas* contém algumas das mais ternas representações de filósofos e tópicos filosóficos da história da arte. Aqui a reconciliação de Platão e Aristóteles recebe forma espacial e rica em cores. Os dois filósofos, lado a lado, presidem a uma resplendente corte de pensadores gregos e islâmicos. Platão, vestindo as cores dos elementos voláteis ar e fogo, aponta para o céu; Aristóteles, trajado de um azul pálido da água e de um verde da terra, tem seus pés firmes no chão. Os dois são reconciliados, na visão de Rafael, por lhes serem destinadas diferentes esferas de influência. Aristóteles, posicionado sob a égide de Minerva do lado do afresco próximo da parede da direita, domina um grupo de filósofos que se ocupam da ética e da natureza. Platão, que tem Apolo por patrono, posiciona-se acima de uma multidão de matemáticos e metafísicos. Surpreendentemente, talvez, ele, que baniu os poetas de sua República, recebe um posto próximo da parede dedicada à poesia e dominada por Homero. Defronte, no outro lado da sala, está *O debate do sacramento*, onde sentam os grandes filósofos cristãos: Agostinho, Boaventura e Aquino. O todo é uma obra-prima do gênio reconciliador, unindo as duas verdades que, assim os Padres do Laterano o estavam proclamando, nenhum homem devia separar.

3

Lógica e linguagem

Agostinho sobre a linguagem

Em seu relato da infância em suas *Confissões*, Agostinho descreve o aprendizado da linguagem. Uma passagem de seu relato tornou-se famosa:

> Quando elas (as pessoas mais velhas de minha família) davam nome a algum objeto e, em conformidade com isso, moviam-se na direção de alguma coisa, eu percebia isso e apreendia que a coisa era chamada pelo som que emitiam quando se dispunham a apontá-la. Sua intenção era mostrada por seus movimentos corpóreos, por assim dizer a linguagem natural de todos os povos: a expressão do rosto, o movimento dos olhos, o movimento de outras partes do corpo e o tom da voz que expressa nosso estado de espírito em buscar, ter, rejeitar ou evitar algo. Assim, à medida que ouvia palavras usadas repetidamente em seus lugares apropriados em várias sentenças, aprendia gradualmente a compreender que objetos significavam, e depois de ter treinado minha boca para formar esses signos empregava-os para expressar meus próprios desejos. (*Conf.* I. 8. 13)

Esse trecho foi colocado por Wittgenstein no início de suas *Investigações filosóficas*[1] para representar uma certa visão fundamentalmente equi-

---

1. Ludwig WITTGENSTEIN, *Philosophical Investigations*, Oxford, Blackwell, 1953.

vocada da linguagem: a visão de que nomear é o fundamento da linguagem e que o significado de uma palavra é o objeto para o qual ela existe. A passagem citada enfatiza bastante a função da exibição no aprendizado das palavras e não distingue diferentes partes do discurso. Apesar disso, Agostinho é uma curiosa escolha como porta-voz da tese atacada por Wittgenstein, visto que em muitos aspectos o que ele diz assemelha-se às próprias opiniões de Wittgenstein e não às opiniões que constituem o alvo deste.

Como Wittgenstein, Agostinho crê que a instituição de convenções linguísticas pressupõe uma uniformidade entre seres humanos em suas reações naturais, pré-convencionais a tais coisas como dedos que apontam — "a linguagem natural de todos os povos". A ostensiva definição por si só não ensinará a uma criança o significado de uma palavra: uma criança necessita também "ouvir as palavras repetidamente usadas em seus lugares apropriados em várias sentenças". O processo inteiro do aprendizado é iniciado pelos próprios esforços da criança para expressar suas sensações e necessidades pré-linguisticamente. Precisamente antes da passagem citada ele diz: "por meio de gritos e diversos sons e movimentos de meus membros tentava expressar meus sentimentos íntimos e ter minha vontade obedecida". Ele assim indica um ponto muito destacado por Wittgenstein, de que "palavras são associadas às expressões primitivas, naturais, de uma sensação e usadas no lugar delas"[2].

A explicação referente à linguagem nas *Confissões* foi precedida por uma explicação muito mais ampla numa obra anterior, *Sobre o mestre*. O tema da obra, que é um diálogo entre Agostinho e seu filho Adeodato, é mais restrito do que sugere seu título: não diz respeito à educação em geral, mas concentra-se no ensino e aprendizado do significado das palavras. Inicia-se com um vívido exame dos variados usos que fazemos da linguagem. Nós a usamos não só para a comunicação de informações, mas também com muitos outros propósitos, desde orar a Deus até cantar no banho. Podemos usar a linguagem sem som quando formamos palavras em nossas mentes: nesse caso usamo-las como meio de evocar à memória os objetos que elas significam.

Agostinho não deixa sem exame a fácil suposição de que palavras são signos. Cita uma linha de Virgílio,

> Se nada de tal cidade é deixado para o céu sustentar,

---

2. Ibid., I, 244.

e pergunta a Adeodato o que significa cada uma das três primeiras palavras. O que significa "se"? O melhor que Adeodato consegue oferecer como resposta é que o "se" expressa dúvida. "Nada" significa nada, de modo que não pode ser verdadeiro que toda palavra significa alguma coisa. E quanto a "de"? Adeodato propõe que é um sinônimo de "proveniente", mas Agostinho sugere que isso é simplesmente substituir um signo por outro — não nos tira do signo para a realidade (*DMg* 2. 3-4).

A definição ostensiva parece oferecer uma saída do impasse, ao menos no que se refere a algumas palavras. Se eu perguntar o que significa "parede", poderias apontar para ela com teu dedo. Não só objetos materiais, como também cores podem ser ostensivamente definidas dessa maneira. Mas há duas objeções a isso como explicação geral. Em primeiro lugar, palavras como "de" não podem ser ostensivamente definidas; e, mais fundamentalmente, o gesto de apontar, não menos do que a elocução de uma palavra, é apenas um signo, não a realidade significada (*DMg* 3. 5-6).

Agostinho responde a essas objeções que há algumas palavras, como "caminhar", "comer" e "levantar", que podem ser explicadas produzindo-se um exemplo da própria coisa significada: defino ostensivamente "caminhar" ao caminhar. Mas suponhas que já estou caminhando quando alguém me indaga o que significa "caminhar": como o defino? Suponho que caminhando um pouco mais depressa, diz Adeodato. Mas isso mostra que mesmo nesse caso favorável a definição ostensiva é irremediavelmente ambígua: como sei se o significado que é oferecido é o de "caminhar" ou o de "pressa"?

Finalmente, Agostinho conclui do fracasso do aprendizado ostensivo que o significado das palavras não é algo que é ensinado por nenhum mestre humano, mas por um mestre no nosso interior cujo domicílio é no céu (*DMg* 14. 46). Esta é uma versão cristã, no caso especial do aprendizado da linguagem, da tese de Platão no *Mênon* de que todo aprendizado é realmente reminiscência. Entretanto, a caminho dessa conclusão Agostinho discute muitas questões importantes de filosofia da linguagem.

Em primeiro lugar, ele classifica os signos numa semiótica rudimentar. Todas as palavras são signos, mas nem todos os signos são palavras: por exemplo, há letras e gestos. Todos os nomes são palavras, mas nem todas as palavras são nomes: além de palavras como "se" e "de", há pronomes, os quais substituem nomes, e verbos, isto é, palavras com tempos (*DMg* 4. 9, 5. 13).

É importante ter em mente a distinção entre um signo e o que ele significa (o que Agostinho chama de "significável"). É provável que ninguém confunda uma pedra com uma palavra para uma pedra: mas algumas palavras são palavras para palavras e neste caso há um perigo real de confusão entre o signo e o significável.

No português moderno minimizamos o risco de tal confusão empregando aspas. Adeodato é humano e há três sílabas em "humano". No latim antigo, sem aspas, não há essa clara distinção entre o caso normal, quando usamos a palavra como um predicado, e o caso especial, em que a usamos com a finalidade de mencionar a si mesma. Adeodato tem que se manter vigilante a fim de se safar da armadilha preparada por seu pai: não és composto de três sílabas, portanto não és humano (*DMg* 8. 22). Agostinho dedica muitas páginas à explicação de que enquanto, num nível, nem todas as palavras são nomes, num outro toda palavra é um nome, visto que pode ser usada para nomear a si mesma. Mesmo "verbo" é um nome. Os problemas discernidos por ele nesse diálogo foram discutidos extensivamente pelos escolásticos medievais que desenvolveram a teoria da suposição[3].

O próprio Agostinho, porém, não fez qualquer contribuição à disciplina da lógica formal. Jamais realizou um sério estudo de Aristóteles, a quem descreve um tanto condescendentemente, em *A Cidade de Deus*, como "um homem de notável intelecto, não rivalizando com Platão em matéria de estilo, mas bem acima do populacho". Esteve por algum tempo muito interessado nos estoicos, mas foi o ramo natural e ético, não lógico, de sua filosofia que principalmente o envolveu.

Na sua juventude, de fato, Agostinho lera as *Categorias* de Aristóteles, a pedido de seu mestre de retórica em Cartago. Nas *Confissões* gaba-se de ter dominado a fundo o texto com muita rapidez, mas queixa-se de que não foi de nenhuma utilidade para ele. O livro, afirma, era muito claro acerca do tópico da substância e dos itens a ela pertinentes, mas inútil de uma perspectiva teológica.

> Que auxílio representou isso para mim quando o livro cruzou meu caminho? Pensando que tudo estava incluído nas dez categorias, tentei conceber a ti também, meu Deus, maravilhosamente simples e imutável como és, como se tu também fosses um sujeito do qual são atributos a grandeza e a beleza. Imaginei-as como inerentes a ti como um sujeito semelhante a um corpo físico, já que tu mesmo és tua própria grandeza e tua própria beleza. (*Conf.* IV. 16. 28-9)

---

3. Ver na sequência p. 154ss.

Entre as obras tradicionalmente atribuídas a Agostinho, ao menos desde a época de Alcuíno, encontra-se uma paráfrase latina das *Categorias*[4]. Essa obra, entretanto, não é mencionada por Agostinho em suas *Retractationes*, um catálogo exaustivo de seu espólio, e é hoje opinião unânime dos estudiosos que esse trabalho não é autêntico. Contudo, a atribuição a Agostinho prendeu a atenção dos primeiros estudiosos medievais a essa parte da lógica de Aristóteles. Uma outra obra, *De dialectica*, considerada espúria por muito tempo, foi recentemente devolvida ao cânone[5]. Apresenta indícios de influência estoica, porém nela o autor trata mais de gramática do que de lógica ou filosofia da linguagem.

A lógica de Boécio

A estreita conexão entre lógica e linguagem é frisada por Boécio, o mais importante lógico latino do primeiro milênio. "Toda a arte da lógica", escreveu, "diz respeito à linguagem". Boécio traduziu a maioria, talvez todos os livros, do *corpus* lógico de Aristóteles e prefaciou sua tradução das *Categorias* com um comentário (na verdade, um par de comentários) sobre o *Isagoge*, ou *Introdução*, de Porfírio (*c.* 233-309). Porfírio, o discípulo e biógrafo de Plotino, introduzira o lógica de Aristóteles no currículo das escolas neoplatônicas e seu *Isagoge* tornou-se o texto introdutório padrão. Graças ao trabalho de Boécio, conservou essa posição até a alta Idade Média.

Um importante aspecto do *Isagoge* de Porfírio foi a teoria dos predicáveis, ou tipos de relação em que um predicado poderia estar relativamente a um sujeito. Ele enumerou cinco divisões classificatórias: espécie, gênero, *differentia*, propriedade e acidente. Todos esses são termos presentes nos *Tópicos* de Aristóteles, mas a teoria dos predicáveis difere da teoria das categorias de Aristóteles, ainda que as duas classificações estejam mutuamente relacionadas. "Stigger é um labrador" nos informa a espécie a que pertence Stigger; "Stigger é um cão" nos informa seu gênero. A *differentia* indica o traço que caracteriza a espécie dentro do gênero, por exemplo: "Stigger tem pelo dourado e é um cão de caça que traz a presa ao caçador".

---

4. Foi editada por L. MINIO-PALUELLO como o primeiro volume do *Aristoteles Latinus*, Bruges, Desclée De Brouwer, 1953-.
5. Editada por Darrell JACKSON, Dordrecht, Reidel, 1985.

Neste manuscrito da *Consolação da filosofia*, do século XIV,
Boécio é representado como professor medieval de lógica.

Os seres humanos, era a explicação usual, formavam uma espécie do gênero *animal* caracterizada pela *differentia rational*.

Os predicados "humano" e "animal", quando empregados relativamente a um indivíduo humano, Sócrates, são predicados na categoria da substância — indicam, total ou parcialmente, o tipo básico de entidade que é Sócrates. O predicado "racional", a *differentia*, parece esquivar-se à distinção entre substância e acidente: como parte da definição, parece pertencer à categoria da substância, mas por outro lado a racionalidade é certamente uma qualidade, e qualidades são acidentes. Uma propriedade (*proprium*) é um atributo peculiar a uma espécie particular, embora não definitivo dela: a capacidade de perceber gracejos era comumente considerada, nos tempos medievais, uma propriedade da raça humana. Um acidente é um predicado que pode pertencer ou não a um dado indivíduo, sem o ser em detrimento da existência desse indivíduo.

A teoria dos predicáveis nos permite construir hierarquias dentro das categorias. A distinção entre gênero e espécie é relativa: o que é uma espécie relativa a um gênero superior é um gênero relativo a uma espécie inferior. Mas há espécies finais que não são gêneros — tal como a espécie humana. E há gêneros finais que não são espécies de qualquer gênero superior: como as dez categorias (que não são espécies de algum gênero superior, tal como "ser"). Se tomamos a categoria da substância como básica, podemos extrair dois gêneros dela, corpo e espírito, adicionando a *differentia* "material" ou "imaterial" respectivamente. Do gênero corpo, podemos então extrair dois outros gêneros, seres vivos e minerais, adicionando a diferença "animado" ou "inanimado". O gênero dos seres vivos, por meio de uma divisão análoga, engendrará os gêneros de vegetal e animal, e o gênero animal produzirá, mediante a diferença "racional", a espécie final humana, que inclui os indivíduos Pedro, Paulo e João. Uma hierarquia de divisões subordinadas desse tipo, exposta num diagrama, é uma "Árvore de Porfírio".

No *Isagoge* Porfírio utiliza sua estratégia de divisões subordinadas para propor três questões acerca de espécies e gêneros. Espécies e gêneros não são entidades individuais como Pedro e Paulo: em algum sentido são universais. Essas coisas, indagou Porfírio, existem fora da mente ou são meramente mentais? Se estão fora da mente, são corpóreas ou incorpóreas? Se são incorpóreas, existem em coisas perceptíveis pelos sentidos ou estão dissociadas delas? Porfírio deixou essas questões sem resposta, porém elas fixaram um programa para muitas discussões medievais. Converteram-se na afirmação canônica do Problema dos Universais.

O próprio Boécio respondeu a essas questões da seguinte forma: existem fora da mente; são incorpóreas; não são dissociáveis exceto no pensamento proveniente dos indivíduos. Uma espécie ou um gênero é uma similaridade abstraída de particulares, tal como inferimos a semelhança de humanidade (*similitudo humanitatis*) de indivíduos humanos. Esta era, diz Boécio, a opinião de Aristóteles, mas para objetivos de lógica formal não é necessário excluir a tese platônica dos universais existentes separadamente (PL 64. 835A).

Boécio escreveu comentários sobre as *Categorias* e o *Da interpretação* de Aristóteles. Esses comentários indicam que tinha algum conhecimento também da lógica estoica, embora nunca a considere superando Aristóteles. Por exemplo, declara que os estoicos estavam errados a respeito de contingências futuras: quando *p* é uma proposição de tempo futuro acerca de uma matéria contingente, "Ou *p* ou *não-p*" é verdadeiro, mas nem "*p*" nem "*não-p*" necessitam ser definitivamente verdadeiros. Assim, "Ou haverá uma batalha naval amanhã ou não haverá uma batalha naval amanhã" é verdadeiro, mas nem "Haverá uma batalha naval amanhã" nem "Não haverá uma batalha naval amanhã" necessitam ser definitivamente verdadeiros hoje.

Além de comentar Porfírio e Aristóteles, Boécio escreveu livros de ensino sobre o raciocínio silogístico, um sobre silogismos categóricos e um sobre silogismos hipotéticos. Um silogismo hipotético tem que conter ao menos uma premissa hipotética, quer dizer, uma proposição molecular construída de proposições categóricas atômicas por meio dos conectivos "se", "ou" ou "desde que". Alguns silogismos hipotéticos contêm premissas categóricas bem como hipotéticas: um exemplo é o *modus ponens*, já familiar na lógica estoica:

Se é dia, o sol está brilhando; mas é dia, portanto o sol está brilhando.

Boécio, entretanto, está mais interessado em silogismos nos quais todas as premissas e também a conclusão são hipotéticas, tais como

Se é A, é B; se é B, é C; assim, se é A, é C.

Ele elabora figuras silogísticas incluindo premissas negativas bem como premissas afirmativas e premissas envolvendo outras conjunções além de "se", por exemplo: "Ou é dia ou é noite". Silogismos hipotéticos, segundo ele, são parasíticos sobre silogismos categóricos, porque premissas hipotéticas têm premissas categóricas como seus constituintes, e dependem de silogismos categóricos para estabelecer a verdade de suas premissas. Mais uma vez, Boécio está se pondo do lado de Aristóteles contra os estoicos, dessa vez no que se refere à relação entre predicado e lógica proposicional.

Na discussão dos silogismos hipotéticos, Boécio faz uma importante distinção entre dois tipos diferentes de afirmação hipotética. Utiliza *consequentia* ("consequência") como um termo para um hipotético verdadeiro; talvez o mais próximo equivalente no português moderno seja "implicação". Em algumas consequências, ele diz, não há necessária conexão entre o antecedente e a consequência: seu exemplo é "Visto que o fogo é quente, os céus são esféricos". Isso parece ser um exemplo do que os lógicos modernos chamaram de "implicação material"; a expressão de Boécio é *"consequentia secundum accidens"*. Por outro lado, há consequências nas quais o consequente se segue necessariamente do antecedente. Essa classe inclui não só as verdades lógicas que os lógicos modernos chamariam de "implicações formais", como também afirmações hipotéticas cuja verdade é descoberta pela investigação científica, tais como "Se a Terra se põe no meio, há um eclipse da lua" (PL 64. 835B).

Consequências verdadeiras podem ser deduzidas, segundo acredita Boécio, de um conjunto de proposições universais supremas chamadas por ele de *"loci"*, adotando a tradução de Cícero do grego aristotélico *"topos"*. O tipo de proposição que ele tem em mente é ilustrado por um de seus exemplos: "Coisas cujas definições são diferentes são elas próprias diferentes". Boécio escreveu um tratado, *De topicis differentiis*, no qual forneceu um conjunto de princípios para a classificação das proposições supremas em grupos. Essa obra, embora pareça árida para um leitor moderno, foi influente no começo da Idade Média[6].

Abelardo como lógico

O trabalho de Boécio como escritor e comentador proporcionou a base para o estudo da lógica até a recepção do completo *corpus* lógico de Aristóteles na alta Idade Média. Após essa época, a lógica que ele transmitira passou a ser referida como a "velha lógica", em contraste com a nova lógica das universidades. A velha lógica culminou com a obra de Abelardo nos primeiros anos do século XII: o gênio de Abelardo foi de tal monta que sua lógica continha muitos discernimentos que estiveram ausentes nos escritos de lógicos medievais posteriores.

O nome preferido de Abelardo para lógica é "dialética", e *Dialectica* é o título de sua obra mais importante de lógica. Abelardo crê que a lógica e a gramática estão estreitamente ligadas: a lógica é uma *ars sermocinalis*, uma disciplina linguística. Como a gramática, a lógica se ocupa de palavras, mas palavras consideradas como significativas (*sermones*), não apenas como sons (*voces*). Apesar disso, se pretendemos ter uma lógica satisfatória, é necessário que iniciemos por uma avaliação satisfatória dos elementos gramaticais do discurso, tais como nomes e verbos.

Aristóteles fizera uma distinção entre nomes e verbos com o fundamento de que estes últimos, mas não os primeiros, continham uma indi-

---

6. *De topicis differentiis*, trad. de Eleonore Stump, Ithaca [NY], Cornell University Press, 1978.

cação de tempo. Abelardo rejeita isso: é verdade que somente os verbos têm tempo, mas os nomes também contêm uma referência de tempo implícita. Termos-sujeito significam principalmente coisas que existem no tempo presente, o que podes perceber se considerares uma proposição como "Sócrates foi um menino", proferida quando Sócrates era velho. Se o tempo se aplicasse apenas ao verbo dotado de tempo, essa sentença significaria o mesmo que "Um menino foi Sócrates"; está claro, porém, que essa sentença é falsa. A verdadeira sentença correspondente é "Algo que foi um menino é Sócrates". Isso exibe a referência de tempo implícita nos nomes e poderia ser exibido numa linguagem logicamente clara substituindo-se nomes por pronomes seguidos de frases descritivas: por exemplo, "A água está entrando" poderia ser reescrito "Algo que é água está entrando".

A característica definidora dos verbos não é terem tempo, mas tornarem uma sentença completa; sem eles, diz Abelardo, não há completitude de sentido. Pode haver sentenças completas sem nomes (por exemplo, "Vem aqui!" ou "Está chovendo"), mas não sentenças completas sem verbos (*D* 149). Aristóteles entendera que a forma padrão de sentença era a forma "S é P"; estava ciente de que algumas sentenças como "Sócrates bebe" não continham a cópula, porém sustentava que tais sentenças sempre poderiam ser reescritas sob a forma "Sócrates é um bebedor". Abelardo, por outro lado, toma a forma nome-verbo como canônica, e considera uma ocorrência de "é" meramente explicitadora da função de ligação que está explícita em todo verbo. Deveríamos tomar "... é um homem" como uma unidade, um verbo (*D* 138).

O verbo "ser" pode ser usado não só como uma ligação entre sujeito e predicado, mas também para indicar existência. Abelardo prestou considerável atenção a esse ponto. O verbo latino "*est*" ("é"), diz ele, pode aparecer numa sentença ou anexo a um sujeito (como em "*Socrates est*", "Sócrates existe"), ou como terceiro elemento extra (como em "*Socrates est homo*", "Sócrates é homem"). No segundo caso, o verbo não indica existência, como podemos constatar em sentenças como "*Chimera est opinabilis*" ("Quimeras são concebíveis"). Qualquer tentação de pensar que indica é eliminada se tratamos uma expressão como "... é imaginável" como uma unidade simples, e não como composta de um termo predicado "imaginável" e a palavra equívoca ou deliberadamente ambígua "é".

Abelardo fornece duas diferentes análises de afirmações de existência. "*Socrates est*", diz ele num ponto, deveria ser expandido para "*Socrates est ens*", isto é, "Sócrates é um ser". Mas isso está longe de ser satisfatório porque a ambiguidade do verbo *"esse"* transfere-se para seu particípio "sendo". Em outra parte — em uma de suas obras que não são de lógica — teve melhor inspiração. Declara que na sentença "Um pai existe" não devemos entender "Um pai" como representação de alguma coisa; pelo contrário, essa sentença é equivalente a "Algo é um pai". "Existe" desaparece assim completamente como um predicado, e é substituído por um quantificador mais um verbo. Nessa inovação, bem como em sua sugestão de que expressões como "... é homem" deveriam ser tratadas como uma unidade simples, Abelardo antecipou as introspecções de Gottlob Frege no século XIX, as quais são fundamentais na lógica moderna[7].

Para os contemporâneos de Abelardo, o problema lógico que parecia mais urgente era o dos universais. Insatisfeito com as teorias de seus dois primeiros mestres, o nominalista Roscelin e o realista Guilherme de Champeaux, Abelardo ofereceu um caminho intermediário entre eles. Por um lado, declarou, era absurdo dizer que Adão e Pedro nada tinham em comum além da palavra "homem", o nome aplicado a cada um deles em virtude de sua mútua semelhança, o que era algo objetivo. Por outro lado, é absurdo dizer que há uma entidade substancial, a espécie humana, a qual está presente integralmente em cada e todo indivíduo; isso implicaria que Sócrates tivesse que ser idêntico a Platão e que tivesse que estar em dois lugares ao mesmo tempo. Uma semelhança não é uma coisa substancial como um cavalo ou um repolho, e somente coisas individuais existem.

> Quando sustentamos que a semelhança entre coisas não é uma coisa é necessário que evitemos fazer parecer como se as estivéssemos tratando como nada tendo em comum, visto que o que de fato dizemos é que uma e outra se assemelham no serem humanas, isto é, em serem ambas seres humanos. Tudo que queremos dizer é que são seres humanos e que não diferem, de modo algum, nesse aspecto. (*LI* 20)

O serem humanas, o que não é uma coisa, mas, segundo Abelardo, uma condição, constitui a causa comum da aplicação do nome ao indivíduo.

Tanto o nominalismo quanto o realismo dependem de uma análise inadequada do que é significar para uma palavra. Palavras significam de duas maneiras: significam coisas e expressam pensamentos. Significam coi-

---

7. A transformação de proposições existenciais em proposições quantificadas foi considerada por Bertrand Russell uma inovação lógica que desferiu o golpe mortal no argumento ontológico da existência de Deus; ver a p. 328-329 deste livro.

sas precisamente evocando os pensamentos apropriados, os conceitos nos quais a mente traz as coisas ao mundo. Adquirimos esses conceitos considerando imagens mentais, mas eles são algo distinto de imagens (*D* 329). São esses conceitos que nos capacitam a falar sobre as coisas e transformar sons vocais em palavras com significado Não há nenhum *homem* universal distinto do nome universal "homem" — eis aí o grau de verdade presente no nominalismo. Mas, que nos permita Roscelin, o nome "homem" não é um mero sopro da respiração — é transformado num nome universal por nosso entendimento. Tal como um escultor transforma um bloco de pedra numa estátua, nosso intelecto transforma um som numa palavra. Nesse sentido, podemos dizer que universais são criações da mente (*LNPS* 522).

Palavras realmente significam universais na medida em que são a expressão de conceitos universais. Mas não significam universais do modo que significam coisas individuais no mundo. Há modos diferentes nos quais palavras significam coisas. Abelardo distingue o que uma palavra significa do que ela representa. A palavra "menino", onde quer que ocorra numa sentença, tem a mesma significação: ser humano jovem do sexo masculino. Quando a palavra encontra-se no lugar do sujeito numa sentença, como em "Um menino está correndo rua acima", também representa menino. Mas em "Este velho foi uma vez um menino", onde aparece como parte do predicado, não representa nada. Falando *grosso modo*, "menino" representa algo num dado contexto unicamente se faz sentido perguntar "Que menino?".

Podemos indagar não apenas o que palavras individuais significam, mas também o que significam sentenças inteiras. Abelardo define uma proposição como "uma elocução que significa verdade ou falsidade". Mais uma vez, "significar" possui um sentido duplo. Uma sentença verdadeira *expressa* um pensamento verdadeiro, e *estabelece* o que é realmente o caso (*proponit id quod in re est*). É o segundo sentido de "significação" que tem importância quando estamos fazendo lógica, pois estamos interessados em que estados de coisas decorrem de outros estados de coisas, e não na sequência de pensamentos na mente de alguém (*D* 154). A enunciação do estado de coisas (*rerum modus habendi se*) que uma proposição estabelece ser o caso é chamada por Abelardo de *dictum* da proposição (*LI* 275). Um *dictum* não é um fato no mundo, porque é algo que é verdadeiro ou falso: é verdadeiro se o relevante estado de coisas ocorre no mundo; caso contrário, é falso. O que é um fato é a ocorrência (ou não, conforme o caso) do estado de coisas em questão.

Abelardo, diferentemente de alguns outros lógicos, medievais e modernos, efetuou uma clara distinção entre predicação e asserção. Um sujeito e um predicado podem ser unidos sem que qualquer asserção ou afirmação seja feita. "Deus te ama" é uma afirmação; mas os mesmos sujeito e predicado são unidos em "Se Deus te ama, irás para o céu" e também em "Possa Deus amar-te!" sem que essa afirmação seja feita (*D* 160).

Abelardo define a lógica como a arte de julgar e discriminar entre argumentos ou inferências válidos e inválidos (*LNPS* 506). Não restringe inferências a silogismos: está interessado numa noção mais geral de consequência lógica. Não emprega a palavra latina *"consequentia"* para isso: em comum com outros autores emprega essa palavra com o significado de "proposição condicional" — uma sentença da forma "Se p então q". A palavra empregada por ele é *"consecutio"*, que podemos traduzir por "vinculação". As duas noções são correlacionadas, mas não idênticas. Quando "Se p então q" é uma verdade lógica, p vincula q, e q decorre de p; mas "Se p então q" é muito amiúde verdadeiro sem p vincular q.

Para p vincular q é essencial que "Se p então q" seja uma verdade necessária. Mas para Abelardo isso não basta. "Se Sócrates é uma pedra, então ele é um burro" é uma verdade necessária: é impossível para Sócrates ser uma pedra, e portanto impossível que fosse uma pedra sem ser um burro (*D* 293). Abelardo exige não só que "Se p então q" seja uma verdade necessária, mas que sua necessidade derive do conteúdo do antecedente e do consequente. "Inferência consiste numa necessidade de vinculação: isto é, que o que é significado pela consequência seja determinado pelo sentido do antecedente" (*D* 253). A necessidade de vinculação não requer porém a existência das coisas a que estão aludindo o antecedente e o consequente: "Se x é uma rosa, x é uma flor" permanece verdadeiro tenham ou não restado quaisquer rosas no mundo (*LI* 366). São os *dicta* que acarretam as vinculações, e *dicta* não são nem pensamentos em nossas cabeças nem coisas no mundo como rosas.

Em lógica modal, a mais útil contribuição de Abelardo foi uma distinção (segundo ele, deduzida das *Refutações sofísticas*, 165b26, de Aristóteles) entre duas maneiras diferentes de predicar a possibilidade. Considere-se uma proposição tal como "É possível para o rei não ser rei". Se entendemos isso como dizendo que "O rei não é o rei" é possivelmente verdadeiro, então a proposição é obviamente falsa. Abelardo chama a predicação dessa maneira de predicação *de sensu* ou *per compositionem*. Podemos entender a proposição de uma maneira diferente, como significando que o rei pode ser deposto, e assim entendida pode muito bem ser verdadeira. Abelardo chama isso de sentido *de re* ou *per divisionem*. Gerações posteriores de filósofos viriam a considerar essa distinção útil em vários contextos; usualmente contrastaram a predicação *de re* não com a predicação *de sensu*, mas com a predicação *de dicto*.

A lógica dos termos do século XIII

Na última metade do século XII todo o *Organon*, ou *corpus* lógico, de Aristóteles tornou-se disponível em latim e formou daí por diante o cerne do currículo de lógica, sendo suplementado pelo *Isagoge* de Porfírio, duas obras de Boécio e uma única obra medieval — o *Liber de sex principiis* de um autor desconhecido do século XII. Essa obra apresentava a si mesma como um suplemento às *Categorias*, discutindo detalhadamente as categorias que Aristóteles tratara apenas superficialmente. Em parte devido à sua nova disponibilização, o trabalho de Aristóteles mais vigorosamente estudado nesse período foi o *Refutações sofísticas*. Sofismas — sentenças intricadas que exigiam análise cuidadosa para não conduzir a conclusões absurdas — tornaram-se a partir de então uma matéria-prima da dieta lógica medieval. Entre os sofismas mais estudados encontravam-se versões do paradoxo do mentiroso: "Estou mentindo agora", que é falso se verdadeiro, e verdadeiro se falso. Eram conhecidos como *insolubilia*.

A redescoberta dos textos de lógica de Aristóteles teve como uma de suas consequências que a obra de Abelardo, que não tivera conhecimento da maior parte do *Organon*, caísse em descrédito e fosse negligenciada. Isso foi lamentável porque em vários aspectos importantes a lógica abelardiana era superior à lógica aristotélica. Algumas de suas intuições reaparecem, sem lhe ser atribuídos, na lógica medieval posterior; outras tiveram que aguardar até o século XIX para ser redescobertas independentemente.

Em meados do século XIII surgiram dois manuais de lógica que viriam a exercer uma influência muito duradoura. Um foi o *Introductiones in logicam*, escrito por um inglês em Oxford, Guilherme de Sherwood; o outro foi o *Tractatus*, mais tarde denominado *Summulae logicales*, escrito por Pedro da Espanha, um mestre de Paris, que pode ou não ser o mesmo homem que se tornou o papa João XXI em 1276. Não havia uma ordem estabelecida na qual os autores se ocupavam de tópicos de lógica, mas um

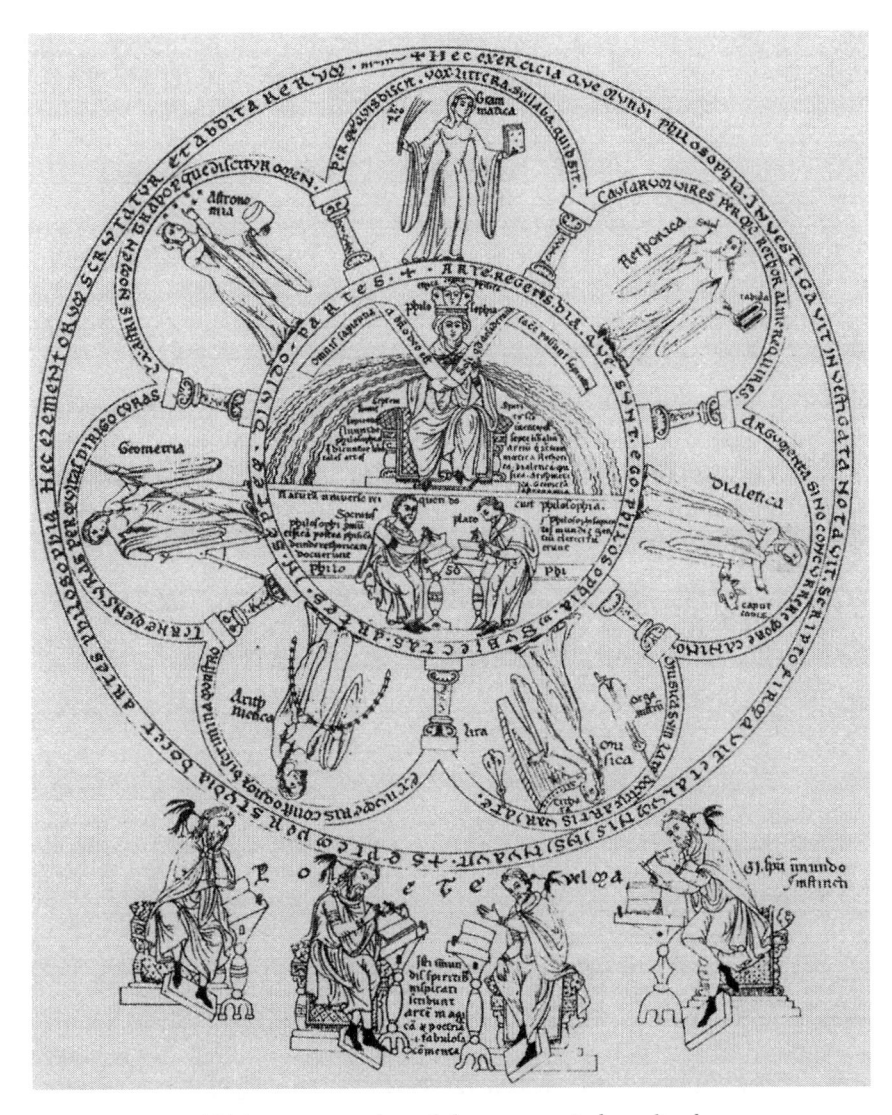

A lógica ocupou um lugar de honra no currículo medieval.
Aqui ela forma parte da coroa da Senhora Filosofia que preside a um
debate entre Platão e Sócrates, e é circundada pelas sete artes liberais.

possível modelo correspondia à ordem de abordagem do *Organon*: *Categorias*, *Da interpretação*, *Primeiros analíticos*. Por sua vez, havia uma certa adequação em estudar a lógica das palavras individuais ("as propriedades dos termos"), das sentenças completas (a semântica das proposições) e as relações lógicas entre sentenças (a teoria das consequências).

Termos incluem não só palavras, escritas ou faladas, como também suas contrapartes mentais, ainda que tenham que ser identificadas. Na prática, conceitos são identificados pelas palavras que os expressam, de modo que o estudo medieval dos termos era essencialmente o estudo dos sentidos de palavras individuais. No decorrer desse estudo, os lógicos desenvolveram uma elaborada terminologia. A palavra mais geral para "sentido" era *significatio*, mas nem toda palavra que não fosse sem sentido possuía significação. As palavras eram divididas em duas classes, segundo tivessem significação própria (por exemplo, nomes) ou apenas significassem em conjunção com outras palavras significativas. A primeira classe era chamada de termos categoremáticos, a segunda, termos sincategoremáticos. (*SL* 3). Conjunções, advérbios e preposições eram exemplos de termos sincategoremáticos, como eram palavras tais como "somente" em "Somente Sócrates está correndo". Palavras categoremáticas conferem a uma sentença o seu conteúdo; palavras sincategoremáticas são palavras possuidoras de função gramatical, as quais exibem a estrutura das sentenças e a forma dos argumentos.

A título de uma primeira avaliação, pode-se dizer que a significação de uma palavra é o seu sentido presente no dicionário. Se aprendermos o sentido de uma palavra a partir de um dicionário, obteremos um conceito capaz de múltipla aplicação. (Aquilo que constitui a exata relação entre palavras, conceitos e realidade extramental dependerá da teoria dos universais de tua aceitação.) Termos categoremáticos, além da significação, podiam apresentar muitas outras propriedades semânticas, dependendo do modo que as palavras eram empregadas em contextos particulares. Consideremos as quatro sentenças seguintes: "Um cão está se coçando na porta", "Um cão tem quatro pernas", "Comprarei para ti um cão no Natal", e "O cão esteve recentemente doente". A palavra "cão" possui idêntica significação em cada uma dessas sentenças — corresponde a um único verbete do dicionário —, mas suas outras propriedades semânticas diferem de sentença para sentença.

Essas propriedades foram agrupadas pelos lógicos medievais sob o título geral de *suppositio* (*SL* 79-89). A distinção entre significação e suposição possuía algumas das mesmas funções da distinção feita por filósofos modernos entre sentido e referência. O tipo mais básico de suposição é chamado por Pedro da Espanha de "suposição natural": esta é a capacidade que um termo geral significativo possui de *supposit* (isto é, representar) qualquer item ao qual o termo se aplica. O modo no qual essa capacidade é exercida em diferentes contextos dá origem a diferentes formas de suposição.

Uma importante distinção inicial é a entre suposição simples e suposição pessoal (*SL* 81). Essa distinção é mais fácil de ser feita em português do que em latim, porque nestas corresponde à presença ou ausência de um artigo antes de um nome. Assim em "Homem é mortal" não há artigo e a palavra possui suposição simples; em "Um homem está batendo na porta", a palavra possui suposição pessoal. Mas a própria suposição pessoal ocorre em vários tipos diferentes, a saber: discreto, determinado, distributivo e confuso.

Há três diferentes modos em que uma palavra pode ocorrer na posição de sujeito de uma sentença: correspondem à suposição discreta, determinada e distributiva. Em "O cão esteve recentemente doente", a palavra "cão" apresenta suposição discreta: o predicado vincula-se a um único item definido entre os itens aos quais a palavra se aplica. Esse tipo de suposição vincula-se a nomes próprios, demonstrativos e descrições definidas. A suposição determinada é exemplificada em "Um cão está se coçando na porta": o predicado vincula-se a alguma coisa à qual a palavra se aplica, uma coisa que não tem especificação adicional. Em "Um cão tem quatro pernas" (ou "Todo cão tem quatro pernas"), a suposição é distributiva: o predicado vincula-se a tudo a que a palavra "cão" aplica-se. A fim de distinguir a suposição determinada da distributiva deve-se indagar se a pergunta "Que cão?" faz sentido ou não.

Uma palavra pode, contudo, possuir suposição pessoal não só quando ocorre numa posição de sujeito, mas também se aparece como um predicado. Em "Buffy é um cão" (ou em "Um *basset* é um cão") o nome "confuso" foi conferido à suposição da palavra "cão". Na suposição confusa, como na suposição distributiva, não faz sentido indagar "Que cão?" (*SL* 82).

Todos os tipos de suposição que registramos — suposição simples e as várias formas de suposição pessoal — são exemplos de "suposição formal". A suposição formal, naturalmente, contrasta com a suposição material, e a ideia subjacente é que o som de uma palavra é sua matéria, ao passo que seu sentido é sua forma. O equivalente latino de "'Cão' é um monossílabo" seria um exemplo de suposição material, e assim é o equivalente de "'Cão' é um nome". Esse é, com efeito, o uso de uma palavra para referir a si mesma, para falar de suas propriedades simbólicas e não sobre o que significa ou representa. Novamente, modernos falantes levam vantagem sobre latinistas medievais. Em geral, identificar a suposição material não requer habilidade filosófica, porque desde a infância somos ensinados que quando mencionamos uma palavra, em lugar de usá-la do modo normal, temos que empregar aspas e escrever "'cão' é um monossílabo". Mas em casos mais complicados a confusão entre signos e coisas significadas continua a ocorrer de tempos em tempos mesmo nas obras de filósofos instruídos[8].

A suposição era a mais importante propriedade semântica dos termos, porém havia outras também, reconhecidas pelos lógicos medievais. Uma dessas era a denominação, que está associada ao alcance dos termos e sentenças. Considere-se a sentença "Dinossauros possuem longas caudas". Isso é verdadeiro agora que não há dinossauros? Se adotarmos o ponto de vista de que uma sentença é tornada verdadeira ou falsa com base no atual conteúdo do Universo, então parecerá que a sentença não pode ser verdadeira; e não podemos remediar esse problema simplesmente mudando o tempo do verbo para "possuíam". Se desejarmos considerar a sentença verdadeira, teremos que considerar a verdade como algo a ser determinado com base em todo o conteúdo do universo — passado, presente e futuro. Os medievais propuseram esse problema como sendo um acerca da denominação do termo "dinossauro".

Duas escolas de pensamento adotavam diferentes enfoques do problema. Uma delas, a que pertencia Guilherme de Sherwood, sustentava que a denominação padrão, ou a falta desta, dos termos era somente para objetos que existiam presentemente. Se alguém desejar um termo para representar algo não mais existente, deverá aplicar ao termo um procedimento chamado *ampliação*. A outra opinião, a que se filiava Pedro da Espanha, sustentava que a denominação padrão dos termos incluía todas as coisas a que se aplicavam, não importa se presentes, passadas ou futuras. Se alguém quisesse restringir a suposição de um termo ao conteúdo atual do universo, tinha que aplicar um procedimento chamado *restrição* (SL 199-208). As duas escolas estabeleceram regras complicadas para indicar quando o contexto impunha ampliação ou restrição, conforme o caso.

---

8. Devemos advertir o leitor de que, embora a maioria dos lógicos haja feito as distinções identificadas acima anteriormente, há considerável variação na terminologia utilizada para fazê-las. Além disso, em favor da simplicidade abreviei alguns dos termos técnicos. O que chamei de "suposição confusa" deveria ser chamado rigorosamente de "meramente confusa", e o que chamei de "distributiva" deveria ser chamado de "confusa e distributiva". Ver Paul SPADE em *CHLMP* 196 e W. KNEALE, em *The Development of Logic*, Oxford, Oxford University Press, 1962, 252.

Proposições e silogismos

Se nos voltamos da lógica dos termos para a lógica das proposições, descobrimos que, tal como os medievais consideravam nomes como expressando conceitos na mente, do mesmo modo consideravam sentenças como expressando opiniões na mente. Seguindo Aristóteles, distinguiam pensamentos simples (expressos em palavras únicas) de pensamentos complexos (expressos em combinações de palavras). Havia, segundo eles, novamente acatando Aristóteles, duas operações diferentes do intelecto: uma, o entendimento de não complexos, e a outra, a composição e divisão de uma proposição (cf. Tomás de Aquino, I *Sent.* 19. 5 ad 1). Uma proposição, é o que nos informam regularmente, é uma combinação de palavras que expressa algo que é ou verdadeiro ou falso.

Há muitas dificuldades para harmonizar essas avaliações da natureza da proposição. Em primeiro lugar, uma vez que tenhamos distinguido (com Abelardo) entre predicação e asserção fica claro que um complexo que consiste de um sujeito e de um predicado não precisa ser uma asserção nem expressar uma opinião. (Alguns lógicos medievais marcavam a distinção declarando que nem toda proposição era uma enunciação[9].) Em segundo lugar, "composição e divisão" em Aristóteles parecem significar o mesmo que "juízos positivo e negativo" — mas não são o sujeito e o predicado unidos, num complexo único, num juízo negativo não menos do que num positivo? Tomás de Aquino ofereceu a seguinte resposta a esse problema:

> Se consideramos o que ocorre na mente sozinha, então há sempre combinação onde há verdade e falsidade; com efeito, a mente não pode produzir nada verdadeiro ou falso a não ser se combinar um conceito simples com um outro. Mas se a relação com a realidade é levada em conta então a operação da mente é chamada às vezes de "combinação" e, às vezes, de "divisão": "combinação" onde a mente dispõe assim um conceito ao lado de um outro como para representar a combinação ou identidade das coisas de que são os conceitos; "divisão" onde dispõe assim um conceito ao lado de um outro como para representar que as realidades correspondentes são distintas. Falamos do mesmo modo também de sentenças: uma sentença afirmativa é chamada de "uma combinação" porque denota haver uma conjunção na rea-

---
9. L. de RIJK, *Logica Modernorum*, Assen, van Gorcum, 1962-6, II. 1. 342.

lidade; uma sentença negativa é chamada de "uma divisão" porque denota que as realidades estão separadas. (*In I Periherm*. 1. 3, p. 26)

Uma proposição, asseverada ou não, será verdadeira ou falsa, quer dizer, de fato corresponderá ou não à realidade. O mesmo vale para o pensamento correspondente, seja ele uma opinião ou o mero acolhimento de uma conjectura. Mas somente o ato de discurso de asseverar, ou o correspondente ato mental de julgar, compromete o pensador ou discursador com a verdade da proposição.

Contra esse fundo, podemos levantar a questão: O que proposições significam? Se entendermos "significar" como equivalente a "expressar", será fácil oferecer uma resposta: proposições faladas e escritas expressam pensamentos na mente. Mas há então uma outra questão: O que proposições mentais significam? Neste caso, "significar" tem que estar mais próximo de "indicar" do que de "expressar". Proposições, ao que parece, não podem significar nada no mundo, porque uma proposição necessariamente significa o mesmo, não importa se verdadeira ou falsa; e se a proposição é falsa nada há no mundo que lhe corresponda. A mais popular resposta a essa questão no século XIII foi essencialmente a oferecida por Abelardo: é o estado de coisas que, se prevalecer, torna a sentença verdadeira. Abelardo chamara isso de um *dictum*; outros chamaram-no de um *enuntiabile*; porém, a maioria das pessoas julgou difícil fornecer uma clara explicação de seu *status* metafísico. Um autor declarou que *enuntiabilia* não eram nem substâncias nem qualidades, mas ficavam numa classe que lhes era própria — a não ser encontrada entre as categorias de Aristóteles. Não eram entidades tangíveis, mas podiam ser apreendidas somente pela razão[10]. Como veremos, a existência de tais entidades foi posta em dúvida no século XIV.

Há uma questão adicional correlata: Que tipo de coisa é verdadeira ou falsa? Sentenças, pensamentos e *dicta* podem ser todos chamados de verdadeiros. Mas qual deles é o portador primordial dos valores de verdade? Essa questão é particularmente aguda quando consideramos a relação entre verdade e tempo. Alguns filósofos acreditam que tudo que dizemos nas línguas naturais mediante o uso de sentenças dotadas de tempo pode-

---

10. Ibid. II. 1. 357-9. Havia um problema particular com respeito à significação de proposições com tempo, um problema que constantemente reaparecia nos tratamentos da presciência divina. Ver capítulo 9 a seguir.

Estudantes medievais aprendiam sua
mnemônica lógica numa sala de aula como esta.

ria ser dito numa linguagem lógica que não contivesse tempos, mas cujas sentenças contivessem verbos sem tempo mais uma explícita referência temporal ou quantificação sobre tempos. Assim, uma sentença, "Choverá", proferida no tempo t_1 teria, segundo esse ponto de vista, que ser entendida como expressando uma proposição com o seguinte efeito: em algum tempo t mais tarde do que t_1 chove (intemporalmente). Permanece matéria de debate se uma tal tradução de sentenças dotadas de tempo para proposições sem tempo pode ser executada sem perda de conteúdo.

Na Idade Média houve pouco entusiasmo em relação a essa tradução. O mais comumente, *enuntiabilia*, não menos que sentenças, foram consideradas dotadas de tempo. Consequentemente, tanto sentenças quanto *enuntiabilia* podiam mudar seus valores de verdade. Aristóteles era frequentemente citado dizendo que uma e mesma sentença "Sócrates está sentando" é verdadeira quando Sócrates está sentando e falsa quando ele se levanta[11]. O mais próximo das proposições intemporais no pensamento dos lógicos medievais foi uma disjunção das proposições dotadas de tempo. Desse modo, era por vezes sugerido que havia um único objeto de fé em que profetas hebreus e santos cristãos igualmente acreditavam, a saber, a proposição "Cristo nascerá ou Cristo nasce ou Cristo nasceu"[12].

Os manuais de lógica do século XIII continham, além de discussões dos termos e proposições, substanciais seções a respeito da teoria da inferência. O núcleo de suas abordagens era a silogística de Aristóteles. Os lógicos produziam versos ruins a fim de tornar as regras da silogística memoráveis e fáceis de operar. Os mais conhecidos desses versos são os seguintes:

---

11. Este ponto foi discutido particularmente em conexão com o conhecimento intemporal de Deus dos eventos no tempo; ver capítulo 9 a seguir.
12. Ver G. NUCHELMANS, The semantics of propositions, *CHLMP* 202.

Barbara celarent darii ferio baralipton
Celantes dabitis fapesmo frisesomorum;
Cesare campestres festino baroco; darapti
Felapton disamis datisi bocardo ferison.

Cada palavra representa um modo particular de silogismo válido, com as vogais indicando a natureza das três proposições que o constituem. A letra "a" representa uma proposição afirmativa universal e a letra "i" uma proposição afirmativa particular (essas letras são escolhidas porque são as duas primeiras vogais em *"affirmo"*, "afirmo"). A letra "e" representa uma negativa universal, e a letra "o" uma negativa particular. (O latim para "nego" é *"nego"*, daí a escolha dessas vogais.) Assim, um silogismo em Barbara contém três proposições universais (por exemplo, "Todos os gatinhos são gatos; todos os gatos são animais; logo, todos os gatinhos são animais"). Um silogismo em Celarent, diferentemente, tem como premissas uma negativa universal e uma afirmativa universal, com uma conclusão negativa universal (por exemplo, "Nenhum gato é ave; todo gatinho é gato; logo, nenhum gatinho é ave").

Os primeiros quatro modos de silogismo eram considerados as formas mais claras de argumento válido. Em consonância com isso, as palavras mnemônicas para os modos posteriores contêm instruções para transformá-los, eles próprios, em argumentos em um ou outro dos primeiros quatro modos. A letra no começo de cada nome de modo indica em qual dos quatro deve ser convertido. "C" no começo de "Cesare" indica que é para ser convertido num silogismo em Celarent. Outras letras indicam como realizar isso: o "s" depois do primeiro "e" em Cesare indica que a ordem dos termos naquela premissa deve ser mudada. Assim "Nenhuma ave é gato; todo gatinho é gato; logo, nenhum gatinho é ave", um silogismo em Cesare, é convertido, por meio da mudança dos termos na primeira premissa, no silogismo em Celarent acima ilustrado.

A ocorrência da letra "c" dentro do corpo de uma palavra mnemônica indica que é necessário empreender a conversão no modo preferido de uma maneira particularmente complicada e difícil que não precisa ser ilustrada aqui. Mas a operação deixou tal marca nos estudantes de lógica que das duas palavras que contêm tal "c", Baroco concedeu seu nome a um estilo altamente elaborado de arquitetura, enquanto Bocardo conferiu seu nome à prisão na qual estudantes delinquentes de Oxford eram encarcerados. Uma mnemônica como essa, a despeito de ser engenhosa, foi objeto de zombaria da parte de escritores da Renascença, que a julgaram literalmente bárbara; e eles contribuíram para o descrédito da lógica medieval no começo dos tempos modernos.

Tomás de Aquino sobre pensamento e linguagem

Foi modesta a contribuição de Tomás de Aquino à lógica formal, porém ele fez reflexões acerca da natureza da linguagem e da relação da linguagem com o pensamento: oferece várias classificações de atos de discurso e do que poderíamos chamar de correspondentes atos de pensamento. Principia com um texto de Aristóteles que efetua uma distinção entre dois tipos de atividade intelectual.

> Há, como diz Aristóteles no *De anima*, dois tipos de atividade de nosso intelecto. Uma delas consiste em formar simples essências, tal como o que um ser humano é ou o que um animal é: nessa atividade, considerada em si mesma, não é para ser encontrada nem verdade nem falsidade, não mais do que em elocuções que são não complexas. A outra consiste em unir e separar, por meio de afirmação e negação: nisso é para serem encontradas a verdade e a falsidade, tal como na elocução complexa que é sua expressão. (*DV* 14. 1)

A distinção entre esses dois tipos de pensamento está vinculada à diferença na linguagem entre o uso de palavras individuais e a construção de sentenças completas. Isso é exibido quando Tomás de Aquino explica que qualquer ato do pensar pode ser considerado como a produção de uma palavra interior ou sentença interior.

> A "palavra" de nosso intelecto... é aquilo que é o limite de nossa operação intelectual. É o próprio pensamento, o qual é chamado de uma concepção intelectual: que pode ser ou uma concepção que pode ser expressa por uma elocução não complexa, como quando o intelecto forma as essências das coisas, ou uma concepção expressável por uma elocução complexa, como quando o intelecto compõe e divide. (*DV* 4. 2c)

Como vimos, a noção de "composição e divisão" intelectual não é uma noção direta. O exemplo paradigmático de tal composição e divisão é a produção de juízos afirmativos e negativos. Mas há outros tipos de pensamento complexo. Além de julgar aquele p e de julgar aquele não-p posso imaginar se p, ou simplesmente entreter a ideia de p como parte de uma história. Considere-se qualquer proposição, por exemplo, "Fumar provoca surdez" ou "A Arábia Saudita possui armas nucleares". Com respeito a proposições como essas, um juízo, afirmativo ou negativo, pode ser efetuado ou contido; se efetuado, pode sê-lo verdadeira ou falsamente, com ou sem hesitação, com base em argumento ou fundando-se em autoevidência.

Tomás de Aquino classifica os exercícios das capacidades intelectuais com base nessas diferentes possibilidades: a contenção do juízo é dúvida (*dubitatio*); o assentimento em caráter de tentativa, admitindo a possibilidade de erro, é opinião (*opinio*); o assentimento sem questionamento a uma verdade com base em autoevidência é entendimento (*intellectus*); a concessão de assentimento sem questionamento a uma verdade com base em razões é conhecimento (*scientia*); o assentimento sem questionamento onde estão ausentes razões compulsórias é crença ou fé (*credere, fides*). Todos esses são exemplos de *compositio et divisio*.

E quanto à outra atividade intelectual, ou seja, a concepção de não complexos? Tomás de Aquino parece, em distintos lugares, fornecer duas diferentes explicações dela. Às vezes parece compará-la ao domínio do uso de uma palavra. Nesse caso, alguém teria um conceito de *ouro* se conhecesse o significado da palavra "ouro". Em outros lugares, contudo, Tomás de Aquino compara um conceito com o conhecimento da *quididade* ou essência de alguma coisa: nesse sentido, somente um químico, que pudesse vincular as propriedades do ouro ao seu peso atômico e seu lugar na tabela periódica, disporia de um real conceito de *ouro* (*ST* 1a 3. 3 e 1a 77. 1 ad 3). Ele estava bem ciente da diferença entre os dois tipos de conceito: frisa, por exemplo, que podemos conhecer o que significa a palavra "Deus", mas não conhecemos e não podemos conhecer a essência de Deus (por exemplo, *ST* 1a 2. 2 ad 2).

Quão estreito é para Tomás de Aquino o vínculo entre linguagem e pensamento: qual é a relação entre essas variadas operações intelectuais e os atos de discurso correspondentes? Ele acreditava que qualquer juízo que possa ser feito pode ser expresso por uma sentença (*DV* 2.4). Disso não se conclui, nem sustenta Tomás de Aquino, que todo juízo que é feito é formulado em palavras, ou publicamente ou na privacidade da imaginação. Por outro lado, ainda que todo pensamento seja exprimível na linguagem, somente uma modesta minoria de pensamentos é *sobre* linguagem.

A respeito da questão dos universais, o ponto de partida de Tomás de Aquino é uma rejeição do platonismo, uma doutrina que descreveu como se segue:

Platão, para poder salvar a certeza do conhecimento da verdade que temos mediante o intelecto, afirmou, além das coisas corporais, a existência de outro gênero de entes separado da matéria e do movimento, a que chamava *espécies* ou *Ideias*. Cada um dos seres particulares e sensíveis é chamado homem, cavalo etc., por sua participação nessas Ideias. Em consequência, segundo Platão, as ciências, as definições, tudo o que pertence à atividade intelectual não se refere aos corpos sensíveis mas às realidades imateriais e separadas. (*ST* 1a 84. 1c)

Platão foi conduzido ao engano, pensava Tomás de Aquino, pela doutrina segundo a qual o semelhante pode ser conhecido somente pelo semelhante, e assim a forma do que é conhecido tem que estar no conhecedor exatamente como está no conhecido. É verdade que os objetos do pensamento no intelecto são universais e imateriais, mas universais desse tipo não existem em parte alguma fora de um intelecto.

Tomás de Aquino estava pronto a concordar com Platão que há formas que tornam as coisas o que são: há, por exemplo, uma forma de humanidade que torna Sócrates humano. Mas rejeitou que havia tal forma existindo separada da matéria. Não há, fora da mente, uma coisa, a saber, a natureza humana enquanto tal, a natureza humana no absoluto. Há somente a natureza humana de seres humanos individuais como Pedro e Paulo. Não há nenhuma natureza humana que não seja a natureza de algum indivíduo, e não há, no céu ou na Terra, uma coisa como o Ser Humano Universal (*ST* 1a 79 c). A natureza humana existe na mente em abstração de características de individuação, relacionadas uniformemente a todos os indivíduos humanos existentes fora da mente. Não há Ideia de Ser Humano, apenas ideias de humanidade das pessoas. As Ideias de Platão são rejeitadas em favor de Pedro, João e José (*DEE* 3. 102-7).

A humanidade de um indivíduo, como Tomás de Aquino o formulou, era "pensável" (porque uma forma), mas não "realmente pensável" (porque existente na matéria). Para torná-la realmente pensável tinha que ser submetida à operação de um poder intelectual especial, o "intelecto agente". Acompanharemos a explicação de Tomás de Aquino dessa operação quando examinarmos sua filosofia da mente. De momento, podemos indagar quais são as implicações da avaliação antiplatônica de Tomás de Aquino dos universais para a semântica dos nomes e predicados.

Aquino discerne as consequências com respeito a um tipo de universal, nomeadamente a espécie. A espécie *cão* não existe na realidade, e não é nenhuma parte de ser um cão ser uma espécie, ainda que os cães sejam uma espécie. Mas se ser uma espécie fosse parte do que fosse ser um cão, então Fido seria uma espécie. Quando dizemos que os cães são uma espécie, não estamos realmente, se Tomás de Aquino estiver certo, dizendo qualquer coisa a respeito dos cães: estamos fazendo uma afirmação de segunda ordem acerca de nossos conceitos. Primeiro, estamos dizendo que o conceito *cão* é universal: é aplicável a qualquer número de cães. Em segundo lugar, estamos dizendo que é um conceito composto que tem outros conceitos como constituintes: por exemplo, *animal*. Gênero e espécie são definidos em termos de predicação, e predicados são coisas que as mentes elaboram ao formar proposições afirmativas e negativas (*DEE* 3. 133-5).

Uma das mais bem conhecidas contribuições de Tomás de Aquino à lógica da linguagem é seu tratamento do discurso analógico. Ele introduz o tópico mais comumente ao discutir a possibilidade do discurso sobre Deus, porém é um tópico de larga aplicação. Valendo-se de muitas passagens obscuras em Aristóteles, distingue dois tipos diferentes de analogia. O primeiro tipo (o qual alguns escolásticos chamaram de "analogia de atribuição") pode ser ilustrado por referência ao termo "saudável". Expressando-nos com rigor, apenas coisas vivas como animais e plantas podem ser saudáveis; mas uma dieta ou uma tez pode, naturalmente, ser descrita como saudável. "Usamos a palavra 'saudável' tanto para dieta quanto para tez porque ambas apresentam alguma relação com a saúde num ser humano, a primeira como uma causa, a segunda como um sintoma" (1a 13. 5). O outro tipo de analogia (o qual alguns escolásticos chamaram de "analogia de proporcionalidade") pode ser ilustrado com referência ao termo análogo "bom". Uma boa faca é uma faca que é de fácil manejo e afiada; um bom morango é um morango que é macio e saboroso. Está claro que o bom em facas é algo completamente diferente do bom em morangos; no entanto, não parece ser um mero trocadilho chamar tanto facas quanto morangos de "bons", nem parece que se está empregando uma metáfora extraída de facas quando se classifica de bom um particular lote de morangos.

Analogia e univocidade

Tomás de Aquino sustentou que as palavras mediante as quais descrevemos Deus e as criaturas não são usadas no mesmo sentido acerca de um ou outras. De modo semelhante, para adaptar um de seus exemplos, não queremos dizer absolutamente o mesmo quando chamamos o sol de "brilhante" e quando chamamos a cor de uma porção de tinta de "brilhante". Por outro lado, se dizemos que Deus é sábio e que Sócrates é sábio, não estamos fazendo um trocadilho ou falando por metáfora. "E este modo médio de comunicação", diz Tomás de Aquino, "está entre a pura equivocidade e a simples univocidade. Nos nomes ditos por analogia não há nem unidade da razão, como nos nomes unívocos, nem total diversidade das razões, como nos nomes equívocos" (*ST* 1a 13. 5).

Essa teoria da analogia foi rejeitada por Duns Scotus, tanto em si mesma quanto em sua aplicação à linguagem religiosa. Se for possível afinal falar sobre Deus, argumentou Scotus, é necessário haver algumas palavras que possuam o mesmo sentido quando aplicadas a Deus e às criaturas. Nem todo nosso discurso teológico pode ser analógico; parte dele tem que ser unívoco. Scotus se concentrava em palavras como "bom" — palavras que ele chamava de termos "transcendentais", porque transcendiam os limites das categorias aristotélicas, aplicando-se a todas elas. Como o próprio Aristóteles salientara, podemos falar de bons tempos e de bons lugares, bem como de bons homens ou boas qualidades (*NE* 1. 5. $1096^{a}23$-30). Scotus sustentou que tais termos transcendentais eram todos unívocos: tinham um único sentido se aplicados a diferentes tipos de criaturas, ou se fossem aplicados a criaturas e ao próprio Deus. O mais importante termo transcendental era *"ens"*, *"ser"*. Substâncias e acidentes, criaturas e criador, eram todos seres exatamente no mesmo sentido.

O alvo de Scotus na sua discussão da analogia e da univocidade não era Tomás de Aquino, mas Henrique de Gant. Henrique sustentara que nosso conceito não reflexivo de ser mascara dois conceitos distintos, um que se aplica ao ser infinito de Deus e um outro que se aplica às criaturas que se enquadram nas diferentes categorias. A reflexão revela que não há conceito único, unívoco, que se aplique tanto a Deus quanto às criaturas; há, não obstante, uma similaridade entre os dois conceitos suficiente para nos capacitar a fazer predicações analógicas a respeito de Deus, descrevendo-o não exatamente como um ser, mas como bom, sábio e assim por diante.

Scotus rejeita a ideia de que possa haver algo a meio caminho entre univocidade e equivocação. Certamente, se estamos lidando com conceitos simples que não possuem partes constituintes, não é possível haver algo como o sentido de uma palavra ser *parcialmente* idêntico e *parcialmente* diferente. Se os termos que aplicamos a Deus são equívocos — são usados num sentido completamente diferente daquele que têm quando aplicados a criaturas — então não podemos tirar quaisquer conclusões a respeito de Deus a partir das propriedades das criaturas. Qualquer tentativa de utilizar um predicado analógico como o termo médio de um silogismo seria culpada da falácia de equivocação (*Lect.* 16. 266).

Um conceito é unívoco, informa-nos Scotus, quando

> possui suficiente unidade em si mesmo de modo que afirmá-lo e negá-lo de uma e mesma coisa seria uma contradição. Também possui suficiente unidade para servir como o termo médio de um silogismo, de maneira que sempre que dois extremos são unidos por um termo médio que é uno nesse modo, podemos concluir a favor da união dos dois extremos entre si. (*Ord.* 3. 18)

Para mostrar que pode haver um conceito unívoco de ser que se aplica tanto a Deus quanto às criaturas, Scotus argumenta da seguinte maneira: se podes estar certo de que S é P enquanto duvidas se S é Q, então P e Q têm que ser conceitos diferentes. Mas podes estar certo de que Deus é um ser, enquanto duvidas se é um ser infinito ou finito. Consequentemente, o conceito de ser difere daquele de ser infinito e daquele de ser finito — os dois conceitos primitivos de Henrique — e é unívoco, aplicando-se tanto ao finito quanto ao infinito no mesmo sentido (*Ord.* 3. 29). Conceitos como "ser", "bom", "uno" e outros semelhantes são assim, para Scotus, transcendentais não apenas em transcender os limites das categorias, mas também em transcender a lacuna entre finito e infinito.

Scotus não nega que há conceitos que se aplicam analogamente a Deus e às criaturas. O que ele afirma é que esses conceitos são baseados em, e não poderiam existir sem, conceitos mais básicos que são unívocos.

> Toma, por exemplo, a noção formal de "sabedoria", "intelecto" ou "vontade". Essa noção é considerada antes de tudo simplesmente em si mesma e absolutamente. Porque essa noção não inclui formalmente nenhuma imperfeição ou limitação, as imperfeições associadas a ela nas criaturas são eliminadas. Retendo essa mesma noção de "sabedoria" e "vontade" atribuímo-las a Deus — mas num grau maximamente perfeito. Consequentemente, toda investigação no tocante a Deus está baseada na suposição de que o intelecto possui o mesmo conceito unívoco que prevalece das criaturas. (*Ord.* 3. 26-7)

Talvez o desacordo entre Tomás de Aquino, Henrique e Scotus não seja tão incisivo como parece de início, porque as noções *o mesmo sentido* e *o mesmo conceito* não são elas mesmas incisivas. Duas palavras têm sentidos diferentes, poderíamos sugerir, se um dicionário fornecesse duas definições separadas delas. Mas, quando Tomás de Aquino diz que "bom" é um termo análogo, não há necessidade de que sugira que toda aplicação diferente de "bom" crie um novo item léxico. Diferentes criaturas têm diferentes propriedades produtivas do bom, mas isto não significa que o significado de "bom" em "bom cavalo" seja diferente do significado de "bom" em "bom tempo". Realmente, alguém que não compreendeu que "bom" era, nos termos de Tomás de Aquino, análogo não compreenderia seu significado de modo algum na linguagem. Scotus está certo, por outro lado, de que quando aprendemos a aplicar "bom" a um novo objeto não aprendemos uma nova lição de vocabulário.

Se "ser" é análogo ou unívoco constitui uma questão obscura não devido a dificuldades em relação à analogia, mas devido à quase universal opacidade da noção medieval de *ser*. Se estamos falando de existência, como expresso, por exemplo, na sentença "Há um Deus", então a questão de se "ser" é um predicado análogo ou unívoco não aparece, uma vez que atribuir existência a algo não é um caso de associar um predicado a um sujeito. Mas em Scotus, ao menos, "ser", período, parece equivalente a uma extensa disjunção de predicados: "ser um cavalo, ou uma cor, ou um dia, ou…" e assim por diante *ad infinitum*. Assim entendido, "ser" parece claramente unívoco. Suponha-se que houvesse somente três itens no universo, A, B e C. O predicado "… é ou A, ou B, ou C" parece associar-se exatamente no mesmo sentido a cada um dos três itens.

Lógica modista

Scotus não contribuiu substancialmente para a lógica formal, embora suas ideias metafísicas sobre a natureza do poder e da potencialidade viessem a exercer um significativo efeito a longo prazo na lógica modal. A ele, contudo, foi por muito tempo creditada uma interessante obra que se situa nas fronteiras da lógica e da linguística, uma *Grammatica speculativa* que o jovem Martin Heidegger tomou como o assunto de sua tese de doutorado. Essa obra é atualmente tida como não autêntica pelos estudiosos e atribuída não a Scotus, mas ao seu pouco conhecido contemporâneo Tomás de Erfurt, que escreveu em torno de 1300.

Esse trabalho tem importância como representativo de uma nova abordagem da lógica adotada por Radulfo Brito (†1320) e por muitos pensadores na última parte do século XIII, conhecida como "lógica modista" em contraste com a "lógica terminista" que vimos nas obras de Pedro da Espanha e Guilherme de Sherwood. Em lugar de estudar as propriedades dos termos individuais, esses lógicos modistas estudavam categorias gramaticais gerais — nomes, verbos, casos e tempos, por exemplo — que denominavam *modi significandi*, ou modos de significar.

O significado, de acordo com os modistas, era conferido aos sons pela convenção humana, a qual chamaram de "imposição". O elemento unitário do significado era a *dictio*, "dicção". Uma única dicção poderia abranger muitas formas verbais diferentes: os casos de um nome latino, por exemplo, mais os adjetivos e advérbios a ele associados. Um exemplo especialmente apreciado era a dicção de *dor*, a qual incluía o nome "*dolor*" em seus diferentes casos, o verbo para sentir dor "*doleo*" e o advérbio "*dolenter*" significando "dolorosamente". A convenção básica estabelecendo a dicção para dor era chamada pelos modistas de primeira imposição; outras convenções, por uma segunda imposição, estabeleciam aqueles *modi significandi* que ligavam diferentes formas de palavras a diferentes tipos de uso[13].

Alguns *modi significandi* eram mais fundamentais do que outros. O essencial definia uma palavra como uma parte particular do discurso — nome ou verbo, por exemplo. Outros acidentais lhe atribuíam aspectos como caso, número, tempo ou modo. Regras complicadas foram desenvolvidas para determinar que palavras, com quais *modi modificandi* poderiam combinar-se para produzir uma sentença bem formada.

Falando em sentido amplo, pode-se dizer que o estudo dos *modi significandi* era um estudo da sintaxe, ao passo que o foco da semântica era a *ratio significandi*, ou relação significante conferida pela primeira imposição. Os gramáticos especulativos procuraram, entretanto, realmente descobrir um elemento semântico associado aos modos do significar. O sentido de uma expressão é fixado pela combinação de *ratio* e *modi*: isso foi chamado de seu "significado formal", seu significado em virtude da linguagem (*virtus sermonis*). Na moderna terminologia, podemos denominar isso seu significado léxico, ou seja, seu significado tal como determinado pelo dicionário.

Todavia, num contexto de uso real, uma expressão também tem uma referência determinada por seu sentido. Em relação à sentença em latim "*Homo appropinquat*", é possível que nos informem que consiste do nomi-

---

13. Ver J. PINBORG, Speculative Grammar, *CHLMP* 254-69.

nativo singular do nome masculino *"homo"*, que significa homem, mais a terceira pessoa do singular do verbo *"appropinquo"*, aproximar. Essa informação nos é dada pela *virtus sermonis*: mas podemos indagar, num contexto de vida real, *que homem* está se aproximando; e esse fato descerra uma nova área de investigação. Os lógicos modistas tinham várias sugestões a oferecer aqui, mas estas não foram acolhidas por gerações posteriores de pensadores. Em lugar disso, ocorreu um renascimento da lógica terminista, a qual desenvolvera a teoria da suposição para lidar precisamente com questões da relação entre sentido e referência.

A linguagem mental de Ockham

Um dos mais importantes lógicos terministas do século XIV foi Guilherme de Ockham. Ockham oferece um sistema novo: uma lógica terminista que é nominalista, não realista. Todos os signos, sustentava Ockham, representam coisas individuais, pois não há no mundo coisas como universais para eles representarem. Ele apresenta uma série de argumentos metafísicos opondo-se à ideia de que um universal é uma natureza comum real existente nos indivíduos. Se os indivíduos contivessem universais, nenhum indivíduo poderia ser criado a partir do nada, uma vez que sua parte universal já existiria. Por outro lado, se Deus destruísse um indivíduo, aniquilaria simultaneamente todos os outros indivíduos da mesma espécie mediante a eliminação da natureza comum (*OPh*. 1. 15).

Um universal é uma coisa singular e é universal somente por significação, sendo um signo único de muitas coisas. Há dois tipos de universal: natural e convencional. Um universal natural é um pensamento em nossa mente (*intentio animae*); signos convencionais são universais por nossa decisão voluntária, sendo palavras cunhadas para expressar esses pensamentos e significar muitas coisas. Os signos em nossa mente são reunidos para produzir proposições mentais do mesmo modo que signos falados são reunidos para produzir uma proposição vocal (*OPh*. 1. 12).

Ockham considerava que esses conceitos mentais formavam um sistema linguístico. Além das línguas faladas, convencionais, como o português e o latim, todos os seres humanos participam de uma linguagem natural comum. É dessa linguagem universal que as línguas regionais extraem sua significação. A linguagem mental contém alguns, mas não todos, os aspectos gramaticais estudados pelos modistas. Assim, o Mental contém nomes e

Esta garatuja num manuscrito de Cambridge
é a mais antiga representação conhecida de Ockham.

verbos, mas não pronomes e partículas. Os nomes têm casos e números, e os verbos têm vozes e tempos, mas não há declinações diferentes de nomes e conjugações como na gramática latina. Se duas expressões latinas, ou duas expressões em línguas diferentes, são sinônimas entre si, então, de acordo com Ockham, corresponderão a um elemento, e não a dois, do Mental. Conclui-se que no próprio Mental não há sinonímia.

Outros lógicos em épocas posteriores se esforçaram ocasionalmente para construir línguas ideais nas quais não houvesse ambiguidade ou redundância. A lógica formal moderna pode ser encarada como tais idealizações de certos fragmentos de linguagem natural: os conectivos proposicionais como "e", "ou" e "se", os quantificadores como "todos" e "alguns", e várias expressões que dizem respeito ao tempo e aos modos. Ockham é merecedor do crédito de ter sido um pioneiro no destacar a idealização que está envolvida na aplicação da lógica formal à linguagem natural, mesmo que possamos esboçar um sorriso diante de sua prontidão em transferir aspectos idiomáticos de latim medieval para a linguagem universal da mente.

É uma coisa quando um lógico constrói uma linguagem ideal com um propósito particular, como um objeto de comparação para atrair a atenção para aspectos das linguagens naturais que são ambíguos ou provocam confusão. É uma outra coisa quando lógicos — medievais ou modernos — sustentam que sua linguagem ideal está, de algum modo, já presente em nosso uso da linguagem natural e contém a explicação definitiva da significabilidade da maneira de empregarmos palavras no discurso cotidiano. Se foi essa a intenção de Ockham, sua invenção do Mental foi fútil, porque não atende a tal finalidade explanatória.

Em primeiro lugar, há um problema acerca da natureza das entidades mentais que correspondem aos nomes falados e escritos. O próprio Ockham parece ter se preocupado com isso e ter mudado sua opinião a respeito desse tópico ao menos uma vez. Inicialmente identificou os nomes da linguagem mental com imagens ou representações mentais. Estas eram criações da mente — "ficções" que servem como elementos nas proposições mentais, atuando como substitutas das coisas a que se assemelhavam. Ficções podiam ser universais no sentido de possuírem uma igual semelhança com muitas coisas diferentes.

Qual é o *status* dessas ficções? Ockham, nesse estágio, sustenta que não possuem existência real, mas apenas o que chama de "existência objetiva", quer dizer, existência como objeto do pensamento. Há ficções, afinal, não só de coisas que realmente existem no mundo, como também de coisas como quimeras e bodes-cervos que são, no sentido moderno ordinário, ficcionais. Quando concebemos um pensamento, há duas coisas a ser distinguidas: nosso ato de pensar e aquilo que pensamos, ou seja, o conteúdo ou objeto de nosso pensamento. É esse último que é a ficção e que se caracteriza como um termo numa proposição mental.

Mais tarde Ockham passou a considerar espúria essa distinção. Não há necessidade de postular objetos do pensamento: os únicos elementos necessários como suporte da linguagem mental são os próprios pensamentos. Diferentemente de uma quimera, meu-pensar-de-uma-quimera é uma entidade real — uma qualidade temporária de minha alma, um item em minha história psicológica. Quando nomes mentais ocorrem em sentenças mentais, é como elementos no pensar da sentença. Ockham parece não ter se decidido se eram estágios sucessivos no pensar da sentença, ou um conjunto de pensamentos simultâneos, ou um só pensamento complexo.

Há boas razões para a hesitação de Ockham nesse caso, porque a analogia entre discurso e pensamento sucumbe quando consideramos a duração temporal. Palavras faladas levam tempo para ser proferidas e uma palavra surge após uma outra. O mesmo ocorre com imagens mentais de palavras, como quando alguém recita um poema para si mesmo na imaginação. Mas pensamentos são completamente diferentes: o conteúdo integral de um juízo tem que estar presente imediatamente se queremos de fato emitir um juízo, e não se pode cogitar da sequência temporal dos elementos de um pensamento[14].

Não obstante nomes mentais serem concebidos, na opinião de Ockham todos eles referem-se a ou supõem objetos individuais, uma vez que na realidade não há universais. Esses objetos individuais, todavia, podem incluir pensamentos individuais. O nominalismo de Ockham significa que ele tem que modificar a teoria da suposição que vimos em lógicos anteriores como Pedro da Espanha[15]. Ockham redefine as formas principais de suposição: suposição simples e suposição pessoal.

A suposição simples fora definida como uma palavra que representa o que significa, e isso foi tomado como inferindo que numa sentença como "O homem é mortal" o sujeito "homem" representasse um universal. Mas para Ockham ocorre uma suposição simples quando uma palavra representa uma entidade mental, como em "o homem é uma espécie", na qual "homem" representa um termo mental, o único tipo de coisa que pode ser uma espécie. Isso não é um caso de uma palavra representar o que significa, pois tudo que o termo "homem" significa é homens individuais.

Na suposição pessoal é realmente verdadeiro que um termo representa o que significa. Em "Todo homem é um animal", a palavra "homem" representa o que significa porque homens é a própria coisa que significa — não algo que é comum a eles, mas os próprios homens. Mas pode haver suposição pessoal mesmo quando um termo não está representando uma coisa no mundo. "Suposição pessoal é onde um termo representa o que significa, quer isso seja uma realidade extramental, quer uma palavra, quer um conceito na mente, quer alguma coisa escrita, quer qualquer coisa imaginável" (*OPh.* 1. 64).

A suposição pessoal é básica para Ockham e pode se aplicar a predicados bem como a sujeitos. Um predicado significa e supõe tudo o que é verdadeiro de. Assim, se Pedro, Paulo e João são todos os homens que há, então tanto em "Todo homem é mortal" quanto em "Todo apóstolo é um homem" a palavra "homem" supõe Pedro, Paulo e João. Isso parece significar que a primeira sentença é equivalente a "Pedro, Paulo e João

---

14. Ver P. T. GEACH, *Mental Acts*, Londres, Routledge & Kegan Paul, s.d., 104-105.
15. Ver p. 154.

são mortais" e a segunda a "Todo apóstolo é ou Pedro, ou Paulo, ou João". Um termo geral, em outras palavras, é equivalente a uma lista de nomes próprios — uma lista conjuntiva no primeiro caso e uma lista disjuntiva no segundo.

Verdade e inferência em Ockham

Ockham utiliza a noção de suposição para definir verdade. Uma proposição como "Sócrates é humano" é verdadeira se e somente se o termo-sujeito "Sócrates" e o termo-predicado representam a mesma coisa. Isso é às vezes chamado de uma teoria de dois nomes da verdade: uma proposição categórica afirmativa é verdadeira se reúne, como sujeito e predicado, dois nomes da mesma coisa. Mas a teoria de Ockham é um pouco mais complicada do que isso, ao menos se estivermos pensando em nomes como nomes próprios. Como vimos, para Ockham um termo geral não é um nome próprio, mas é equivalente a uma lista de nomes próprios; e a condição de verdade formulada em termos de identidade de suposição exige que para uma afirmativa categórica ser verdadeira um único e idêntico nome próprio tem que ocorrer tanto na lista do sujeito quanto na lista do predicado.

A teoria simples de dois nomes mostra-se facilmente falha. Se "Sócrates é um filósofo" é verdadeiro porque Sócrates pode ser denominado tanto "Sócrates" quanto "filósofo", não é fácil perceber como explicar as condições de verdade de "Sócrates não é um cão". Para saber que "cão" não é um nome de Sócrates, temos que saber do que *é* um nome: e parece não haver qualquer resposta para a pergunta "Que cão é que Sócrates não é?". A teoria mais complicada de Ockham realmente tem uma resposta para essa dificuldade: a lista que corresponde a "cão" e a lista (de um item) correspondente a "Sócrates" não possuem um termo comum. Mas ela cai numa dificuldade correspondente própria. Se todo termo geral é uma abreviação para uma lista de nomes próprios, então toda proposição tem que ser ou necessariamente verdadeira ou necessariamente falsa. "Sócrates é humano" certamente não é simplesmente uma afirmação redundante de identidade. Mas isso é o que é se significa "Sócrates é ou Sócrates, ou Platão ou Aristóteles"[16].

---

16. Ver KNEALE e KNEALE, *The Development of Logic*, 268.

Ockham devotou grande atenção às relações lógicas entre diferentes proposições: a teoria das *consequentiae*, como veio a ser chamada no século XIV. Autores mais antigos haviam empregado a palavra no sentido de "proposição condicional". Assim entendido, um exemplo de *consequentia* seria

> Se Sócrates é um homem, Sócrates é um animal,

com "Sócrates é um homem" sendo o antecedente e "Sócrates é um animal" o consequente.

Consequentiae, assim entendido, poderiam ser verdadeiras ou falsas, e poderiam ser necessárias ou contingentes. Os lógicos estavam particularmente interessados em *consequentiae* que eram, como o exemplo acima, verdades necessárias. Em tais casos, pode-se construir um argumento correspondente, a saber,

> Sócrates é um homem. Portanto, Sócrates é um animal.

Temos aqui não uma, mas duas proposições, o antecedente nesse caso sendo uma premissa e o consequente uma conclusão. Argumentos não são, como proposições, verdadeiros ou falsos; são bons ou maus, quer dizer, válidos ou inválidos, dependendo de se a conclusão se segue ou não se segue das premissas.

Tratados do século XIV acerca das *consequentiae* ocupavam-se de separar bons argumentos de maus, e não de atribuir valores de verdade às correspondentes proposições condicionais. Argumentos podiam conter qualquer número de premissas: silogismos aristotélicos, que contêm somente duas premissas, constituíam apenas uma classe simples de *consequentiae*. Premissas e conclusões podiam ser de diversas formas: podiam incluir proposições singulares e não só proposições quantificadas como ocorriam nos silogismos.

Ockham começa por distinguir "consequências simples" de "consequências como de agora". Uma consequência simples é válida se o antecedente jamais puder ser verdadeiro sem que o consequente seja verdadeiro, por exemplo "Nenhum animal está correndo, portanto nenhum homem está correndo". Uma consequência como-de-agora é válida se o antecedente não pode agora ser verdadeiro sem o consequente ser verdadeiro, mesmo se em alguma outra ocasião esse pudesse ser o caso. Um exemplo seria "Todo animal está correndo, portanto Sócrates está correndo", onde, uma vez que Sócrates está morto, o antecedente pode ser verdadeiro sem o consequente (*OPh*. III. 3. 1).

Uma segunda distinção feita por Ockham é entre consequências cuja validade é interna (*per medium intrinsecum*) e consequências cuja validade é externa (*per medium extrinsecum*). Uma consequência é válida externamente se sua validade não depende do significado de quaisquer dos termos na premissa e conclusão. Em tal caso, a consequência pode ser indicada sob forma esquemática, usando apenas variáveis: por exemplo, "Se apenas As são Bs, então todos os Bs são As". Uma consequência é válida internamente se sua validade depende do significado de um dos termos: por exemplo, a validade de "Sócrates está correndo, portanto um homem está correndo" depende do fato de Sócrates ser um homem. Não há princípio geral "Se X está correndo, portanto um A está correndo" (*OPh*. III. 3. 1).

Finalmente, Ockham distingue consequências materiais de consequências formais. A julgar pelos exemplos dados por ele, parece que considera consequências formais tanto as que são externamente válidas quanto as que são internamente válidas. No que toca às consequências materiais, por outro lado, a impossibilidade de o antecedente ser verdadeiro sem o consequente não depende de qualquer conexão, externa ou interna, entre o conteúdo do antecedente e o conteúdo do consequente. Surge ou de o antecedente ser necessariamente falso, ou de o consequente ser necessariamente verdadeiro. Assim, "Se um homem é um burro, então Deus não existe" e "Se um homem está correndo, então Deus existe", são ambas consequências materiais válidas (*OPh*. III. 3. 1).

A primeira dessas constitui um exemplo de uma regra geral. "Qualquer coisa se infere do que é impossível", e a segunda constitui um exemplo de "O que é necessário se infere de qualquer coisa". Ockham formula um conjunto de tais regras que se aplicam à inferência de tipos muito variados. Incluem as seis seguintes:

1. O que é falso não se infere do que é verdadeiro.
2. O que é verdadeiro pode se inferir do que é falso.
3. Tudo o que se infere do consequente se infere do antecedente.
4. Tudo o que vincula o antecedente vincula o consequente.
5. O contingente não se infere do necessário.
6. O impossível não se infere do possível.

Muitas das regras de Ockham provêm de filósofos mais antigos, mas ele foi o primeiro a expô-las sistematicamente, e foram geralmente aceitas por lógicos posteriores.

Walter Burley e John Wyclif

Em *A pura arte da lógica*, de Walter Burley, é dado ainda maior destaque à teoria das consequências e a silogística aristotélica é tratada superficialmente. Uma amplíssima variedade de inferências é trazida sob a rubrica de "consequências hipotéticas". As premissas de tais inferências incluem não só sentenças condicionais (contendo "se... então"), mas também sentenças conjuntivas e disjuntivas (com "e" ou "ou") e sentenças exclusivas e exceptivas (por exemplo, "Somente Pedro está correndo" e "Todos estão correndo exceto Pedro"). Uma classe importante, estudada também por colegas de Burley entre os calculadores de Oxford, foram sentenças da forma "A principia para φ" e "A cessa para φ".

Burley aceita as distinções de Ockham entre tipos diferentes de consequência, além de acrescentar outras subdivisões suas. Em tudo isso está continuando, simpaticamente, o trabalho iniciado por Ockham. Mas, quando nos voltamos da teoria das consequências para o tópico mais antiquado das propriedades dos termos, o quadro se mostra muito diferente. Burley rejeita o nominalismo que Ockham embutira em sua lógica e expõe novamente a teoria da significação e suposição de uma maneira mais próxima de sua forma realista tradicional.

Começa por rejeitar a afirmação de Ockham de que um nome significa todas as coisas a que se aplica.

> Esse nome "homem" possui uma significação primária, e sua significação primária não é Sócrates ou Platão. Se assim fosse, alguém que ouvisse a palavra e soubesse o que significava teria uma ideia determinada e distinta de Sócrates, o que é falso. Portanto, esse nome "homem" nada tem de singular como sua significação primária, de modo que sua significação primária é alguma coisa comum, e esta coisa comum é a espécie. Se essa coisa comum é algo fora da alma, ou é um conceito na alma, não me preocupo muito a esse ponto. (*PAL.* 7)

Tendo assim definido "significação", Burley pode restaurar a definição tradicional de suposição simples: um termo representa o que significa. A sentença final do parágrafo citado o deixa em aberto para sua definição coincidir na prática com a definição de Ockham de suposição simples, a saber, que na suposição simples um termo representava um conceito na mente.

Burley não só defendeu como também ampliou a teoria tradicional da suposição. Como Ockham fizera antes dele, identificou sentenças bem formadas que não eram cobertas pelos tipos de suposição pessoal registrados por Pedro da Espanha e Guilherme de Sherwood. Uma sentença dessas era "Todo homem ama a si mesmo": a classificação até aqui concebida não exibiria o fato de que isso vincula "Sócrates ama Sócrates". Burley afirmou que nessa sentença "si mesmo" apresentava uma forma especial de suposição pessoal, a meio caminho entre suposição confusa e distributiva, tendo lhe conferido um novo e complicado nome técnico. Uma outra sentença que era mal servida pelo aparato tradicional é "Um cavalo foi prometido a ti". A fim de distinguir o caso em que a ti foi prometido um particular cavalo do caso em que qualquer cavalo velho constituirá um cumprimento da promessa, Walter teve mais uma vez que introduzir novos modos de suposição para referir-se à palavra "cavalo" aqui.

Como crítico do nominalismo de Ockham, Burley não demorou a ser superado por John Wyclif; o tratado *Dos universais*, de Wyclif, é uma sustentada defesa do realismo. A chave para o entendimento dos universais, segundo acreditava Wyclif, é uma compreensão da natureza da predicação. A forma mais óbvia de predicação é aquela na qual sujeito e predicado são itens linguísticos, partes de sentenças. Essa é a mais discutida forma de predicação, e autores modernos pensam que não há outra. De fato, dizia Wyclif, está moldada num tipo diferente de predicação, predicação real, que é "ser compartilhada por ou ser dita de muitas coisas em comum" (*U* 1. 35).

A predicação real não é uma relação entre termos — como a relação entre "Banquo" e "vive" em "Banquo vive" — mas uma relação entre realidades, nomeadamente Banquo, e tudo aquilo que no mundo corresponde a "vive". Mas qual é a entidade extramental que corresponde a "vive"? Realmente *há* alguma coisa no mundo que corresponde a predicados? A resposta de Wyclif à segunda pergunta é que, se não há, então não há diferença entre sentenças verdadeiras e falsas. Sua resposta à primeira pergunta é sua teoria dos universais.

Seu argumento a favor do realismo é simples. Qualquer pessoa que crê na verdade objetiva, sustenta ele, já está comprometida com a crença em universais reais. Suponha-se que se percebe que um indivíduo A assemelha-se a um outro indivíduo B. Deve haver algum aspecto C em que A se assemelha a B. Mas ver que se assemelha a B em respeito a C é o mesmo que ver a C-*sidade* de A e B, o que envolve conceber a C-*sidade*, um universal comum a A e B. Por conseguinte, qualquer pessoa capaz de realizar juízos de semelhança sabe automaticamente o que é um universal.

Consideremos, como exemplos de universais, a espécie *cão* e o gênero *animal*. Um realista pode definir gênero simplesmente como o que é predicado de muitas coisas que são de espécie diferente. Um nominalista é obrigado a enredar-se em alguma circunlocução como a seguinte: "Um gênero é um termo que é predicável, ou cuja contraparte é predicável, de muitos termos que significam coisas que são especificamente distintas". Ele não pode dizer que é essencial a um termo ser realmente predicado: talvez não haja ninguém por perto para efetuar qualquer predicação verbal. Não pode dizer que qualquer termo particular — qualquer som particular, ou imagem particular, ou marca particular sobre papéis — tem que ser predicável; a maioria dos signos não dura tempo suficiente para a predicação múltipla. Essa é a razão por que ele tem que falar de contrapartes, outros signos que são do mesmo tipo. Não pode dizer que o termo é predicado de termos que diferem em espécie: a *palavra* "cão" não difere em espécie da *palavra* "gato" — são ambos nomes portugueses sobre esta página. Assim, o nominalista tem que dizer que os termos significam coisas que diferem especificamente. É claro, porém, que ao fazer isso ele entrega o jogo: está tornando diferença específica algo do lado das coisas significadas, não algo que pertença puramente aos signos. Consequentemente, o gorgolejo do nominalista realmente não o ajuda de modo algum.

O argumento de Wyclif é claramente dirigido a um nominalista de um tipo muito mais radical do que Ockham. Os "nomes" do sistema de Ockham não eram sons emitidos ou marcas sobre o papel: eram termos numa linguagem mental. Mas o ataque de Wyclif realmente atinge o ponto mais fraco de Ockham, a saber, o fracasso em proporcionar qualquer explicação explícita da relação entre os termos de sua linguagem mental imaginada e signos reais no mundo real. Ockham parece ter sentido que explicava os aspectos da gramática latina postulando uma contraparte mental; mas a única razão para pensar que o Mental possui qualquer força explanatória é suas operações ocorrerem no veículo espiritual da mente. Wyclif, ao forçar a conversação de sons de carne e sangue e marcas de pena e tinta, estava antecipando o método de Wittgenstein de filosofar transformando absurdo latente em absurdo patente.

Francisco della Rovere, papa Sisto IV, aqui aceita a homenagem do
bibliotecário do Vaticano, Platina (Melozzo da Forli, Pinacoteca Vaticana).

Lógica de três valores em Louvain

Um desenvolvimento medieval final foi a prefiguração de uma lógica de três valores. A possibilidade de um terceiro valor entre o verdadeiro e o falso é ventilada em muitas discussões do tratamento de Aristóteles da batalha naval. Houve um caso, contudo, em que a questão acendeu uma polêmica que repercutiu pela Europa.

Em 1465, a um membro da Faculdade de Artes da jovem Universidade de Louvain, Pedro de Rivo, foi solicitado por seus alunos que discutisse a questão: Depois de Cristo ter dito a S. Pedro "Tu me negarás três vezes" estava ainda no poder de Pedro não negar Cristo? Sim, estava, declarou Pedro de Rivo, mas isso não é compatível com aceitar que o que Cristo disse era verdadeiro na ocasião em que o disse. Devemos, em lugar disso, sustentar que tais predições não eram nem verdadeiras nem falsas, mas tinham, em lugar disso, um terceiro valor de verdade, neutro.

A Faculdade de Teologia reagiu vigorosamente. As Escrituras, diziam, estavam repletas de proposições no tempo futuro acerca de eventos singulares, a saber, profecias. Não convinha dizer que iam se revelar verdadeiras numa data posterior: a menos que já fossem verdadeiras quando feitas, os profetas seriam mentirosos. Pedro respondeu declarando que qualquer pessoa que negasse a possibilidade de um terceiro valor de verdade se enquadraria necessariamente na heresia do determinismo. Nisso ele contou com o respaldo das autoridades da Universidade em Louvain.

Os teólogos buscaram o aconselhamento de amigos em Roma. Um lógico franciscano, Francisco della Rovere, desenvolveu algumas das relações lógicas envolvidas num sistema de lógica de três valores. A contraditória de uma proposição verdadeira, com suficiente obviedade, é uma falsa proposição; mas a contraditória de uma proposição neutra, sustentou, não é falsa, mas é ela mesma neutra. Entretanto, aqueles que negavam artigos no tempo futuro do Credo só podiam ser regularmente condenados como hereges se estivessem proferindo uma falsidade. Consequentemente, os artigos que contradiziam deviam ser verdadeiros, não neutros.

Fortalecidos por esse aconselhamento, os teólogos denunciaram ao Vaticano as seguintes proposições:

> Para que uma proposição acerca do futuro seja verdadeira, não basta que o que declara deva ser o caso: tem necessariamente que ser o caso. Temos que declarar uma de duas coisas: ou não há verdade presente e real nos

artigos de fé a respeito do futuro, ou o que dizem é algo que nem sequer o poder divino pode impedir.

As proposições foram condenadas pelo papa em 1474.

Foi somente no século XX que a noção de lógica de três valores foi explorada seriamente pelos lógicos. Mas esse episódio ilustra quão impossível é, na história da filosofia, traçar uma linha nítida entre a Idade Média e a Renascença. Com efeito, o lógico que interveio nesse debate eminentemente escolástico não foi outro senão o papa que emitiu a condenação de 1474: a paradigmática figura renascentista de Sisto IV, que deu o seu nome à Capela Sistina.

4

Conhecimento

Agostinho sobre o ceticismo, a fé e o conhecimento

Durante o período anterior a sua conversão ao cristianismo, Agostinho, sob a influência de Cícero, interessou-se pelos argumentos céticos da Nova Academia. O primeiro dos tratados filosóficos por ele escritos em Cassiciaco foi *Contra academicos*, no qual defendeu a possibilidade de obter conhecimento de vários tipos. Conhecemos verdades lógicas, tais como o princípio do terceiro excluído, ou seja, que ou p ou não p (CA 3. 10. 23). Também conhecemos verdades a respeito do fenômeno imediato. O cético está impossibilitado de refutar uma pessoa que diz "Sei que esta coisa parece branca, que este som é prazeroso, que este cheiro é agradável, que o sabor disto é doce, que a sensação daquilo é fria" (CA 3. 11. 26). Tais afirmações não podem ser errôneas. Mas os sentidos não nos enganam quando um remo reto parece curvo na água? Não há engano aqui: pelo contrário, se o remo na água parecesse reto, seria o caso de meus olhos estarem me enganando. Mas está claro que um remo me parecendo curvo não é, de modo algum, o mesmo que eu fazer um juízo de que é curvo.

Há muitas proposições, contudo, que se situam em algum ponto entre verdades da lógica e informações imediatas da experiência, e ao longo de sua vida Agostinho retornou à classificação e à avaliação de tais proposições. Uma de suas mais completas defesas da possibilidade da certeza aparece numa obra tardia, *De Trinitate* (A Trindade). Aqui ele está preparado para admitir, em favor do argumento, que os sentidos podem ser ludibriados, quando o olho vê o remo curvo ou navegadores veem balizas em aparente movimento. Mas não posso estar errado quando digo "Estou vivo" — um juízo que não é dos sentidos, mas da mente. "Talvez estejas sonhando". Mas mesmo que eu esteja adormecido estou vivo. "Talvez estejas louco". Mas mesmo que esteja louco estou vivo. Além disso, se sei que estou vivo, sei que sei que estou vivo, e assim por diante *ad infinitum*. Os céticos podem murmurar contra as coisas que a mente percebe através dos sentidos, mas não contra aquelas percebidas por ela independentemente. "Sei que estou vivo" é um exemplo do segundo tipo (*DT* 15. 12. 21).

Aqueles que leram Descartes não podem evitar aqui a lembrança da Segunda Meditação. De fato, argumentos aparentados a "Penso, logo sou" são encontrados em diversas obras de Agostinho. Em *A Cidade de Deus*, por exemplo, em resposta à questão acadêmica "Não podes estar em erro?", Agostinho responde: "Se estou em erro, existo". O que não existe não pode estar em erro; portanto, se estou em erro, existo (*DCD* IX. 26). Cada um de nós conhece não apenas nossa própria existência, mas também outros fatos acerca de nós mesmos. "Quero ser feliz." é também algo que sei, bem como "Não quero estar em erro".

O Agostinho maduro, porém, aceita a verdade de muitas proposições além das certezas cartesianas. Não deveríamos duvidar da verdade do que percebemos por intermédio dos sentidos; é por meio deles que aprendemos sobre os céus, a Terra e seus conteúdos. Uma enorme quantidade de nossas informações provém do testemunho de outras pessoas — a existência do oceano, por exemplo, e de terras distantes; as vidas dos heróis da história, e mesmo nosso próprio torrão natal e nossa ascendência (*DUC* 12. 26). Ao longo de sua vida, Agostinho concedeu um posto de honra às verdades da matemática, que classifica como "regras interiores da verdade": ninguém diz que sete e três devem ser dez; simplesmente sabemos que *são* dez. (*DLA* 2. 12. 34).

De onde e como adquirimos nosso conhecimento da matemática e nosso conhecimento da verdadeira natureza das criaturas que nos cercam? Nas *Confissões* Agostinho frisa que o conhecimento das essências das coisas não pode provir dos sentidos.

> Meus olhos dizem "se são coloridos, contamos a vós sobre eles". Meus ouvidos dizem "se fizeram um ruído, o transmitimos". Meu nariz diz "se tinham um cheiro, passaram pelo meu caminho". Minha boca diz "se eles não têm

sabor, não me perguntem". O tato diz "se não é corpóreo, não tive contato com ele e assim nada tive a dizer". O mesmo vale para os números da aritmética: não possuem cor ou cheiro, não produzem som e não podem ser submetidos ao paladar ou ao tato. A linha do geômetra é inteiramente diferente de uma linha presente no projeto de um arquiteto, mesmo que seja traçada mais fina dos que os fios de uma teia de aranha. No entanto, tenho em minha mente ideias de números puros e de linhas geométricas. De onde vieram? (*Conf.* X. 11. 17-19)

Platão, em seu *Mênon*, procurara mostrar que nosso conhecimento de geometria deve datar de uma vida anterior à concepção: o que parece aprendizado da geometria é de fato o relembrar de nossas memórias sepultadas daquilo que sempre conhecemos. Quando muito jovem, Agostinho foi tentado por essa explicação (cf. *Ep.* 7. 1. 2), mas em seus escritos da maturidade modera-se ante a ideia de que a alma preexistiu à formação do corpo. Mesmo na hipótese de ter havido essa vida anterior, argumenta em *Da Trindade*, não explicaria o aprendizado da geometria, porque dificilmente podemos supor que todos nós fomos geômetras numa vida anterior.

Seria preferível acreditarmos que a natureza da mente intelectual foi de tal modo formada que por meio de um tipo singular de luz incorpórea vê as realidades inteligíveis às quais, na ordem natural, está subordinada — tal como o olho da carne vê as coisas que o circundam nesta luz corpórea. (*DT* 12. 15. 24)

O que Agostinho chama aqui de "realidades inteligíveis" chama em outra parte de "razões incorpóreas e eternas". São imutáveis e, portanto, superiores à mente humana; e, não obstante, estão de algum modo ligadas à mente, porque se assim não fosse ela não seria capaz de empregá-las como padrões para avaliação das coisas corpóreas (*DT* 12. 2. 2).

Empregamo-las dessa maneira quando, por exemplo, decidimos que uma particular roda de carroça não é um círculo perfeito, ou se aplicamos o teorema de Pitágoras ao medir um campo. Mas não são apenas padrões aritméticos e geométricos que aplicamos dessa maneira: há também cânones intelectuais de beleza. Agostinho lembrou de um particular arco esculpido que vira em Cartago. Sua avaliação de que isso era esteticamente agradável foi, ele nos diz, baseada numa forma de verdade eterna que percebeu através do olho da mente racional (*DT* 9.6. 11).

As "realidades inteligíveis" de Agostinho estão claramente muito próximas das Ideias de Platão. Ao rejeitar a explicação do *Mênon*, Agostinho diverge não a respeito da existência de padrões eternos, mas a respeito da natureza do acesso humano a eles. Acatando a orientação dos pensadores neoplatônicos como Plotino[1] localiza as Ideias na mente divina.

A cristianização de Platão realizada por Agostinho está maximamente explícita no tratado *De Ideis*, que é a quadragésima sexta questão em suas *Oitenta e três diferentes questões*. Ele apresenta três palavras latinas para Ideias: *"formae"*, *"species"* e *"rationes"*. A existência das Ideias é incogitável em qualquer lugar exceto na mente do criador. Se a criação foi uma obra da inteligência, foi necessariamente em harmonia com razões eternas. É porém blasfemo pensar que Deus, ao criar o mundo de acordo com as Ideias, considerou qualquer coisa fora de si mesmo. Consequentemente, as Ideias únicas, eternas, imutáveis têm sua existência na Mente única, eterna, imutável de Deus. "Ideias são formas arquetípicas, essências estáveis e imutáveis das coisas, não criadas mas eterna e imutavelmente existentes no intelecto divino" (83Q 46. 2).

Agostinho a respeito da iluminação divina

Os seres humanos adquirem suas próprias ideias não por reminiscência (como pensava Platão) nem por abstração (como pensava Aristóteles), mas por iluminação divina. "Iluminada por Deus com a luz inteligível, a alma vê, não por meio de olhos corpóreos, mas do intelecto que é sua suma excelência, as razões cuja visão constitui sua máxima bem-aventurança" (83Q 46, fim).

Muito foi escrito sobre a teoria da iluminação de Agostinho. É a iluminação necessária a todo conhecimento ou apenas ao conhecimento *a priori* da lógica e da matemática? Se Ideias são o conteúdo da mente divina, como pode uma mente finita entrar em contato com elas sem ver o próprio Deus? Como distinguir a visão de Deus que por conta disso é necessária para o entendimento básico da geometria da visão de Deus que é a prerrogativa final e exclusiva dos bem-aventurados no céu?

A meu ver, tais discussões não trazem uma recompensa. Agostinho não possui uma bem ponderada teoria da iluminação, tal como alguns de

---

1. Ver volume I, p. 358-359.

seus seguidores medievais posteriormente desenvolveram. Ele se limita a empregar uma metáfora, que mesmo como metáfora jamais é desenvolvida de uma maneira coerente e sistemática.

Representar a operação intelectual em termos de operações corpóreas constitui um aspecto natural e universal das línguas humanas. Em português falamos de *agarrar*, captar, compreender um conceito, ou de uma proposição como soando verdadeira ou cheirando a algo duvidoso; mas de todos os nossos sentidos corpóreos, é com a visão que a ação do intelecto é mais amiúde comparada. Quando damos nosso assentimento a uma proposição sem a ela sermos conduzidos pelo argumento ou pela persuasão, podemos dizer que simplesmente *vemos* que é verdadeira: usando a mesma metáfora, falamos de conhecimento *intuitivo*. Agostinho pode falar com absoluta naturalidade dessa maneira da visão intelectual ou do olho da razão.

O discurso da iluminação, contudo, agrega um traço extra a essa metáfora natural. Implica que quando compreendemos há algum veículo por intermédio do qual compreendemos, tal como a luz é o veículo de nossa visão quando vemos cores. Significa que há uma fonte da qual se origina esse veículo, da maneira que o sol e corpos luminosos menores são a fonte da luz pela qual vemos. E significa que há objetos da visão que podem ser ocultados pela escuridão bem como revelados pela luz.

É difícil dissecar a explicação agostiniana da iluminação de um modo que proporcione um conjunto coerente de correlativos aos itens envolvidos na metáfora. O elemento mais claro, evidentemente, é que Deus é a fonte da iluminação intelectual, tal como o sol é a fonte da luz visível. Supõe-se que essa iluminação divina explique como nós, seres humanos, possuímos ideias correspondentes aos arquétipos platônicos. As Ideias, entretanto, não são entidades sombrias que necessitam ser iluminadas: supõe-se que são as mais luminosas de todas as entidades que existem. Na hipótese de admitirmos que há tais coisas, ou seja, Ideias, por que a necessidade de qualquer veículo para ter acesso a elas? Por que não dizer — como Descartes viria a dizer mais tarde — que Deus simplesmente cria réplicas delas no interior de nossas mentes quando faz nossas mentes existirem?

Ao avaliar a explicação de Agostinho, esqueçamos o que sabemos, ou o que pensamos que sabemos, da física da luz; consideremos simplesmente os fatos banais da iluminação (literal), fatos que eram tão familiares a ele como são a nós. A luz nos ajuda a ver as coisas ao brilhar sobre o objeto a ser visto. A luz incidindo com seu brilho diretamente em nossos olhos — sobretudo a luz do sol — não auxilia, mas impede a visão. No entanto, a iluminação divina, como representada por Agostinho, não brilha sobre os objetos da visão intelectual, mas sobre os olhos de nossa razão. A investigação intelectual, tal como representada por essa metáfora, parece ser uma aventura tão inauspiciosa quanto dirigir um carro à noite com os faróis voltados para trás, para que iluminem através do para-brisa.

A linguagem da iluminação também leva à confusão a distinção, tão importante para filósofos cristãos posteriores, entre fé e razão. Tornou-se habitual distinguir o que podia ser conhecido acerca de Deus nesta vida pela razão natural não auxiliada do que só podia ser acreditado acerca dele em resposta à revelação e graça sobrenatural. Em Agostinho, por iluminação pretendeu-se claramente indicar algo distinto de criação, o que a leva a parecer mais propriamente sobrenatural do que natural. Por outro lado, a iluminação parece necessária para capacitar a mente a captar não só mistérios como a Trindade, como também as verdades mais básicas da experiência cotidiana.

Agostinho tem muito a dizer sobre fé (*fides*), mas ele não restringe a palavra ao seu uso posterior, ou seja, técnico, no qual significa crença numa proposição com base na palavra revelada de Deus. Num ponto, oferece uma definição de fé como "pensar com assentimento" (*DPS* 2. 5). Essa definição tornou-se clássica, mas parece inadequada em dois sentidos. Antes de tudo o mais, pensamos com assentimento toda vez que evocamos à mente uma crença em qualquer tópico, religioso ou não. Em segundo lugar, como o próprio Agostinho frequentemente salienta, a qualquer momento há muitas coisas em que acreditamos ainda que não estejamos, de modo algum, pensando nelas. Um pensamento, isto é, um pensar (*cogitatio*), é um evento datável em nossa vida mental; a crença (incluindo o tipo especial de crença que é a fé) é algo diferente, mais propriamente uma disposição do que um episódio.

Quando Agostinho fala de fé, está menos preocupado em expor o *status* epistêmico desta do que em enfatizar sua natureza como uma virtude gratuita, uma daquelas da tríade paulina fé, esperança e caridade, infundidas em nós por Deus. E quando ele se mostra o mais eloquente ao expor o papel dela sua linguagem recorre novamente à metáfora da luz, mas de uma maneira que atua contrariamente à sua explicação de nosso conhecimento das verdades eternas. Assim, lemos em *A Cidade de Deus*: "A mente humana, a sede natural da razão e do entendimento, é debilitada pelo efeito obscurecedor do vício inveterado. É demasiado fraca para suportar, e muito menos para acolher e fruir a luz imutável. Para ser capaz de tal ventura, necessita de medicação e renovação diárias. É necessário que se submeta à purificação pela fé" (*DCD* IX. 2).

Boaventura sobre a iluminação

A relação da fé com a razão ocupou um lugar de destaque na epistemologia dos sucessores de Agostinho na alta Idade Média. S. Boaventura, como Agostinho, preferia a filosofia de Platão à de Aristóteles, mas acreditava que mesmo os maiores sucessores de Platão, Cícero e Plotino, incorriam em erro crasso no que respeitava à verdadeira natureza da felicidade humana. Sem fé ninguém pode aprender o mistério da Trindade ou o destino sobrenatural que aguarda os seres humanos após a morte (I *Sent*. 3. 4). Para Boaventura, porém, o filósofo, a despeito de seus dotes, encontra-se numa posição pior do que a da mera ignorância: está positivamente errado sobre as coisas mais importantes que há para ser conhecidas. "O conhecimento filosófico é o caminho para outros conhecimentos; mas aquele que deseja aí se deter tomba nas trevas" (*De Donis*, 3.12).

Um filósofo cristão, iluminado pela graça da fé, está capacitado a fazer um bom uso dos argumentos dos filósofos a fim de ampliar seu entendimento quanto a preservar a verdade. Isso o faz o próprio Boaventura, oferecendo várias provas da existência de Deus: o ser falho envolve o ser perfeito, argumenta ele, o ser dependente envolve o ser independente, o ser móvel o ser imóvel, e assim por diante. Essas provas são interpretadas por ele à maneira platônica, como meros estímulos para trazer à plena conscientização um conhecimento da existência de Deus que está naturalmente implantado na mente humana (*Itin.*, c. 1). Oferece sua própria versão do argumento ontológico de Anselmo para mostrar que tudo que é necessário para produzir uma consciência explícita da existência de Deus é reflexão sobre o que já está em nossas mentes[2]. A reflexão sobre o desejo de felicidade, que todo ser humano possui, mostrará que se trata de um desejo que não pode ser satisfeito sem a posse do Bem supremo, que é Deus (*De Myst. Trin.* 1. 17, *conclusio*).

Para Boaventura, a noção inata de Deus constituía um caso especial. Não acreditava, no geral, que nossas ideias fossem inatas; concordava com

---

2. Ver o capítulo 9 na sequência.

Neste afresco de Fra Angélico na capela de São Nicolau,
no Vaticano, Boaventura — representado improvavelmente com
uma barba — ergue os olhos ao céu em busca de iluminação.

Aristóteles que a mente era inicialmente uma *tabula rasa*, e que até os princípios intelectuais mais gerais somente eram adquiridos depois da experiência sensorial (II *Sent.* 24. 1. 2. 4). Exclusivamente a noção de Deus era inata porque a própria mente era uma imagem de Deus, um espelho no qual os traços de Deus podiam ser imprecisamente vistos. (*De Myst. Trin.* 1. 1). Em algum lugar entre o conhecimento inato de Deus e o conhecimento adquirido dos princípios intelectuais situa-se nosso conhecimento da virtude: não uma ideia inata nem uma abstração dos sentidos, mas uma capacidade natural de distinguir o certo do errado (I *Sent.* 17. 1).

O conhecimento adquirido dos objetos mutáveis e perecíveis da percepção sensorial está ele próprio sujeito à dúvida e ao erro. Se estivermos interessados em adquirir certezas estáveis, precisaremos recorrer à assistência da verdade imutável que é Deus. As Ideias na mente de Deus, as "razões eternas", não são nesta vida visíveis a nós; todavia, exercem em nosso pensamento uma influência invisível, causal. Essa é a iluminação divina que nos capacita a apreender as essências estáveis que formam a base dos fenômenos fugazes do mundo (*Itin.* 2. 9).

Tomás de Aquino acerca da formação de conceitos

Assim, acompanhando uma longa linha de predecessores, Boaventura recorre ao sobrenatural para explicar como funciona a mente humana. Seu contemporâneo, Tomás de Aquino, rejeita essa abordagem. Ele realmente utiliza a metáfora da luz para explicar o funcionamento do intelecto: o intelecto agente fornece luz que transforma objetos individuais pensáveis *em potência* no mundo em objetos pensáveis *em ato* na mente. Mas Tomás de Aquino insiste que o intelecto agente é uma faculdade natural no ser humano individual, não — como na tradição de Avicena e Averróis — uma entidade sobrenatural operando sobre a mente a partir do exterior[3].

Na *Summa theologiae* 1a 79. 3-4, Aquino afirma muito enfaticamente que o intelecto agente é algo na alma humana. Decerto que há um intelecto superior ao intelecto humano, nomeadamente o intelecto divino; mas para o pensamento humano é necessário haver um poder humano procedente desse intelecto superior. Deus ilumina todo ser humano que

---

3. Ver capítulo 7 na sequência.

vem ao mundo, como diz S. João, mas somente como a causa universal que confere à alma humana seus poderes característicos (4 ad 1).

Tomás de Aquino exibe sua postura com relação a teorias tais como a de Boaventura na questão 84 da Primeira Parte, em que indaga se a alma intelectual conhece coisas materiais "em suas naturezas eternas" (*in rationibus aeternis*). No *Sed contra* somos informados:

> Agostinho diz: se nós dois vemos que o que dizes é verdadeiro, e nós dois vemos que o que digo é verdadeiro, então onde vemos isso? Não eu em ti, nem tu em mim, mas nós dois naquela verdade inalterável que está acima de nossas mentes (*Conf.* XIII. 25. 35). Mas a verdade inalterável está nas naturezas eternas. Portanto a alma intelectual conhece todas as coisas em suas naturezas eternas.

No seu costumeiro estilo afável, na sequência Tomás de Aquino rejeita a doutrina da iluminação divina, mas expressa sua rejeição de um modo que não o leva a criticar Sto. Agostinho mais do que o absolutamente necessário[4].

Não há dúvida de que Tomás de Aquino não é um empírico, isto é, ele nega que a experiência sensorial baste por si só para o pensamento intelectual (*ST* 1a 84. 6c). Além da experiência sensorial, há necessidade da ação do intelecto agente. Mas se Tomás de Aquino não é um empírico tampouco é um iluminista. O intelecto agente sozinho é insuficiente para a aquisição do conhecimento intelectual. "Além da luz intelectual dentro de nós, há uma necessidade da espécie pensável tomada das coisas externas, se pretendemos ter conhecimento de coisas materiais" (*ST* 1a 84. 6c). O intelecto humano, nesta vida, é uma faculdade para o entendimento de objetos materiais. Sem os sentidos nenhum objeto seria dado a nós; sem o intelecto agente nenhum objeto seria pensável. Pensamentos sem imagens mentais são vazios; imagens mentais sem espécie são trevas para a mente.

O intelecto agente não é, para Tomás de Aquino, algo sobrenatural: é parte da natureza humana. Quando trata da natureza do ensinamento (*ST* 1a 111. 1), diz: "Há em cada ser humano um princípio do conhecimento, a saber, a luz do intelecto agente, por meio da qual desde o início são conhecidos certos princípios universais de todas as ciências". Tomás de Aquino compara o papel do intelecto agente no ensinamento ao papel de nossa

---

4. Discordo aqui da explicação presente em R. PASNAU, *Thomas Aquinas on Human Nature*, Cambridge, Cambridge University Press, 2001, da qual muito aprendi.

natureza corpórea na medicina. A arte do médico imita a natureza, a qual cura um paciente por controle da temperatura, por digestão e pela expulsão de matéria nociva. Quando um aluno está aprendendo, o professor o está assistindo para que faça uso da luz natural de seu intelecto visando a avançar para novo conhecimento. A analogia é impressionante: a ação do intelecto agente não é mais sobrenatural do que a ação do sistema digestivo. Ambas são igualmente produtos do Deus criador; mas, se ser uma criatura de Deus torna algo sobrenatural, então o mundo inteiro é sobrenatural e a distinção entre natureza e sobrenatureza perde seu sentido.

Mas Deus, como criador do intelecto agente, não infunde uma introspecção especial de um modo que não faz na criação de outras coisas? Na *Summa contra gentiles* 3. 47, Tomás de Aquino distingue a semelhança de Deus que está presente em toda criatura da semelhança especial no intelecto devido à capacidade deste para o conhecimento da verdade. Há algumas verdades sobre as quais todos os seres humanos concordam, os primeiros princípios do raciocínio especulativo e prático. É a presença dessas verdades na mente que torna a mente uma imagem de Deus. Essas verdades não são inatas, e tampouco são adquiridas a partir da experiência ou indução. O que é inato é a faculdade para reconhecê-las quando a experiência nos oferece seus casos.

O intelecto agente é essencialmente uma capacidade formadora de conceitos que opera sobre imagens mentais. Transforma os dados pensáveis *em potência* da experiência sensorial na espécie pensável *em ato*. A formação de conceitos envolve a aplicação de princípios como o da não contradição: a posse do conceito de X envolve a habilidade de distinguir o que é X do que não é X. Nesse sentido, pode-se dizer que o intelecto agente está cônscio de tais princípios: mas é claro, por si só destituída de qualquer absorção sensorial, tal consciência em nada contribui para o conhecimento da essência de objetos materiais que constitui a tarefa própria do intelecto em nossa vida presente.

É o próprio intelecto agente que é a reflexão, o espelhamento da luz incriada do intelecto divino. Quando o intelecto agente emprega seus princípios na formação de conceitos a partir da experiência sensorial, prescinde de iluminação divina adicional, como enfatiza Tomás de Aquino.

Na consciência total da verdade, a mente humana necessita da operação divina. Entretanto, no caso de coisas conhecidas naturalmente, não necessita de nenhuma nova luz, mas somente do movimento e orientação divinos (*IBT* 1. 1c).

Sto. Tomás acreditava realmente, é claro, que havia uma iluminação divina adicional sobrenatural da mente humana: essa era a graça que produzia fé naqueles suficientemente venturosos para possuí-la. Ele, porém, distingue cuidadosamente isso da luz inata natural que é o intelecto agente. "Conhecemos e julgamos todas as coisas à luz da primeira verdade, na medida em que a própria luz de nosso intelecto, possuída por natureza ou por graça, nada mais é do que um reflexo da verdade primeira" (*ST* 1a 88. 3 ad 1).

Tomás de Aquino a respeito de fé, conhecimento e ciência

Uma nítida distinção entre verdades cognoscíveis pela luz natural e aquelas somente acessíveis pela luz sobrenatural da fé constitui, realmente, uma das principais contribuições de Sto. Tomás à epistemologia medieval. A razão natural, ele acreditava, era capaz de alcançar um número limitado de verdades acerca de Deus: que ele existia, era onisciente, onipotente, benevolente e assim por diante. Doutrinas como a Trindade e a Encarnação eram conhecidas somente por revelação e não passíveis de prova pela razão não auxiliada. A fé, no sentido teológico, é crença em algo na palavra de Deus. A fé difere do tipo de crença na existência de Deus que uma prova filosófica bem-sucedida produziria. O crente imbuído de fé acolhe a palavra de Deus para muitas coisas, mas não se pode acolher a palavra de Deus a favor de sua existência. A crença em Deus, nesse sentido, não constitui parte da fé, mas é pressuposta por ela. Tomás de Aquino a chama de um "preâmbulo" de fé.

Verdades acerca de Deus atingidas mediante a razão natural constituem o domínio da teologia natural; os mistérios da fé são o objeto da teologia revelada. Há contudo uma ambiguidade na expressão "razão não auxiliada". É possível que signifique que na argumentação para suas conclusões a teologia natural se apoie apenas em premissas oriundas da experiência ou da reflexão, e que não precise convocar em seu auxílio quaisquer premissas oriundas de textos sagrados ou da revelação especial. Num outro sentido, pode significar que o teólogo natural chega a suas conclusões sem o auxílio da graça divina. Quando falamos de "razão não auxiliada" no primeiro sentido, estamos falando das premissas a partir das quais a razão chega a sua conclusão, e estamos falando de relações lógicas. Por outro lado, quando contrastamos razão não auxiliada com o auxílio da graça, nos movemos da esfera das razões para o das causas: estamos falando dos antecedentes causais, e não lógicos, do processo de raciocínio.

Mesmo aquelas verdades que estão em princípio abertas à razão, tais como a existência de Deus e a imortalidade da alma, na prática, segundo Tomás de Aquino, têm que ser aceitas por muitas pessoas de autoridade. Estabelecê-las mediante argumento filosófico requer mais inteligência, ócio e energia do que aquilo que pode ser esperado da maioria dos seres humanos. Ao exibir a estrutura da teologia natural, Sto. Tomás faz uma distinção entre as crenças dos instruídos e as crenças das pessoas simples. O crente simples, sem instrução, não necessita ser capaz de acompanhar demonstrações como as Cinco Vias, que, no filósofo, produzem (em caso de êxito) conhecimento de que Deus existe. O crente simples apenas *crê* que há um Deus. Essa crença, pela razão dada, não é fé; é uma crença na autoridade humana, não divina. Mas é perfeitamente razoável, desde que argumentos a favor da existência de Deus estejam disponíveis para a comunidade de crentes, mesmo se inteligíveis somente aos seus membros instruídos (*ScG* 1. 3-6).

A distinção de Tomás de Aquino entre fé e razão e entre teologia natural e revelada marcou um ponto crítico na epistemologia medieval. Epistemologia é a disciplina filosófica que se ocupa do estudo do conhecimento e da crença: que tipos de coisas podemos conhecer e como podemos conhecê-las; em que tipos de coisas devemos crer e por que devemos nelas crer. A obra de Tomás de Aquino conferiu maior nitidez à distinção entre conhecimento e crença; mais que qualquer um de seus predecessores, ele enfatizou que a apreensão de um cristão do mistério da Trindade não era uma questão de conhecimento ou entendimento, mas de fé. Na esfera da crença fez uma distinção entre fé e opinião com base em graus de certeza: fé, mas não opinião, envolve um compromisso com a verdade da proposição que se acredita paralelo àquele do conhecimento. Em correspondência a essa diferença de certeza, há uma diferença no tipo de justificação: a fé depende do testemunho sobrenatural, enquanto a opinião se apoia na evidência cotidiana.

Tendo-o distinguido da fé, Tomás de Aquino fornece uma explicação do conhecimento (*scientia*) que é densamente influenciada pelo ideal de uma ciência dedutiva, o qual Aristóteles expôs em seus *Primeiros analíticos*. Toda verdade capaz de ser rigorosamente conhecida, sustentou, é uma conclusão que pode ser alcançada por raciocínio silogístico a partir de premissas autoevidentes. Há algumas proposições que basta serem compreendidas para impor o assentimento: são tais o princípio de não contradição e outros princípios primários similares. A capacidade de apreender e exercitar esses princípios é o dom fundamental do intelecto: é chamado *intellectus* no mais estrito sentido. O intelecto humano possui também o poder de deduzir conclusões a partir desses princípios autoevidentes mediante processos silogísticos: isso é chamado de *ratio*, ou faculdade do raciocínio. Primeiros princípios estão relacionados às conclusões da razão como axiomas a teoremas. A apreensão de primeiros princípios é chamada de *habitus principiorum*; o conhecimento de teoremas deduzidos deles é o *habitus scientiae* (ST 1a 2ae. 57. 2).

Em lugar algum Sto. Tomás fornece uma lista dos princípios autoevidentes que constituem as premissas de todo o conhecimento científico, e tampouco realmente tenta, como Spinoza, exibir suas próprias teses filosóficas como conclusões a partir de axiomas autoevidentes. Entretanto, revela-nos que as descobertas de qualquer disciplina científica constituem um conjunto ordenado de teoremas num sistema dedutivo cujos axiomas são ou teoremas de uma ciência superior ou os próprios princípios autoevidentes. Um teorema pode ser demonstrável em mais de um sistema: que a Terra é redonda, por exemplo, pode ser demonstrado tanto pelo astrônomo quanto pelo físico. Ciências diferem entre si se possuem objetos formais diferentes: o astrônomo e o geômetra, poderíamos dizer, têm conhecimento de um único objeto material, o sol, sob duas descrições formais diferentes: *como* corpo celeste ou *como* sólido esférico. Conclusões originárias de diferentes ciências serão deduzidas a partir de silogismos com diferentes termos médios. Mais de um encadeamento de raciocínios pode conduzir a partir dos primeiros princípios a um teorema particular; mas a partir de qualquer teorema ao menos um encadeamento tem que conduzir de volta aos axiomas. O ideal de ciência assim exibido pareceu o mais obviamente realizado pela formalização euclidiana da geometria.

Tal teoria da *scientia* é claramente inadequada como uma epistemologia geral. Em primeiro lugar, muitas das coisas que se diz comumente, e acertadamente, que conhecemos não são proposições de qualquer sistema dedutivo. Poder-se-ia afirmar que esse ponto não passa de uma questão de tradução: o verbo latino *"scire"* e o substantivo *"scientia"* dizem respeito não ao conhecimento, mas à ciência. Na realidade, Tomás de Aquino utiliza amiúde o verbo como simples equivalente de "conhecer"; é verdade, porém, que dispõe de um par de termos, o verbo *"cognoscere"* e o substantivo *"cognitio"*, que possuem um alcance muito mais lato e menos técnico. Essas palavras são utilizadas em vários contextos referindo-se a coisas muito diferentes: percepção sensorial bem como entendimento intelectual; conhecimento por descrição bem como conhecimento por familiarização; adquirir conceitos bem como fazer uso deles. Uma cuidadosa atenção ao contexto é necessária a fim de descobrir a tradução apropriada em diferentes contextos. Lamentavelmente, alguns medievalistas nos últimos anos abriram mão da tradução a favor da transliteração, o que não só produz um inglês disforme, como também leva à confusão intelectual. O pseudoverbo *"cognize"* (conhecer) tem a aparência de um verbo episódico; consequentemente, todos os tipos de estados, atividades e atos cognitivos diferentes são produzidos para parecer como se aludissem a um evento momentâneo do qual pudesse haver um instantâneo mental. Permanece porém verdadeiro que, se pretendemos buscar uma epistemologia recompensadora em Tomás de Aquino, devemos examinar sua prática com *"cognitio"* de preferência a sua teoria da *scientia*.

Todavia, consideremos por um momento a teoria de Tomás de Aquino mais propriamente como uma explicação da ciência do que como uma epistemologia geral. É importante compreender que sua finalidade não é uma explicação do método científico: não é para entendermos que o cientista inicia com princípios autoevidentes e passa a conclusões acerca do mundo desdobrando deduções *a priori*. O procedimento ocorre na direção oposta: o cientista começa com um fenômeno — digamos um eclipse da lua — e procura sua causa. Descobrir a causa é o mesmo que descobrir o termo médio num silogismo que terá como sua conclusão a ocorrência do eclipse. A tarefa da ciência somente é completada quando esse silogismo, por sua vez, é encaminhado de volta, mediante outros silogismos, para chegar a primeiros princípios. Mas o primeiro princípio a que se chega assim forma a conclusão, não o ponto de partida, da investigação científica[5]. O encadeamento da dedução não é o veículo, mas o efeito da aventura.

O problema sério com a teoria de Tomás de Aquino é deixar completamente obscuro qual é o papel da experiência e do experimento na ciência. É verdade que *"scientia"* é suficientemente lato para incluir a matemática e a metafísica, mas fica claro com base nos exemplos de Tomás de Aquino que sua explicação pretende cobrir disciplinas como a astronomia e a medicina. *Scientia*, ele nos diz, concerne a verdades universais e necessárias: mas como pode o mundo instável que encontramos na experiência sensorial fornecer tais verdades? Como é possível que — como diz o próprio Tomás de Aquino (*ST* 1a 101. 1) — seres humanos dependam dos sentidos para a aquisição da *scientia*?

---

5. Aquino distingue claramente os dois procedimentos em *ST* 1a 79. 8, porém um tanto confusamente chama o processo dedutivo de "investigação" e o processo de investigação de "juízo". Mas no seu comentário dos *Primeiros analíticos* deixa claro que essa obra diz respeito ao "juízo". Ver Eleonore STUMP, *Aquinas*, London, Routledge, 2003, 525, obra à qual muito devo.

O papel que Tomás de Aquino destina aos sentidos no empreendimento científico diz respeito antes à aquisição de conceitos e ao entendimento dos princípios do que ao estabelecimento de quaisquer leis contingentes da natureza. Ele descreve como os pareceres proferidos pelos sentidos são necessários à abstração de conceitos universais, e mostra como captamos princípios universais pela reflexão sobre exemplos particulares deles. Em cada caso ele usava a palavra *"inductio"* para descrever esse processo (*CPA* 1. 30, 2. 30). Mas essa palavra, como tantos dos termos técnicos latinos de Tomás de Aquino, é um falso amigo. Na *inductio* exemplos individuais oferecem uma ilustração *de*, não um argumento *para*, uma proposição que, uma vez claramente compreendida, apresenta verdade autoevidente. Isso é algo inteiramente diferente de indução tal como entendida desde o tempo de Bacon, na qual exemplos oferecem apoio estatístico para uma generalização científica.

Desde o início dos tempos modernos, a epistemologia assumiu com frequência a forma de uma resposta ao ceticismo: de que razões dispomos para confiar na evidência de nossos sentidos, para aceitar a existência de um mundo externo, para crer na existência de outras mentes? Tomás de Aquino mostra pouquíssimo interesse na epistemologia assim entendida. Ele aceita a confiabilidade geral de nossos sentidos, considera a natureza dos objetos materiais como o objeto próprio do intelecto humano como o conhecemos, e discorre mais propriamente sobre a natureza e o número das mentes humanas e sobre-humanas do que sobre sua existência. No clima intelectual de seu tempo não havia uma clara distinção a ser traçada entre psicologia e epistemologia, isto é, entre a descrição e a justificação das atividades de nossas faculdades mentais. O próprio Tomás de Aquino não buscou desenvolver essa distinção de uma maneira paralela ao modo em que tornou mais nítida a dicotomia entre fé e razão. O leitor, portanto, que desejar seguir mais de perto sua discussão sobre a operação dos sentidos e do intelecto deverá consultar o capítulo deste livro a respeito da filosofia da mente (capítulo 7).

A epistemologia de Duns Scotus

É discutível que a epistemologia, como entendida nos tempos modernos, tenha surgido primeiramente nos escritos de Duns Scotus. Isso pode parecer uma afirmação surpreendente. À primeira vista, Scotus está muito mais afastado do que Tomás de Aquino de qualquer preocupação com o

Conhecimento

Duns Scotus tal como imaginado
por um iluminador do século XV.

ceticismo. Enquanto Tomás de Aquino pensava que o objeto próprio do intelecto, nesta vida, era a natureza dos objetos materiais, Scotus acreditava que o intelecto era suficientemente poderoso para incluir todas as coisas no céu e na Terra, percorrendo a escala plena do ser, o infinito bem como o finito. Ademais, enquanto Tomás de Aquino acreditava que os indivíduos materiais eram mais propriamente o objeto do conhecimento sensorial do que do intelectual, Scotus estava predisposto a atribuir ao intelecto um conhecimento direto dos indivíduos em si mesmos (*Quodl.* 13 p. 32). Mas, embora assim Scotus ampliasse o alcance do intelecto, diminuía o grau de certeza que podia alcançar.

Um indivíduo particular, Scotus argumenta em seu comentário ao *De anima* (22. 3), é algo capaz de ser apreendido pelo intelecto humano, mesmo na vida presente, em que suas faculdades estão turvadas pelo pecado. Se não fosse, jamais seríamos capazes de obter o conhecimento dos universais por indução, e não seríamos capazes de nutrir um amor racional por um indivíduo humano. Mas nosso conhecimento dos indivíduos é obscuro e incompleto. Se dois indivíduos não diferissem, em absoluto, em suas propriedades sensoriais, o intelecto não seria capaz de distinguir um do outro, ainda que possuíssem duas diferentes *heceidades*, sendo assim dois diferentes indivíduos. Essa obscuridade em nosso conhecimento dos indivíduos acarreta necessariamente consigo também um turvamento de nosso conhecimento dos universais, pois "é impossível abstrair universais do singular sem prévio conhecimento do singular; com efeito, nesse caso o intelecto abstrairia sem conhecer do que estava abstraindo" (ibid.).

Para Scotus, o conhecimento envolve a presença na mente de uma representação de seu objeto. Como Tomás de Aquino, ele descreve o conhecimento em termos da presença de uma espécie ou ideia no sujeito cognoscente. Mas enquanto para Tomás de Aquino a espécie era um conceito, quer dizer, uma capacidade do intelecto em questão, para Scotus é o objeto imediato do conhecimento. Para o conhecimento, ele diz, "a real presença do objeto em si mesmo não é exigida, mas algo é exigido no qual o objeto é representado. A espécie é de tal natureza que o objeto a ser conhecido está nela presente não efetiva ou realmente, mas pelo modo de ser exibido" (*Ord.* 3. 366).

Para Tomás de Aquino o objeto do intelecto estava ele mesmo realmente presente, porque era um universal cuja única existência era exatamente tal presença na mente. Scotus, porém, porque crê no conhecimento individual do indivíduo, concebe o conhecimento intelectual segundo o modelo da consciência sensorial. Quando vejo uma parede branca, a brancura da parede exerce um efeito sobre minha visão e minha mente, mas ela mesma não pode estar presente em meu olho ou na minha mente, somente alguma representação dela.

Scotus fez uma distinção entre cognição intuitiva e abstrativa. "Deveríamos saber que pode haver dois tipos de consciência e intelecção no intelecto: uma intelecção pode estar no intelecto porquanto ele abstrai de toda a existência; a outra intelecção pode ser de uma coisa na medida em que está presente em sua existência" (*Lect.* 2. 285). A distinção entre cognição intuitiva e abstrativa não é a mesma entre sentido e intelecto — a palavra "abstrativa" não deve nos enganar, ainda que Scotus realmente acreditasse que o conhecimento intelectual, na vida presente, depende da abstração. Pode haver tanto conhecimento intelectual quanto intuitivo sensorial; e a imaginação, que é uma faculdade sensorial, pode ter conhecimento abstrativo (*Quodl.* 13, p. 27). Scotus faz uma distinção adicional entre conhecimento intuitivo perfeito e imperfeito: o conhecimento intuitivo perfeito é de um objeto existente como presente, enquanto o conhecimento intuitivo imperfeito é de um objeto existente como futuro ou passado.

Conhecimento abstrativo é conhecimento da essência de um objeto que deixa em suspenso a questão de se o objeto existe ou não (*Quodl.* 7, p. 8). Convém lembrar que para Scotus essências incluem essências individuais, de modo que o conhecimento abstrativo não é meramente conhecimento de verdades abstratas. Trata-se de uma noção difícil: não pode certamente haver conhecimento de que p se p não for o caso. Talvez possamos contornar isso insistindo que "conhecimento" não constitui a correta tradução de *"cognitio"*. Somos, contudo, deixados com um estado de espírito, a *cognitio* de que *p*, o qual (*a*) partilha o *status* psicológico do conhecimento de que *p* e (*b*) é compatível com *pês* não sendo o caso. Ademais, surge a questão de como podermos distinguir se, em qualquer caso particular, nosso estado de espírito é de cognição intuitiva ou abstrativa. São as duas distinguíveis por alguma marca interna infalível? Se assim for, qual é ela? Se não for, como poderemos, afinal, estar certos de que efetivamente conhecemos alguma coisa?

Conhecimento intuitivo e abstrativo em Ockham

Esses problemas com a noção de conhecimento abstrativo abrem um caminho para o ceticismo, o que incomodou o próprio Scotus (*Lect.* 2. 285). Pelo fato de a distinção entre dois tipos de conhecimento ter se revelado extremamente influente nos anos que se sucederam à morte de Scotus, o caminho por ela franqueado foi percorrido, por extensões sempre maiores, por seus sucessores. Podemos começar com Guilherme de Ockham.

Ao introduzir as noções de conhecimento intuitivo e abstrativo, Ockham faz uma distinção entre apreensão e juízo. Apreendemos termos e proposições simples de todos os tipos; mas assentimos apenas a pensamentos complexos. Podemos pensar um pensamento complexo sem assentir a ele, quer dizer, sem julgar que é verdadeiro. Por outro lado, não podemos efetuar um juízo sem apreender o conteúdo do juízo. O conhecimento envolve tanto apreensão quanto juízo; e tanto a apreensão quanto o juízo envolvem conhecimento dos termos simples que entram no pensamento complexo em questão (*OTh.* 1. 16-21).

O conhecimento de um não complexo pode ser abstrativo ou intuitivo. Se for abstrativo, abstrai de se a coisa existe ou não e de quais sejam as propriedades contingentes que possa possuir. O conhecimento intuitivo é definido da seguinte maneira por Ockham: "Conhecimento intuitivo é conhecimento do tipo que capacita a conhecer se uma coisa existe ou não, de modo que se a coisa realmente existe o intelecto imediatamente julga que ela existe, e tem evidente consciência de sua existência, a menos que porventura seja barrado devido a alguma imperfeição nesse conhecimento" (*OTh.* 1. 31). A existência intuitiva pode dizer respeito não só à existência, como também às propriedades das coisas. Se Sócrates é branco, meu conhecimento intuitivo de Sócrates e da brancura é capaz de conceder-me evidente consciência de que Sócrates é branco. Conhecimento intuitivo é fundamental para qualquer conhecimento de verdades contingentes; nenhuma verdade contingente pode ser conhecida por conhecimento abstrativo (*OTh*. 1. 32).

Numa primeira leitura, nossa tendência é pensar que por "conhecimento intuitivo" Ockham quer dizer consciência sensorial. Seria, então, natural considerar sua tese de que verdades contingentes só podem ser conhecidas por conhecimento intuitivo uma franca declaração de empirismo, a doutrina segundo a qual todo o conhecimento dos fatos provém dos sentidos. Ockham, porém, insiste que há uma forma puramente intelectual de conhecimento intuitivo. A mera sensação, ele afirma, é incapaz de produzir um juízo no intelecto (*OTh*. 1. 22). Além disso, há muitas verdades contingentes em torno de nossas próprias mentes — nossos pensamentos, emoções, prazeres e dores — que não são perceptíveis pelos sentidos, e não obstante conhecemos essas verdades: tem que ser por um conhecimento intuitivo intelectual (*OTh*. 1. 28).

Na ordem natural das coisas, o conhecimento intuitivo dos objetos é produzido pelos próprios objetos. Quando olho para o céu e vejo as estrelas, estas produzem em mim tanto uma consciência sensorial quanto uma consciência intelectual de sua existência. Mas uma estrela e minha consciência dela são duas coisas diferentes, e Deus poderia destruir uma delas sem destruir a outra. Tudo aquilo que Deus faz através de causas secundárias ele pode fazer diretamente mediante seu próprio poder. Assim, a consciência normalmente produzida pelas estrelas poderia ser produzida por ele na ausência das estrelas.

Entretanto, Ockham diz, tal conhecimento não seria conhecimento *evidente*. "Deus não pode produzir em nós conhecimento de um tal tipo que fizesse parecer evidentemente a nós que uma coisa está presente quando de fato está ausente, uma vez que isso implica uma contradição. O conhecimento evidente significa que as matérias são na realidade como indicadas pela proposição à qual é dado assentimento" (*OTh*. 9. 499). Enquanto para a maioria dos autores somente o que é verdadeiro pode ser conhecido, para Ockham, segundo parece, pode-se conhecer verdadeira ou falsamente; mas apenas o que é verdadeiro pode ser conhecido *evidentemente*. Se Deus me faz julgar que alguma coisa está presente quando está ausente, Ockham diz, então meu conhecimento não é intuitivo, mas abstrativo. Mas isso parece significar que não posso sequer distinguir (na falta de uma revelação divina) quais fragmentos de meu conhecimento são intuitivos e quais são abstrativos[6].

Se o conhecimento intuitivo é nosso único caminho para a verdade empírica e o conhecimento intuitivo é compatível com a falsidade, como podemos, afinal, estar certos das verdades empíricas? Decerto meu engano sobre a existência da estrela só poderia ocorrer mediante um milagre; e Ockham acrescenta que Deus poderia operar um milagre complementar, suspendendo o vínculo normal entre conhecimento intuitivo e assentimento, de modo que eu poderia abster-me do falso juízo de que há uma estrela à vista (*OTh*. 9. 499). Mas isso parece representar pouco conforto para a revelação de que jamais disponho de qualquer maneira de distinguir se um fragmento de conhecimento intuitivo é evidente ou não, ou sequer se um fragmento de conhecimento é intuitivo ou abstrativo.

Cabe observar que a posição de Ockham é completamente diferente daquela de alguns empíricos posteriores, que procuraram preservar o vínculo entre conhecimento e verdade declarando que o objeto imediato da consciência intuitiva não é qualquer objeto externo, mas algo privado, tal como um dado dos sentidos. Ockham diz explicitamente que, se a visão sensorial de uma cor fosse preservada por Deus na ausência da cor, o objeto imediato tanto da visão sensorial quanto da intelectual seria a própria cor, ainda que fosse não existente (*OTh*. 1. 39).

---

6. A relação em Ockham entre conhecimento intuitivo, assentimento e verdade é um assunto em torno do qual há correntemente muita controvérsia. Para duas opiniões contrastantes, ver Eleonore STUMP, The Mechanisms of Cognition, e E. KARGER, Ockham's Misunderstood Theory of Intuitive and Abstractive Cognition, em *CCO*.

5

Física

Agostinho sobre o tempo

No livro XI das *Confissões* há uma célebre investigação sobre a natureza do tempo. Aquilo sobre o que paira a discussão é a pergunta de um contestador: o que estava fazendo Deus antes do princípio do mundo? Agostinho brinca, mas rejeita a resposta "Preparando o inferno para pessoas que examinam com demasiada curiosidade assuntos profundos" (*Conf.* XI. 12. 14). A dificuldade é séria: se primeiro Deus era ocioso e em seguida criativo, isso envolve por certo uma mudança no imutável? A resposta elaborada por Agostinho é que antes do céu e da Terra serem criados não havia o tempo, e sem tempo não pode haver nenhuma mudança. É loucura dizer que eras inumeráveis transcorreram antes de Deus ter criado qualquer coisa, porque Deus é o criador das eras, de sorte que não havia eras antes da criação. "Tu produziste o próprio tempo, de modo que nenhum tempo poderia transcorrer antes de teres produzido o tempo. Mas, se antes do céu e da Terra não havia a coisa tempo, por que as pessoas indagam o que estavas fazendo então? Quando não havia tempo, não havia 'então'" (*Conf.* XI. 13. 15). Igualmente não podemos perguntar por que o mundo não foi criado mais cedo porque antes do mundo não havia mais cedo. É enganoso inclusive dizer de Deus que ele existia num tempo anterior à criação do mundo, pois não há sucessão em Deus. Nele o hoje não substitui o ontem, nem cede ao amanhã; há somente um único presente eterno.

Ao tratar o tempo como uma criatura, pode parecer que Agostinho estivesse tratando o tempo como uma entidade sólida comparável aos itens que compõem o Universo. Mas à medida que seu argumento se desenvolve depreende-se que ele considera o tempo fundamentalmente irreal. "O que *é* tempo?", ele pergunta. "Se ninguém me pergunta, eu sei; se desejo explicar a um investigador, não sei." O tempo é composto de passado, presente e futuro. O passado, porém, não é mais, e o futuro ainda não chegou. Consequentemente, o único tempo real é o presente: mas um presente que nada é senão presente não é tempo, mas eternidade (*Conf.* XI. 14.17).

Falamos de tempos longos e curtos: há dez dias é pouco tempo atrás, e cem anos é muito tempo à frente. Mas nem o passado nem o futuro existem e assim como podem ser longos ou curtos? Como podemos medir o tempo? Suponha-se que dizemos de um período passado que foi um longo período: queremos dizer que foi longo quando era passado ou longo quando era presente? Apenas este último faz sentido, mas como pode qualquer coisa ser longa no presente considerando-se que o presente é instantâneo? Cem anos são um longo tempo: mas como podem cem anos ser presente? Durante qualquer ano do século, alguns anos estarão no passado e alguns no futuro. Talvez estejamos no último ano do século: mas mesmo esse ano não é presente, visto que alguns de seus meses são passados e alguns futuros. O mesmo argumento é aplicável a dias e horas: uma hora ela própria é composta de momentos fugazes. A única coisa que pode realmente ser chamada de "presente" é um átomo indivisível de tempo fugindo instantaneamente do futuro para o passado. Mas algo que não é divisível em passado e futuro não tem duração (*Conf.* XI. 15. 20).

Nenhuma coleção de instantes pode somar a mais de um instante. Os estágios de qualquer período de tempo nunca coexistem; como podem então ser somados para formar um todo? Qualquer medição que façamos tem que ser feita no presente: mas como é possível medir o que já se passou ou o que não aconteceu ainda?

A solução de Agostinho para as dificuldades por ele levantadas é declarar que o tempo está realmente só na mente. Sua passada meninice existe agora em sua memória. O nascer do sol de amanhã existe agora em sua previsão. O passado não é, mas o contemplamos no presente quando está, no momento, na memória. O futuro não é; tudo que há é nossa presente previsão. Em lugar de dizer que há três tempos, passado, presente e futuro, deveríamos dizer que há um presente de coisas passadas (que é memória), um presente de coisas presentes (que é visão) e um presente de coisas futuras (que é antecipação). Uma extensão de tempo não é realmente uma extensão de tempo, mas uma extensão de memória, ou uma extensão de antecipação. Consciência presente é o que meço quando meço períodos de tempo (*Conf.* XI. 27. 36).

Essa não é certamente uma resposta satisfatória aos paradoxos construídos tão eloquentemente por Agostinho. Considere-se minha presente memória de um acontecimento da infância. Meu lembrar ocupa só um instante? Nesse caso, não dura nenhum tempo e não pode ser medido. Leva tempo? Nesse caso, algum dele tem que ser passado e algum, futuro — e num caso ou outro, portanto, incomensurável. Se colocarmos de lado esses pontos, ainda poderemos indagar como uma memória presente pode ser utilizada para medir um acontecimento passado. Decerto podemos ter uma breve lembrança de um acontecimento longo e tedioso do passado e, por outro lado, na memória demorarmos longamente em relação a algum evento passado momentâneo, porém traumático.

O próprio texto de Agostinho revela que não estava satisfeito com sua solução. Nossas memórias e antecipações são sinais de eventos passados e futuros; mas, diz ele, aquilo que lembramos e antecipamos é algo diferente desses sinais e não é presente (*Conf.* XI. 23. 24). A maneira de lidar com seus paradoxos não é propor uma teoria subjetiva do tempo, mas de preferência desatar os nós que constituíram sua malha. Nosso conceito de tempo se serve de duas diferentes séries temporais: uma que é construída mediante os conceitos de anterior e posterior, e uma outra que é construída por meio dos conceitos de passado e futuro. Os paradoxos de Agostinho surgem do entrelaçamento de fios provenientes dos dois sistemas, e somente podem ser dissolvidos desatando-se os fios. Filósofos levaram muitos séculos para realizar isso, e alguns realmente acreditam que a tarefa não foi ainda satisfatoriamente completada[1].

O interesse de Agostinho pelo tempo foi direcionado por sua preocupação em elucidar a doutrina cristã da criação. "Algumas pessoas", escreveu, "concordam que o mundo é criado por Deus, mas recusam-se a admitir que o mundo principiou no tempo, conferindo-lhe um começo somente no sentido de que está sendo perpetuamente criado" (*DCD* IX. 4). Ele nutre alguma simpatia por essas pessoas: elas desejam evitar atribuir a Deus

---

1. Ver A. N. PRIOR, Changes in events and changes in things, em ID., *Papers on Time and Tense*, Oxford, Oxford University Press, 1968.

qualquer súbita ação impetuosa, e é certamente concebível que faltasse a alguma coisa um começo e, não obstante, fosse causalmente dependente. Ele as cita como dizendo "Se um pé houvesse sido fincado desde toda a eternidade no pó, a pegada estaria sempre sob ele; mas ninguém duvidaria que foi a pegada que foi produzida pelo pé, embora não tenha havido nenhuma prioridade temporal de um sobre o outro" (*DCD* X. 31).

Aqueles que dizem que o mundo sempre existiu estão *quase* certos, na opinião de Agostinho. Se tudo que querem dizer é que não havia nenhum tempo quando não havia nenhum mundo criado estão corretos, visto que tempo e criação principiaram juntos. É tão incorreto pensar que havia tempo antes do começo do mundo como é pensar que há espaço além de onde o mundo termina. Assim, não podemos dizer que Deus produziu o mundo depois de terem transcorrido tantas e tantas eras. Isso não significa que não podemos fixar uma data para a criação, mas temos que fazê-lo contando para trás a partir do presente e não, impossivelmente, contando para frente a partir do primeiro momento da eternidade. As Escrituras nos informam, de fato, que o mundo foi criado há menos de seis mil anos (*DCD* IX. 4. 12. 11).

Filopono, crítico de Aristóteles

Havia uma famosa série de argumentos oriundos de Aristóteles a favor de que o Universo não pode ter tido um princípio. Agostinho estava ciente de alguns desses argumentos e tenta contrapô-los, mas um ataque definitivo ao raciocínio de Aristóteles foi primeiramente executado por João Filopono.

A obra de Filopono, *Contra Aristóteles, sobre a eternidade do mundo* sobrevive apenas sob forma de citações respigadas dos comentários de seu adversário Simplício. Entretanto, os fragmentos são suficientemente substanciais para possibilitar a reconstrução fidedigna de sua argumentação[2]. A primeira parte da obra é um ataque à teoria da quintessência de Aristóteles, a saber, a crença de que além dos quatro elementos — terra, ar, fogo e água, com seus movimentos naturais ascendentes e descendentes — há um quinto elemento, o éter, cujo movimento natural é circular. As regiões ce-

---

2. A reconstrução foi realizada por Christian WILDBERG, que traduziu o texto reconstruído como *Philoponus: Against Aristotle on the Eternity of the World*, London, Duckworth, 1987.

leste e sublunar do Universo, ele argumenta, são essencialmente da mesma natureza, compostas dos mesmos elementos (livros 1-3).

Aristóteles argumentara que os céus têm que ser eternos porque todas as coisas que vêm a ser o fazem a partir de um contrário, e a quintessência não possui contrário porque não há contrário de um movimento circular (*De Caelo* 1. 3. 270^a 12-22). Filopono salientou que a complexidade dos movimentos planetários não poderia ser explicada simplesmente recorrendo-se a uma tendência da substância celeste de fazer uma trajetória circular. Mais importante do que isso, ele negou que tudo vem a ser a partir de um contrário. A criação está trazendo alguma coisa ao ser a partir do nada; mas isso não significa que o não-ser é o material do qual criaturas são construídas, como a madeira é o material do qual navios são construídos. Simplesmente significa que não há nenhuma coisa da qual é criado. A eternidade do mundo, diz Filopono, é incoerente não só com a doutrina cristã da criação, como também com a própria opinião de Aristóteles de que nada poderia transcorrer por mais do que um número finito de períodos temporais. Se o mundo não tivesse começo, então seria necessário que houvesse durado por um número infinito de anos, e pior ainda, por 365 vezes um número infinito de dias (livro 5, fragm. 132).

Em seu comentário à *Física* de Aristóteles (641. 13ss.), Filopono atacou a dinâmica do movimento natural e violento. Aristóteles encontrou uma dificuldade para explicar o movimento dos projéteis. Se arremesso uma pedra, o que a faz mover-se para cima e para frente quando deixa minha mão? Seu movimento natural é para baixo e minha mão não está mais em contato com ela para transmitir seu movimento violento para cima. A resposta de Aristóteles foi que a pedra foi impulsionada, em qualquer ponto particular, pelo ar imediatamente atrás dela; uma resposta que Filopono justificadamente ridicularizou. A resposta de Filopono foi que o movimento contínuo foi devido a uma força presente no próprio projétil — uma força cinética imaterial nele impressa pelo arremessador, à qual físicos posteriores conferiram o termo técnico "ímpeto". A teoria do ímpeto permaneceu exercendo influência até que Galileu e Newton propuseram o princípio surpreendente de que *nenhuma* causa motriz, externa ou interna, era necessária para explicar o movimento contínuo de um corpo em movimento.

Filopono aplicou sua teoria do ímpeto a todo o cosmos. Os corpos celestes, por exemplo, percorrem suas órbitas não porque possuem almas, mas porque Deus lhes conferiu o ímpeto apropriado quando os criou. Embora a noção de ímpeto haja se tornado obsoleta devido à descoberta da inércia, ela mesma constituiu um grande aprimoramento em relação à sua predecessora aristotélica. Capacitou Filopono a prescindir da bizarra mistura de física e psicologia na astronomia de Aristóteles.

Filosofia natural no século XIII

Entretanto, a filosofia natural de Aristóteles manteve sua influência por séculos vindouros. Tanto na filosofia islâmica como na latina, o estudo da natureza foi realizado dentro da estrutura dos comentários às obras de Aristóteles, especialmente a *Física*. Indivíduos como Robert Grosseteste e Alberto Magno ampliaram a ciência aristotélica mediante estudos minuciosos de tópicos científicos particulares; mas a estrutura conceitual geral permaneceu aristotélica até o século XIV. Podemos ilustrar isso considerando os conceitos de movimento, tempo e causação.

Aristóteles definira o movimento como "o ato do que é em potência na medida em que é em potência"[3]. Comentadores árabes lutaram para relacionar essa definição ao sistema das categorias. Avicena colocou o movimento na categoria da *passio* (paixão): todas as mudanças na natureza eram devidas à ação das inteligências celestes, que, por assim dizer, agitavam as formas ao redor no caldo do mundo natural. Averróis enfatizou a variedade de tipos de mudança cobertos pelo termo "movimento" de Aristóteles: havia o movimento local, que era mudança de lugar, o aumento, que era mudança de tamanho, e mudanças qualitativas de muitos tipos. Qualquer caso de movimento pertencia à mesma categoria de seu término: locomoção, quantidade ou qualidade. Tão longe de ser o resultado passivo da operação das inteligências celestes, qualquer mudança num corpo natural, animado ou inanimado, era a ação de um agente interno (um *motor conjunctus*).

Com respaldo em textos aristotélicos, Alberto Magno procurou combinar as duas explicações islâmicas: um movimento era simultaneamente uma ação de um agente e uma *passio* (paixão) de um receptor: quando um jardineiro revolve o solo, o revolver do solo é a um só e mesmo tempo uma ação do jardineiro e um acontecimento que ocorre ao solo. Ele concordou com Averróis que o movimento era um termo analógico que transitava através de diversas categorias; pensava porém que Averróis não compreendera plenamente a distinção que Aristóteles fizera entre atos perfeitos e

---

3. Ver volume I, p. 221-222.

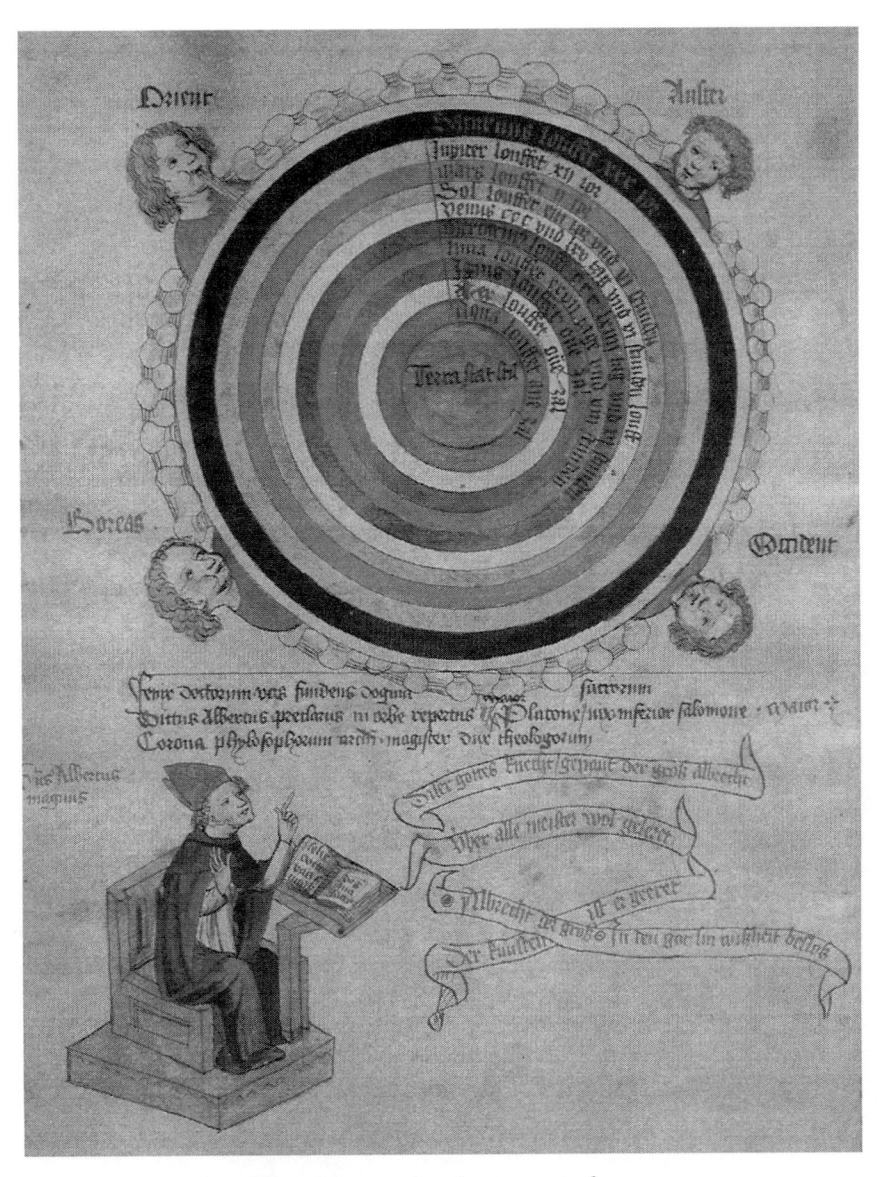

Alberto Magno ensinando astronomia, de um
manuscrito da biblioteca da Universidade de Salzburg.

imperfeitos. Um corpo móvel no ponto A tem uma potência para estar no ponto B. A chegada em B é o ato perfeito dessa potência; mas o movimento rumo a B é o ato imperfeito, quando o corpo em movimento não está ainda em B, mas somente a caminho de B. Alberto sustenta que a definição ampla de movimento de Aristóteles — o ato do que é em potência na medida em que é em potência — pode ser aplicada estendendo seu sentido analógico à geração (mudança substancial) e à criação (trazer ao ser a partir do nada)[4].

Para Aristóteles tempo e movimento estão estreitamente ligados: o tempo é a medida do movimento e faz originar sua continuidade da continuidade do movimento. A questão de se movimento e tempo tiveram um começo foi assunto de veemente debate entre filósofos cristãos no século XIII em conexão com a demonstrabilidade da existência de Deus. Aderindo a al-Kindi e aos filósofos da *kalam*, e recorrendo a argumentos de Filopono, alguns teólogos pensaram que a filosofia era capaz de provar que o mundo natural tinha um começo e, portanto, havia necessidade de um agente sobrenatural, Deus, para fazê-lo existir. Outros pensaram que o começo do mundo, ainda que ensinado no Gênesis, não era algo que pudesse ser estabelecido por puro raciocínio filosófico.

Tomás de Aquino, que acolheu a segunda opinião, sintetiza os argumentos de ambos os lados na quadragésima sexta questão da Primeira Parte da *Summa theologiae*. No primeiro artigo, ele apresenta dez argumentos que pretendem mostrar que o mundo ("o universo das criaturas") sempre existiu; no segundo, apresenta oito argumentos para mostrar que o mundo teve um começo. Oferece uma refutação de cada um dos argumentos de um lado e de outro, e conclui que embora o mundo haja tido realmente um começo isso não é algo que possa ser demonstrado ou cientificamente conhecido, sendo puramente um artigo de fé.

Apresentamos aqui um argumento a título de amostra para mostrar que o mundo tem que ter existido sempre: assume a forma de uma *reductio ad absurdum*.

> Com efeito, tudo o que começou a ser, antes que fosse, era possível ser; caso contrário, seria impossível que fosse feito. Portanto, se o mundo começou a ser, antes que começasse, era possível ser. Ora, o que é possível ser é a matéria, que está em potência para ser pela forma, e para o não-ser pela privação. Assim, se o mundo começou, a matéria existiu antes do mundo. Mas a matéria não pode ser sem a forma, e o mundo é a matéria do mundo com sua forma. Logo, o mundo existiu antes de começar a ser, o que é impossível. (1a 46. a. 1, obj. 1)

---

4. Ver J. WEISHEIPL, The interpretation of Aristotle's *Physics*, *CHLMP* 526-9.

Ao que Tomás de Aquino responde que antes que o mundo existisse sua possibilidade não era a possibilidade passiva que constitui a matéria. A possibilidade preexistente consistia de dois elementos: a possibilidade lógica da existência de um mundo, mais o poder ativo do Deus onipotente.

Um dos argumentos de Tomás de Aquino do outro lado é um argumento que já tivera uma longa história: "Se o mundo sempre existiu, um número infinito de dias precederam o dia de hoje. Ora, não se pode percorrer o infinito. Logo, nunca se teria chegado ao dia presente, o que é evidentemente falso" (1a 46. a. 2, obj. 6). Sua resposta é breve, porém decisiva. Uma travessia tem que ser de um término a um outro. Mas, seja qual for o dia anterior que designes como o *terminus a quo* da travessia, é apenas um número finito de dias atrás. A objeção supõe que possas designar um par de términos com um número infinito de dias entre eles.

Além de responder a argumentos individuais a favor e contra o mundo ter sempre existido, Tomás de Aquino oferece razões gerais de por que jamais podemos saber, mediante a pura razão, se ele teve um começo. Raciocinamos acerca do mundo empregando conceitos universais. Ora, os universais abstraem de tempos e lugares, de modo que estão impossibilitados de nos informar sobre começos e fins. Raciocinar acerca de Deus tampouco ajudará: pode ser que a razão nos ensine verdades necessárias acerca dele, mas não os decretos inescrutáveis de sua liberdade soberana (46. 2c).

Embora admiravelmente agnóstico sobre os limites da cosmogonia filosófica, Tomás de Aquino era indevidamente crédulo sobre a estrutura causal do Universo tal como realmente existe. Por um lado, aceitava a teoria aristotélica de que os corpos celestes possuíam natureza completamente diferente de qualquer coisa que pudesse ser encontrada sobre a Terra; por outro lado, acreditava que os mesmos corpos celestes eram diretamente responsáveis do ponto de vista causal pelas atividades naturais de todas as entidades complexas presentes aqui embaixo. Os quatro elementos e suas propriedades físicas tais como o calor e o frio, ele sustentava, eram inteiramente insuficientes para explicar a rica variedade dos fenômenos naturais sobre a Terra. Em consonância com isso, ele diz, citando o *De generatione* de Aristóteles:

> Portanto, segundo Aristóteles no livro II da *Geração e da corrupção*, é necessário admitir um princípio ativo móvel, que com sua presença e sua ausência causa as variações dos corpos inferiores quanto à geração e corrupção. Ora, esses são os corpos celestes. Portanto, qualquer coisa que nos corpos infe-

riores, gera, move para uma espécie como instrumento de um corpo celeste, conforme diz o livro II da *Física*: "O homem e o Sol geram o homem". (1a 115 a. 3 ad 2)

Num artigo posterior, Tomás de Aquino diz como entende essa obscura sentença aristotélica. O sêmen, afirma, possui um poder ativo proveniente da alma do homem que o produz. O poder ativo tem como seu veículo a espuma no sêmen, que possui um calor especial próprio procedente não da alma do macho, mas da ação dos corpos celestes. Assim, no estágio mais primário da geração de um ser humano, há uma cooperação concomitante do poder humano e do poder celeste (1a 118 a. 1 ad 3).

A despeito de sua crença no íntimo envolvimento dos corpos celestes nos processos terrestres, Tomás de Aquino não acredita em todas as afirmações feitas pelos astrólogos. Não nega que os corpos celestes podem afetar a conduta humana — afinal o sol quente pode levar-me a tirar meu sobretudo —, mas ele insiste que os corpos celestes não o fazem de tal maneira a determinar a escolha humana e tornar a previsão astrológica possível. Se o intelecto e a vontade humanos fossem faculdades puramente corpóreas, os astros seriam então realmente capazes de atuar diretamente sobre elas; mas, como essas faculdades são espirituais, escapam à sua influência fatal. Aos que alegam que os astrólogos obtêm êxito na previsão do resultado de guerras, Tomás de Aquino responde que isso é porque a maioria dos seres humanos não consegue exercer seu livre-arbítrio e, em lugar disso, cede às suas paixões corpóreas. Consequentemente, astrólogos podem executar previsões estatisticamente confiáveis, mas não podem predizer o destino de um indivíduo. Os próprios astrólogos admitem, diz ele, que o sábio pode dominar os astros (1a 115 a. 4).

Infinidade em ato e em potência

A maioria dos filósofos medievais aceitava a posição de Aristóteles de que a noção de um número infinito em ato era incoerente. A matéria, ele sustentava, era divisível ao infinito: mas isso significava não que a matéria possuía muitas partes infinitamente, mas que não importa com que frequência houvesse sido dividida podia sempre ser mais dividida. O infinito, sustentava ainda, possuía apenas uma existência em potência.

O próprio Aristóteles fazia objeção apenas a um infinito sincrônico em ato. O Universo, acreditava, sempre existira e isso deve significar que um número infinito de períodos de tempo já havia transcorrido. Todavia, seu teorema foi aplicado por filósofos medievais não só à divisibilidade do *continuum*, mas também à duração do Universo criado.

Aqueles que desejavam provar que o mundo fora criado no tempo frequentemente argumentavam que a crença num universo eterno impunha a crença num infinito em ato. Assim, Boaventura argumenta como segue:

> É impossível que qualquer adição seja feita ao que é infinito. Isso está claro porque tudo aquilo que é adicionado torna-se maior, mas nada é maior do que o infinito. Entretanto, se o mundo não teve um começo, durou infinitamente; portanto, nenhuma adição pode ser feita à sua duração. Mas está claro que isso é falso; todos os dias uma nova revolução solar é adicionada a todas as revoluções passadas. Talvez dirás que é infinito com respeito ao passado, mas realmente finito com respeito ao presente que agora prevalece, e é somente com respeito à parte corrente, finita, que se pode encontrar algo maior. Mas podemos mostrar que com respeito ao passado um maior pode ser encontrado. Constitui uma verdade inquestionável que se o mundo é eterno houve infinitas revoluções do Sol e, ademais, houve doze revoluções da Lua para cada uma do Sol. Consequentemente, a Lua revolveu-se com mais frequência do que o Sol. Mas o Sol revolveu-se um número infinito de vezes; portanto, é possível encontrar algo excedendo o que é infinito no próprio aspecto em que é infinito. Mas isso é impossível.[5]

Se houvesse infinidades em ato, mesmo se não sincrônicas, seriam contáveis, do modo que anos e meses são contáveis. Mas se houvesse infinidades contáveis haveria infinidades desiguais, e certamente isso foi um escândalo.

Filósofos medievais reagiram ao escândalo de maneiras diferentes. Alguns negaram que "igual a" e "maior do que" se aplicavam, em absoluto, a números infinitos. Outros aceitaram que pudesse haver infinidades iguais e desiguais, mas negaram que o axioma "o todo é maior do que sua parte" aplicava-se a números infinitos.

O *continuum* infinitamente divisível, como vislumbrado por Aristóteles, não suscitou o problema de infinidades desiguais, porque as partes do *continuum* eram apenas em potência mutuamente distintas, e entidades em potência não eram contáveis do mesmo modo que entidades em ato. No século XIV, contudo, alguns pensadores principiaram a argumentar

---

5. II *Sent.* 1. 1. 2; citado por J. MURDOCH, Infinity and continuity, *CHLMP* 570.

que o *continuum* era composto por átomos indivisíveis, os quais eram numericamente infinitos. Destacou-se entre esses Henrique de Harclay, que foi chanceler da Universidade de Oxford em 1312.

Aristóteles argumentara que um *continuum* não podia ser composto de pontos aos quais faltasse magnitude. Como um ponto não possui partes, não é possível que tenha um limite distinto de si mesmo; dois pontos, consequentemente, não podiam se tocar sem se tornarem um só ponto. Mas Henrique tentou argumentar que podiam se tocar — realmente tocariam o todo com o todo, mas podiam diferir entre si na posição, e assim se somarem. Essa teoria era de difícil compreensão, e Bradwardine foi capaz de mostrar que gerava um absurdo na geometria euclidiana. Se tomas um quadrado e traças linhas paralelas a partir de cada átomo num lado até cada átomo do lado oposto, essas linhas encontrarão a diagonal exatamente na quantidade de átomos que encontram nos lados. Isso, entretanto, é incompatível com o fato de a diagonal ser incomensurável com os lados.

Ockham assumiu uma posição muito mais radical contra Henrique. Como parte de seu programa reducionista geral, argumentou que pontos não tinham existência absoluta. Nem sequer Deus podia fazer um ponto existir independentemente de todas as demais entidades. Longe de conceber uma linha sendo construída de pontos — como era para Henrique — um ponto não era outra coisa senão um limite ou seção numa linha.

> Um ponto não é uma coisa absoluta distinta da substância e da qualidade, e das outras quantidades cujo elenco é indicado por autores modernos, porque se fosse seria algo distinto de uma linha. Mas isso é falso. É parte de uma linha ou não? Não uma parte porque, como Aristóteles tenta demonstrar, uma linha não é composta a partir de pontos. Se não é parte de uma linha — e uma linha manifestamente não é parte de um ponto — então são duas coisas inteiramente distintas, nem uma nem outra parte da outra. (*OPh*. 2. 207)

Ockham concorda com Aristóteles quanto à impossibilidade de um infinito em ato e utiliza o teorema para mostrar que um ponto não é uma entidade indivisível realmente distinta de qualquer coisa divisível. Se pontos fossem tais átomos, haveria infinitamente muitos deles existindo em ato. Em qualquer pedaço de madeira podes designar qualquer número de linhas, cada uma terminando num ponto. Se os pontos forem reais, então haverá infinitamente muitas entidades existentes em ato, o que é impossível e contrário a toda a filosofia (*OPh*. 2. 209-10).

Lógicos e filósofos da natureza do século XIV interessaram-se não só pelo *continuum* espacial, como também pelos *continua* do tempo e do movimento. Um dos *sophismata* de Ricardo Kilvington (n. 13) propõe um problema a respeito de percorrer uma distância. Quando Sócrates percorre uma distância A, deveríamos dizer que ele a percorre a qualquer tempo em que está no processo de percorrer, ou somente quando completou o processo? Parece haver um problema de um modo ou de outro. Se acolhermos a segunda opção, então Sócrates estará apenas percorrendo A quando cessou de fazê-lo; se acolhermos a primeira opção, então Sócrates percorrerá A muitas vezes infinitamente, visto que o movimento é infinitamente divisível; no entanto, ele apenas a percorre uma vez.

Kilvington lida com sua sentença intricada "Sócrates percorrerá a distância A" traçando uma distinção entre duas maneiras de dizer o verbo "percorrerá".

> De uma maneira é interpretada assim: "Sócrates percorrerá a distância A" — isto é, "Sócrates estará no processo de percorrer a distância A". E nessa maneira o sofisma é verdadeiro. Ademais, a última conclusão — que dessa maneira com infinita frequência percorrerá Sócrates a distância A — é concedida; pois com infinita frequência estará Sócrates no processo de percorrer a distância A. O sofisma pode ser interpretado de outra maneira, como segue: "Sócrates percorrerá a distância A" — isto é, "A distância A terá sido percorrida por Sócrates". Falando dessa maneira, antes de C [o momento de alcançar o término] Sócrates não percorrerá a distância A. (*Sophismata*, 328[6])

O método de "interpretar" verbos fora popular com os lógicos desde a época de Pedro da Espanha. Verbos "interpretáveis" favoritos foram "começar" (*"incipere"*) e "cessar" (*"desinere"*). Kilvington e seus colegas se propuseram a interpretar esses verbos com o intuito de se ocupar de problemas tais como se havia primeiros e últimos momentos de movimento. A resposta comum era que não havia: somente um último momento antes que um movimento começasse, e um primeiro momento depois que o movimento cessasse.

Walter Burley escreveu um tratado inteiro, a saber, *Sobre o primeiro e último instante*, dividindo entidades e processos de vários tipos, alguns

---

6. Introdução, tradução e comentário de Norman Kretzmann e Barbara Ensign Kretzmann. Cambridge University Press, 1990.

dos quais tinham um primeiro instante e nenhum último instante, outros nenhum primeiro instante, mas um último instante, e assim por diante. Ele também estendeu as noções de continuidade e divisibilidade para mudanças em qualidade bem como em quantidade. No seu livro *Sobre a intensidade e redução das formas* discutiu a natureza e mensuração da mudança contínua em propriedades como o calor e a cor.

Filósofos escolásticos que discutiam o aquecimento dos corpos habitualmente assumiam uma de duas posições. Segundo uma opinião, quando um corpo se tornava mais quente, era devido à adição de um elemento de calor. Segundo outra opinião, a mudança de temperatura devia ser explicada como uma mistura de calor e frio. Burley apresentou uma terceira alternativa: introduziu a noção de graus de calor numa escala única que chamou de "latitude". Calor e frio deviam ser considerados não duas qualidades, mas uma só qualidade. Num extremo da latitude estaria o calor máximo, e no outro extremo o frio máximo. Introduziu assim nosso moderno conceito de temperatura e estabeleceu a base para importantes avanços na física.

6

Metafísica

Nos escritos dos últimos neoplatônicos e de Agostinho não falta reflexão metafísica. Entretanto, em sua obra essa reflexão está tão ligada à consideração da natureza divina que é difícil desenredá-la de sua teologia natural, e neste volume a examinamos no capítulo sobre Deus. Ocorre uma mudança dramática nessa situação ao ingressarmos na filosofia de Avicena, que foi, sem dúvida, o maior metafísico do primeiro milênio depois de Cristo.

Aristóteles, lembremos, apresenta duas definições da filosofia primeira: uma que era a ciência da substância divina, a outra que era a ciência que teoriza acerca do ser *enquanto* ser. Tenho argumentado que ambas essas definições coincidem. A segunda descreve a metafísica em termos do campo que lhe cabe explicar, a saber, tudo aquilo que há. A primeira descreve a metafísica em termos do princípio de explicação que oferece: referência ao movente não movido divino. Assim, a teologia e a ciência do ser enquanto ser são ambas a mesma filosofia primeira[1].

---

1. Ver volume I, p. 266-267.

Avicena sobre ser, essência e existência

Comentadores de Aristóteles, entretanto, encararam comumente as duas definições como oferecendo explicações diferentes e competitivas da natureza da metafísica. Avicena aceita a tese de que a metafísica estuda o ser *enquanto* ser, porém rejeita a ideia de que o objeto da metafísica seja Deus. A razão que dá para isso é a seguinte: nenhuma ciência pode demonstrar a existência de seu próprio objeto de estudo. Mas a metafísica, e exclusivamente ela, demonstra a existência de Deus. Assim, Deus não pode ser o objeto de estudo da metafísica (*Metaf.* 1. 5-6).

O ser, o objeto da metafísica, é algo cuja existência não tem que ser provada. A metafísica estuda o ser enquanto tal, não tipos particulares de ser, tais como objetos materiais. Estuda itens nas categorias aristotélicas, os quais são, por assim dizer, espécies de ser. Ocupa-se de tópicos como o uno e o múltiplo, a potência e o ato, o universal e o particular, o possível e o necessário — tópicos que ultrapassam os limites entre as disciplinas da natureza, da matemática e da ética. É chamada de uma ciência divina porque se ocupa de "coisas que estão separadas da matéria em sua definição e ser" (*Metaf.* 1. 13-15).

De acordo com Avicena, as primeiras ideias que estão impressas na alma são *coisa, ser* e *necessário*; essas não podem ser explicadas por quaisquer ideias mais bem conhecidas, e a tentativa de realizar isso implica um círculo vicioso. Toda coisa possui sua própria realidade que a faz o que é — um triângulo possui uma realidade que o faz um triângulo, a brancura possui uma realidade que a faz brancura: isso pode ser denominado seu ser, porém um termo técnico mais apropriado é sua "quididade"[2]. Esta é uma palavra melhor, porque "ser" também apresenta o outro sentido de "existência".

A mais importante divisão entre tipos de ser é a entre ser necessário e ser possível (não há algo como ser impossível). O ser possível é aquele que, considerado em si mesmo, não tem necessidade de ser; o ser necessário é aquele que, considerado em si mesmo, será necessário ser. O que é necessário por si mesmo não tem causa; o que é por si mesmo possível tem uma causa. Um ser que tivesse uma causa, considerado em abstra-

---

2. O termo árabe provém do interrogativo "O quê?"; os tradutores latinos formaram uma palavra correspondente, *"quidditas"*, para indicar aquilo que responde à pergunta "O que (*quid*) é um X?".

ção dessa causa, não seria mais necessário; consequentemente não seria aquilo que é necessário por si mesmo.

> Tudo aquilo que, considerado em si mesmo, é possível tem uma causa tanto de seu ser quanto de seu não-ser. Quando tem ser, adquiriu um ser distinto do não-ser. Mas, quando cessou de ser, tem um não-ser distinto do ser. Não pode ser de outra maneira senão que cada um deles é adquirido ou a partir de algo distinto de si mesmo ou não a partir de algo distinto de si mesmo. Se é adquirido a partir de algo distinto de si mesmo, essa outra coisa é sua causa. Se não é adquirido a partir de algo distinto de si mesmo, então tem que ser originado de sua própria quididade. Se a quididade é por si suficiente para a aquisição, então não se trata de um ser possível, mas de um ser necessário. Se a quididade não é suficiente, mas necessita de ajuda externa, então esse elemento externo é a causa real do ser ou não-ser do ser possível. (*Metaf.* 1. 38)

Avicena utiliza esse argumento para mostrar a existência de uma primeira causa que é por si necessária, e prossegue fazendo o elenco dos atributos desse ser necessário: é não causado, incomparável, único, e assim por diante. Mas é importante nos determos aqui e refletir sobre a passagem que acabamos de citar.

Essa passagem supõe que pode haver um sujeito, um e mesmo sujeito, que primeiramente possui não-ser e então, num estágio posterior, possui ser: um X tal como esse primeiro X não existe e então X existe. Isso é obviamente algo completamente diferente de uma matéria subjacente que primeiramente tem uma forma e então uma outra, como quando, no sistema aristotélico, um pedaço de argila assume diferentes formas ou um elemento é transmutado em outro (cf. *Metaf.* 1. 73). Mas exatamente que tipo de entidade metafísica está sendo oferecido a nós é obscuro. É o sujeito que passa do não-ser ao ser (e vice-versa) o Universo, ou uma espécie, ou um indivíduo? Quando lemos essa passagem, Avicena deseja que tenhamos em mente "Outrora o Universo não existia" ou "Costumava haver dinossauros, mas agora não há" ou "Antes não havia Sócrates, mas em seguida houve"? Cada um desses pensamentos suscita problemas metafísicos, mas concentremo-nos no último dos três, que é tanto o mais claro quanto o mais problemático.

Certamente, antes que Sócrates existisse, não havia tal sujeito para ter predicados a ele vinculados, ou, se preferes, não havia Sócrates para ser o não existente. Parece difícil falar de indivíduos não existentes devido à impossibilidade de individuar o que não existe. Ora, como individuamos o que *realmente* existe? Aristóteles acreditava que um indivíduo de uma particular espécie era distinto de um outro porque era uma parcela diferente de matéria. Mas o que não existe não é uma parte do universo material e, consequentemente, não pode ser individuado pela matéria. Mas Avicena tem necessidade de aceitar que a matéria é o exclusivo aspecto de individuação?

Para responder a isso, precisamos considerar o que Avicena nos diz sobre a relação entre universais e particulares. Um conceito pode ser universal, segundo ele, de diferentes maneiras. Pode ser algo que é, factualmente, verdadeiramente predicado de muitas coisas, como *humano*. Pode ser algo que é logicamente possível predicar de muitas coisas, mas que de fato não é predicado verdadeiramente de muitas coisas. Aqui há dois casos possíveis. O conceito *casa heptagonal*, ele nos diz, não é verdadeiramente predicado de coisa alguma, mas nada há que impeça esse universal de ser instanciado muitas vezes. O conceito *Sol*, contudo, é verdadeiramente predicado de uma única coisa, e não pode ser verdadeiramente predicado de mais de uma coisa; mas essa impossibilidade, ele diz, é uma questão de física, não de lógica. Indivíduos são completamente diferentes. "Um indivíduo é algo que não pode ser concebido como sendo predicado de mais de uma coisa, como a essência de Zayd aqui, a qual não pode ser concebida como pertencente a qualquer outra coisa senão ele mesmo" (*Metaf.* 5. 196).

Considere-se o conceito *cavalo*. Podemos considerá-lo de três modos: podemos considerá-lo como tendo ser em indivíduos, ou com respeito ao ser que tem na mente, ou podemos considerá-lo absolutamente, no abstrato, sem referência a qualquer ser.

> A definição de *cavalidade* escapa à definição de *universal*, e universalidade não está contida na definição de cavalidade. A cavalidade possui uma definição que não tem necessidade de universalidade; universalidade é algo extra. Cavalidade é ela mesma nada senão cavalidade; em si mesma não é nem una nem múltipla, em si mesma não existe nem em indivíduos perceptíveis nem na alma. [...] Cavalidade é comum, e nisso muitas coisas partilham de sua definição; porém, se a tomas com propriedades particulares e acidentes assinalados, é individual. Mas cavalidade em si mesma não é nada exceto cavalidade. (*Metaf.* 5. 196)

Avicena não está dizendo, no estilo platônico, que existe algo que é a cavalidade em si, separadamente de qualquer cavalo individual. A cavalidade é algo que ocorre em cavalos individuais, Bucéfalo ou Eclipse, e podemos estudá-la examinando-a nesses indivíduos. Podemos também considerar o conceito como ocorre na mente: como quando dizemos que o conceito *cavalo* é um conceito de fácil obtenção. Mas podemos ainda considerar no abstrato o que está envolvido em ser um cavalo, e isso é considerar a cavalidade em si mesma (*Metaf.* 5. 207).

Cavalidade num cavalo individual e humanidade num ser humano particular serão acompanhadas por "propriedades particulares e acidentes designados", diz Avicena. Para Aristóteles, seriam esses acidentes designados — os que assinalam uma parcela particular de matéria — que seriam o que individuou Sócrates. Mas para Avicena a humanidade num indivíduo humano é ela mesma individuada. Embora a humanidade de Zayd e a humanidade de Amr não difiram entre si, é inteiramente errado pensar que são numericamente a mesma: não são uma, mas duas humanidades. Para Avicena, há essências individuais bem como genéricas.

A invenção de essências individuais suporta a possibilidade da individuação de entidades não existentes. Tal como o vir à existência do vapor a partir da água pode ser considerado a adição da forma do vapor à matéria preexistente que era anteriormente água, o vir a ser de Sócrates pode ser considerado a adição de existência a uma essência a que anteriormente faltava existência. A essência preexistente pode ser considerada uma potência cujo ato é existência. Assim, essência e existência aparecem como um terceiro par potência–ato ao lado de matéria–forma e substância–acidente. Existência, Avicena parece às vezes dizer, é um acidente adicionado à essência[3].

No caso de um ser que é por si necessário não há a questão de ter ser depois de não-ser, e assim a distinção entre essência e existência não surge. Mas em todas as demais entidades, na opinião de Avicena, as duas são distintas. Desde o tempo de Avicena alguns filósofos têm concordado que em todos os casos exceto no de Deus há uma efetiva distinção entre essência e existência; outros filósofos negaram isso, mas todos têm tratado a questão como importante. Entretanto, a significação dessa questão depende de se, nesse contexto, "essência" significa essência genérica ou essência individual.

Se entendermos "essência" no sentido genérico, então a distinção entre existência e essência corresponderá à distinção entre a pergunta "Há Xs?"

---

3. Assim ao menos foi ele entendido amiúde na Idade Média latina; ver *CHLMP* 393.

Um manuscrito de Tomás de Aquino, da Biblioteca Ambrosiana em Milão.

e "O que são Xs?" Que há *quarks* não é, de modo algum, o mesmo que o que *quarks* são. Se é isso que significa a distinção, então é inegável[4]. Mas se

---

4. Ainda que se essa interpretação for aceita, então a doutrina de que em Deus essência e existência não são distintas equivalerá a dizer que a resposta à pergunta "O que é Deus?" é "Há um". Alguns teólogos parecem satisfeitos em aceitar isso.

entendermos a distinção como sendo acerca de essências individuais então parecerá que impõe a possibilidade de essências individuais não unidas a qualquer existência; essências individuais de indivíduos possíveis, mas não existentes. Há a essência de Adão, digamos, desde toda a eternidade; quando Deus cria Adão, confere ato a essa potência já presente.

A postulação de essências individuais, embora viesse a se manter influente até os dias atuais, foi uma receita para a confusão filosófica. Perguntemos como uma humanidade individual — digamos a humanidade de Abraão — é ela própria individuada. Não é individuada *como* humanidade: isso é algo partilhado por todos os seres humanos. Não é individuada por pertencer a Abraão: *ex hypothesi*, podia existir e ser o mesmo indivíduo, até se Abraão nunca tivesse sido criado, mas permanecesse uma perpétua possibilidade. Só pode ser identificada, como diz Avicena, pelas propriedades e pelos acidentes que a acompanham, quer dizer, por tudo que era verdadeiro do Abraão em ato — que ele migrou da Ur dos caldeus, obedeceu a uma ordem divina para sacrificar seu filho, e assim por diante. Está claro que, como havia a essência de Abraão antes que Abraão existisse, não podia ser individuada pelo ato dessas coisas, mas apenas por sua possibilidade.

Entretanto, anteriormente à concepção de Abraão não havia ninguém e nada para ser o sujeito dessas possibilidades. Havia somente a possibilidade abstrata de que devia haver *um* indivíduo que migrou de Ur, sacrificou seu filho e assim por diante; não era a possibilidade de *esse* indivíduo. Similarmente, antes de Noé ter sido concebido, não havia a possibilidade de que *ele* construiria a Arca, mas somente a possibilidade de que *alguém* construiria uma Arca. Avicena com acerto insistiu, contra Platão, que não havia *atualização* sem individuação — não havia universais em ato existentes. Foi uma pena não ter ele aceitado o princípio inverso de que não pode haver individuação sem atualização.

Tomás de Aquino sobre ato e potência

As ideias de Avicena mostraram-se poderosas por toda a alta Idade Média. Descobrem-se frequentemente traços de seu pensamento na obra de Tomás de Aquino, cujo manifesto metafísico inicial *Sobre ser e essência* principia com uma citação de Avicena com o propósito de indicar que ser e essência são as primeiras coisas apreendidas pelo intelecto. Atingida a maturidade de seu pensamento, Tomás de Aquino elaborou sua própria versão da metafísica aristotélica, mas jamais se livrou completamente da influência de Avicena.

Os conceitos-chave na metafísica de Tomás de Aquino são os de ato e potência. Obviamente extrai essas noções de Aristóteles e de comentadores de Aristóteles; mas as aplica em novas áreas e com novos graus de sofisticação. Já em Aristóteles, o simples par dos conceitos fora modificado por uma distinção entre primeiro e segundo ato: Tomás de Aquino desdobrou essa distinção rumo a uma estratificação de níveis de potência e ato, em particular efetuando um estudo sistemático da noção de *habitus*, ou disposição. Em Aristóteles os dois principais casos da estrutura potência–ato são as relações do sujeito com o acidente e da matéria com a forma. Tomás de Aquino o aceita e aprimora a adição de Avicena de uma terceira instanciação da dicotomia: essência e ser.

Tomás de Aquino devotou cinco questões da *Summa theologiae, Prima Secundae* à noção de *habitus*. O propósito imediato desse tratado (que embora aristotélico em espírito é largamente uma obra original) é introduzir a noção de virtude. Mas o conceito de *habitus* tem aplicação muito mais ampla: é realmente um elemento essencial na caracterização do comportamento e da experiência peculiarmente humanos, ainda que grandes filósofos tenham, por vezes, parecido quase desatentos a esse fato. É de Tomás de Aquino o mérito de haver compreendido a importância do conceito e de ter sido o primeiro grande filósofo a tentar uma análise completa dele.

Exemplos de *habitus* incluem — tanto quanto virtudes como temperança e caridade — enfermidade e saúde, beleza e resistência, conhecimento de lógica e ciência, crenças de qualquer tipo e a posse de conceitos. A variedade dos exemplos demonstra que a palavra "hábito" não servirá como tradução; o mais próximo termo filosófico contemporâneo é "disposição". A melhor abordagem da noção de *disposição* é por intermédio das noções de *capacidade* e *ação*. Seres humanos possuem muitas capacidades que faltam aos animais: a capacidade de aprender línguas, por exemplo, e a capacidade para a generosidade. Essas capacidades são concretizadas na ação quando seres humanos particulares falam línguas particulares ou realizam ações generosas. Mas entre a capacidade e a ação há um estado intermediário possível. Quando dizemos que um homem é capaz de falar francês, não queremos dizer nem que ele está efetivamente falando francês, nem que ele falar francês é uma mera possibilidade lógica. Quando classificamos um homem como generoso, queremos dizer mais do que possuir ele uma capacidade para a generosidade em comum com o resto da espécie humana; mas não precisamos querer dizer que ele está presentemente fazendo algo generoso. Estados tais como saber francês e ser generoso são disposições. Uma disposição, diz Tomás de Aquino, é meio caminho entre uma capacidade e uma ação, entre potência pura e ato pleno (*ST* 1a 2ae 50 a. 4).

Nem toda atividade, segundo Tomás de Aquino, constitui um exercício de uma disposição. O pensamento de Deus e o movimento dos planetas são atividades que não nascem de nenhuma disposição. Agentes naturais prescindem de disposições para executar suas atividades naturais. O fogo aquece e a água umedece por natureza: essas são as atividades naturais do fogo e da água e as únicas atividades para as quais eles têm capacidades. Onde capacidade e atividade são idênticas, como em Deus, ou onde capacidade pode ser concretizada somente numa única atividade, como com os planetas e os agentes naturais, não há lugar para um terceiro termo entre capacidade e atividade.

Disposições são qualidades: enquadram-se em uma das nove categorias aristotélicas do *acidente*. Acidentes são inerentes às substâncias e isso vale também para as disposições. Todos os atributos, Tomás de Aquino acentua, são em última análise atributos de substâncias, e todas as disposições de uma pessoa são disposições de um ser humano. O que acredita, ou é generoso, ou é saudável, é, estritamente falando, um ser humano e não sua mente, ou seu coração, ou seu corpo (1a 2ae 50 a. 2). Entretanto, não é insensato perguntar, digamos, se a habilidade para escrever história é principalmente um dom mnemônico ou de imaginação. Perguntar se alguma coisa é uma disposição de espírito ou de corpo é perguntar se pertence a um ser humano *como* ser inteligente ou *como* animal de uma constituição particular.

Mais uma vez, ao vincular disposições a faculdades particulares assim como à substância na qual, como acidentes, afinal estão inerentes, Tomás de Aquino está aplicando uma rede de estratificação à dicotomia aristotélica original de ato e potência. Às vezes os resultados são surpreendentes. Nenhuma atividade humana, ele afirma, emerge de uma disposição puramente corpórea. Atividades corpóreas ou estão sujeitas ao controle voluntário ou não estão. Se não estão, então são atividades naturais e, como tais, não requerem disposição que por elas responda. Se são, então as disposições que respondem por elas têm que estar localizadas primariamente na alma. Assim, para Tomás de Aquino, a aptidão para correr numa maratona é uma disposição da alma não menos do que a aptidão para ler hebraico (1a 2ae 50 a. 1).

Em geral, o tratamento de Tomás de Aquino da relação entre substância e acidente é um desenvolvimento natural de seu original aristotélico. Contudo, uma aplicação altamente inovadora desses conceitos é a explicação apresentada por Tomás de Aquino da eucaristia, o sacramento no qual, segundo a crença dos católicos, o pão e o vinho eram transformados, mediante as palavras do sacerdote na missa, no corpo e sangue de Cristo. A substância do pão, afirmou ele, cedia à substância do corpo de Cristo — isso era a *transubstanciação* — e o que restava, visível e tangível no altar, eram os meros acidentes do pão e do vinho. A forma, a cor e assim por diante do pão permanecem sem uma substância para inerir (*ST* 3a 75-77).

É difícil decidir se o conceito de acidentes inerentes a nenhuma substância é um conceito coerente. Por um lado, a ideia do sorriso do gato de Cheshire sem o gato parece absurda; por outro lado, o azul do céu não é o azul de qualquer coisa real e assim talvez seja um acidente sem uma substância. Mas a explicação de Sto.Tomás parece falhar em seu propósito de explicar a presença de Cristo no altar: pois um dos acidentes aristotélicos é situação, e assim "está no altar", como "é branco e redondo", simplesmente registra a presença de um acidente inerente a nenhuma substância e nada nos informa sobre a situação de Cristo. Em todo caso, essa particular aplicação dos conceitos de substância e acidente seguramente teria surpreendido Aristóteles.

Mas, se seria improvável Aristóteles aprovar formas acidentais existentes à parte de uma substância, ele deixou seus seguidores mergulhados em alguma dúvida a respeito da possibilidade de formas substanciais existentes à parte da matéria. Tomás de Aquino, como Aristóteles, amiúde objeta a postulação de Platão de formas separadas; mas, diferentemente de Boaventura, rejeita o hilemorfismo universal e considera os anjos como formas puras. Diferentemente da Ideia de cama ou da Ideia do Bem, anjos como Miguel e Gabriel são seres vivos e inteligentes; mas no que concerne ao *status* metafísico parece haver pouca diferença entre as Formas de Platão e os anjos de Tomás de Aquino. Típico da ambiguidade na posição de Sto. Tomás é o seguinte trecho de sua abordagem da criação:

> Ser criado é, de algum modo, ser feito, como foi dito. Ora, ser feito ordena-se ao ser da coisa. Portanto, propriamente convém ser feitas e ser criadas as coisas às quais convém ser. E isso convém, propriamente, aos subsistentes. [...] De fato, o existir convém propriamente ao que possui o ser e que subsiste em seu ser. Enquanto as formas, os acidentes e outros não se dizem entes, como se o fossem, mas porque outra coisa é para eles. Assim, a brancura se diz ente porque por ela um sujeito é branco. Por isso, conforme o Filósofo [Aristóteles], o acidente se diz mais propriamente *do ente* do que *ente*. Portanto, como

os acidentes, as formas etc. que não subsistem, antes são coexistentes do que entes, assim, deve-se dizer que antes são concriados do que criados. O que é propriamente criado, com efeito, são os que subsistem. (*ST* 1a 45 a. 4 rep)

O trecho citado mostra-se admirável a título de uma afirmação de franco aristotelismo contra qualquer concretização platônica de formas, seja substancial ou acidental. Mas nesse mesmo trecho, numa sentença que eu deliberadamente omiti, Tomás de Aquino divide as entidades subsistentes, as quais com exclusividade realmente possuem ser e são criadas, em duas classes: substâncias materiais hilemórficas de um lado, e substâncias separadas do outro. Mas substâncias separadas — espíritos angélicos e similares — são, como entendido por Tomás de Aquino, formas que não são formas *de* qualquer coisa, e seu modo de concebê-las parece aberto a todas as objeções que um aristotélico faria contra um platônico. Parece difícil tornar o ensinamento de Tomás de Aquino coerente nesse tópico, a não ser dizendo que ele é um aristotélico na Terra, mas um platônico no céu.

A maneira mais importante na qual Tomás de Aquino, para o melhor ou o pior, amplia o sistema aristotélico de potência e ato é aplicando-o ao par de conceitos *essência* e *existência*, que ele tomou de Avicena. Para Tomás de Aquino, como para Avicena, não há meramente essências genéricas, tais como *humanidade*, mas também as humanidades individuais de Pedro e Paulo. Há também dois tipos diferentes de existência, ou dois sentidos diferentes de *"esse"*, o verbo latino "ser" quando é usado como equivalente de "existir". Há, primeiro, existência genérica, a existência de um tipo de coisa: como em "Anjos existem" ou "Há anjos". Há também a existência individual de objetos particulares como em "A Grande Pirâmide ainda existe, porém o Farol de Alexandria não". (No latim o uso de *"est"* e *"non est"* é inteiramente natural nesses contextos; mas em português "Roma é, mas Troia não é" tem um sabor arcaico.) Existência genérica é o tipo de existência que filósofos, a partir de Kant, insistem "não é um predicado"; é expressa na lógica moderna pelo uso do particular quantificador (para algum x, x é um anjo). Existência individual, por outro lado, é um predicado perfeitamente genuíno[5].

Com respeito à existência genérica, o ensinamento de Tomás de Aquino é inteiramente claro. Um texto clássico é o de *De ente et essentia*:

---

5. Em meu livro *Aquinas on Being*, Oxford, Oxford University Press, 2002, apresentei um elenco de doze diferentes sentidos de *"esse"* em Tomás de Aquino.

Tudo o que [pertence a uma coisa e] não é parte do conceito de uma essência ou quididade é algo que vem do exterior e é adicionado à essência; porque nenhuma essência pode ser concebida sem os elementos, que são partes da essência. Mas toda essência ou quididade pode ser concebida sem que qualquer coisa seja compreendida com respeito à sua existência; pois posso compreender o que um ser humano é, ou o que uma fênix é, e não obstante ser ignorante se eles têm existência na natureza das coisas. Daí está claro que existência é diferente de essência ou quididade... (*DEE* 4. 94-105)

O ponto de debate de se há coisas de um certo tipo é um ponto completamente diferente de quais coisas desse tipo são: a questão de se há quaisquer anjos não é, de modo algum, a mesma questão do que significa "anjo". Se é isso o que se quer dizer ao se afirmar que essência e existência são realmente distintas, então a doutrina está indubitavelmente correta.

Não é tão fácil avaliar o que, para Tomás de Aquino, é a relação entre essências individuais e existência individual. Há uma real distinção entre a existência de Pedro e a essência de Pedro — ou entre uma ou outra dessas e o próprio Pedro? Certamente não: parece que Pedro, a humanidade de Pedro e a existência de Pedro têm todos exatamente a mesma duração; todos começam, falando *grosso modo*, uns poucos meses antes do nascimento de Pedro e findam com a morte de Pedro.

Mas talvez alguém pudesse argumentar a favor de uma real distinção entre essência e existência da maneira que se segue. Embora seja verdadeiro que a existência de qualquer criatura persiste durante exatamente a mesma extensão de tempo que sua essência, há a diferença que consiste em que sua existência num tempo não tem consequências para sua existência num tempo posterior do modo que sua essência num tempo possa ter consequências para sua existência num tempo posterior. Um ser humano tende a prosseguir vivendo por um certo tempo; um elemento radioativo tende a extinguir sua existência a um certo grau de velocidade. Essas tendências constituem parte das essências relevantes: é por causa do tipo de coisa que são que essas criaturas tendem a prosseguir ou cessar de existir. A essência, portanto, seria distinta da existência, como uma causa — uma causa formal, nesse caso — é distinta de seu efeito.

O ensinamento de Tomás de Aquino sobre a relação da essência com a existência é obscuro em parte porque a palavra "*esse*", além de significar "existência" em ambos seus sentidos, apresenta uma variedade de significados em que corresponde à palavra "ser". Às vezes, por exemplo, Sto.

Tomás nos diz que todas as coisas de diferentes tipos no Universo — camundongos e homens, tempestades e estações, virtudes e vícios, tempos e lugares — têm em comum o fato de que *são*. Ser, nesse sentido, é um predicado muito tênue e universal. (Gilbert Ryle uma vez o caracterizou como "semelhante ao respirar, somente mais tranquilo".) Em outras ocasiões o verbo "ser" é usado para marcar uma transição da potência ao ato. Uma lagarta possui a capacidade de se tornar uma borboleta, mas enquanto permanece uma lagarta não *é* uma borboleta. Somente quando chega o mágico dia podemos dizer: agora *é* uma borboleta.

Esses sentidos de "ser" são importantes no sistema de Tomás de Aquino apenas quando ele os utiliza com a finalidade de esclarecer sua tese de que em Deus, diferentemente de nas criaturas, não há distinção entre ser e essência. Deus é, afirma ele, puro Ser. Não apenas a distinção entre essência e existência, mas também as distinções entre outras formas de potência e ato — substância e acidente, matéria e forma — não têm espaço quando queremos apresentar uma explicação de Deus, pois ele é ato puro. Essas doutrinas serão analisadas no capítulo final deste livro, a respeito de filosofia da religião.

A metafísica de Duns Scotus

No sistema de Duns Scotus, a metafísica ocupa um lugar fundamental. É uma metafísica expressa em termos aristotélicos, mas que recebe uma interpretação muito pessoal. Como Aristóteles, Scotus define a metafísica como a ciência que estuda o ser *enquanto* ser; mas, enquanto em Aristóteles estudar algo *enquanto ser* constituía um modo especial de estudar, em Scotus ser *enquanto* ser constitui um objeto especial para estudo. Ser *enquanto ser* é realmente o mais lato objeto possível de estudo, incluindo o ser finito e o infinito, o ser em ato e o possível.

Em Scotus, como em Tomás de Aquino, estabelecer a existência e atributos de Deus é um interesse principal da metafísica, de sorte que a teologia natural constitui um ramo dessa disciplina. Para Scotus, contudo, o alcance da teologia natural, e portanto da metafísica, é tanto mais amplo quanto mais restrito do que o é para Tomás de Aquino. É mais amplo porque Scotus acreditava que os termos que significam as propriedades fundamentais do ser *enquanto* ser — tais como "bom", "verdadeiro", "uno" e assim por diante — aplicavam-se não apenas analogamente, mas univocamente a Deus assim como às criaturas. Mas é mais restrito porque muitas verdades acerca de Deus que Tomás de Aquino tratara como acessíveis à razão natural são consideradas por Scotus apreensíveis somente pela fé. Sto. Tomás pensara que a razão podia provar que Deus era onipotente, imenso, onipresente, e assim por diante. Scotus, pelo contrário, pensou que a razão era impotente para provar que Deus era onipotente. Um cristão, argumentou ele, sabe que entre os poderes de um Deus onipotente está o poder de gerar um Filho; mas esse não é um poder que a pura razão pode demonstrar que Deus possui. Assim, muitos tópicos que para Tomás de Aquino estavam na esfera do metafísico, para Scotus estão destinados ao teólogo dogmático.

Foi lugar-comum entre os escolásticos dizer que o "ser" era um termo transcendental que se aplicava ao lado das categorias aristotélicas, e dizer, ademais, que todo ser de todo tipo tinha propriedades como excelência e unidade. A inovação de Scotus nesse aspecto foi a afirmação de que predicados transcendentais tais como "ser" e "bom" eram unívocos, não analógicos[6]. Mas há um tipo diferente de transcendental ao qual Scotus conferia grande importância: a disjunção transcendental. Ele compôs uma lista de pares de termos da qual um ou outro se aplica necessariamente a tudo o que há: todo ser tem que ser ou em ato ou em potência, finito ou infinito, necessário ou contingente. "Necessário" não é um termo que se aplica a todo ser: mas a disjunção "necessário ou contingente" realmente se aplica, de ponta a ponta (*Ord.* 3. 207).

Scotus não se limitou a conferir uma nova ênfase à disjunção necessário–contingente, mas introduziu uma noção fundamentalmente nova de contingência. Os escolásticos acreditavam geralmente que muitos fatos prosaicos eram contingentes. É contingente para mim sentar porque me é possível levantar — uma possibilidade que posso exemplificar levantando-me no imediato momento seguinte. Scotus, como outros escolásticos, aceitava essa possibilidade: mas foi além e afirmou que no próprio momento quando estou sentando existe uma possibilidade de eu me levantar nesse mesmo momento. Isso envolve uma forma nova, mais radical, de contingência, a qual foi apropriadamente chamada de "contingência sincrônica" (*Lect.* 17. 496-7).

É claro que Scotus não está afirmando que num único e mesmo momento posso estar tanto sentando quanto levantando. Mas ele faz uma distinção entre "momentos de tempo" e "momentos de natureza". Num único momento de tempo pode haver mais de um momento de natureza.

---

6. Ver capítulo 3 deste livro.

Neste momento de tempo estou sentando: mas nesse mesmo momento de tempo há um outro momento de natureza no qual estou me levantando. Momentos de natureza são possibilidades sincrônicas.

Scotus não está se referindo à mera possibilidade lógica: um instante de natureza é uma possibilidade real que é distinta da mera coerência lógica. É algo que poderia ser possível enquanto a natureza do mundo físico permanece a mesma. Possibilidades sincrônicas não necessitam ser compatíveis entre si, tal como no caso que acabamos de discutir; um filósofo moderno poderia dizer que são possíveis em diferentes mundos possíveis, não no mesmo mundo possível.

Os instantes de natureza de Scotus constituem realmente o ancestral do contemporâneo conceito filosófico de um mundo possível. A própria explicação da origem do mundo de Scotus contempla Deus como escolhendo *atualizar* (tornar ato) um em meio a um número infinito de universos possíveis. Filósofos posteriores separaram a noção de mundos possíveis da noção de criação e começaram a acolher a palavra "mundo" de uma maneira mais abstrata, de modo que qualquer totalidade de situações compossíveis constitui um mundo possível. Essa noção abstrata em seguida passou a ser usada como um recurso para explicar todo tipo de poder e possibilidade. O crédito pela introdução dessa noção é frequentemente atribuído a Leibniz, mas, para todos os efeitos, pertence a Scotus.

A introdução da noção de contingência sincrônica envolve uma remodelagem radical dos conceitos aristotélicos de potência e ato. Para Scotus, diferentemente de Aristóteles ou de Tomás de Aquino, mas semelhantemente a Avicena, itens não existentes podem possuir uma potência para existir: uma potência que Scotus denomina potência *objetiva* a fim de contrastá-la com a potência aristotélica, a qual ele chama de potência subjetiva.

> Há dois modos nos quais alguma coisa pode ser chamada de um ser em potência. Num modo é o término de um poder, aquele ao qual o poder é dirigido — e isso é denominado ser em potência objetivamente. Assim, diz-se agora que o Anticristo é em potência, e pode-se dizer que outras coisas são em potência, tal como uma brancura que é para ser trazida à existência. No outro modo, diz-se que alguma coisa é em potência como o sujeito do poder, ou aquilo ao que o poder é inerente. Nesse modo, diz-se que alguma coisa é em potência subjetivamente, porque está em potência para algo, mas não está ainda completada por ele (como uma superfície que está na iminência de ser branqueada). (*Lect.* 19. 80)

Itens não existentes, Scotus explica, são individuados por sua potência objetiva: não existente A difere de não existente B porque, se e quando realmente existem, A e B diferem entre si.

Outros termos do arsenal metafísico aristotélico são, igualmente, reinterpretados. A relação entre matéria e forma, por exemplo, é exposta por Scotus de um modo novo. Para Aristóteles, matéria era um item fundamental na análise da mudança substancial. Mudança substancial é o tipo de mudança exemplificado quando um elemento se transforma num outro — por exemplo, água em vapor (ar) — ou um ser vivo vem a existir ou cessa de existir — por exemplo, quando um cão morre e seu cadáver entra em decomposição. Quando uma substância de um tipo se transforma em uma ou mais substâncias de um outro tipo há, para Aristóteles, uma forma que determina a natureza da substância que precede a mudança, e uma diferente forma ou formas determinando a natureza da(s) substância(s) subsequente(s) à mudança. O elemento que permanece constante do começo ao fim da mudança é a matéria: a matéria, como tal, não é mais propriamente um tipo de substância do que um outro, e não possui, como tal, propriedades. Enquanto a forma determina que *tipo* de coisa uma substância é, é a matéria que determina *que coisa* desse tipo uma substância é. A matéria é o princípio de individuação e a forma, poderíamos dizê-lo, é o princípio de especificação.

Scotus rejeita tanto a noção de matéria a que faltam propriedades quanto a tese de que a matéria é o princípio de individuação. A matéria, segundo ele, possui propriedades tais como quantidade, e além disso, antes de tais propriedades, possui uma essência própria, mesmo se for virtualmente impossível aos seres humanos conhecer o que é essa essência (*Lect.* 19. 101). A matéria, realmente, pode existir sem qualquer forma. Matéria e forma são efetivamente distintas, e está bem na esfera do poder de Deus criar e conservar tanto forma imaterial quanto matéria sem forma, cada uma delas individuadas no seu próprio direito.

Substâncias materiais em ato são compostas tanto de matéria quanto de forma: aqui Scotus concorda com Aristóteles e Tomás de Aquino. Sócrates, por exemplo, é um indivíduo humano composto de matéria individual e de uma forma individual de humanidade. Entretanto, Scotus fornece uma nova explicação do modo em que a substância individual e sua matéria e forma são elas mesmas individuadas. Para Sto. Tomás, a forma de humanidade é uma forma individual porque é a forma humana *de Sócrates*, e Sócrates é individuado por sua matéria, a qual, por seu turno, é individuada por ser designada, ou assinalada, como uma parcela particular de matéria (*materia signata*). Para Scotus, por outro lado, a forma é um indivíduo em seu próprio direito, independentemente da matéria de Sócrates e da substância Sócrates (*Ord.* 7. 483).

O que individua Sócrates não é nem sua matéria nem sua forma, mas uma terceira coisa, que é chamada às vezes de sua *haecceitas*, ou *heceidade*. Em cada coisa, diz-nos Scotus, há uma *entitas individualis*. "Essa entidade não é nem matéria nem forma, nem a coisa composta, na medida em que qualquer dessas é uma natureza; mas é a realidade última do ser que é matéria ou forma, ou uma coisa composta" (*Ord.* 7. 393).

De acordo com a ortodoxia aristotélica, as próprias formas nem passam a existir nem deixam de existir: são substâncias, não formas, que são os sujeitos da geração e corrupção. Para nos expressar rigorosamente, devíamos dizer não que a sabedoria de Sócrates passa a existir: esse é apenas um modo complicado de dizer que Sócrates torna-se sábio. Com respeito às formas substanciais independentemente individuadas, no sistema de Scotus, por contraste, pode-se levantar a questão de como passam a existir e de se emergem do nada. São criadas ou se desenvolvem a partir de alguma coisa preexistente? Scotus rejeita ambas essas opções. Formas não se desenvolvem a partir de formas embriônicas, ou *rationes seminales*, como Agostinho, seguido por Boaventura, havia pensado. A postulação de tais entidades não responde à questão da origem das formas, uma vez que a questão simplesmente reapareceria no que tange a qualquer que seja o novo elemento que distingue uma forma plenamente desenvolvida de uma embriônica. Por outro lado, não queremos dizer que formas são criadas; mas podemos evitar dizer isso se redefinimos "criação" não como trazer alguma coisa à existência a partir do nada, mas como trazer alguma coisa à existência na ausência de qualquer precondição (*Lect.* 19. 174).

Tomás de Aquino sustentara que em todas as substâncias materiais, inclusive seres humanos, havia somente uma única forma substancial. Scotus negava isso: e nessa negação teve, nessa oportunidade, a maioria dos escolásticos medievais de seu lado. Concordava com Tomás de Aquino que entidades não vivas possuíam somente uma única forma substancial: um composto químico não retinha as formas dos elementos dos quais era composto. Seres vivos, porém — plantas, animais e seres humanos — possuíam, além das formas específicas pertencentes aos seus tipos, uma forma comum de corporeidade que tornava corpos todos eles. Argumentava a favor disso com base em que um corpo humano imediatamente após a morte é o mesmo corpo que era imediatamente antes da morte, ainda que não seja mais um ser humano dotado de alma. Considerações similares são válidas com respeito a animais e plantas.

Embora Scotus sustentasse que a alma não é a única forma substancial dos seres humanos, não acreditava, como alguns de seus predecessores, que havia três diferentes almas coexistindo em cada ser humano: uma alma intelectual, uma sensitiva e uma vegetativa. Se havia quaisquer formas nos seres humanos distintas da alma e da forma de corporeidade, eram formas de órgãos humanos individuais — uma possibilidade que Scotus uma vez considerou[7]. Mas, além da matéria e das formas numa substância, há um outro item que não é nem matéria nem forma, a heceidade que a faz o indivíduo que é, pois a individualidade da matéria e a individualidade da forma são entre si insuficientes para individuar a substância composta (*Lect.* 17. 500).

Como todos esses itens — matéria, formas, heceidade — ajustam-se conjuntamente na substância material concreta? É errado pensar em uma substância material como sendo um agregado do qual todos esses itens constituem partes, pois as partes podiam, na avaliação de Scotus, existirem todas separadamente. Ademais, a substância inteira possui propriedades que são diferentes de quaisquer das propriedades das partes indicadas: por exemplo, a propriedade de ser um todo unificado. Além dessas partes, acreditava Scotus, tínhamos que adicionar um item extra: a relação entre elas — algo que ele está preparado para considerar como ainda uma outra parte. Mas mesmo depois de o termos adicionado, temos que dizer que uma substância material individual é uma entidade independente distinta de sua matéria, formas e relações (ou qualquer par ou triplo desses itens) (*Oxon.* 3. 2. 2 n. 8).

Como são essas entidades diferentes — o todo e suas diversas partes — distinguidas entre si? Scotus sustenta haver uma distinção real entre a substância e sua matéria e a forma e a relação entre elas. Ao afirmar que esses itens são realmente distintos, quer dizer que é ao menos logicamente possível para qualquer um deles existir sem qualquer um dos outros. Acrescenta, a título de boa medida, que, se dizemos que a essência ou quididade de uma substância iguala sua matéria mais sua forma, temos que dizer que a essência, não menos que a própria substância, é realmente distinta de seus componentes.

---

7. Ver R. CROSS, *The Physics of Duns Scotus*: The Scientific Context of a Theological Vision, Oxford, Clarendon Press, 1998, 68.

Qual é a relação, podemos perguntar, entre a essência e a heceidade — são estas, também, realmente distintas entre si? Num indivíduo como Sócrates temos, segundo Scotus, tanto uma natureza humana comum quanto um princípio individualizante. A natureza humana é uma coisa real que é comum tanto a Sócrates quanto a Platão; se não fosse real, Sócrates não seria mais semelhante a Platão do que é a uma linha rabiscada num quadro negro. Igualmente, o princípio individualizante tem que ser uma coisa real — caso contrário Sócrates e Platão seriam idênticos. A natureza e o princípio individualizante têm que estar unidos entre si, e nem um nem outro pode existir na realidade isolado do outro: não nos é possível encontrar no mundo uma natureza humana que não seja a natureza de qualquer um, como tampouco podemos topar com um indivíduo que não seja um indivíduo de um tipo ou outro. No entanto, não podemos identificar a natureza com a *heceidade*: se a natureza de burro fosse idêntica à *heceidade* do burro Brownie, então todo burro seria Brownie.

Para solucionar esse enigma, Scotus introduz uma nova complicação. Qualquer essência criada, ele diz, possui dois aspectos: replicabilidade e individualidade. Minha essência como um ser humano é replicável: pode haver, e há, outros seres humanos, essencialmente os mesmos que eu mesmo; mas também é individual: é *minha* essência porque inclui uma *heceidade* individualizante. A distinção (*Ord.* 2. 345-6) entre a essência e a *heceidade* não é uma distinção real, mas não é, tampouco, uma mera ficção ou criação da mente. É, Scotus diz, um tipo especial de distinção formal, uma *distinctio formalis a parte rei*, uma distinção formal "do lado da realidade". A essência e a *heceidade* não são realmente distintas do modo em que Sócrates e Platão são distintos, ou do modo em que minhas duas mãos são distintas. Tampouco são meramente distintas no pensamento, como são Sócrates e o mestre de Platão. Anteriormente a qualquer pensamento sobre elas, são, ele diz, formalmente distintas: são duas formalidades distintas na mesma coisa. Não fica claro para mim, como não ficou para muitos dos sucessores de Scotus, como a introdução dessa terminologia esclarece o problema que ele se propôs solucionar. Um dos problemas a respeito de compreender exatamente como Scotus queria que sua distinção fosse compreendida é que as ilustrações que dá de seu significado, e os contextos nos quais a aplica, são eles próprios, na sua totalidade, extraídos de áreas de grande obscuridade: as relações entre os diferentes atributos divinos e a distinção entre as almas vegetativa, sensitiva e racional nos seres humanos.

O programa redutivo de Ockham

Guilherme de Ockham foi um dos primeiros a rejeitar a distinção formal do lado da realidade de Scotus. Seu argumento:

> Onde há uma distinção ou não identidade, é necessário haver alguns contraditórios verdadeiros dos itens em questão. Mas é impossível que contraditórios possam ser verdadeiros de quaisquer itens a menos que eles — ou os itens para os quais supõem — sejam coisas distintas, ou conceitos distintos, ou *entia rationis* distintas, ou uma coisa e um conceito. Mas se a distinção é da natureza das coisas, então não são conceitos distintos, nem um par de uma coisa mais um conceito: portanto são coisas distintas. (OTh. 2. 14)

Entretanto, isso supõe que os únicos candidatos a ser os termos de uma distinção são (*a*) coisas, (*b*) *entia rationis*, (*c*) conceitos, o que dá a questão como provada contra Scotus, o qual aceitava uma ontologia muito menos restrita. Mas o movimento é característico do impulso reducionista de Ockham.

"*Entia non sunt multiplicanda praeter necessitatem*" — "Entes não devem ser multiplicadas sem necessidade". Essa é a famosa "navalha de Ockham", destinada a cortar a lanosidade supérflua dos filósofos. Tal observação, de fato, não é encontrada nos seus escritos que sobreviveram[8]. Ele realmente disse coisas semelhantes a "é fútil fazer com muitos o que pode ser feito com poucos" e "a pluralidade não é para ser assumida sem necessidade", porém não foi a primeira pessoa a fazer tais observações. Contudo, esse moto efetivamente resume sua atitude reducionista com relação aos desenvolvimentos filosóficos técnicos de seus predecessores.

Uma das primeiras entidades supérfluas a ser submetida à navalha são as *heceidades* de Scotus, ou princípios individualizantes. Scotus argumentara que além da natureza humana de Sócrates tem que haver algo para torná-la *essa* natureza; porque, se sua natureza humana fosse ela mesma *essa*, então toda natureza humana seria *essa*, quer dizer, seria a natureza de Sócrates. Ockham não acreditava nem na natureza comum nem no princípio individualizante. Tudo que existe na realidade são indivíduos, e estes são precisamente individuais — não necessitando nenhum

---

8. Parece ter sido atribuída a ele primeiramente numa nota de pé de página à edição Wadding de Scotus em 1639.

princípio adicional para individuá-los. Não é a individualidade, mas a universalidade que requer explicação — realmente explicação que justifique ou torne compreensível.

Mas o nominalismo de Ockham constitui apenas parte de seu programa de esvaziamento metafísico. Além dos universais, Ockham desejava cortar grandes classes de indivíduos. Para seus predecessores medievais havia indivíduos em toda categoria — não só substâncias individuais como Sócrates e Brownie, o burro, mas também acidentes individuais de muitos tipos, tais como o paradeiro de Brownie e a relação de Sócrates com Platão. Ockham reduziu as dez categorias aristotélicas a duas. Somente substâncias e qualidades eram reais.

A crença em indivíduos de outros tipos, sustentou Ockham, se devia a uma suposição ingênua de que a toda palavra correspondia uma entidade no mundo (*OTh*. 9. 565). Isso foi o que levou as pessoas a inventar "quandidades" e "*onde*dades" — poderiam igualmente, ele diz, ter inventado também "*e*dades" e "*mas*dades". Os filósofos medievais, de fato, não haviam investido muito em algumas das últimas categorias do catálogo aristotélico. O que se revelou sério na inovação de Ockham foi a negação da realidade das categorias da quantidade e da relação.

Ockham não estava negando a distinção entre as diferentes categorias: o que estava negando era que a distinção fosse mais do que uma distinção conceitual.

> Substância, qualidade e quantidade são categorias distintas, ainda que não signifiquem uma realidade absoluta distinta da substância e da qualidade, porque são conceitos e palavras distintos significando as mesmas coisas, mas de uma maneira diferente. Não são nomes sinônimos, porque "substância" significa todas as coisas que significa em uma maneira de significar, a saber, diretamente; "quantidade" significa as mesmas coisas, mas de uma maneira diferente de significar, significando substância diretamente e suas partes indiretamente, pois significa uma substância total e conota que possui partes distantes de outras partes. (*OTh*. 9. 436)

O principal argumento filosófico de Ockham contra a realidade da quantidade é extraído dos fenômenos de expansão e contração, rarefação e condensação. Se um pedaço de metal é aquecido e se expande passando de oitenta a noventa centímetros de comprimento, então, na teoria que está sendo atacada por ele, o pedaço de metal muda de possuir um acidente de comprimento de oitenta centímetros para possuir um outro acidente de comprimento de noventa centímetros. Ockham argumenta que é difícil fornecer uma explicação convincente da origem do segundo acidente e do que aconteceu ao primeiro acidente. Ademais, se a mudança for uma mudança contínua, de modo que o metal tenha expandido através de comprimentos de 81 cm a 82 cm e assim por diante, então haverá um número infinito de acidentes fugazes vindo a ser e cessando de ser. Isso, afirma Ockham, força nossa credulidade. O movimento local pelo qual uma parte se afasta de uma outra parte é completamente suficiente para explicar tais fenômenos. Em consonância com isso, acidentes reais de quantidade são absolutamente supérfluos, devendo ser eliminados da reflexão filosófica.

Poder-se-ia pensar que semelhantes considerações poderiam ser empregadas para mostrar que também qualidades não eram acidentes reais. Aristóteles compôs um elenco de quatro tipos de qualidade: (a) disposições como a virtude e a saúde, (b) capacidades inatas, (c) propriedades sensoriais como cor, gosto, calor, (d) configurações. Ockham queria suprimir algumas das qualidades da primeira classe, como saúde e beleza, e aplicou sua navalha muito explicitamente a qualidades da quarta classe.

> Quando uma proposição é verdadeira quanto à realidade, se uma coisa basta para torná-la verdadeira, é supérfluo postular duas. Mas proposições como "esta substância é quadrada", "esta substância é redonda" são verdadeiras quanto à realidade; e uma substância disposta desta ou daquela maneira é inteiramente suficiente para sua verdade. Se as partes de uma substância são dispostas ao longo de linhas retas e não são movidas localmente e não crescem ou se contraem, então é contraditório que devesse ser primeiramente quadrada e, em seguida, redonda. Assim, a qualidade de ser quadrado (quadradidade) e a qualidade de ser redondo (rotundidade) nada acrescentam a uma substância e às suas partes. (OTh. 9. 707)

Mas ele sustentava que outras qualidades, notadamente a cor, eram diferentes.

> É impossível para algo passar de um contraditório para outro sem ganhar ou perder alguma coisa real, em casos nos quais isso não é explicado pela passagem do tempo ou pela mudança de lugar. Mas um homem é primeiro não-branco, e posteriormente branco, e essa mudança não é explicada pela mudança de lugar ou a passagem do tempo. Portanto, a brancura é realmente distinta do homem. (OTh. 9. 706)

Após o auge da escolástica, a influência de Agostinho reviveu na última parte da Idade Média. Aqui, num afresco no alto da igreja de Assis, ele é mostrado ditando a um frade dominicano.

Poder-se-ia pensar, contudo, que uma mudança gradual de cor era completamente paralela a uma mudança gradual de tamanho: a implausibilidade de uma série infinita de acidentes fugazes pode ser realçada nesse caso também. O que para Ockham faz a diferença entre os dois casos parece ser simplesmente se podemos recorrer ao movimento local para explicar a mudança a ser explicada.

Os argumentos de Ockham em torno do tópico das relações são mais poderosos do que seus argumentos contra a quantidade real. Se uma relação fosse uma entidade real distinta dos termos da relação, esta seria capaz de existir mesmo se os termos não fossem. Suponhamos que Sócrates é o pai de Platão, e Platão é o filho de Sócrates. Há então uma relação de paternidade entre Sócrates e Platão. É absurdo dizer quer que essa relação poderia existir sem Sócrates jamais haver gerado Platão, quer que, tendo Sócrates gerado Platão, Deus pudesse retirar de Sócrates a relação de paternidade (*OTh.* 4. 368).

A relação de semelhança constitui relação importante para Ockham devido à sua conexão com qualidades reais: tudo que possui uma certa qualidade real P é semelhante a tudo o mais que possui essa qualidade. Uma parede branca é semelhante a toda outra parede branca. Um pintor que pinta uma parede de branco em Roma a faz assemelhar-se a cada uma das paredes brancas em Londres. Realmente, se Deus criou mil mundos e um agente produziu brancura em um deles, produziria semelhanças em cada um deles (*OTh.* 1. 291, 9. 614). O que é verdadeiro da semelhança é verdadeiro da posição. Se movo meu dedo, sua posição é alterada em relação a tudo o mais no mundo. Se relações de posição são coisas reais, então movendo meu dedo crio um número gigantesco de relações reversas em todo o universo.

Ockham não está dizendo que uma relação é idêntica ao seu fundamento. "Não digo que uma relação é realmente idêntica a seu fundamento; mas digo que uma relação não é o fundamento, mas somente uma intenção ou conceito na alma, significando diversas coisas absolutas" (*Ord.* 1. 301). Termos relativos significam as coisas absolutas que são os suportes da relação, mas são termos conotativos que significam um termo da relação, conotam o outro, e conotam o modo em que os dois existem. Assim, quando dizemos que A está próximo de B, não estamos falando de uma entidade real de "proximidade"; estamos denotando A, conotando B e dizendo que nada há no caminho entre eles (*OTh.* 4. 285, 312).

Isso, diz Ockham, é o que a razão natural ensina: que não há tais entidades, ou seja, as relações. Mas, de maneira um tanto ignominiosa, ele está pronto a aceitar a existência de tais relações em certos casos porque crê que certas doutrinas cristãs — a Trindade, a Encarnação, a eucaristia — exigem a existência de tais relações. Isso naturalmente levou à suspeita de que propunha uma dupla verdade: que algo que era falso em filosofia podia ser verdadeiro em teologia.

Wyclif e o determinismo

Na geração que sucedeu a Ockham, como vimos, houve uma reação contra seu nominalismo e seu programa redutivo geral. Em Oxford, isso assumiu a forma de um renascimento do agostinismo, o qual, por sua vez, conduziu a um renovado interesse por problemas de predestinação e determinismo. John Wyclif foi um líder da reação realista. Após sua morte, Wyclif adquiriu a reputação de ser um determinista radical. Uma das proposições a ele atribuída e condenada no Concílio de Constança foi: "Todas as coisas acontecem por necessidade absoluta".

De fato, ao menos em sua juventude, Wyclif desenvolveu uma teoria altamente sutil e matizada da relação entre tipos diferentes de necessidade e contingência. Distinguiu não menos que sete tipos de necessidade, que podemos *grosso modo* classificar como: necessidade lógica, necessidade natural, verdade eterna, verdade sempiterna, verdade inevitável, compulsão e impulsos irresistíveis. Insistiu que havia alguns eventos — por exemplo, escolhas humanas — que estavam isentos de cada um desses tipos de necessidade.

Na defesa disso, Wyclif teve que lidar com a seguinte dificuldade que coloca para si mesmo:

> Tal como ninguém pode evitar que o mundo tenha sido, ninguém pode evitar que qualquer efeito venha a ser no tempo apropriado. Pois o seguinte argumento é válido: Deus determina A; portanto A virá necessariamente a acontecer no tempo apropriado. O antecedente está fora de qualquer poder criado e é, em consonância com isso, completamente inevitável. Portanto, assim é tudo que formalmente se segue disso. (*U* XIV. 322-7)

A solução de Wyclif para isso é propor que a relação entre a volição divina e os eventos no mundo é uma relação de duas vias: se a volição de Deus faz as coisas acontecerem neste mundo, assim, num certo sentido, acontecimentos neste mundo causam a volição de Deus.

> No que se refere a isso é de se observar que a volição de Deus, com respeito à existência de uma criatura, pode ser entendida como uma relação, uma entidade mental com sua base no querer Deus que a coisa esteja de acordo com seu ser mental — que é algo absolutamente necessário — e com seu término na existência da criatura em seu próprio tipo. E tal relação depende de cada um dos termos, uma vez que se for vontade de Deus que Pedro ou alguma outra criatura seja, é requisito que de fato seja. E assim a existência da criatura, ainda que seja temporal, causa em Deus uma relação mental eterna, que está sempre em processo de ser causada, e, no entanto, é sempre completamente causada. (*U* XIV. 328-44)

A objeção de que se a determinação de Deus está fora de nosso poder então tudo que resulta de sua determinação está fora de nosso poder é respondida de uma maneira dramática. Wyclif simplesmente nega o antecedente: a determinação de Deus não está fora de nosso poder.

Não se pode dizer que a solução de Wyclif resolve o problema da relação entre determinismo e liberdade. Diante de sua discriminação dos decretos de Deus em complexas volições relacionais, deseja-se simplesmente declarar de uma nova maneira a objeção, em termos das volições mentais absolutas, que constituem um elemento do complexo, um elemento que parece completamente além do controle humano. Mas nenhum outro teólogo medieval conseguiu dar uma resposta satisfatória à antinomia do poder divino e a contingência terrena, e talvez jamais uma resposta satisfatória seja possível. Está claro, porém, que é um grande erro considerar Wyclif o arquideterminista. O ponto em que diverge de seus colegas não consiste em fazer ingressar necessidade extraordinária às ações humanas, mas em atribuir uma contingência incomum às volições divinas.

7

Mente e alma

Os filósofos da mente, ao longo da história, podem ser agrupados em duas classes principais: a da introversão e a da extroversão. Filósofos da introversão creem que o modo de compreender a natureza da mente humana é olhar dentro de si mesmo e prestar rigorosa atenção aos fenômenos da consciência introspectiva. Filósofos da extroversão partem do comportamento observável dos seres humanos e investigam os critérios pelos quais atribuímos a outros capacidades, estados e atividades mentais. No segundo milênio poderíamos apontar Descartes e Hume como paradigmas da escola da introversão, e Tomás de Aquino e Wittgenstein como ilustrando, em graus diferentes, a abordagem da extroversão. Adeptos da extroversão contemplam, no mundo antigo, Aristóteles como seu campeão; a escola da introversão pode reivindicar Agostinho como seu fundador, e até hoje um de seus mais eloquentes membros.

Agostinho sobre a vida interior

Agostinho frequentemente fala do "homem interior" e do "homem exterior". Isso não deve ser confundido com a distinção entre alma e corpo. Não só o corpo, como também certos aspectos de nossa alma pertencem ao homem exterior, a saber, tudo aquilo que temos em comum com animais irracionais, como os sentidos e a memória sensorial. O homem interior é nossa melhor parte: a mente, cujas tarefas incluem a memória e a imaginação, bem como o juízo racional e a especulação intelectual (*DT* 12. 1-3).

O homem exterior percebe corpos com os cinco sentidos, visão, audição, olfato, paladar e tato. Agostinho toma a visão como o sentido paradigmático. Quando vemos algo — uma rocha ou uma chama — há três coisas a ser levadas em consideração: o objeto visto, o ver o objeto e um terceiro item que Agostinho denomina *"intentio animi"*, a saber, nosso foco mental no objeto. Esse terceiro elemento, Agostinho nos informa, é algo exclusivamente próprio da mente — a visão é chamada de sentido corpóreo somente porque os olhos constituem parte do corpo (*DT* 11. 2). O elemento mental pode permanecer, como um esforço para ver, quando a própria visão não é possível.

A visão é o produto tanto do objeto quanto do sentido: o corpo quando visto imprime uma forma no sentido, e isso é chamado de visão. Trata-se de uma semelhança da coisa vista.

> Não fazemos, mediante o mesmo sentido, qualquer distinção entre a forma do corpo que vemos e a forma que passa a existir a partir dela no sentido daquele que vê, porque a conexão entre elas é tão estreita que não há motivo para distingui-las. Contudo, mediante nossa razão concluímos que teria sido inteiramente impossível para nós perceber qualquer coisa, a menos que alguma semelhança do corpo que foi visto passasse a existir em nosso sentido. (*DT* 11. 2. 3)

A imagem difere do corpo, ainda que não permaneça quando o corpo é removido; tal como quando um anel é colocado num líquido, o deslocamento do fluido é algo que difere da configuração do anel, mesmo que desapareça uma vez que o anel seja removido. Pós-imagens testemunham a distinção entre a configuração do objeto visto e a impressão que ele produz sobre o olho; assim também ocorre a possibilidade de produzir-se dupla visão exercendo pressão sobre o globo ocular. A forma impressa "está tão intimamente unida à espécie da coisa que vemos que não podia, de modo algum, ser discernida, e isso era a própria visão" (*DT* 11. 2. 3).

É questão discutível entre os comentadores se essa tese compromete Agostinho com uma teoria representacional da percepção sensorial. O mais provável é que não o faça, se uma "teoria representacional" for uma teoria segundo a qual o objeto imediato da percepção é uma imagem ou dado sensorial. A imagem formada não é, de acordo com Agostinho, de modo algum óbvia; sua existência tem que ser provada por meio de argumentação. Provavelmente Agostinho a postule como algo que é necessário para explicar a causação da memória pela sensação (*DT* 11. 9. 16)[1].

Os sentidos são fontes de informação acerca de objetos no mundo; está claro, porém, que não constituem a única maneira na qual adquirimos tais informações. Um homem cego é incapaz de ver, mas pode descobrir, perguntando a outras pessoas, as coisas de que elas se informaram mediante a visão. O que produz a diferença entre a percepção sensorial e a coleta de informação? Respondendo a essa pergunta, Aristóteles invocara o conceito de prazer: "Onde há percepção sensorial, há também tanto dor quanto prazer, e onde estes ocorrem há também necessariamente desejo" (*De anima* 2. 413b23). As informações adquiridas via sentidos e as discriminações realizadas com sua ajuda podem ser adquiridas e realizadas por outros meios além deles e, efetivamente, por outros agentes além dos seres humanos. Podemos obter por intermédio de instrumentos ópticos informações visuais para classificar diferentes seres humanos e catalogar aspectos visuais das paisagens lunares a partir de sondas distantes. Tais operações não são percepção visual porque ocorrem sem prazer ou dor: os seres humanos inventariados com sua estatística não são percebidos como belos ou feios, as paisagens não provocam nem terror nem admiração.

Agostinho mostra-se ele mesmo bem ciente desse aspecto dual de nosso conceito de sentido, e realmente enfatiza mais propriamente o componente hedônico da percepção sensorial do que o epistêmico. Em *Do livre-arbítrio* observa que "prazer e dor caem na jurisdição dos sentidos corpóreos". A visão estima se as cores são harmoniosas ou conflitantes entre si, e a audição estima se as vozes são melodiosas ou ásperas (*DLA* 2. 5. 12. 49). No livro X das *Confissões* Agostinho fornece um pitoresco elenco dos diferentes tipos de prazer sensual que podem nos tentar. É necessário que distingamos, ele diz, dois empregos diferentes dos sentidos: promover o prazer e satisfazer a curiosidade. Também o segundo elemento, é claro, pode acarretar tentação: podemos pecar por concupiscência, pela experiência e pelo conhecimento (*Conf.* X. 35. 54).

Entre os objetos dos sentidos exteriores, Agostinho faz a costumeira distinção entre os que podem ser percebidos por um sentido apenas (por

---

1. Ver Gareth MATTHEWS, Knowledge and illumination, *CCA* 176. No que se refere a uma opinião oposta, ver Paul SPADE em *IHWP* 63-4.

exemplo, cor e som) e os que podem ser percebidos por mais de um sentido (por exemplo, tamanho e forma). Além dos cinco sentidos exteriores, Agostinho acredita que há um sentido interior. No caso dos animais, ele declara, o sentido da visão difere do sentido de evitar ou buscar o que é visto, o mesmo ocorrendo com os demais sentidos, cujos objetos são às vezes aceitos com prazer, e às vezes evitados com repulsa. Esse sentido não pode ser identificado com qualquer um dos cinco sentidos, devendo ser algum outro sentido que preside a todos os demais sentidos. Embora seja somente pelo raciocínio que identificamos essa faculdade distinta, ela não é em si uma parte da razão, pelo fato de ser possuída não só pelos seres humanos racionais como também por animais irracionais (*DLA* 2. 2. 8).

Na sua descrição de nossas faculdades mentais, Agostinho se detém mais tempo na memória, e realmente utiliza amiúde o termo "memória" num sentido muito amplo, quase equivalente ao próprio termo "mente". Descreve algumas das capacidades da memória em *Confissões* X. 13. Mesmo na escuridão e no silêncio posso produzir cores à vontade em minha memória e distinguir branco de preto. Com a língua imóvel e a garganta silenciosa posso cantar toda canção que deseje.

A memória é algo que tomamos por certo: Agostinho nos incita a lembrar que notabilíssima faculdade ela é. As pessoas fitam maravilhadas picos de montanhas, ondas altaneiras e amplas quedas d'água, o oceano abrangente e os alternantes céus estrelados. Mas não notam a si mesmas e sua memória, a qual contém céu, mar, terra e, além disso, muito mais. Eu não poderia falar, diz Agostinho, de qualquer das maravilhas da natureza a menos que pudesse ver interiormente as montanhas, ondas, rios e estrelas — e até o oceano que nunca vi, mas do qual tenho conhecimento apenas a partir das narrativas de outras pessoas. "Vejo-os interiormente com dimensões tão grandes quanto se os visse no mundo exterior" (*Conf.* X. 8. 15).

Agostinho descreve a memória como uma colossal caverna, repleta de recessos e fissuras escuros e misteriosos: veraz com a tradição da introversão, ele imagina o homem interior explorando esse vasto depósito. Dentro dele, posso requerer um item que desejo lembrar; o acesso a ele pode levar um tempo menor ou maior.

> Algumas lembranças apressam-se em apinhar-se na mente, e enquanto estou procurando e solicitando algo completamente diferente elas saltam à minha frente dizendo "Somos o que desejas?". Com a mão de meu coração afugento-as da face de minha memória até que aquilo que desejo seja liberado da escuridão e emerja de seu esconderijo. (*Conf.* X. 8. 12)

Agostinho possui um dom para a descrição fenomenológica vívida de experiências de chamar à mente e esquecer — lembrando a face, mas não o nome, sendo incapaz de lembrar uma letra lida distraidamente, sendo obcecado com uma lembrança não bem-vinda que se preferiria esquecer (*DT* 11. 5. 9). Quando se dispõe a fazer uma análise filosófica da memória, esta é muito intimamente moldada em sua explicação da visão exterior. Tal como quando vemos há o objeto visto, o próprio ver e o foco mental, quando lembramos há a memória lembrada, o lembrar em ato e o olhar fixo do pensamento. A diferença entre uma memória meramente disposicional (algo que aprendemos e não esquecido) e um episódio do lembrar é tratada por Agostinho como paralela àquela entre um objeto fora da visão e um objeto em plena visão (*DT* 11.8). O lembrar é tratado muito literalmente como o ver interior, e no caso tanto da visão interior quanto da exterior Agostinho frisa bastante a natureza voluntária da atividade. Ao referir-se ao foco mental e ao olhar fixo do pensamento, Agostinho está pensando na operação da vontade (*DT* 11. 2. 3).

À vontade é facultada a escolha de concentrar-se no olho exterior ou no interior. Se fizer a segunda escolha, pode produzir semelhanças de corpos tão vívidas "que nem sequer a própria razão é capaz de distinguir se um corpo ele mesmo é visto exteriormente, ou algo semelhante pensado interiormente". Imagens apavorantes podem fazer alguém gritar e fantasias sexuais podem provocar ereções. Mas nem todas essas experiências estão sob o controle voluntário: no sono e no delírio imagens podem forçar a si mesmas sobre o olhar fixo mental por alguma força secreta "através de certas combinações espirituais de uma substância espiritual" (*DT* 11. 4. 7).

Posso lembrar apenas o que vi; posso, porém, pensar em muitas coisas mais. Assim, posso lembrar de um único sol, mas posso pensar em dois ou três sóis. Posso pensar no Sol como maior ou menor do que é; posso pensar nele imóvel ou viajando para qualquer lugar que eu queira. Posso pensar nele como quadrado e verde. Agostinho claramente considera pensamentos desse tipo como visões interiores: insiste que aquilo que realmente vemos com nosso olho interior origina-se de nossa memória do único Sol. Mas o que ocorre quando escutamos a narrativa de uma outra pessoa? Não podemos, nesse caso, fazer voltar o olho de nossa mente à memória. O que ocorre é que acompanhamos a história evocando as ideias correspondentes às palavras da história da pessoa. Mas também isso depende da memória.

Jamais teria sido capaz de entender um contador de histórias a primeira vez que tivesse ouvido a associação de suas palavras, a menos que tivesse lembrado genericamente as coisas individuais descritas por ele. Um homem que me descreve uma montanha surgindo de uma floresta e coberta de oliveiras está se dirigindo a alguém que recorda de montanhas, florestas e oliveiras. Se as houvesse esquecido não saberia de modo algum o que ele estava dizendo, e assim nunca poderia ter acompanhado sua narrativa. (*DT* 11. 8. 14)

O que se aplica no que se refere a ouvir a narrativa de uma outra pessoa se aplica no que diz respeito a inventar uma história para si próprio. Posso combinar imagens recordadas com outros e dizer "Oh, que isso ou aquilo foi assim". O que quer que imaginemos é construído a partir de elementos supridos pela memória: assim Agostinho molda sua ideia dos muros de Alexandria, nunca vistos por ele, com base em sua lembrança dos muros de Cartago, que lhe são familiares. Não há dúvida de que quaisquer pessoas que realmente conhecessem Alexandria, se pudessem examinar a mente de Agostinho e ver sua imagem de Alexandria, a julgariam altamente inadequada (*DT* 8. 6. 9). Antecipando filósofos empiristas posteriores, Agostinho diz que é impossível ter qualquer ideia de uma cor que nunca se viu, de um som que nunca se ouviu ou de um sabor que nunca se provou.

A mais nobre parte da mente, a razão ou alma intelectual, possui, segundo Agostinho, dois elementos. A parte superior da razão diz respeito às verdades eternas, acessíveis exclusivamente ao intelecto. A parte inferior controla nossos procedimentos com as coisas temporais e corpóreas. É, diz Agostinho, uma delegada da razão superior: por assim dizer, uma ministra para assuntos contingentes. Tanto a razão inferior quanto a superior pertencem ao homem interior (*DT* 13. 1). Quando Deus criou Adão, não encontrou entre os animais nenhum companheiro apropriado para ele; assim também, na alma humana, as partes que temos em comum com animais irracionais não são suficientes para fazer o intelecto sentir-se à vontade no mundo em que vivemos. Assim, Deus nos dotou de uma faculdade de razão prática, formada a partir de uma substância racional, tal como Eva foi formada a partir do corpo de Adão, intimamente unida à razão superior, tal como Adão e Eva eram dois em uma carne (*DT* 12. 3).

A operação da razão inferior é chamada por Agostinho de *scientia*, definida por ele como "a cognição de coisas temporais e mutáveis, necessária à administração dos negócios desta vida" (*DT* 12. 12. 17). As funções dessa razão são muito próximas às atribuídas por Aristóteles à *phronesis*, ou sabedoria prática, e a tradução "ciência" ofereceria uma impressão muito enganosa do que se quer dizer. Ciência, como a entendemos, dificilmente figura na catalogação de Agostinho das atividades mentais, e ocasionalmente ele faz observações depreciativas acerca da busca do conhecimento tão só pelo conhecimento. *Scientia*, como *phronesis*, é indispensável se pretendemos possuir virtudes morais (*DT* 14. 22).

A função da razão superior é denominada *sapientia*. Mais uma vez, a tradução óbvia "sabedoria" seria enganosa, já que a palavra em português mostra-se mais apropriada à virtude da razão prática do que à virtude da razão teórica. *Sapientia*, somos informados, é contemplação: a contemplação de verdades eternas nesta vida e a contemplação de Deus na vida dos bem-aventurados (*DT* 12. 14). A contemplação não é no interesse da ação, sendo buscada no seu próprio interesse. Agostinho sai de seu caminho para nos dizer que a parte da mente humana que concerne ao exame de razões eternas é algo "que, como é evidente, não só homens, mas também mulheres possuem" (*DT* 12. 7. 12).

Agostinho sobre a vontade

Agostinho devotou muito do *Da Trindade* à busca, nos seres humanos, de réplicas da trindade divina do Pai, Filho e Espírito Santo. Identificou muitas tríades distintas, mas a imagem suprema de Deus está na trindade de memória, intelecto e vontade (9. 12, 15. 3). Como relacionar isso à anatomia da mente que acabamos de sintetizar? Quando está maximamente preocupado em traçar o paralelo teológico, Agostinho apresenta sua trindade humana como consistindo da existência da mente, seu conhecimento de si mesma e seu amor a si mesma (9. 12). Mas utiliza os termos de sua trindade mental numa larga variedade de contextos, que podemos resumir como se segue. A memória é a habilidade para pensar pensamentos de todos os tipos; o intelecto (cuja atividade é *sapientia*) é a habilidade de dar assentimento a pensamentos especulativos como verdadeiros; a vontade é a habilidade de dar anuência a pensamentos como planos de ação.

Agostinho brinca muito com a noção da vontade, e alguns comentadores sustentaram que agindo assim estava inventando um conceito que faltava no mundo antigo. Essa alegação só pode ser feita por um filósofo que parte de uma posição introspectiva da filosofia da mente. É possível que se inicie a discussão filosófica da vontade considerando-a um fenômeno passível de introspecção, um item de consciência que produz a diferença entre ações voluntárias e involuntárias. Ou é possível iniciá-la com o comportamento observável de agentes e indagar por critérios externos pelos quais distinguimos as ações voluntárias e involuntárias dos outros. No mundo antigo, Agostinho é o destacado representante da abordagem introspectiva; Aristóteles, por outro lado, adotou uma posição extrospectiva, a qual levou filósofos da introversão a negar que ele tinha qualquer conceito da vontade[2].

Na realidade, há consideráveis semelhanças entre os dois filósofos. Para Agostinho, como para Aristóteles, toda escolha plenamente humana origina-se da busca pela felicidade, e para ambos decisões individuais são para ser vistas como a seleção de meios para esse fim. Supõe, diz Agostinho, que quero ver uma cicatriz como evidência de um ferimento, ou olhar através de uma janela a fim de ver os transeuntes. "Todos esses e outros atos semelhantes da vontade têm seus próprios fins adequados, os quais são reportados ao fim dessa vontade, pelo que desejamos viver com felicidade e alcançar essa vida que não se aplica a qualquer coisa mais, mas que basta em si mesma para o amante". Isso apresenta um perfeito paralelismo com a explicação do raciocínio prático oferecida por Aristóteles (*EN* 1112b18 ss.; *EE* 1. 1218b8-24).

Tanto Aristóteles quanto Agostinho imaginam a vontade, ou razão prática, como uma emissora de comandos, e ambos estão vivamente interessados na possibilidade da desobediência a esses comandos, no pecador (Agostinho) ou na pessoa incontinente (Aristóteles, *EN* 1147a32). Mas Agostinho explora a analogia muito mais plenamente. Considera todo movimento voluntário do corpo uma obediência a um comando da vontade; e se mostra fascinado com a possibilidade da volição de segunda ordem, na qual a vontade está emitindo comandos para si mesma.

> A mente [*animus*] comanda o corpo e a obediência é instantânea; a mente comanda a si mesma e encontra resistência. A mente diz à mão para se mover, e tudo acontece tão tranquilamente que é difícil distinguir o comando de sua execução. Não obstante, a mente é a mente, e a mão é um corpo. A mente diz à mente para querer; uma é a mesma que a outra e, no entanto, ela não faz o que lhe é dito. (*Conf.* VIII. 9. 21)

---

2. Ver A. KENNY, *Aristotle's Theory of the Will*, London, Duckworth, 1979.

A *Cidade de Deus* foi um dos mais lidos e mais copiados textos da Idade Média. Aqui, num esboço à margem de um manuscrito boêmio do século XII, vemos um copista distraído de seu trabalho por um camundongo.

O que está realmente acontecendo em tal caso, quando, por exemplo, um homem deseja ter vontade de ser casto e, não obstante, não tem realmente vontade de ser casto? Como pode a vontade comandar a si mesma e, no entanto, não obedecer? O comando para ter vontade, diz Agostinho, é tíbio: se fosse de todo coração, a vontade de ser casto já estaria presente. No seu próprio caso, ele declara, enquanto estava hesitando acerca do serviço a Deus: "Eu que estava tendo vontade de servir era o mesmo eu que não estava tendo vontade; não estava nem inteiramente tendo a vontade, nem inteiramente não tendo a vontade". Tal conflito do eu, tal dissociação interior, é possível somente porque somos os descendentes de Adão, tendo herdado seu pecado.

É a consideração de Adão que leva Agostinho a diferir significativamente de Aristóteles num importante ponto. Aristóteles admitia que um homem pode agir contra as determinações da vontade racional, mas o concebia como ocorrendo através da violência da paixão animal. Adão, todavia, caiu em pecado no Éden numa ocasião em que não experimentava paixões desordenadas; por outro lado, Lúcifer e seus anjos caíram no pecado ainda que não tivessem corpos animais. Assim, Agostinho é levado a postular atos não causados da vontade má. "Se procuras uma causa eficiente para uma tal volição má, nada encontrarás. O que torna má uma vontade quando está executando uma ação má? A vontade má é a causa eficiente da ação má, porém de uma vontade má não há causa eficiente" (*DCD* XII. 6). Por mais que se tente rastrear a causa de uma ação má, mais cedo ou mais tarde se chegará a um puro ato de vontade má. Suponha que imaginemos duas pessoas que se assemelham em mente e corpo, cada uma delas até então inocente, e cada uma submetida a idêntica tentação. Uma cede, enquanto a outra não. Qual é a causa do pecado do pecador? Não podemos dizer que é o próprio pecador: *ex hypothesi* ambas essas pessoas eram igualmente boas até esse ponto. Temos que dizer que é uma escolha má sem causa (*DCD* XII. 6). Assim, Agostinho expõe o que viria posteriormente a ser chamado de "liberdade contracausal" — o que, paradoxalmente, ele combina com uma vigorosa versão de determinismo, como veremos num capítulo posterior ao examinarmos sua teoria da predestinação.

O intelecto agente no pensamento islâmico

Durante a última parte do primeiro milênio, os mais interessantes desenvolvimentos em filosofia da mente referiram-se não à vontade, mas ao intelecto, e ocorreram não na cristandade, mas nas escolas muçulmanas de Bagdá. Al-Kindi e al-Farabi dedicaram-se ambos à elucidação do enigmático trecho no *De anima* de Aristóteles que nos diz que há dois intelectos diferentes: um intelecto agente "para produzir coisas" e um intelecto receptivo "para tornar coisas".

Al-Farabi, acatando al-Kindi, explicou isso em termos de sua própria versão da astronomia aristotélica. Cada uma das nove esferas do céu, ele acreditava, tinha uma alma racional; esta era movida por seu próprio movente incorpóreo, que atuava sobre ela como um objeto de desejo. Esses moventes incorpóreos, ou inteligências, emanavam um do outro, numa série que se originava, em ultima instância, do Primeiro Movente, ou Deus. A partir da nona inteligência (que governa a Lua) emana uma décima inteligência; e isso não é outra coisa senão o intelecto agente, aquele que Aristóteles diz que é o que é em virtude de produzir todas as coisas.

O intelecto agente, segundo al-Farabi, é necessário para explicar como o intelecto humano passa de potência para ato. Em sua explicação da psicologia humana encontramos, de fato, três intelectos, ou três estágios de intelecto. Primeiramente há o intelecto receptivo ou potencial, a capacidade inata para o pensamento. Sob a influência do intelecto agente externo, essa disposição é exercida no pensar em ato, e o intelecto humano torna-se assim um intelecto em ato ("o intelecto passivo em ato"). Finalmente, nos diz al-Farabi, um ser humano "aperfeiçoa seu intelecto receptivo com todos os pensamentos inteligíveis". O intelecto assim aperfeiçoado é chamado de intelecto adquirido[3].

Podemos separar a psicologia de al-Farabi de seu antiquado contexto astronômico? É possível que comecemos a ver sentido nela se perguntarmos por que alguém deveria pensar que um intelecto agente era, afinal, necessário. A resposta aristotélica seria que os objetos materiais do mundo em que vivemos não são, em si mesmos, objetos aptos ao entendimento intelectual. A natureza e as características dos objetos que vemos e sentimos estão todas embutidas na matéria: são transitórias e não estáveis, individuais e não universais. São, na terminologia aristotélica, somente pensáveis ou inteligíveis em potência, não em ato. Para torná-las pensáveis em ato, é necessário que seja feita abstração da matéria corruptível e individualizante, e sejam criados conceitos que sejam objetos pensáveis em ato. Essa é a função do intelecto agente.

Al-Farabi compara a ação do intelecto agente sobre os dados da experiência sensível à ação do Sol sobre as cores. As cores, que são apenas visíveis em potência no escuro, são tornadas visíveis em ato pela luz do Sol. De maneira similar, dados sensoriais que são armazenados em nossa imaginação são transformados pelo intelecto ativo em pensamentos inteligíveis em ato. O intelecto agente arranja-os dentro de uma estrutura de princípios universais, comuns a todos os seres humanos. (Al-Farabi fornece como exemplo "duas coisas iguais a uma terceira são iguais entre

---

3. Ver H. A. DAVIDSON, *Alfarabi, Avicenna and Averroes on Intellect*, Oxford, Oxford University Press, 1992, capítulo 3.

si".) Até aqui a explicação de al-Farabi parece filosoficamente plausível. O ponto intricado — e aquele que viria a ser debatido por séculos — é se o intelecto agente é para ser identificado com alguma entidade sobre-humana independente ou se deveria simplesmente ser considerado uma faculdade específica de espécie que diferencia seres humanos de animais que não fazem uso de linguagem.

Os sucessores muçulmanos de al-Farabi enfatizaram, num grau cada vez mais elevado, o elemento sobre-humano no pensamento intelectual. Para Avicena, como para al-Farabi, a primeira causa está no cimo de uma série de dez inteligências incorpóreas, cada uma dando origem à próxima na série através de um processo de emanação, do qual a décima inteligência é o intelecto agente. O intelecto agente, contudo, tem para Avicena uma função muito mais elaborada do que tem para al-Farabi: é um verdadeiro semideus. Primeiramente produz mediante emanação a matéria do mundo sublunar, uma tarefa que al-Farabi atribuíra às esferas do céu; isso significa que é responsável pela existência dos quatro elementos. Em seguida, o intelecto agente produz as formas mais complexas neste mundo, incluindo as almas dos vegetais, animais e seres humanos. Realmente, o "doador das formas" constitui um dos títulos favoritos de Avicena para o intelecto agente. Novamente encontramos a emanação: formas indiferenciadas dentro do intelecto agente são necessariamente transmitidas ao mundo da matéria. Somente num terceiro estágio o intelecto agente exerce a função que tinha em al-Farabi, a saber, de ser a causa que traz o intelecto humano da potência para o ato[4].

Avicena sobre intelecto e imaginação

Segundo Avicena, quando uma porção de matéria desenvolveu-se até atingir um estado no qual está apta a receber uma alma humana, o intelecto agente, o doador das formas, infunde nela essa alma. A alma, todavia, é algo mais que a forma do corpo humano. Para mostrá-lo, Avicena utiliza um argumento original, o qual viria a ser reinventado, posteriormente, por Descartes.

> Que alguém imagine a si mesmo como inteiramente criado num só momento, com sua visão velada, de modo que não pudesse ver nenhum objeto exter-

---
4. Ver ibid., 74-83.

no. Imagine-se também que é criado caindo através do ar, ou num vácuo, de sorte que não sentiria qualquer pressão do ar. Suponha-se também que seus membros estão separados entre si, de maneira que nem se encontram, nem se tocam. Que ele reflita se, num tal caso, afirmará sua própria existência. Não hesitará em afirmar que ele próprio existe, mas ao fazê-lo não estará afirmando a existência de qualquer membro, ou órgão externo ou interno como o coração ou o cérebro, ou qualquer objeto externo. Ele estará afirmando a existência de si mesmo sem a ela atribuir qualquer extensão, largura ou profundidade. Se nesse estado ele fosse capaz de imaginar uma mão ou alguma outra parte do corpo, não a imaginaria sendo uma parte de si mesmo ou uma condição para sua própria existência. (*CCMP* 110)

Avicena argumenta que como pensamentos intelectuais não possuem partes têm que pertencer a algo que é indivisível e incorpóreo. Consequentemente, conclui que a alma é uma substância incorpórea que não pode ser considerada simplesmente como uma forma ou faculdade do corpo.

Avicena distingue quatro diferentes condições possíveis do intelecto humano. Quando um bebê humano nasce, possui um intelecto que é vazio de pensamentos, a mera capacidade da alma para o pensamento. No segundo estado, ao intelecto foi fornecido o equipamento intelectual básico: compreende o princípio de contradição e princípios gerais tais como que o todo é maior do que a parte. Avicena o compara a um menino que aprendeu usar pena e tinta e é capaz de escrever letras individuais. No terceiro estado, a pessoa acumulou um suprimento de conceitos e crenças, mas não os têm presentes em ato no pensamento. Isto é como um escriba consumado, que é capaz de escrever qualquer texto à vontade. Todos esses três estados são potências, mas cada um deles mais próximo do ato do que o anterior: Avicena chama o terceiro estado de "potência perfeita". O quarto estado é quando o pensador está pensando em ato um pensamento particular (um por vez) — isso é como o escriba realmente registrando uma sentença.

Em cada uma dessas transições da potência ao ato há, para Avicena, uma influência causal direta exercida no intelecto humano pelo intelecto agente sobre-humano. A experiência, argumenta ele, não pode ser a fonte quer dos primeiros princípios, quer das conclusões científicas universais alcançadas pelo intelecto. A experiência pode proporcionar somente generalizações indutivas tais como "Todos os animais movem sua maxila inferior para mastigar", e tais generalizações são sempre passíveis de ser desmentidas (como essa é desmentida pelo crocodilo). Assim, primeiro princípio e leis universais têm que ser infundidos em nós de fora do mundo natural.

É difícil conceber exatamente como opera essa causalidade; parece ser algo como telepatia involuntária. Talvez, para usar uma metáfora não disponível para Avicena, o intelecto agente seja como uma estação de rádio transmitindo perpetuamente, em diferentes comprimentos de onda, todos os pensamentos que existem. O movimento do intelecto humano da potência ao ato resulta de estar sintonizado num comprimento de onda apropriado. Para explicar como um ser humano realiza a sintonização, Avicena apresenta uma elaborada teoria da sensação interior.

Além dos cinco sentidos exteriores que nos são familiares, Avicena acreditava que temos cinco sentidos interiores, a saber:

1. o senso comum, que coleta impressões dos cinco sentidos exteriores;
2. a imaginação retentora, a qual armazena as imagens assim coletadas;
3. a imaginação compositiva, a qual desdobra essas imagens;
4. o poder estimativo, o qual produz juízos instintivos, por exemplo, de prazer ou perigo;
5. o poder de reminiscência, o qual armazena as intuições do poder estimativo.

Encontramos algumas dessas faculdades em Aristóteles e em Agostinho[5], mas Avicena as trata de uma maneira muito mais minuciosa e sistemática. São faculdades comuns a seres humanos e animais, e contam com localizações específicas em ventrículos do cérebro.

Ora, ainda que o cérebro seja um depósito apropriado para as expedições do sentido exterior e interior (incluindo, por exemplo, o conhecimento instintivo do carneiro de que o lobo é perigoso), não pode ser considerado o repositório de pensamentos intelectuais. Quando não os estou pensando em ato, os pensamentos que penso estão disponíveis somente fora de mim, no intelecto agente; minha memória desses pensamentos, minha habilidade para lembrá-los, é minha habilidade em sintonizar, à vontade, a transmissão sempre ininterrupta do intelecto agente[6].

---
5. Ver volume I, p. 286, e p. 247-248 deste volume.
6. Avicena ornamenta sua já elaborada estrutura com uma análise minuciosa da situação na qual uma pessoa está certa que pode responder uma pergunta que jamais respondeu antes – uma discussão que exibe um interessante paralelo com a discussão de Wittgenstein do fenômeno "Agora eu sei como continuar", em *Investigações filosóficas*, I. 151.

O exercício da habilidade de adquirir ou reter pensamentos intelectuais realmente envolve os sentidos, mas somente de um modo paralelo àquele em que o desenvolvimento de matéria no embrião desencadeia o infundir da alma. O papel da imaginação compositiva é crucial aqui: quando está preparando a alma humana para o pensamento intelectual é chamada por Avicena de "faculdade cogitativa". Essa faculdade opera sobre imagens retidas na memória, combinando-as e dividindo-as em novas configurações: quando essas encontram-se no foco apropriado para um pensamento particular, o intelecto humano faz contato com o intelecto agente e pensa aquele próprio pensamento.

Avicena descreve a interação entre imaginação e intelecto no caso do raciocínio silogístico. Um intelecto humano deseja saber se todos os As são B. Sua faculdade cogitativa vasculha entre imagens e produz uma imagem de C, que é um termo médio apropriado para demonstrar a desejada conclusão. Estimulado por essa imagem, o intelecto humano contata o intelecto agente e adquire o pensamento de C. A aquisição desse pensamento a partir do intelecto agente é um *insight*; e Avicena explica que em casos propícios o intelecto pode ter um *insight* — ver a solução para um problema intelectual — sem ter que passar pelo elaborado processo passível de introspecção da cogitação.

Avicena chama ao estado de alguém pensando em ato um pensamento intelectual de "intelecção adquirida". O termo é apropriado, uma vez que para ele todo pensamento intelectual, até do tipo mais cotidiano, não constitui o trabalho do pensador humano, mas uma dádiva do intelecto agente. Entretanto, ele também usa um termo muito similar para um intelecto que atingiu a posse de toda a verdade científica e a habilidade de chamá-la à mente à vontade. Esse poderia talvez ser mais apropriadamente denominado "intelecto aperfeiçoado". Para alguém que alcançou tal estágio, os sentidos não são mais necessários; são uma distração. São como um cavalo que trouxe alguém ao destino desejado e deve ser agora solto.

É tal estado perfeito possível nesta vida — e, se não, há qualquer vida após a morte? A resposta de Avicena à primeira pergunta é obscura, mas tem muito a nos dizer em resposta à segunda. O aniquilamento do corpo não acarreta o aniquilamento da alma, e a alma como um todo, não apenas o intelecto, é imortal. As almas deixam de fazer uso de algumas de suas faculdades uma vez separadas de seus corpos, porém permanecem individuadas, e não transmigram para outros corpos.

Almas imortais, após a morte, atingem graus muito diferentes de bem-estar. Alguém que alcançou perfeita intelecção na medida em que isso é possível nesta vida obtém a companhia de seres celestiais e frui de felicidade perfeita. Aqueles que não o alcançam, mas que granjearam razoável competência em ciência e metafísica, fruirão de felicidade de um tipo respeitável, porém mais modesto. Os qualificados para a investigação filosófica, mas que não conseguiram aproveitar a oportunidade para ela nesta vida, sofrerão a mais terrível das misérias. De fato, sofrerão uma miséria muito maior do que aqueles filósofos que (como o próprio Avicena) abusaram de seus apetites do corpo, pois os apetites não satisfeitos do corpo, quando a alma sobrevive sozinha, não tardarão a fenecer e perder sua capacidade de excitação, enquanto a dor do desejo filosófico insatisfeito jamais atinge um fim, porque a curiosidade intelectual pertence à essência da alma (*PMA* 259-262).

Isso basta quanto à vida após a morte dos intelectuais. Muitas pessoas, contudo, são o que Avicena chama de "almas simples", que não têm nenhuma noção do desejo intelectual ou da satisfação intelectual. Após a morte nem gozarão os prazeres do intelecto satisfeito nem sofrerão as dores do intelecto insatisfeito. Viverão por toda a eternidade numa espécie de paz. Se em sua vida terrena foram levadas a acreditar que serão recompensadas pela virtude mediante prazer sensual (por exemplo, num jardim com donzelas de olhos negros) ou castigadas pelo vício mediante sofrimentos físicos (por exemplo, num fogo infernal), então por ocasião de sua morte ingressarão no sonho apropriado, o qual lhes parecerá tão vívido quanto a realidade.

Como al-Farabi, Avicena atribui um papel significativo à profecia em seu sistema psicológico. No mais elevado nível, a profecia constitui o supremo nível de *insight*, no qual a mente humana faz contato com o intelecto agente sem esforço e apreende conclusões sem precisar submetê-las à razão. Num nível inferior, a imaginação compositiva de um profeta remodela o conhecimento profético sob forma figurativa, o que o torna adequado à comunicação às pessoas sem instrução. A habilidade para operar milagres é para Avicena uma subcategoria da profecia: o profeta possui uma faculdade motora especialmente poderosa em seu corpo que o capacita a produzir efeitos materiais, tais como a cura dos enfermos e o provocar a chuva, mediante a pura operação da vontade.

O que fazermos da filosofia da mente de Avicena? Encarada como um sistema, é claramente por completo incrível. Deixando de lado seu vínculo com a astronomia antiquada, encerra muitas inconsistências internas. Como pode a alma como um todo ser imortal quando os sentidos interiores são compartilhados com animais irracionais? Como pode uma alma destituída de corpo sonhar quando o sonhar é uma atividade do cérebro? Exemplos poderiam ser multiplicados.

A despeito disso, a psicologia filosófica de Avicena é importante na história da filosofia porque ele foi o gerador original de muitos conceitos e estruturas que desempenharam um papel nos sistemas de filósofos mais desapaixonados. Muitos outros aceitaram sua anatomia dos sentidos interiores; aqueles que divergiram dele no que tange à natureza do intelecto agente concordaram em sua descrição das tarefas que lhe cabiam necessariamente cumprir. Outros, de vários credos, ficaram felizes em aceitar (intencionalmente ou não) sua racionalização dos prazeres e dores oferecidos pela religião na vida após a morte.

A psicologia de Averróis

No princípio de sua carreira filosófica, Averróis aceitou uma teoria do intelecto bastante próxima daquela de Avicena. Cada indivíduo humano, ele acreditava, possuía um intelecto material ou receptivo que era gerado conjuntamente entre a disposição humana inata para o pensamento e a atividade do intelecto agente transcendente. Contudo, depois de um período de prolongada reflexão Averróis aventou uma opinião radicalmente diferente. Concluiu que nem o intelecto agente nem o intelecto receptivo são uma faculdade de seres humanos individuais. O intelecto receptivo, não menos que o intelecto agente, é uma substância única, eterna e incorpórea.

Seu argumento em favor dessa conclusão é o que se segue. Aristóteles nos disse que o intelecto receptivo recebe todas as formas materiais. Entretanto, não pode fazê-lo se em si próprio possui qualquer forma material. Em consonância com isso, não é possível que seja um corpo, e tampouco pode ser de modo algum mesclado à matéria. Como é imaterial, é necessariamente indestrutível, visto que a matéria é a base da corrupção, e tem que ser uno e não múltiplo, uma vez que a matéria é o princípio da multiplicação. O intelecto receptivo ocupa a posição mais baixa na hierarquia das inteligências incorpóreas, localizado um degrau abaixo do intelecto agente. Paradoxalmente, ainda que ele próprio incorpóreo, está relacionado ao intelecto agente incorpóreo de uma maneira semelhante àquela na qual a matéria de um corpo está relacionada à forma de um corpo; assim, pode ser denominado intelecto material.

A psicologia de Averróis foi tanto admirada quanto atacada no século XIII. Aqui um manuscrito pertencente a esse período o mostra conversando com o lógico grego Porfírio.

Como então podem meus pensamentos ser *meus* pensamentos se residem num intelecto sobre-humano? Averróis responde que os pensamentos pertencem não a um, mas a dois sujeitos. O intelecto receptivo eterno é um sujeito: o outro é minha imaginação. Cada um de nós possui nossa própria imaginação individual e corpórea, e é somente devido ao papel desempenhado em nosso pensar por essa imaginação individual que você e eu podemos reivindicar quaisquer pensamentos como pertencentes a nós próprios.

O método pelo qual o intelecto sobre-humano está envolvido na vida mental de indivíduos humanos é altamente misterioso. Embora seja uma entidade sumamente superior à espécie humana, parece estar, numa certa medida, sob o controle de homens mortais. A iniciativa em qualquer dado pensamento depende da imaginação, não do intelecto receptivo. O processo foi bem descrito nos seguintes termos:

> A eternidade do pensamento do intelecto material do mundo físico não é, em consonância com isso, uma única fibra contínua, e tampouco brota do intelecto material. É totalmente dependente do raciocínio e consciência de

homens individuais, o corpo completo de pensamentos possíveis do mundo físico sendo suprido a qualquer determinado momento por indivíduos vivendo nesse momento, e a continuidade do pensamento do intelecto material através do tempo infinito sendo engendrada a partir dos pensamentos de indivíduos vivos em vários momentos.[7]

A psicologia de Averróis impressiona qualquer leitor moderno como bizarra: no entanto, filósofos no século XX sustentaram posições que não eram assim tão sem relação com a dele. Há boa razão para pensar que o conteúdo da imaginação possui um grau de privacidade e individualidade que o conteúdo do intelecto não possui, embora seja usualmente mais propriamente no domínio social do que no celestial que a razão para isso é buscada por filósofos modernos. E todos nós estamos inclinados a nos referir, com um certo grau de assombro, à Ciência como contendo um corpo de verdade coerente e duradouro que não pode possivelmente estar todo dentro da mente de qualquer cientista mortal.

Pelo fato de, para Averróis, o elemento verdadeiramente intelectual no pensamento ser não pessoal, não há, ele acreditava, qualquer imortalidade pessoal para indivíduos humanos. Após a morte, as almas fundem-se entre si. Averróis argumenta a favor disso como se segue:

> Zaid e Amr são numericamente diferentes, mas idênticos na forma. Se, por exemplo, a alma de Zaid fosse numericamente diferente da alma de Amr da maneira que Zaid é numericamente diferente de Amr, a alma de Zaid e a alma de Amr seriam numericamente duas, mas uma em sua forma, e a alma possuiria uma outra forma. A conclusão necessária é, portanto, que a alma de Zaid e a alma de Amr são idênticas em sua forma. Uma forma idêntica pertence a uma numérica, isto é, uma multiplicidade divisível, somente através da multiplicidade da matéria. Se então a alma não morre quando o corpo morre, ou se possui um elemento imortal, tem que, quando deixou o corpo, formar uma unidade numérica.

Por ocasião da morte, a alma transfere-se à inteligência universal como uma gota d'água ao mar.

Um dos primeiros e mais severos críticos da filosofia da mente de Averróis foi Alberto Magno. Num tratado especial, ele compôs a lista de trin-

---

7. DAVIDSON, *Alfarabi, Avicenna and Averroes on Intellect*, 292-293.

ta argumentos averroístas a favor do intelecto agente único, e respondeu a cada um; por outro lado, apresentou 36 argumentos seus. Insistiu que tanto o intelecto receptivo quanto o intelecto agente eram faculdades da alma individual: havia tantos intelectos agentes quanto seres humanos. De outra maneira, a alma intelectual não seria a forma do corpo e nossos pensamentos não seriam nossos próprios pensamentos. O papel do intelecto agente humano é completar a abstração de um conceito universal a partir dos dados dos sentidos.

Para Alberto, há quatro graus de abstração. Já há um grau de abstração na própria sensação, ainda que o objeto esteja presente, pois em lugar da forma material do que é percebido há uma *intentio* separada em nossa faculdade sensorial. O segundo grau de abstração é quando a *intentio* assim adquirida é retida em nossa imaginação, agora divorciada da presença do objeto, mas ainda em toda sua particularidade. A imagem do homem reterá a mesma postura, cor, idade etc. do original. O terceiro grau ocorre na fantasia, a qual Alberto distingue da imaginação: esperar-se-ia que isso fosse uma imagem suficientemente vaga para representar mais do que uma coisa, mas Alberto nos diz que ela inclui algumas propriedades não sensíveis do indivíduo, tal como se ele é uma boa companhia ou não, e quem era seu pai. O quarto grau é a operação do intelecto agente produzindo um conceito universal aplicável a todos os exemplos de um tipo (*CHLMP* 603-4; *De anima* 2. 3. 4).

Em conformidade com seu interesse na ciência empírica, Alberto se mostra perspicaz no sentido de localizar essas diferentes atividades em regiões particulares do cérebro. Os sentidos interiores, como a imaginação e a fantasia, estão localizados em cavidades de espíritos ou fluidos animais, que variam em sutileza de acordo com os graus de abstração que lhes são associados.

Entretanto, embora enfatizando o veículo material de tudo à exceção das formas mais intelectuais de pensamento, Alberto retém um vestígio das teorias de Avicena e Averróis na medida em que realmente reconhece uma direta influência causal divina sobre a inteligência humana. Se os conceitos e crenças universais que constituem o trabalho de nosso intelecto agente são para ser retidos sob a forma de conhecimento em nosso intelecto receptivo, há necessidade de uma luz especial emanando do intelecto agente não criado. Tal iluminação é especialmente necessária se pretendemos ter conhecimento de objetos imateriais tais como anjos e Deus: neste caso representações imaginárias e abstração não são de grande valia.

Tomás de Aquino sobre os sentidos e o intelecto

Tomás de Aquino rejeitou a necessidade de uma iluminação divina especial para explicar a normal formação humana de conceitos e a busca da ciência natural[8]. Para ele tanto o intelecto agente quanto o intelecto receptivo são faculdades do ser humano individual, postadas no ponto mais elevado da hierarquia de capacidades e habilidades que constituem a alma humana.

Aderindo a Aristóteles, Tomás de Aquino admite três tipos diferentes de alma: uma alma vegetativa nas plantas, uma sensitiva nos animais e uma alma racional nos seres humanos. Nos seres humanos há uma única alma, a racional, mas essa alma, além de seus próprios poderes intelectuais especiais, possui poderes correspondentes àqueles das duas outras almas: poderes vegetativos para crescer e reproduzir, e poderes sensoriais e locomotores tais como possuem os animais. No nível animal e racional há dois tipos de poderes: poderes cognitivos ou de coleta de informações e poderes apetitivos ou orientados por meta. No nível animal há o poder de perceber e o de desejar; no nível racional, há o poder de pensar e o da vontade (*ST* I Q. 78. aa. 1 e 2).

Ao estudar a filosofia da mente de Tomás de Aquino é importante lembrar que ele não identifica, como fizeram muitos filósofos modernos, a mente com a consciência. Para ele a mente era essencialmente a faculdade, ou conjunto de faculdades que destacam os seres humanos dos outros animais. Animais irracionais e seres humanos são capazes, todos eles, de ver, ouvir e sentir, mas somente seres humanos são capazes de pensar pensamentos abstratos e tomar decisões racionais. É a posse do intelecto e da vontade que os destaca dos animais, e são essas duas faculdades que constituem essencialmente a mente, a alma racional.

Todavia, para entender a explicação da mente dada por Tomás de Aquino é importante considerar o que ele diz acerca dos sentidos, pois em sua opinião as atividades das duas faculdades, a racional e a sensorial, estão estreitamente entrelaçadas. A operação dos sentidos é essencial tanto para a origem quanto para o exercício de conceitos intelectuais. Além disso, muito do que um filósofo moderno julgaria ser atividade mental é, para Tomás de Aquino, a operação de um sentido de um tipo particular, ou seja, a imaginação, a qual é um dos sentidos interiores.

Tomás de Aquino aceitava a lista tradicional de cinco sentidos exteriores: visão, audição, tato, paladar e olfato. Sentidos são distinguidos entre si

---

8. Ver acima o capítulo 4.

não por terem diferentes órgãos, mas por terem diferentes objetos: a visão e a audição não diferem porque olhos diferem de ouvidos, mas porque cores diferem de sons. Sentidos são essencialmente poderes discriminatórios, tais como o poder de distinguir o quente do frio, o preto do branco e assim por diante. Cada sentido tem seu próprio objeto, um objeto que só ele pode detectar; mas também há objetos comuns a mais de um sentido, tais como a configuração, a qual pode ser tanto vista quanto tocada (*ST* 1a 78. 3 3).

Um sentido, de acordo com Tomás de Aquino, é uma capacidade de sofrer um tipo especial de mudança produzida por um objeto externo. Quando vemos, a forma da cor é recebida no olho sem que o olho se torne colorido. Normalmente, quando a forma do F é recebida por um objeto material, o objeto se torna F, como quando uma pedra recebe a forma do calor e se torna quente. Essa é a forma padrão de mudança, mudança material. Ao tipo de mudança que ocorre quando uma cor é vista, Aquino dá o nome de mudança "intencional". A forma da cor existe intencionalmente no olho ou, como ele às vezes diz, a intenção (*intentio* ou *species*) da cor está no olho (1a 84. 1).

Uma *intentio* não é uma representação, ainda que Tomás de Aquino por vezes a denomine uma semelhança, ou *similitudo*, do objeto percebido. Alguns filósofos acreditam que na experiência sensorial não observamos diretamente objetos ou propriedades no mundo externo, mas antes percebemos dados sensoriais privados dos quais inferimos a natureza de objetos e propriedades externos. Em Tomás de Aquino não há tais intermediários entre aquele que percebe e o percebido. Na sensação a faculdade não entra em contato com uma semelhança do objeto; torna-se ela mesma como o objeto assumindo sua forma. Isso é sintetizado na divisa tomada de Aristóteles: a faculdade sensorial em operação é idêntica ao objeto sensível em ação (*sensus in actu est sensibile in actu*)[9].

O ensinamento de Tomás de Aquino a respeito da intencionalidade não pretende oferecer um mecanismo arcano a título de uma teoria para explicar a sensação. Pretende ser um truísmo filosófico que nos ajude a ver com clareza o que está acontecendo. A divisa aristotélica não significa mais do que o seguinte: se estalo um doce na boca, meu provar de sua doçura (a operação de minha faculdade sensorial: *sensus in actu*) é uma e a mesma coisa que o doce ser doce para mim (a operação da propriedade sensorial: *sensibile in actu*). A importância do truísmo é precisamente excluir o ingênuo representacionalismo que nessa área se mostra tentador.

---

9. Ver volume I, p. 285.

Além dos cinco sentidos exteriores, Tomás de Aquino acreditava que havia sentidos interiores, e deles tomou uma lista de Avicena: o sentido geral, a memória, a imaginação e uma quarta faculdade, que nos animais é chamada de *vis aestimativa*, e nos seres humanos de *vis cogitativa*. A *vis aestimativa* parece corresponder à nossa noção de "instinto": a apreciação inata dos animais do que é útil ou perigoso expressa em atividades como a construção do ninho ou a fuga dos predadores. Aquino não consegue tornar claro o que considera a capacidade humana equivalente (*ST* 1a 78. 4).

Muitos filósofos além de Tomás de Aquino classificaram a memória e a imaginação como sentidos interiores. Consideraram essas faculdades como sentidos porque encararam sua função como a produção de imagens; consideraram-nas como interiores porque sua atividade, diferentemente daquela dos sentidos exteriores, não era controlada por estímulos externos. Tomás de Aquino, realmente, pensou que os sentidos interiores, como os exteriores, possuíam órgãos — órgãos que estavam localizados em partes diferentes do cérebro.

Parece ser equivocado considerar a imaginação um sentido interior. Ela não possui nenhum órgão no sentido em que a visão possui um órgão: não há nenhuma parte do corpo que possa ser voluntariamente movida de sorte que possamos imaginar melhor, do modo que os olhos podem ser voluntariamente movidos de sorte a podermos ver melhor. Ademais, não é possível estar equivocado sobre o que se imagina do modo que se pode estar equivocado sobre o que se vê: outros não podem conferir o que digo que imagino como podem conferir o que afirmo ver. São diferenças cruciais entre imaginação e sentidos genuínos.

Felizmente muito do que Tomás de Aquino tem a dizer acerca do papel da imaginação e de sua relação com o intelecto não é afetado por essa excessiva assimilação aos cinco sentidos. Chamá-la de um sentido — e portanto para Tomás de Aquino de uma faculdade totalmente no domínio do material — apresenta a grande vantagem de distingui-la do intelecto. Muitos filósofos conceberam a mente como um mundo imaterial e privado, o lugar exato de nossos pensamentos secretos, o auditório de nossos monólogos interiores. Esse é um profundo erro. Claro que é inegável que seres humanos podem manter secretos seus pensamentos e falar com si próprios sem produzir qualquer ruído e evocar imagens ante o olho de suas mentes. Entretanto, para Tomás de Aquino, essa capacidade não é a mente: não é o intelecto, mas a imaginação.

Intellectus é um dos poucos termos técnicos em Tomás de Aquino que significa aproximadamente o mesmo que seu equivalente em português:

"intelecto". O verbo cognato *"intelligere"*, todavia, não tem um *"intellege"* equivalente e felizmente nenhum medievalista teve a ideia de cunhar uma tal palavra para combinar com conhecer. O verbo latino é frequentemente traduzido como "compreender", mas no uso que Tomás de Aquino dele faz apresenta um sentido muito lato, mais semelhante ao português pensar. Vimos que Tomás de Aquino divide os atos do intelecto em duas classes: a apreensão dos não complexos, de um lado, e composição e divisão, do outro[10]. Correspondem a dois tipos de pensamento: pensamentos *de* (tal como o pensamento de um falcão), e pensamentos *que* (tal como o pensamento que um falcão não é um serrote). Não é entretanto inteiramente fidedigno para Tomás de Aquino equiparar o intelecto à capacidade para o pensamento, porque ele acreditava que animais, os quais não possuem intelectos, podiam ter pensamentos simples. É mais exato identificar o intelecto com a capacidade para o tipo de pensamento que somente usuários da linguagem podem possuir.

Para Tomás de Aquino, o intelecto pensa em universais e uma apreensão de universais não está na esfera da capacidade dos animais: um universal não pode nem ser percebido sensorialmente nem imaginado. A despeito disso, Tomás de Aquino acreditava que nos seres humanos a operação do sentido e da imaginação era essencial tanto para a aquisição quanto para o exercício dos conceitos universais. Na vida presente, ele sustentava, o objeto próprio do intelecto humano era a essência, ou quididade, de objetos materiais; e isso, declarou, o intelecto compreendia por abstração a partir de representações imaginárias (*phantasmata*). Por "representações imaginárias" Tomás de Aquino entende os pronunciamentos do sentido e da imaginação sem os quais o pensamento intelectual é impossível. Mas não acredita, como os filósofos empiristas acreditaram, que ideias são derivadas da experiência sensorial pela abstração de aspectos dessa experiência, ou pela desatenção seletiva com relação a esses aspectos. Se assim fosse, então os animais, não menos que os seres humanos, seriam capazes de conceber conceitos universais, ao passo que Tomás de Aquino acreditava que tal conceituação exigia uma faculdade humana específica de espécie, o intelecto agente. Por outro lado, Tomás de Aquino não acredita, como acreditaram filósofos racionalistas, que há ideias individuais inatas em todo ser humano. O intelecto humano, por ocasião do nascimento, é para ele uma *tabula rasa* (*ST* 1a 85).

---

10. Ver acima o capítulo 3.

O intelecto humano, para Tomás de Aquino, consiste de duas faculdades com uma função dupla. Além do intelecto agente, que é a capacidade para abstrair ideias universais a partir da experiência sensorial particular, há, nos seres humanos, um intelecto receptivo, que é o depósito de ideias abstraídas do sentido e de crenças adquiridas a partir da experiência. Por ocasião do nascimento, esse depósito está vazio: o intelecto receptivo é a página inicialmente branca na qual o intelecto agente escreve. Mas as representações imaginárias, sustenta Tomás de Aquino, são necessárias não só para a aquisição de conceitos, como também para seu exercício: não só para colocar ideias no depósito mental, como também para retirá-las novamente e submetê-las ao uso (*ST* 1a 79).

Essa última tese é importante quando consideramos a aplicação de ideias universais a indivíduos no mundo. Alguns filósofos pensaram que um objeto podia ser individuado listando-se a totalidade de suas propriedades, quer dizer, listando os universais em que ele se enquadra. Tomás de Aquino, porém, rejeita isso: não importa quão extensa seja a lista composta por nós, é sempre possível que pudesse aplicar-se a mais de um indivíduo. Considerando-se que o intelecto pensa em universais, é consequentemente impossível haver conhecimento puramente intelectual de indivíduos.

> Mas indiretamente, e por uma espécie de reflexão, o intelecto pode conhecer o singular. Como foi dito, [...] mesmo depois de ter abstraído as espécies inteligíveis, não pode fazer uso delas sem se voltar para as representações imaginárias [*phantasmata*] nas quais conhece as espécies inteligíveis. Assim, pois, conhece diretamente o universal por meio da espécie inteligível, e indiretamente os singulares de onde provêm as representações imaginárias. Dessa maneira, forma essa proposição: "Sócrates é homem". (*ST* 1a 86c)

Se conheço bem alguém, haverá muitas descrições que posso dar dele; porém, a menos que eu faça referência a tempos e lugares particulares, pode não haver nenhuma descrição que não pudesse teoricamente ser satisfeita por alguém mais. Somente o apontando, ou levando-te para vê-lo, ou lembrando-te de uma ocasião em que houve um encontro entre vós, sou capaz de deixar claro para ti que pessoa tenho em mente; e o apontar, a visão e a memória estão fora do domínio do pensamento intelectual puro.

A natureza indireta do pensamento intelectual acerca dos indivíduos resulta de duas teses sustentadas por Tomás de Aquino: primeiro, que a matéria é o princípio da individuação; segundo, que o objeto imediato de todo conhecimento é a forma. Os sentidos percebem formas acidentais, tais como cor e configuração; o intelecto apreende formas substanciais, tais como a humanidade. Tanto o pensamento quanto a sensação são casos da ocorrência intencional das formas; mas, enquanto na sensação as formas são individuais (o aroma *desta rosa*), no pensamento a forma é universal (a ideia de *uma rosa*). É por causa dessa concepção da natureza do pensamento que até hoje falamos de estar *informados* sobre uma matéria e chamamos o ganho de conhecimento de aquisição de *informação*.

A intencionalidade do intelecto, como a intencionalidade da sensação, é expressa numa divisa: *intellectus in actu est intelligibile in actu*: "O ato da faculdade do pensar é a mesmíssima coisa que o ato do objeto do pensamento". Quando tenho um pensamento universal, o meu pensar a ideia universal é uma e a mesma coisa que a ideia ocorrendo à minha mente. Por um lado, o intelecto é meramente a capacidade de pensar ideias universais; por outro lado, o universal como tal, o objeto do pensamento, é algo cuja única existência é sua ocorrência nos pensamentos.

Tomás de Aquino sobre a vontade

No sistema de Tomás de Aquino, além do intelecto, a outra grande faculdade da mente é a vontade. O intelecto é uma faculdade cognitiva de um tipo especificamente humano; a vontade é uma faculdade apetitiva de um tipo especificamente humano. É a faculdade de ter carências que somente podem ser concebidas pelo intelecto. A vontade é a mais elevada forma de apetência, o ponto culminante numa escala cujos degraus mais baixos são as tendências teleológicas dos corpos inanimados (por exemplo, a tendência do fogo de elevar-se) e os desejos conscientes, mas não racionais, dos animais (por exemplo, o desejo de um cão por um osso). Os seres humanos participam dessas tendências — *enquanto* corpos pesados, tendem a cair se não suportados; *enquanto* animais, necessitam de alimento e sono — mas também têm carências especificamente humanas, paradigmaticamente o desejo pela felicidade e pelos meios para alcançar a felicidade. Nos seres humanos, além disso, até mesmo as necessidades animais estão sujeitas ao controle da parte intelectual da alma, a vontade.

> Nos animais, com efeito, o movimento segue-se imediatamente ao apetite concupiscível e irascível. Assim, por exemplo, a ovelha que tem medo do lobo foge imediatamente, pois não há neles apetite superior que se oponha

a isso. Mas o homem não se move logo ao apetite irascível ou concupiscível, mas espera a ordem do apetite superior, a vontade. (*ST* 1a 81. 3)

Tomás de Aquino com frequência compara o desempenho de uma ação voluntária à obediência a um comando interior. Há, diz ele, dois tipos de atos da vontade. Há os atos dela procedentes (*actus eliciti*), como desfrutar, tencionar, escolher, deliberar e consentir (1a 2ae 1. 1 ad 2); e há os atos por ela imperados (*actus imperati*), movimentos voluntários do corpo como caminhar e falar, cuja execução envolve o exercício de alguma outra faculdade além da vontade.

Não se deve pensar que Tomás de Aquino está ensinando que toda vez que saio para uma caminhada emito para mim mesmo, num murmúrio, o imperativo "Sai para uma caminhada!", nem que há coisas tais como atos interiores de puro querer. A palavra latina *"actus"* não necessita significar qualquer tipo de ação: um ato da vontade é, de fato, enquanto padrão, uma tendência, não um episódio (1a 2ae 6. 4). Uma tendência pode ser operativa sem estar presente à consciência, tal como o desejo de alguém de alcançar um destino pode governar o seu comportamento numa viagem sem estar constantemente em seus pensamentos.

Para Tomás de Aquino a ação voluntária é a ação que resulta de uma consideração racional da ação. O mínimo de consideração racional parece ser que a ação resulte de uma sua consideração como respondendo a uma certa descrição linguística — por exemplo, pulando fora do caminho quando alguém grita "Sai do meu caminho". Mas o tipo de caso no qual Tomás de Aquino está mais interessado é quando temos razões para a ação: quando a ação pode ser apresentada como a conclusão de uma amostra de raciocínio prático. As razões para uma ação não precisam ter sido conscientemente ensaiadas antes de agir; mas se é para um ato ser completamente voluntário deve-se, diante da solicitação, ser capaz de fornecer razões — que poderiam assumir a forma de mostrar a excelência do próprio ato ou de mostrar que era um meio para um fim desejável. Ao chamar o comportamento voluntário de "ação imperada", Tomás de Aquino está chamando a atenção para a analogia da relação lógica entre imperativo e execução e a relação de ter vontade de agir.

Uma volição, no caso dos seres humanos, é um estado de mente que é definido pela descrição linguística da ação ou estado de coisas que o satisfaria. Quero que seja o caso aquele p. A proposição p tanto especifica meu estado de mente quanto demarca o estado de coisas que está para ela na relação de satisfação para carência. Mas supõe que, em lugar de eu querer que seja o caso aquele *p*, me ordenas que realize aquele *p*: a proposição tem um papel análogo. A metáfora da vontade emitindo comandos é apropriada e frutífera[11].

O raciocínio prático é um tópico difícil, e sua lógica não foi até hoje plenamente desenvolvida. Um modo em que difere do raciocínio especulativo (teórico) é que é, utilizando o jargão do advogado, *revogável*. O significado disso é o seguinte: no raciocínio dedutivo teórico, se uma conclusão resulta de um dado conjunto de premissas, também resulta de qualquer conjunto maior que contenha essas premissas: o argumento não pode ser vencido mediante a adição de uma premissa extra. Entretanto, com o raciocínio prático é diferente. Um padrão de raciocínio que justificaria um certo procedimento com base em certas carências e crenças pode muito bem deixar de justificá-lo se carências e crenças adicionais são levadas em consideração.

Tomás de Aquino reconheceu a revogabilidade do raciocínio prático, e realmente a viu como o fundamento subjacente da liberdade da vontade. Nos seres humanos, diz ele, diferentemente do que ocorre em relação aos animais,

> ... esse julgamento não é o efeito de um instinto natural aplicado a uma ação particular, mas de uma certa comparação da razão, por isso, o homem age com julgamento livre, podendo se orientar para diversos objetos. Com efeito, a respeito do contingente, a razão pode seguir direções opostas. [...] Como as ações particulares são contingentes, o julgamento da razão sobre elas se refere a diversas e não é determinado a uma única. Por conseguinte, é necessário que o homem seja dotado de livre-arbítrio, pelo fato mesmo de ser racional. (*ST* 1a 83. 1c)

Quando olhamos para uma amostra de raciocínio prático — raciocínio sobre o que fazer — encontramos, no ponto em que a analogia do raciocínio teórico nos levaria a ter expectativa da necessidade, meramente conexões contingentes e revogáveis entre um passo e outro. Tomás de Aquino acreditava que essa contingência constituía a base fundamental da liberdade humana.

Tomás de Aquino não emprega geralmente uma expressão latina correspondente à nossa "liberdade da vontade": fala, em lugar disso, da vontade (*voluntas*) e de "livre-arbítrio" (*liberum arbitrium*). Arbítrio é uma

---

11. As analogias são muito próximas, como tentei expressar em meu livro *Will, Freedom and Power*, Oxford, Blackwell, 1975.

expressão tanto do intelecto quanto da vontade: é um exercício do intelecto porque é o fruto do raciocínio; é um exercício da vontade porque é uma forma de apetência. Seguindo Aristóteles, Tomás de Aquino nos diz que é tanto inteligência apetitiva quanto apetite raciocinante (*ST* 1a 83c).

Intelecto e vontade são as duas grandes faculdades da alma racional, alma peculiar aos seres humanos. Além de ser a alma que somente seres humanos possuem, é a única alma que seres humanos possuem. Contra seus contemporâneos que pensaram que seres humanos possuíam também a alma dos animais e a dos vegetais, mais uma forma da corporeidade, Tomás de Aquino sustentou que a alma racional era uma e a única forma substancial de um ser humano. Se tivesse havido uma pluralidade de formas, argumentava, não se poderia dizer que era um e o mesmo ser humano que pensava, amava, via, ouvia, bebia, dormia e tinha certo peso e tamanho.

Tomás de Aquino acreditava que a alma humana era imaterial e imortal. O argumento segundo o qual a alma é forma pura, não contaminada pela matéria, é apresentado da seguinte maneira:

> É necessário dizer que o princípio de operação do intelecto, que é a alma humana, é um princípio incorpóreo e subsistente. É claro que o homem pode conhecer, pelo intelecto, a natureza de todos os corpos. Para que possa conhecer algo, não se deve possuir nada em si de sua natureza, porque tudo aquilo que lhe fosse por natureza inerente o impediria de conhecer outras coisas. Por exemplo, a língua de um enfermo, biliosa e amarga, não pode perceber algo doce, pois tudo lhe parece amargo. Assim, se o princípio intelectual tivesse em si a natureza de algum corpo, não poderia conhecer todos os corpos. (*ST* 1a 75. 2)

A tese da imaterialidade da alma vai de mãos dadas com a tese da existência intencional dos objetos do pensamento. "A matéria primeira, com efeito, recebe formas individuais; o intelecto, as formas universais", diz Tomás de Aquino. Isso quer dizer que a configuração (forma) da Grande Pirâmide é *sua* configuração (forma), e não a configuração de qualquer outro objeto piramidal; mas a ideia intelectual de uma pirâmide em minha mente é a ideia absoluta de pirâmide e não a ideia de qualquer pirâmide particular. Mas se a mente tivesse qualquer matéria em si a ideia se tornaria individual, não universal (1a 75. 5c).

Esse argumento, se lograsse êxito, mostraria que a alma não contém matéria. Mas significaria que a alma pode existir dissociada da matéria — dissociada, por exemplo, do corpo da pessoa da qual ela é a alma? Tomás de Aquino acredita que pode. O pensamento intelectual é uma atividade da qual o corpo não participa; mas nada pode atuar por conta própria a não ser que exista por contra própria; de fato, somente o que existe em ato pode atuar, e o modo que atua depende do modo que existe. "Por isso não dizemos que o *calor* esquenta, mas que é *quente*. — Conclui-se, portanto, que a alma humana, que é chamada de intelecto ou mente, é incorpórea e subsistente" (1a 75. 2c).

Um problema com esse argumento é que em outra parte Tomás de Aquino insiste que, tal como é estritamente incorreto dizer que o calor aquece, do mesmo modo é estritamente incorreto dizer que a alma, ou a mente, pensa. Aristóteles dissera: "É melhor não dizer que a alma se compadece, ou aprende, ou pensa, mas que é o ser humano que realiza essas coisas com sua alma" (*De anima*, 408b15), e Tomás de Aquino faz eco disso ao dizer: "Pode-se, por isso, dizer que a alma conhece como os olhos veem, porém é mais próprio dizer que o homem conhece pela alma". Se examinarmos seriamente essa comparação, teremos que declarar que tal como um olho fora de um corpo não é mais, de modo algum, realmente um olho, do mesmo modo uma alma separada de um corpo não é mais realmente uma alma.

Tomás de Aquino demora um pouco para aceitar isso, mas não o trata como uma *reductio ad absurdum*. Concorda que a alma destituída de corpo de uma pessoa não é o mesmo que a pessoa da qual é a alma. S. Paulo escreveu: "Se depositamos a nossa confiança em Cristo somente para esta vida, somos os mais dignos de pena de todos os homens" (1Cor 15,19). Sto. Tomás, comentando essa passagem, escreveu: "Um ser humano naturalmente deseja sua própria salvação; mas a alma, uma vez que é parte do corpo de um ser humano, não é um ser humano integral, e minha alma não é eu; assim, mesmo que uma alma obtenha a salvação numa outra vida, essa não é eu ou qualquer ser humano". Quer a crença de Tomás de Aquino na possibilidade de almas destituídas de corpos seja coerente, quer não o seja, é notável o fato de ele se recusar a identificar tal alma, ainda que beatificada, com qualquer eu ou ego. Ele se recusa a identificar um indivíduo com a alma de um indivíduo, como muitos teólogos antes dele e muitos filósofos depois dele estiveram dispostos a fazer.

Scotus *versus* Tomás de Aquino

A filosofia da mente de Duns Scotus diferia profundamente da de Tomás de Aquino, em consonância com as diferenças de seus sistemas metafísicos.

Tomás de Aquino acreditava que não havia conhecimento puramente intelectual de indivíduos, porque a individuação era por meio da matéria, e o pensamento intelectual era isento de matéria. Mas para Scotus existe um elemento individual, ou *haecceitas*, o qual é um objeto do conhecimento: não é totalmente uma forma, porém é suficientemente como uma forma para estar presente no intelecto. E porque cada coisa possui dentro de si um princípio formal, inteligível, o fundamento é solapado sob a base em que Tomás de Aquino apoiava a necessidade de um intelecto agente específico de espécie nos seres humanos.

Individuais, diferentemente dos universais, são coisas que vêm a existir e deixam de existir. Se os objetos próprios do intelecto incluem não só universais, mas também itens individuais como uma *haecceitas*, então há uma possibilidade de um tal objeto estar no intelecto sem existir na realidade. A possibilidade de um só e mesmo objeto estar no intelecto e não existir na realidade era a possibilidade que a teoria da intencionalidade de Tomás de Aquino foi ciosa de evitar. É possível que uma forma individual, segundo Scotus, exista na mente e, não obstante, o indivíduo correspondente não exista. Daí a forma individual presente no intelecto poder ser somente uma representação do objeto cujo conhecimento expressa sem ser idêntica a esse objeto. A consequência disso é abrir-se uma janela ao nível do mais elevado conhecimento intelectual, uma janela que permite o ingresso dos problemas epistemológicos que nos têm sido familiares desde Descartes.

As diferenças entre Tomás de Aquino e Scotus, no que respeita ao intelecto, não constituem tanto uma matéria de explícita rejeição por parte de Scotus de posições assumidas por Tomás de Aquino, mas antes o fato de um exame da posição de Scotus levar alguém a refletir sobre sua incompatibilidade, num nível profundo, com a antropologia tomista. Mas quando nos voltamos do intelecto para a vontade as coisas se mostram muito diferentes. Neste caso, Scotus conscientemente rejeita a tradição que o precede, com plena ciência disso. Julga que Tomás de Aquino representou erroneamente a natureza da liberdade humana e a relação entre o intelecto e a vontade.

Para Tomás de Aquino, a raiz da liberdade humana era a dependência que tem a vontade da razão prática. Para Scotus, a vontade é autônoma e soberana, e ele formula a questão de se qualquer coisa distinta da vontade causa efetivamente o ato volitivo na vontade. Sua resposta é que nada senão a vontade constitui a causa total da volição. O que é contingente provém necessariamente de uma causa indeterminada, a qual só pode ser a própria vontade, e ele argumenta contrariamente à posição, a qual atribui a "um doutor mais velho", de que a indeterminação da vontade é o resultado de uma indeterminação da parte do intelecto.

> Dizes: essa indeterminação é da parte do intelecto, assim representando o objeto à vontade, como será, ou não será. Pelo contrário: o intelecto não pode determinar a vontade indiferentemente a um ou outro dos contraditórios (por exemplo, isto será ou não será), a não ser demonstrando um deles, e construindo um paralogismo ou silogismo sofístico no tocante ao outro, de modo que ao tirar a conclusão é enganado. Portanto, se essa contingência pela qual isso pode ser ou não ser foi a partir do intelecto, ditando dessa maneira por meio de conclusões opostas, então nada aconteceria contingentemente pela vontade de Deus, ou por Deus, porque ele não constrói paralogismos, nem é enganado. Mas isso é falso. (*Oxon.* 2. 25)

A crítica de Scotus da ideia de que o indeterminismo da vontade surge de um indeterminismo no intelecto se baseia numa compreensão equivocada da teoria que está atacando. O intelecto, ao ditar para a razão, não diz "Isso será" ou "Isso não será", mas sim "Isso é para ser" ou "Isso não é para ser", "Isso é bom" ou "Isso não é bom". Se o que está em questão é um meio não necessário para uma meta escolhida, é possível ao intelecto, sem erro, ditar tanto que algo é bom quanto que seu oposto é bom. Ademais, ao fazer da vontade a causa de sua própria liberdade, a teoria de Scotus expõe-se ao risco de conduzir a uma regressão infinita de livres-arbítrios, na qual a liberdade de um arbítrio depende de um livre-arbítrio anterior, cuja liberdade depende de um anterior, e assim continuamente.

Scotus não ignorava esse risco, e opondo a posição por ele atacada desenvolve sua própria elaborada análise da estrutura da liberdade humana, de uma maneira que, segundo acredita, assegura a possibilidade de evitar a regressão. Em qualquer caso de ação livre, ele diz, é imperioso haver algum tipo de poder aos opostos. Um tal poder é óbvio: é o poder da vontade querer após não querer, ou seu poder decretar uma sucessão de atos opostos. É claro que a vontade não pode ter poder de querer e não querer simultaneamente — isso seria absurdo — mas, enquanto A está querendo X no tempo t, A tem o poder de não querer X no tempo $t + 1$.

Mas além desse poder óbvio, sustenta Scotus, há um outro, não óbvio, que não é uma matéria de sucessão temporal (*alia, non ita manifesta, absque omni successione*). Ilustra esse tipo de poder imaginando um caso em que uma vontade criada existia somente por um só momento. Nesse momento podia ter apenas uma só volição, mas mesmo essa volição não seria necessária, mas seria livre. Ora, enquanto a ausência de sucessão envolvida na liberdade é cabalmente evidente no caso da imaginada vontade momentânea, a sucessão está presente em todos os casos de ação livre, ou seja, que, enquanto A está querendo X em t, não só A tem o poder de não querer X em $t + 1$, como também A tem o poder de não querer X em t, nesse próprio momento. O poder, é claro, não é exercido, mas está, de qualquer modo, ali presente. É completamente distinto da mera possibilidade lógica — o fato de que não haveria contradição em A não querer X nesse próprio momento —, é algo que ultrapassa isso: um real poder ativo. É esse poder que, para Scotus, é o núcleo da liberdade humana[12].

Defendendo a coerência do conceito desse poder não manifesto, Scotus faz uso de uma distinção lógica que nos faz remontar a Abelardo. Considere-se a sentença "Esta vontade, que é querer X em t, não pode querer X em t". Ela pode ser encarada de duas maneiras. Encarada de uma maneira ("num sentido composto"), significa que "Esta vontade, que é querer X em t, não está querendo X em t" é possivelmente verdadeira. Encarada dessa maneira, a sentença é falsa, e realmente necessariamente falsa. Encarada de uma outra maneira ("num sentido dividido"), significa que é possível que *não querer X no tempo t* poderia ter inerido a essa vontade que está querendo X em ato no tempo t. Encarada nesse sentido, sustenta Scotus, a sentença pode muito bem ser verdadeira (*Ord.* 4. 417-18).

Ockham *versus* Scotus

Ockham rejeitou o poder não manifesto que fora introduzido por Scotus. Não era um poder genuíno, afirmou ele, por ser totalmente incapaz de *atualização* sem contradição. O poder de não sentar no tempo t devia ser considerado como um poder existindo não em t (quando estou sentando em ato), mas no tempo $t - 1$, o derradeiro momento no qual me era concedida a alternativa de levantar-me em t.

Como Ockham, julgo os poderes ocultos de Scotus incompreensíveis. Mas a rejeição de Ockham a eles não é suficientemente séria. O erro de Scotus foi considerar um poder como um evento datável tal como o exercício de um poder. Ockham admite a noção de um poder por um instante,

---
12. Ver a discussão a respeito de contingência sincrônica anteriormente, no capítulo 6.

e simplesmente antecipa a localização temporal do poder. Mas ter um poder é um estado; não é um episódio momentâneo como uma ação.

É possível que seja verdadeiro, em t, que eu tenha o poder de fazer X, sem isso acarretar que tenho o poder de fazer-X-em-t. Está claro que pode ser verdadeiro que posso fazer X em t, mas para analisar uma tal afirmação temos que distinguir poder de oportunidade. Para ser verdadeiro que posso nadar agora é necessário não só que disponha agora do poder de nadar (isto é, saber nadar), mas também que disponha da oportunidade de nadar (por exemplo, que haja uma quantidade suficiente de água por perto). Scotus e Ockham deixam de realizar a distinção apropriada, e seus poderes temporariamente qualificados são um amálgama das duas noções de poder e oportunidade. Uma oportunidade, porém, não é um poder oculto meu: é uma matéria dos estados e poderes de outras coisas e a compossibilidade desses estados e poderes com o exercício de meu poder[13].

A despeito de suas divergências acerca da precisa natureza da liberdade, Ockham concorda com Scotus quanto a frisar a autonomia da vontade. A ação da vontade não é determinada nem por um desejo natural de felicidade, nem por qualquer comando do intelecto, nem por qualquer hábito no apetite sensitivo: permanece sempre livre para escolher entre opostos.

Sobre o lado cognitivo da alma, Ockham regularmente escreve como se reconhecesse os três conjuntos de faculdades tradicionais na filosofia aristotélica: sentido exterior (os cinco sentidos familiares), sentido interior (a imaginação) e o intelecto. Todavia, quando discorre a respeito do intelecto não fica de modo algum claro que está se referindo à mesma faculdade descrita por Aristóteles e Tomás de Aquino. Para Tomás de Aquino, o intelecto se distinguia dos sentidos porque seu objeto era universal, ao passo que o deles era particular; e o individual era diretamente cognoscível somente pelos sentidos. Mas para Ockham tanto o particular quanto o universal podem ser conhecidos diretamente pelos sentidos e pelo intelecto.

Para Tomás de Aquino, um conhecimento da mente humana de um cavalo particular seria subsequente à aquisição da ideia (*species*) universal de cavalo, formada a partir da experiência sensorial pela atividade criativa de uma faculdade peculiar aos seres humanos, o intelecto agente. Uma vez adquirida essa ideia, pode ser aplicada a indivíduos apenas por uma atividade reflexiva do intelecto, revertendo à experiência sensorial. Ockham julga todo esse mecanismo supérfluo.

---

13. Ver meu *Will, Freedom and Power*, capítulo 8.

Podemos supor que o intelecto pode ser conduzido ao conhecimento de um indivíduo pelo mesmo processo pelo qual é conduzido ao conhecimento de um universal. Se é conduzido ao conhecimento do universal pelo intelecto agente por sua própria conta, então o intelecto agente, por sua própria conta — podemos supô-lo — pode igualmente e facilmente conduzi-lo ao conhecimento de um indivíduo. E como pode ser direcionado pela espécie inteligível ou pelas representações imaginárias a pensar em um universal de preferência a um outro, assim também estamos autorizados a supor que pode ser direcionado pela espécie inteligível a pensar nesse indivíduo e não em um outro. De um modo ou outro, após a aquisição do conceito universal, a mente pode ser direcionada a pensar em um indivíduo de preferência a um outro (ainda que o conhecimento do universal diga respeito a todos os indivíduos igualmente) precisamente da mesma maneira que pode ser direcionada, mesmo antes da aquisição do universal, a pensar nesse indivíduo de preferência a um outro. (*OTh*. 1. 493)

Quando Ockham afirma que o intelecto pode conhecer o indivíduo, não está baseando sua afirmação na existência de um elemento formal de individuação, como a *haecceitas* de Scotus. Rejeitou qualquer semelhante princípio e negou a necessidade dele. Tudo aquilo que existe no mundo real é individual e prescinde de qualquer princípio para individuá-lo. Seu ponto principal presente na passagem citada é que, seja qual for a explicação filosófica dada da aquisição e emprego do conhecimento do universal, exatamente a mesma explicação pode ser dada da aquisição e emprego do conhecimento do individual. Se é assim, então parece uma violação da navalha de Ockham postular duas diferentes faculdades exatamente com a mesma função.

De fato, Ockham realmente distingue os sentidos do intelecto, mas sempre que descreve a operação do intelecto parece ser uma mera duplicata ou do sentido interior ou do exterior. O mesmíssimo objeto que percebemos sensorialmente é intuitivamente apreendido pelo intelecto exatamente sob a mesma descrição; a apreensão pelo intelecto do objeto percebido sensorialmente é paralela à representação da imaginação do objeto percebido (*OTh*. 1. 494). Ver um objeto branco, imaginar um objeto branco e pensar em um objeto branco são, para Ockham, operações mentais de tipo semelhante. O único aspecto que parece ser peculiar ao intelecto é o ato de julgar que há um objeto branco. Esse juízo não é um ato dos sentidos, nem da vontade, mas exclusivamente do intelecto (*OTh*. 6. 85-6).

Uma representação, da Sala Sistina na biblioteca do Vaticano, do quinto Concílio Laterano, o qual condenou o ensinamento de Pomponazzi acerca da imortalidade da alma.

Tal como não estava convencido pelos tradicionais argumentos a favor da existência de Deus, do mesmo modo Ockham não estava convencido com os argumentos dos aristotélicos medievais com o objetivo de provar a imortalidade da alma. Se uma alma é uma forma imaterial e incorruptível, disse ele,

> não pode ser conhecido evidentemente quer por argumento quer por experiência que há uma tal forma em nós. Tampouco pode ser conhecido que o pensar em nós pertence a uma tal substância, nem que uma tal alma seja uma forma do corpo. Não me importo com o que Aristóteles pensou disso, porque ele sempre parece falar hesitantemente. Mas essas três coisas são simplesmente objetos de fé. (*OTh*. 9. 63-4)

Pomponazzi a respeito da alma

À medida que a Idade Média se encaminhava para seu fim, esse ceticismo acerca de provas filosóficas da imortalidade tornou-se mais difundido. Os argumentos a favor e contra a imortalidade dos indivíduos humanos são exibidos no tratado de Pedro Pomponazzi, *Sobre a imortalidade da alma*, publicado sob forma de panfleto em 1516. Pomponazzi começa examinando a opinião de que há uma única alma humana, imortal e intelectual, enquanto cada indivíduo humano tem apenas uma alma mortal. Essa opinião, atribuída por ele a Averróis e Temístio, é, diz-nos ele, "largamente sustentada em nosso tempo e confiantemente entendida por quase todos como sendo a de Aristóteles". De fato, diz ele, é falsa, ininteligível, monstruosa e completamente estranha a Aristóteles.

Para mostrar que a opinião é falsa, Pomponazzi encaminha o leitor a argumentos usados por Sto. Tomás de Aquino em seu *De unitate intellectus*. Para mostrar que é não aristotélica, recorre ao ensinamento do *De anima*, segundo o qual, para operar, o intelecto sempre necessita de um fantasma, que é algo material. Nossa alma intelectual é um ato de um corpo físico e orgânico. É possível que haja tipos de inteligência que prescindam de um órgão para operar, mas o intelecto humano não é um deles.

Um corpo, entretanto, pode funcionar como sujeito ou objeto. Nossos sentidos necessitam de corpos de ambas as maneiras: seus órgãos são corpóreos e seus objetos são corpóreos. O intelecto, contudo, não precisa de um corpo como sujeito, e é capaz de executar operações (como refletir sobre si mesmo) que nenhum órgão corpóreo é capaz de executar:

a mente pode pensar em si mesma, enquanto o olho não pode ver a si mesmo. Isso, todavia, não significa que o intelecto pode operar com completa independência do corpo.

Aquino é novamente invocado com o objetivo de refutar uma outra opinião, platônica, de que embora todo ser humano possua uma alma imortal individual essa alma está associada ao seu corpo tão só como o motor com o movido — digamos, como um boi a um arado. Como Tomás de Aquino, Pomponazzi recorre à experiência:

> Eu que estou escrevendo estas palavras sou acossado por muitas dores corpóreas, que são a função da alma sensitiva; e o mesmo eu que sou torturado examino rapidamente suas causas médicas a fim de eliminar essas dores, o que não pode ser feito salvo pelo intelecto. Mas se a essência pela qual sinto fosse diferente daquela pela qual penso, como poderia ser possível que eu, que sinto, sou o mesmo eu que penso? (c. 6, p. 298[14])

É necessário que concluamos que no ser humano a alma intelectual e a alma sensitiva são uma alma una e idêntica.

Pomponazzi está de acordo com Sto. Tomás nisso, mas a essa altura passa a divergir dele. Tomás de Aquino, ele disse, acreditava que essa alma única era propriamente imortal, e mortal somente por uma força de expressão (*secundum quid*). Mas ele, isto é, Pomponazzi, se disporá agora a mostrar que a alma é propriamente mortal, e imortal somente por uma força de expressão. Ele prossegue falando de Tomás de Aquino com grande respeito. "Como a autoridade de um Doutor tão sábio é muito grande, a meu ver não apenas em teologia, mas também na interpretação de Aristóteles, não ousaria afirmar nada contra ele: somente avento o que digo à guisa de dúvida" (c. 8, p. 302).

Por natureza, o ser do homem é mais sensual do que intelectivo, mais mortal do que imortal. Temos mais faculdades vegetativas e sensoriais do que faculdades intelectuais, e muito mais pessoas se dedicam ao exercício dessas faculdades do que ao cultivo do intelecto. A grande maioria dos seres humanos são mais propriamente animais irracionais do que racionais. Mais seriamente, a alma somente pode ser dissociável se cumprir uma operação independente do corpo. Mas tanto Aristóteles quanto Tomás de Aquino sustentam que as representações imaginárias são essenciais para

---

14. Em E. CASSIRER et al. (eds.), *The Renaissance Philosophy of Man*, Chicago, Chicago University Press, 1959.

qualquer exercício do pensamento: consequentemente a alma necessita do corpo como objeto, se não como sujeito. Almas só podem ser individuadas pela matéria dos corpos que informam: não será satisfatório dizer que almas, separadas de seus corpos, são individuadas por uma aptidão permanente de informar um corpo particular.

Acreditava Aristóteles na imortalidade? Na *Ética* ele parece asseverar que não há felicidade após a morte, e quando diz que é possível desejar o impossível o exemplo que dá de tal desejo é o desejo da imortalidade. Sto. Tomás indaga por que, se Aristóteles pensava não haver sobrevivência à morte, desejava ele que as pessoas morressem de preferência a viverem no mal. Mas a única inteligência imortal que Aristóteles parece admitir é a que precede, bem como sobrevive, à morte do indivíduo humano. Contudo, declara Pomponazzi, ele não está disposto a buscar um conflito com Aristóteles: o que é uma pulga contra um elefante? (c. 8, p. 313; c. 10, p. 334).

A conclusão aristotélica que Pomponazzi finalmente aceita é a seguinte: a alma humana é tanto intelectiva quanto sensitiva e, expressando-se com rigor, é mortal, e imortal somente *secundum quid*. Em todas suas operações, o intelecto humano é o ato de um corpo orgânico, e depende sempre do corpo como seu objeto. A alma humana é o que produz um indivíduo humano, porém não é, ela mesma, um indivíduo subsistente (c. 9, p. 321). Essa posição "se harmoniza com a razão e com a experiência, nada tem de mítico, nada dependente da Fé". O intelecto que, segundo Aristóteles, sobrevive à morte não é nenhum intelecto humano. Quando classificamos a alma de imortal, é somente como chamar de cinza o "branco" quando é comparado a um fundo negro.

A imortalidade da alma, conclui Pomponazzi, é uma questão como a eternidade do mundo. A filosofia não pode estabelecer de um modo ou outro se o mundo algum dia teve um começo; é igualmente impotente para estabelecer se a alma terá algum dia um fim. Suas últimas palavras — sinceras ou não — são essas. Devemos afirmar, fora de dúvida, que a alma é imortal: mas isso é um ato de fé, não uma conclusão filosófica.

8

Ética

Agostinho sobre como ser feliz

Como a maioria dos moralistas do mundo antigo, Agostinho baseia seu ensinamento ético na premissa de que todos querem ser felizes, e que é a tarefa da filosofia definir o que é esse supremo bem e como deve ser atingido. Se perguntares a duas pessoas se querem ingressar no exército, diz ele nas *Confissões*, uma poderá responder que sim, e a outra que não. Mas se perguntares a elas se querem ser felizes ambas responderão, sem hesitar, que sim. A única razão para diferirem quanto a servir no exército é que uma crê, ao passo que a outra não crê, que isso a tornará feliz (*Conf.* X. 21, 31).

Em *Da Trindade* (*DT* 13. 3. 6) Agostinho conta a história de um ator de teatro que prometeu dizer a sua plateia, em sua próxima apresentação, o que estava em cada uma de suas mentes. Quando eles voltaram, ele lhes disse: "Cada um de vós deseja comprar barato e vender caro". Isso foi esperto, diz Agostinho, mas não realmente correto — e fornece uma lista de possíveis exemplos que se opõem a isso. Mas se o ator tivesse dito: "Cada um de vós deseja ser feliz, e nenhum de vós deseja ser infeliz", então teria atingido o alvo perfeitamente.

O ramo da filosofia que os gregos chamam de "ética" e que os latinos chamam de "filosofia moral", diz Agostinho, é uma investigação do bem supremo. Trata-se do bem que proporciona o padrão para todas nossas ações; é buscado por si mesmo e não como um meio para um fim. Uma vez o tenhamos atingido, nada nos falta que é necessário para a felicidade (*DCD* VIII. 8). Até aí, Agostinho não está dizendo nada que não fora dito pelos moralistas clássicos: e também acata precedentes ao rejeitar a riqueza, as honras e o prazer sensual como candidatos a ser o supremo bem. Os estoicos, entre outros, sustentaram uma renúncia semelhante e afirmaram que a felicidade residia nas virtudes da mente. Estavam enganados, contudo, tanto em pensar que a virtude, por si só, bastava para a felicidade quanto em pensar que a virtude era atingível mediante o esforço humano sem auxílio. Agostinho dá um passo além de todos os seus predecessores pagãos ao afirmar que a felicidade é verdadeiramente possível somente na visão de Deus numa vida após a morte.

Em primeiro lugar, argumenta que qualquer um que deseja ser feliz tem que desejar ser imortal. Como podemos sustentar que uma vida feliz deve encerrar-se por ocasião da morte? Se um ser humano não deseja perder sua vida, como pode ser feliz com essa perspectiva diante de si? Por outro lado, se sua vida é algo de que deseja desistir, como pode ter sido verdadeiramente feliz? Mas, se a imortalidade é necessária à felicidade, não é suficiente. Filósofos pagãos que afirmaram ter demonstrado a imortalidade da alma também tiveram que suportar a perspectiva de um miserável ciclo reencarnatório. Somente a fé cristã promete felicidade perene para o ser humano integral, alma e corpo igualmente (*DT* 13. 8. 11-9. 12).

> O bem supremo da Cidade de Deus é paz eterna e perfeita, não no nosso trânsito mortal do nascimento à morte, mas em nossa liberdade imortal de toda adversidade. Essa é a vida mais feliz — quem pode negá-lo? — e comparada a ela nossa vida sobre a Terra, não importa quão abençoada com a prosperidade externa ou os bens da alma e do corpo, é inteiramente miserável. Todavia, aquele que a aceita e dela faz uso como um meio para aquela outra vida pela qual anseia e espera, não pode de modo não razoável ser classificado como feliz mesmo agora — feliz mais propriamente em esperança do que em realidade. (*DCD* XIX. 20)

Virtude na vida presente, portanto, não equivale à felicidade: não passa de um meio necessário para um fim que é, em última instância, do outro mundo. Ademais, não importa quão arduamente tentemos, somos incapazes de evitar o vício sem a graça, isto é, sem assistência divina especial, a qual é concedida somente aos selecionados para a salvação por Cristo. As virtudes dos grandes heróis pagãos, celebradas ocasionalmente em *A Cidade de Deus*, eram realmente apenas esplêndidos vícios que receberam sua recompensa na gloriosa história de Roma, mas que não ofereceram qualificação para a única felicidade verdadeira do céu.

Muitos teóricos clássicos sustentaram a opinião de que as virtudes morais eram inseparáveis: todo aquele que possui uma dessas virtudes realmente possui todas elas, e todo aquele que carece de uma virtude carece de todas as virtudes. Como um corolário, alguns moralistas sustentaram que não há graus de virtude e vício, e que todos os pecados são de igual gravidade. Agostinho rejeita essa opinião[1].

> Uma mulher [...] que permanece fiel ao seu marido, se assim age por causa do mandamento e promessa de Deus, e é fiel a ele acima de tudo, tem castidade. Não sei como poderia dizer que tal castidade não é uma virtude ou apenas uma virtude insignificante. O mesmo se aplica a um marido que permanece fiel à sua esposa. No entanto, há muitas pessoas como essas, nenhuma das quais eu diria que é sem algum pecado, e certamente esse pecado, seja qual for, origina-se do vício. Consequentemente, a castidade conjugal em homens e mulheres devotos é, sem dúvida, uma virtude — pois não é nem nada nem um vício e, não obstante, não tem todas as virtudes consigo. (*Ep.* 167. 3. 10)

Somos todos pecadores, mesmo o mais devoto cristão entre nós; no entanto, nem tudo que fazemos é pecaminoso. Somos todos viciosos de uma maneira ou outra, mas nem todos os traços de nosso caráter constituem vício.

Entretanto, no ensinamento moral de Agostinho, há um elemento que apresenta muitas das mesmas consequências da tese pagã da inseparabilidade das virtudes morais. Trata-se da doutrina segundo a qual as virtudes morais são inseparáveis das virtudes teológicas, quer dizer, alguém que carece das virtudes de fé, esperança e caridade não pode verdadeiramente possuir virtudes tais como sabedoria, temperança ou coragem (*DT* 13. 20. 26). Um ato que não é realizado a partir do amor a Deus é necessariamente pecaminoso; e sem fé ortodoxa não se pode ter verdadeiro amor a Deus (*DCG* 14. 45).

Agostinho com frequência diz que as virtudes dos pagãos não passam de esplêndidos vícios: uma árvore má não pode produzir bons frutos. Às vezes ele se dispõe a conceder que alguém a quem falta fé pode realizar

---
1. Ver Bonnie KENT, Augustine's Ethics, CCA 226-9.

atos bons individuais, de modo que nem todo ato de um infiel é um pecado. Mas, ainda que os pagãos possam realizar a ação boa ocasional, isso não os ajudará a atingir a felicidade suprema: o melhor que podem esperar é que sua punição eterna será menos insuportável do que a de outros.

Através da longa história do cristianismo, muitos vieram a aceitar o quadro agostiniano do futuro medonho que espera a grande maioria da espécie humana. Depois da ruptura da Reforma, Calvino, no lado protestante, e Jansênio, no lado católico, ofereceram visões de trevas ainda mais negras; e no século XIX Kierkegaard e Newman enfatizaram, como Agostinho, quão estreita era a porta que dava acesso ao bem supremo da ventura final. O jovial otimismo que caracterizou muitos cristãos no século XX contou com pouco respaldo da tradição. Mas isso é um assunto para a história da teologia, não da filosofia.

Agostinho sobre a mentira, o assassinato e o sexo

De um ponto de vista filosófico, as contribuições de Agostinho para particulares debates éticos são de maior interesse do que sua opinião global acerca da natureza da moralidade. Escreveu muito que vale a pena estudar no que toca à interpretação de três dos Dez Mandamentos: "Não matarás", "Não cometerás adultério", "Não prestarás falso testemunho contra teu próximo".

Em *A Cidade de Deus* Agostinho definiu para as gerações vindouras o modo em que cristãos deveriam interpretar o mandamento bíblico "Não matarás". Em primeiro lugar, a proibição não se estende ao matar criaturas não humanas:

> Quando lemos "não matarás" não o entendemos como se referindo a arbustos, que nada sentem, ou aos animais irracionais que voam, ou nadam, ou caminham, ou rastejam, visto que não fazem parte de nossa sociedade racional. Não foram dotados de razão como fomos, e assim é devido a um justo decreto do criador que suas vidas e mortes estejam subordinadas às nossas necessidades. (*DCD* I. 20)

Em segundo lugar, nem sempre é errado para um ser humano deliberadamente tirar a vida de um outro ser humano. Agostinho aceita que se possa justificar que um magistrado público inflija a pena de morte a um malfeitor, desde que a sentença seja imposta e executada de acordo com as leis do Estado. Ademais, ele diz, o mandamento contra o matar não é violado "por aqueles que travaram a guerra sob a autoridade de Deus" (*DCD* I. 21).

Mas como pode alguém declarar quando uma guerra é travada com a autoridade de Deus? Agostinho não glorifica a guerra: ela é um mal a ser realizado somente para prevenir um mal maior. Todas as criaturas anseiam pela paz e até a guerra é travada somente no interesse da paz, pois a vitória nada é senão paz com glória. "Todos buscam paz enquanto fazem a guerra, mas ninguém busca a guerra enquanto produz a paz." (*DCD* XIX. 10). Por outro lado, Agostinho não é um pacifista, como alguns de seus predecessores cristãos haviam sido, com base na ordem do Evangelho de "voltar a outra face". Soldados podem participar, na realidade são obrigados a participar de guerras travadas por Estados em defesa própria ou com o objetivo de corrigir séria injustiça. Agostinho não exprime essas condições do modo que seus sucessores medievais e do início da modernidade fizeram desenvolvendo a teoria da guerra justa. Mostra-se claro, entretanto, que mesmo numa guerra justa ao menos um lado está agindo pecaminosamente (*DCD* XIX. 7). E apenas um Estado em que prevalece a justiça tem o direito de ordenar a seus soldados que matem. "Removei a justiça, e que são reinos senão quadrilhas criminosas que atuam à vontade"? (*DCD* IV. 4). Apesar disso, ele se mostra inclinado a fornecer exemplos históricos de guerras que considera sancionadas divinamente: por exemplo, a defesa do norte da Itália contra os ostrogodos, que findou com a vitória espetacular do general do império Stilicho em Fiésole em 405 (*DCD* V. 23).

E quanto ao matar, por parte de cidadãos privados, em defesa própria ou em defesa da vida de terceiros? Agostinho não parece ter se decidido no que se refere à legitimidade ou ilegitimidade disso, e trechos de suas cartas podem ser citados nos dois sentidos. Mas em um tópico muito disputado na filosofia helenística Agostinho se revela absolutamente firme: o suicídio é ilícito. O mandamento "Não matarás" aplica-se a si mesmo tanto quanto a outros seres humanos (*DCD* I. 20).

Essa era a questão do momento quando Agostinho começou a escrever *A Cidade de Deus*, porque durante o saque de Roma, em 410, muitos homens e mulheres cristãos se mataram para evitar o estupro ou a escravização. Agostinho sustenta que nenhuma razão pode jamais justificar o suicídio. O suicídio diante da privação material é uma marca de fraqueza, não de grandeza de alma. O suicídio para escapar à desonra — tal como

Diferentemente de outros Padres da Igreja, Agostinho ensinava que a reprodução sexual fazia parte do plano de Deus para o Jardim do Éden. Contudo, a Queda — como aqui representada numa pintura de catacumba romana — tornou a sexualidade vergonhosa e incontrolável.

o do Catão romano, que não quis curvar-se ante a tirania de Júlio César — só traz maior desonra (*DCD* I. 23-4). Suicídio para escapar à tentação do pecado, ainda que a menos repreensível forma de suicídio, é, contudo, indigno de um cristão que confia em Deus. O suicídio para escapar do estupro — uma ação que alguns outros cristãos, como Ambrósio, consideram heroica — enquadra-se ainda mais positivamente na condenação de Agostinho porque ser objeto do estupro não é pecado e não acarreta vergonha para uma vítima que não dá seu consentimento (*DCD* I. 19).

Agostinho é menos direto na defesa dos direitos humanos além do direito à vida. Indaga se um magistrado age bem ao torturar testemunhas com o propósito de extrair evidências. Manifesta eloquentemente os males inerentes a essa prática: uma testemunha de terceiros sofre, embora não seja ela mesma um malfeitor; um inocente acusado pode se confessar culpado para evitar a tortura, e até quando a vítima da tortura é realmente culpada pode, a despeito disso, mentir e escapar à punição. Além de tudo, a dor da tortura é certa ao passo que seu valor para evidência é dúbio. Todavia, diz Agostinho finalmente, um homem sábio não pode se recusar a executar os deveres de um magistrado, por mais repulsivos que sejam. Talvez ele não estivesse ciente de que a tortura fora condenada por um sínodo de bispos em Roma em 384.

E quanto à escravidão? Diferentemente de Aristóteles, Agostinho não pensa que a escravidão é algo natural. É, declara ele, o resultado do pecado: e para ilustrar isso fornece o exemplo de um tipo de escravidão que também Aristóteles considerava imoral, a saber, a escravização dos vencidos pelos vencedores numa guerra injusta. Contudo, ele deixa de fazer uma franca condenação, neste mundo pecaminoso, da escravidão como uma instituição: é impedido de agir assim pelo exemplo dos patriarcas do Antigo Testamento e pelas determinações de Paulo no Novo Testamento para que os escravos obedeçam a seus senhores. "A escravidão penal é ordenada pela mesma lei que impõe a preservação da ordem da natureza." Como amiúde quando diante de um problema social ou político intratável, Agostinho refugia-se numa interiorização da questão: é melhor ser escravo de um bom senhor do que das próprias más concupiscências, de maneira que escravos devem fazer o melhor de sua sorte e senhores devem tratar bondosamente seus escravos, castigando-os somente para o próprio bem destes (*DCD* XIX. 15-16).

Foi em matérias relativas à ética referente ao sexo que a influência de Agostinho em pensadores cristãos posteriores foi a mais profunda. Seu ensinamento a respeito de sexo e casamento tornou-se, com pouca modificação, a doutrina padrão dos filósofos morais medievais. Entre os mais importantes filósofos da Idade Média latina, Agostinho foi o único que teve experiência sexual — a excetuarmos Abelardo, cuja história sexual foi felizmente atípica. Nos tempos modernos, Agostinho adquiriu, entre não cristãos, uma reputação de misógino que nutre ódio pelo sexo. A pesquisa recente mostrou que essa reputação requer reavaliação[2].

É verdade que Agostinho é autor da estrita tradição cristã que considera o sexo permissível apenas no casamento, que aborda a procriação como principal propósito do casamento e que fixa limites consequentes sobre os tipos de atividade sexual lícitos entre marido e mulher[3]. Mas o ensinamento de Agostinho é muito menos hostil ao sexo do que o de muitos de seus contemporâneos e predecessores. Cristãos como Ambrósio e Jerônimo pensavam que o casamento foi uma consequência da Queda e que não teria havido sexo no Jardim do Éden. Agostinho sustentou que o casamento era parte do plano original de Deus para o homem não submetido à Queda e que Adão e Eva, ainda que houvessem se mantido inocentes, teriam procriado mediante união sexual (*DCD* XIX. 18). (É verdade que essa união, segundo sua avaliação, não teria possuído todos os elementos passionais que tornam o sexo divertido: em seu Éden a cópula teria sido tão clínica quanto a inoculação; *DCD* XIV. 26.) Contra ascetas que tinham a virgindade como a única opção decente para um cristão, Agostinho escreveu um tratado defendendo o casamento como uma situação legítima e honrada, o *De bono conjugali*, escrito em 401.

O casamento, ele declara, não é pecaminoso; constitui um bem genuíno, e não apenas um mal menor do que a fornicação. Cristãos podem contraí-lo visando gerar filhos e também desfrutar da companhia especial que liga marido e mulher. O casamento tem que ser monogâmico e tem que ser estável; o divórcio não é permissível e somente a morte pode separar o casal (*DBC* 3. 3, 5. 5). Como o que torna o casamento honrado é o propósito da procriação, marido e mulher não devem tomar quaisquer medidas para impedir a concepção. Marido e mulher têm que honrar as solicitações razoáveis de relações sexuais de cada um, a menos que a solici-

---

2. Ver especialmente Peter BROWN, *The Body and Society*, New York, Columbia University Press, 1988, 387-427.
3. Mark D. JORDAN, *The Ethics of Sex*, Oxford, Blackwell, 2002, 110, salienta que o principal texto do Novo Testamento sobre casamento, 1 Coríntios 7, não vincula ética marital e procriação: o casamento é apresentado como uma concessão ao vigor do desejo sexual.

tação seja de algo não natural (*DBC* 4. 4, 11. 12). Mas, uma vez satisfeita a necessidade de procriação, maridos e esposas fazem bem em abster-se de relações e se restringir a um relacionamento de continência (*DBC* 3. 3). Realmente, no momento em que não houver mais uma necessidade de aumentar a espécie humana — como houve na época dos polígamos patriarcas hebreus — o celibato por toda a vida, ainda que não obrigatório, será um estado mais elevado do que o matrimônio (*DBC* 10. 10).

O casamento, para Agostinho, é uma instituição que une parceiros desiguais: o marido é o chefe da família e a esposa tem que obedecer. Dificilmente ele poderia pensar de forma diferente, dado o claro ensinamento de S. Paulo. Também acreditava que a companhia masculina proporcionada por uma comunidade acadêmica ou monástica era preferível à companhia entre homens e mulheres mesmo na intimidade do casamento. Mas na avaliação da moralidade sexual ele não opera com uma dupla medida com tendência a favorecer o homem. Suponha, ele diz, que um homem toma uma amante temporária enquanto espera por um casamento vantajoso. Tal homem comete adultério não contra a futura esposa, mas contra a presente parceira. A mulher que é parceira, todavia, não é culpada de qualquer adultério, e realmente "ela é melhor do que muitas mães casadas se em suas relações sexuais deu o máximo de si para ter filhos, mas com relutância foi forçada à contracepção" (*DBC* 5. 5). Agostinho também era sensível aos direitos de propriedade da mulher: não consegue pensar numa lei mais injusta, conta-nos, do que a *Lex Voconia* romana, que proibia uma mulher de ser herdeira mesmo que fosse a filha única (*DCD* III. 21).

Como a procriação é o propósito divino do sexo, toma-se quase por certo que é somente permissível a relação heterossexual. "Atos vergonhosos contra a natureza, como os dos sodomitas, são abomináveis e puníveis em todos os lugares e todas as ocasiões. Mesmo que todos os povos os praticassem, ainda incorreriam na mesma culpa do prisma da lei divina, a qual não fez os seres humanos para se usarem dessa forma" (*Conf.* III. 8. 15). Muito recentemente, o imperador Teodósio decretara o suplício de prostitutos pela fogueira.

O mandamento "Não prestarás falso testemunho contra teu próximo" foi frequentemente estendido nos comentários cristãos a uma proibição mais geral, mas constituiu questão discutível se a mentira era proibida em todas as circunstâncias. Tal como Agostinho se opôs aos cristãos que justificavam o suicídio para evitar o estupro, do mesmo modo assumiu uma postura rigorosa contra os que justificavam a mentira em defesa de uma boa causa (por exemplo, ocultar os mistérios da fé de pagãos inquisitivos). Escreveu dois tratados sobre a mentira, a qual é por ele definida como "proferir uma coisa por palavras ou signos, enquanto se tem uma outra coisa na própria mente" (*DM* 3. 3). Ele nega que tal mentira, com intenção de enganar, alguma vez seja permissível. Naturalmente tem que lidar com casos em que parece *prima facie* que uma boa pessoa poderia agir bem dizendo uma mentira. Supõe que há, escondida em tua casa, uma pessoa inocente condenada injustamente. É permissível que mintas para protegê-la? Agostinho concorda que podes tentar desviar os perseguidores da pista, mas não podes dizer uma deliberada mentira. "Como mentindo perdes uma vida eterna, não deves nunca mentir para preservar uma vida terrena" (*DM* 6. 9).

Embora todas as mentiras sejam erradas, para Agostinho nem todas as mentiras são igualmente erradas. Uma mentira que ajuda alguém mas sem produzir qualquer dano é a mais desculpável, ao passo que uma mentira que conduz alguém ao erro religioso é a mais perniciosa. Uma história falsa contada com o fito de divertir, sem qualquer intenção de enganar, não é realmente de modo algum uma mentira — ainda que possa indicar um lamentável grau de frivolidade (*DM* 2. 2, 25).

A ética da intenção de Abelardo

O ensinamento moral de Agostinho deposita grande ênfase na importância do motivo, ou desejo abrangente, mediante o qual as ações são executadas. Mas entre os moralistas cristãos aquele que foi mais longe na atribuição de importância à intenção na moral foi Abelardo. Em sua *Ética*, intitulada *Conhece a ti mesmo*, objetou o ensinamento comum de que matar pessoas ou cometer adultério fosse errado. O que é errado, ele disse, não é a ação, mas o estado de espírito no qual é realizada. "Não é o que é feito, mas com que espírito é feito que Deus pesa; e mérito e louvor do agente se baseiam não em sua ação, mas em sua intenção" (*AE*, c. 3).

Abelardo distingue "vontade" (*voluntas*) de "intenção" (*intentio, consensus*). A vontade, expressando-nos estritamente, é o desejo de algo no interesse dele mesmo; e o pecado não está em querer mas em consentir. Pode haver pecado sem vontade (como quando um fugitivo mata em defesa própria) e vontade má sem pecado (como em desejos lascivos dos quais não se consegue abster). Se entendemos "vontade" num sentido mais lato, então podemos concordar que todos os pecados são voluntários, no sentido

O ensinamento de Abelardo sobre intenção concentrava-se em problemas práticos. Aqui, numa miniatura de um texto jurídico do século XII, uma mulher que tencionava casar com o nobre à direita descobre que casou, por equívoco, com o servo da esquerda.

de que não são inevitáveis e de que são o resultado de alguma volição ou outra — por exemplo, o desejo do fugitivo de escapar (ΛE 17). Intenção ou consentimento parece ser um estado de espírito que está mais associado ao conhecimento do que ao desejo. Assim, Abelardo argumenta que como se pode realizar um ato proibido inocentemente — por exemplo, casar com uma irmã quando não se está ciente de que é uma irmã —, o mal não tem que estar no ato, mas na intenção ou consentimento.

Assim, uma má intenção pode arruinar um bom ato. Um criminoso pode ser enforcado justamente, mas se o juiz o condena não com base num zelo pela justiça, mas com base num ódio inveterado, ele peca. Mais controvertidamente, Abelardo sustentou que uma boa intenção poderia justificar uma ação proibida. O Evangelho nos informa que aqueles que foram curados por Jesus desobedeceram sua ordem de conservar suas curas em segredo. Agiram bem, porque seu motivo de tornar públicos os milagres foi um bom motivo. O próprio Deus, quando ordenou a Abraão que matasse Isaac, ordenou algo cuja execução era má, e ordenar uma ação má é em si mau. Mas a intenção de Deus era boa, ou seja, testar sua fé; e "essa intenção de Deus estava certa num ato que não estava certo" (AE 31).

Uma boa intenção não acompanhada de realização pode ser tão louvável quanto uma boa ação. Dois homens resolvem ambos construir um asilo de pobres. Um obtém êxito, porém o outro tem seu dinheiro roubado antes de realizar seu projeto. Ambos são igualmente dignos de mérito: se não fossem, teríamos que admitir que um homem pode ser mais virtuoso do que um outro simplesmente porque é mais rico ou tem mais sorte (AE 49).

Analogamente, más intenções são tão reprováveis quanto más ações. Por que então punir ações em lugar de intenções? Abelardo foi um antigo proponente da doutrina da estrita responsabilidade, a doutrina segundo a qual *mens rea* não é requerida para uma ofensa. A punição humana, ele diz, pode ser justificada onde não há culpa. Suponhamos que uma mulher, enquanto adormecida, vira-se e esmaga o bebê deitado ao seu lado provocando sua morte. Não há pecado nesse ato, visto que ela não sabia o que estava fazendo; mas ela pode ser justamente punida a fim de levar outras pessoas a ser mais cautelosas. A razão de punirmos ações em lugar de intenções é que a fragilidade humana considera um mal manifesto pior do que um oculto. No Juízo Final, contudo, Deus não julgará assim.

Conclui-se disso que os que perseguem os cristãos na crença de que servem a Deus agem, devido a isso, de maneira louvável? Não necessariamente, diz Abelardo, mas não são mais culpados do que um homem que mata um companheiro por engano em lugar de um animal enquanto caça numa floresta. Entretanto, para se ter uma boa intenção não basta que um ser humano acredite que está agindo bem. "A intenção dos perseguidores é errônea e a visão deles não é simples."

Abelardo não faz uma distinção clara entre a opinião errônea dos perseguidores sobre a desejabilidade de matar cristãos e seu propósito virtuoso presente no matar, a saber, servir a Deus. Consequentemente, não fica claro se sua doutrina da justificação pela intenção significa que uma consciência errônea escusa-se da culpa, ou que um bom fim justifica meios que se sabe serem maus. Abelardo nunca distinguiu claramente o elemento volitivo do cognitivo na intenção.

A doutrina de Abelardo aproximou-se da divisa dos *hippies* da década de 1960, "Não importa o que fazes enquanto fores sincero", e não é de se surpreender que foi considerada escandalosa pelos seus contemporâneos, ainda que ele acreditasse que nossa compreensão do direito natural estabelecesse um limite às possibilidades de erro moral sincero. O Concílio de Sens condenou o ensinamento segundo o qual aqueles que mataram Cristo de boa-fé estavam livres de pecado; e também entre as proposições condenadas estava: "Um homem não se torna melhor ou pior em função das obras que realiza" (DB 380).

O sistema ético de Tomás de Aquino

Tomás de Aquino, como Abelardo, atribuía considerável importância ao papel da intenção na ética. Todavia, situava o conceito de intenção dentro de uma avaliação muito mais rica da natureza da ação humana, na qual se valeu da avaliação dada por Aristóteles em sua *Ética a Nicômaco*, bem como a aprimorou. Aristóteles, na descrição da ação humana, utiliza dois conceitos-chave: o de voluntariedade e o de propósito. Para ele, algo é voluntário se é originado por um agente livre de compulsão ou do erro; é um propósito (*prohairesis*) se escolhido como parte de um plano global de vida. Seu conceito do voluntário era demasiado lato e seu conceito de propósito demasiado estrito para demarcarem a maioria das escolhas morais da vida cotidiana. Enquanto retinha e aprimorava os conceitos de Aristóteles, Tomás de Aquino introduziu o conceito de intenção para preencher a lacuna entre os dois.

Ele explica o conceito de intenção como se segue. Há três tipos de ação: as que são fins em si mesmas, as que são meios para fins e as que realizamos, talvez relutantemente, como acompanhamentos inevitáveis de ações dos primeiros dois tipos. É em ações do tipo mediano que exibimos intenção: tencionamos atingir o fim pelo meio. Ações do terceiro tipo não são intencionais, mas meramente voluntárias. Voluntariedade, portanto, é a categoria mais ampla; tudo que é intencional é voluntário, mas não vice-versa. A própria intenção, embora não tão lata quanto a voluntariedade, é um conceito mais lato do que o propósito de Aristóteles (*ST* 1a 2ae 12).

Atos humanos, de acordo com Tomás de Aquino, podem, por outro lado, ser divididos em três categorias, dessa vez do ponto de vista da avaliação moral. Alguns tipos de atos são bons (por exemplo, dar esmolas), alguns são maus (por exemplo, estupro) e alguns são indiferentes (por exemplo, fazer uma caminhada no campo). Cada ação individual no concreto será realizada em circunstâncias particulares com um particular fim em vista. Para que uma ação individual seja moralmente boa, tem que pertencer a uma classe de atos que não é má, tem que ocorrer em circunstâncias apropriadas e tem que ser realizada com uma intenção virtuosa. Se faltar qualquer um desses elementos, é um ato mau. Consequentemente, uma má intenção pode arruinar um ato bom (dar esmolas por ostentação), mas uma boa intenção não pode redimir um ato mau (roubar para dar aos pobres). Não podemos fazer um mal que possa redundar em bem (*ST* 1a 2ae 19-20).

Tomás de Aquino concorda com Abelardo que a bondade de uma boa ação origina-se da boa vontade com a qual é realizada, mas diz que a vontade só poderá ser boa se inclinar-se para uma ação de um tipo que a razão possa aprovar. É possível que tenhamos uma falsa crença a respeito da bondade ou maldade de uma ação; tal crença é chamada por Tomás de Aquino de consciência errônea. Temos que acatar nossa consciência, mesmo se errônea; mas, embora uma consciência errônea sempre nos obrigue, não nos escusa sempre. Enquanto um erro acerca de um fato (por exemplo, se esta mulher está ou não está casada com alguém mais) pode, se não for o resultado de negligência, escusar de culpa, um erro acerca da lei divina (por exemplo, a crença de que o adultério não é pecaminoso) não escusa. Por outro lado, contra Abelardo, Tomás de Aquino insiste que boa vontade não pode ser plenamente genuína salvo se posta em ação quando surge a oportunidade. Somente o fracasso involuntário escusará a não execução. Assim, Aquino esquiva-se aos paradoxos que fizeram que a teoria da intenção de Abelardo adquirisse má reputação (*ST* 1a 2ae 19. 5-6).

Tomás de Aquino usa seu conceito de intenção ao discutir como a moralidade de uma ação pode ser afetada por suas consequências. Para ele, previsão não é a mesma coisa que intenção: uma consequência pode ser prevista sem ser intencionada. "Um homem, cortando caminho por um campo para fornicar, pode danificar o que está semeado no campo; cientemente, mas sem uma intenção de produzir qualquer dano." Num caso como esse, em que se trata de uma má ação com más consequências, a distinção é moralmente destituída de importância, visto que em cada caso a má ação é agravada pelas consequências. Entretanto, a distinção é importante quando estamos lidando com as más consequências de atos bons. Discutindo a legalidade de matar em defesa própria, Tomás de Aquino explica que o ato de uma pessoa defendendo a si mesma pode ter dois efeitos: um a preservação de sua própria vida, o outro a morte do atacante. O uso de violência razoável na defesa própria é permitido, mesmo se resultar a morte como uma consequência não intencionada; mas jamais é legal para um cidadão privado realmente tencionar matar (*ST* 1a 2ae 20. 5).

Tanto entre seus admiradores quanto seus detratores, Tomás de Aquino goza da reputação de um proponente da doutrina do direito natural. Essa reputação não é totalmente exata. Embora ele estivesse escrevendo no âmbito de uma tradição judeo-cristã que confere proeminência a mandamentos divinos como fixando o critério pelo qual atos devem ser julgados legais ou pecaminosos, a teoria ética de Tomás de Aquino atribui posição privilegiada não ao conceito bíblico de direito, mas ao conceito aristotélico de virtude. Na *Prima Secundae* há vinte questões sobre virtude para dezoito sobre direito, enquanto a *Secunda Secundae* é estruturada quase que inteiramente em torno das virtudes pagãs e cristãs. Mas, embora Tomás de Aquino mostrasse relativamente pouco interesse no direito como uma chave para a moralidade, de fato conferiu uma importante posição, em sua reflexão moral, à noção de natureza.

Foi comum durante séculos pensar em natureza como uma força universal única, mais ou menos personificada de acordo com a disposição e o contexto. Essa não era a noção de Tomás de Aquino. Como um aristotélico, ele parte do fato de que seres humanos, animais e outros seres vivos reproduzem seu tipo; e a natureza de cada coisa que vive é o que a faz pertencer a um particular tipo natural. Processos gerativos findam com a reprodução de uma natureza, quer dizer, o vir a ser de um outro espécime da mesma espécie. A natureza de uma coisa é o mesmo que sua essência, mas sua essência considerada como uma fonte de atividade e reprodução.

A reprodução de uma natureza, que é o resultado do processo de geração, é também o objetivo e propósito desse processo. Sto. Tomás acreditava que cada natureza tinha, ela mesma, um objetivo não menos que o processo que a reproduziu. Isso teria que ser assim, poderia muito bem parecer, se a própria reprodução fosse para servir a qualquer propósito. Trazer seres humanos ao ser não teria objetivo a menos que ser um ser humano tivesse algum objetivo além de trazer outros seres humanos ao ser. "A natureza de uma coisa", escreveu Sto. Tomás, "que é a meta de sua produção, é ela mesma direcionada a uma outra meta, que é ou uma ação ou o produto de uma ação" (*ST* 1a 49. 3). Assim, poderia ser que o objetivo de ser um vaga-lume fosse brilhar, e o objetivo de ser uma abelha fosse produzir mel. Obviamente, é uma matéria de grande importância, se essa linha de raciocínio for correta, dispor de uma opinião correta do que é o objetivo de ser um ser humano.

Todas as criaturas, segundo o ensinamento de Tomás de Aquino, existem por causa de Deus; criaturas inteligentes e não inteligentes igualmente, na medida em que se desenvolvem de acordo com suas naturezas, refletem bondade divina. Mas criaturas inteligentes refletem Deus de uma maneira especial: encontram sua realização no entendimento e na contemplação de Deus. A felicidade humana não é para ser encontrada nos prazeres sensuais, nas honras, na glória, na riqueza ou no poder mundano, nem mesmo no exercício da habilidade ou virtude moral: é para ser encontrada no conhecimento de Deus, não como pode ser conhecido através da conjectura, da tradição ou de argumentos humanos, mas na visão da essência divina que Tomás de Aquino crê poder mostrar ser possível numa outra vida por meio de iluminação divina sobrenatural.

Em tudo isso, Tomás de Aquino se vale largamente da *Ética* de Aristóteles. No livro X dessa obra Aristóteles ensina que a felicidade humana é para ser encontrada na especulação filosófica, mas apresenta razões incoerentes para assim agir. Afirma que o intelecto é o que há de mais humano em nós, mas também que é sobre-humano e divino. Tomás de Aquino, no artigo 5 da questão 5 da Seção I da Parte II da *Summa theologiae* soluciona essa ambiguidade. Um completo entendimento da natureza humana mostra, ele sustenta, que as necessidades e aspirações mais profundas dos seres humanos não podem ser satisfeitas nas atividades humanas — mesmo as mais elevadas atividades filosóficas — que são naturais a um animal racional. Seres humanos poderão ser perfeitamente felizes somente se puderem partilhar as atividades sobre-humanas do divino, e para isso necessitam da assistência sobrenatural da graça divina. Em lugar de possuírem uma aptidão natural para a felicidade suprema, seres humanos possuem livre-arbítrio, mediante o qual podem se voltar para Deus, o único que pode torná-los felizes.

A natureza e objetivo de cada uma das virtudes devem ser vistos à luz dessa meta em arco superior da existência humana. Por ser a meta sobrenatural, precisamos, além de virtudes morais como coragem e temperança, e além de virtudes intelectuais como sabedoria e entendimento, das virtudes teológicas de fé, esperança e caridade. Somente aqueles que partilham a fé de Sto. Tomás na visão beatífica como culminação de uma vida virtuosa podem ingressar completamente no sistema moral que ele apresenta. Mas, em grande parte graças ao suporte aristotélico de sua reflexão moral, muito de sua reflexão de tópicos morais individuais é altamente instrutivo também para o filósofo secular.

Tomás de Aquino procura conciliar ética aristotélica com bíblica da maneira que se segue. Para Aristóteles é a razão que fixa a meta da ação e fornece o critério pelo qual as ações devem ser consideradas virtuosas ou viciosas; na Bíblia o critério é estabelecido por um código de leis. Não há nenhum conflito, sustenta Tomás de Aquino, porque a lei é um produto da razão. A reflexão sobre a essência da ação e da escolha humanas, como descritas por Aristóteles, conduz à formação de um conjunto de princípios práticos fundamentais para guiar a atividade da virtude em que consiste o florescimento humano. Entre esses princípios fundamentais está a determinação bíblica de amar o próximo como a si mesmo: um princípio que Tomás de Aquino considerava o preceito primeiro e comum da natureza humana, autoevidente para a razão humana[4].

Legisladores humanos, a comunidade política ou seus delegados utilizam sua razão com o intuito de conceber leis para o bem geral de Estados particulares. Mas o mundo como um todo é regido pela razão de Deus. O plano eterno do governo providencial, o qual existe em Deus como governante do Universo, é uma lei no sentido verdadeiro. É uma lei natural inata em todas as criaturas racionais sob a forma de uma tendência natural a buscar a conduta e metas a ela apropriadas. É essa tendência que se torna articulada nos princípios fundamentais da razão prática. Essa lei natural é simplesmente a participação das criaturas racionais na lei eterna de Deus. Obriga-nos a amar a Deus e amar ao nosso próximo como a nós mesmos. É pela aplicação desse princípio que alcançamos regras morais específicas para reger a ação em áreas como homicídio, relações sexuais e propriedade privada.

Tomás de Aquino como moralista

Em cada uma das áreas identificadas acima, Tomás de Aquino estipulou normas que constituem pontos controvertidos atualmente, e com a finalidade de ilustrar sua abordagem de questões morais podemos considerar exemplos alternadamente de cada uma.

Em torno do tópico da guerra, Tomás de Aquino se coloca a questão: "É ser soldado sempre um pecado?" (*ST* 2a 2ae 40. 1). Seguindo Agostinho[5], Tomás de Aquino responde na negativa, porém estabelece condições específicas para que a prática da guerra seja lícita (ibid.). A primeira é a

---

4. Tudo isso é muito bem explicado em J. FINNIS, *Aquinas: Moral, Political and Legal Theory*, Oxford, Oxford University Press, 1998.
5. E também Alexandre de Hales, um dos mais completos teóricos da guerra justa do início da Idade Média. Ver BARNES, The Just War, *CHLMP* 771-84.

autoridade: unicamente um príncipe pode praticar a guerra licitamente: um cidadão privado deve levar suas queixas ao tribunal. Em segundo lugar, tem que haver uma causa justa: o inimigo tem que ser culpado de uma falta — não necessariamente agressão militar, mas alguma violação dos direitos da própria comunidade ou dos próprios aliados. Em terceiro lugar, a intenção dos que fazem a guerra tem que ser certa: eles têm que tencionar promover o bem ou evitar o mal. Isso parece significar que a reparação forçada de uma ofensa não deve produzir mais dano do que deixar as ofensas não reparadas. Desenvolvida por pensadores posteriores, Grócio em particular, a teoria da guerra justa ainda exerce influência tanto na controvérsia internacional teórica quanto na prática.

Tomás de Aquino aceitava a legitimidade da pena capital imposta por autoridade legal. Esse é um ensinamento que até alguns de seus seguidores mais devotados acham difícil aceitar, alegando que é uma violação do princípio de que não se pode fazer um mal que possa resultar em bem. Mas qualquer um que não seja um pacifista tem que aceitar que tirar deliberadamente uma vida humana pode às vezes ser lícito. Se uma comunidade nacional pode numa guerra justa tirar legalmente a vida de cidadãos de outros Estados, é difícil entender por que está absolutamente proibida de tirar a vida de um de seus próprios cidadãos.

Quando nos voltamos para a ética relativa ao sexo descobrimos que o pensamento de Tomás de Aquino é muito condicionado pela biologia aristotélica por ele aceita. Durante grande parte de sua vida acreditou que na geração biológica a fêmea se limitava a prover nutrição para um princípio ativo provido pelo macho. Como o semelhante gera o semelhante, uma fêmea é, desse ponto de vista, um macho anômalo ou deficiente. Tomás de Aquino combinou essa teoria da transmissão da natureza humana com o relato bíblico da criação do primeiro casal para proporcionar um fundamento para a subordinação das mulheres na sociedade cristã medieval. A passagem que se segue mostra o que teria pensado da ordenação de mulheres:

> S. Paulo diz que não cabe a mulheres discursar publicamente diante de toda a igreja: em parte porque o sexo feminino foi feito submisso ao masculino, como indica o Gênesis, e a instrução e persuasão públicas constituem uma tarefa para líderes não submissos; em parte pelo receio de que os desejos sexuais masculinos sejam despertados e em parte visto que as mulheres geralmente não possuem a plenitude de saber exigida para a instrução pública. A graça da profecia ilumina a mente e não conhece diferença entre macho e fêmea, como

diz S. Paulo; mas o discurso concerne à instrução pública de outrem, e aí o sexo é relevante. Mulheres exercem a sabedoria ou conhecimento que possuem na instrução privada de seus filhos, não no ensino público.

Tomás de Aquino é com frequência invocado nas discussões contemporâneas sobre a moralidade da contracepção e do aborto. Na realidade, teve pouquíssimo a dizer acerca de um ou outro desses tópicos. A contracepção é discutida, juntamente com a masturbação, numa questão na *Summa contra gentiles* referente à "emissão desordenada de sêmen". Tomás de Aquino afirma ser isso um crime contra a humanidade, que só é superado pelo homicídio. Essa afirmação baseia-se na crença de que somente o macho fornece o elemento ativo na concepção, de modo que o esperma possui uma história individual contínua com o embrião, o feto e o bebê. Na realidade, é claro, os gametas masculino e feminino contribuem igualmente para a constituição genética do eventual ser humano. Um embrião, diferentemente do esperma ou sêmen do pai, é o mesmo organismo individual que um bebê ao nascimento. Para Tomás de Aquino, a emissão de sêmen em circunstâncias inadequadas à concepção era o mesmo tipo de coisa — está claro que numa escala secundária — que o abandono ou a inanição de um bebê individual. Eis a razão por que considerava a masturbação um substituto inadequado do homicídio[6].

Com referência ao tópico do aborto, Tomás de Aquino tem extraordinariamente pouco a dizer diretamente, mencionando-o no máximo três vezes no vasto espaço de seu *corpus*. Mas a relevância de seu ensinamento para o debate contemporâneo centra-se em seu ensinamento acerca do início da vida humana. Não se alia aos que atualmente afirmam que a vida humana começa na concepção. O feto humano em desenvolvimento não conta como um ser humano até que possua uma alma humana, e isso não ocorre na concepção, mas após a gravidez mostra-se consideravelmente avançado. Para Tomás de Aquino a primeira substância independente da mãe é o embrião vivendo uma vida de vegetal com uma alma vegetativa. Essa substância desaparece e é sucedida por uma substância dotada de uma alma animal, capaz de nutrição e sensação. Somente num estágio posterior a alma racional é infundida por Deus, transformando essa substância

---

6. Em *ST* 1a 118 e 119 Aquino apresenta uma explicação mais complicada do desenvolvimento do feto, segundo a qual a mãe dá origem à alma vegetativa, o pai dá origem à alma sensitiva e Deus cria a alma intelectual. Mas ele parece não ter aplicado esse esquema à ética da reprodução.

animada num ser humano. Tomás de Aquino claramente acreditava que o aborto tardio (mesmo se causado não intencionalmente) era homicídio. A pessoa que agride uma mulher grávida, ele diz, não será isentada de homicídio (*ST* 1a 2ae 64. 8). Mas num estágio anterior, o aborto, na avaliação de Tomás de Aquino, ainda que errado, é errado somente pela mesma razão da masturbação e da contracepção: é a destruição de um indivíduo que é potencialmente um ser humano.

A teoria de três sucessivas entidades em diferentes estágios da gravidez não parece merecedora de maior deferência. Está demasiado ligada à ideia de que apenas o macho é a causa ativa do processo gerativo humano e à teoria de que a alma intelectual é imaterial e tem, portanto, que ser divinamente infundida. Essa teoria obscurece o fato de que há uma história ininterrupta de desenvolvimento associando a concepção à vida eventual de um adulto. Entretanto, há razões completamente diversas das de Tomás de Aquino para negar que a vida de cada indivíduo humano tem sua origem na concepção. A linha de desenvolvimento da concepção à vida fetal não é a história ininterrupta *de um indivíduo*. Nos seus primeiros dias, um zigoto isolado pode transformar-se em algo que não é, de modo algum, um ser humano, ou em algo que é um ser humano, ou em algo que é duas pessoas ou mais. Feto, criança e adulto têm um desenvolvimento contínuo individual que gameta e zigoto não têm.

Se isso for correto, a destruição de um embrião num estágio inicial não será necessariamente uma forma de homicídio. Não é fácil decidir exatamente a que ponto um embrião se torna um ser humano, e este não é o lugar para tentar decidir essa difícil questão. Mas parece claro que muitos abortos na prática ocorrem num ponto após esse estágio haver sido alcançado, e portanto envolvem — o que a contracepção não envolve — a destruição de um indivíduo humano. A biologia antiquada de Tomás de Aquino constitui um dos ancestrais da moderna opinião comum que coloca a contracepção e o aborto em plano moral idêntico. Isso é um erro se conduz à denúncia da contracepção não menos que o aborto como um grave pecado, ou se conduz à defesa do aborto, não menos que a contracepção, como um direito fundamental das mulheres.

Embora fosse membro de uma ordem que partilhava todas as suas posses, Aquino não acreditava no comunismo fora das comunidades religiosas. Longe de ser a propriedade um furto, o furto da propriedade de outrem era um sério pecado. Ademais, nada há de errado em fazer negócios visando ao lucro contanto que se pretenda fazer um bom uso do lucro obtido (*ST* 2a 2ae 77. 4). Entretanto, Tomás de Aquino não pode ser

O salmo 15 abençoa o homem "que não aplica seu dinheiro na usura". Este manuscrito do século IX do Saltério mostra o homem bom, ao contrário, dando seu excedente a Cristo.

considerado um defensor entusiasta do capitalismo: o direito de adquirir e reter a propriedade privada é para ele drasticamente limitado, o ganhar dinheiro estando sujeito a regras estritas.

Em primeiro lugar, é pecaminoso acumular mais riqueza do que o que se necessita para sustentar-se, relativamente à própria condição de vida e o número de dependentes que se tem. Em segundo lugar, se alguém possui dinheiro de sobra, tem o dever — como uma questão de justiça natural, e não de benevolência — de dar esmolas aos necessitados. Em terceiro lugar, se deixas de aliviar as necessidades dos pobres, então estes podem, em caso de necessidade premente, legitimamente tomar tua propriedade sem tua permissão. "Em casos de necessidade, todas as coisas são comuns. Assim, não parece ser um pecado se alguém subtrai a propriedade de outra pessoa, já que se tornou comum devido ao estado de necessidade" (*ST* 2a 2ae 66. 7). E Sto. Tomás acrescenta uma cláusula Robin Hood: em casos similares, pode-se subtrair a propriedade de outra pessoa para socorrer terceiros indigentes (ad 3).

Tomás de Aquino se opunha vigorosamente à usura, quer dizer, a obtenção de juros, ainda que pequenos, de dinheiro emprestado. Baseia sua oposição tanto em textos do Antigo Testamento quanto em princípios aristotélicos. Algumas coisas, ele diz, são consumidas quando usadas: o uso do vinho, por exemplo, consiste em bebê-lo, e uma vez bebido não existe mais. Outras coisas podem ser usadas sem ser consumidas: pode-se viver numa casa sem destruí-la. Se tentasses cobrar separadamente pelo vinho e seu uso, estarias vendendo a mesma coisa duas vezes; mas podes alugar a casa sem vender a própria casa. Mas, pelo fato de o dinheiro ser usado através de seu gasto, o dinheiro é como o vinho, não como uma casa; se alguém te restitui uma soma de dinheiro que lhe emprestaste, não podes dele cobrar pelo uso que fez dela no ínterim (*ST* 2a 2ae 78).

Os lucros da usura, segundo afirmação de Tomás de Aquino, têm que ser devolvidos àqueles dos quais foi erradamente cobrado juro. A duquesa de Brabant perguntou-lhe se lhe seria lícito confiscar dos judeus em seu reino o dinheiro que haviam ganhado através da usura. Certamente, Tomás de Aquino respondeu: mas, no estilo de Portia, acrescentou que se o fizesse seria errado para ela, não menos que para os judeus, conservar tais ganhos impropriamente obtidos. Ela deveria tentar localizar os infelizes que haviam caído nas mãos dos prestamistas, e restituir a eles os juros que haviam sido pagos (*DRI* 1. 278).

Scotus a respeito da lei divina

Assassinato, aborto, usura eram todos, para Tomás de Aquino, violações da lei natural de Deus. Contudo, ele estruturou seu sistema ético não em torno do conceito de lei, mas em torno do conceito de virtude como o caminho rumo à autorrealização na felicidade. Foi Duns Scotus que conferiu à teoria da lei divina o lugar central que viria a ocupar no pensamento de moralistas cristãos daí por diante. Scotus concorda com Aristóteles e Tomás de Aquino que os seres humanos possuem uma tendência natural a buscar a felicidade (que ele denomina *affectio commodi*); mas, adicionalmente, postula uma tendência natural a buscar a justiça (uma *affectio iustitiae*). O apetite natural por justiça é uma tendência a obedecer à lei moral não importa quais possam ser as consequências para o nosso próprio bem-estar. A liberdade humana consiste no poder de pesar na balança as exigências conflitantes da moralidade e da felicidade[7].

---

7. Ver R. Cross, *Duns Scotus*, Oxford, Oxford University Press, 1999, 88.

Ao negar que os seres humanos buscam a felicidade em todas suas escolhas, Scotus está voltando as costas não só a Tomás de Aquino, como também a uma longa tradição de ética eudaimonística, com raízes que remontam a Platão e Aristóteles. Scotus está certamente correto ao sustentar que a própria felicidade não é o único objetivo possível na vida. Uma pessoa pode planejar sua vida a serviço da felicidade de outra pessoa, ou a favor do apoio de alguma causa que pode, talvez, provavelmente não corresponder ao triunfo durante sua vida. Uma filha pode renunciar à perspectiva de casamento e de um companheiro apropriado, e de uma carreira criativa, a fim de cuidar de um dos pais prostrado num leito. Dizer que tais pessoas estão buscando sua própria felicidade na medida em que estão fazendo o que querem fazer não é convincente.

Na tradição eudaimonística, a liberdade é concebida como a habilidade de escolher entre diferentes meios possíveis para a felicidade; e a ação errada é representada como o resultado de um fracasso na apreensão do meio apropriado. Para Scotus, a liberdade não se estende meramente à escolha do meio para um fim predeterminado, mas a uma escolha entre metas fundamentais independentes e possivelmente competitivas. A culpa da ação errada é colocada menos num entendimento falho e mais no capricho de uma vontade autônoma.

A correção ou erro da escolha da vontade é determinada pelo fato de se harmonizar ou não se harmonizar com a lei divina. Todos os pensadores medievais viam a ação errada como uma violação da lei divina, mas para Scotus a relação entre a moralidade de uma ação e o conteúdo das ordens divinas era muito mais direta do que o era para seus predecessores. Conforme teólogos da tradição eudaimonística, algumas ações estavam erradas porque estavam em conflito com as necessárias condições para a felicidade humana enquanto verdadeiramente entendidas, e era precisamente porque constituíam obstáculos à felicidade que Deus as havia proibido. Para Scotus, por outro lado, uma ação podia estar errada simplesmente porque Deus a proibira, tivesse ou não ela qualquer relevância para a realização ou não realização da natureza humana.

Tal como a teoria de Scotus estende o grau de escolha disponível para a vontade humana sujeita à lei divina, do mesmo modo estende o grau de liberdade possuído por Deus na decretação de comandos para a vontade humana. Scotus explora esse tópico tratando da relação entre a lei natural e os mandamentos explicitamente formulados do Decálogo (*Ord.* 3. d 37). Sto. Tomás sustentara que todos os Dez Mandamentos pertenciam à lei natural:

concluía-se que Deus não podia prescindir deles, não podia consentir que os seres humanos agissem contra eles. Scotus concordou que nenhuma exceção a mandamentos pertencentes à lei natural era admissível, mas discordou que todos os Dez Mandamentos formavam parte dessa lei.

Há, realmente, algumas ordens que Deus possivelmente não poderia dar: não poderia, por exemplo, mandar quem quer que seja odiá-lo ou blasfemar contra ele. Verdades tais como "Deus deve ser amado acima de todas as coisas" são necessariamente verdadeiras antes de qualquer decisão da vontade de Deus. Deus não pode prescindir de tal lei, e leis desse tipo constituem o cerne da moralidade, a verdadeira lei natural. Ao sustentá-lo, Scotus mostra que não aceitava o que é por vezes chamado de a teoria da moralidade do comando divino, segundo a qual o valor moral de qualquer ação, seja qual for, consiste em nada senão sua determinação ou proibição por Deus. Mas são somente ordens que têm o próprio Deus como seu objeto que pertencem estritamente à lei natural.

Scotus, realmente, aceita a teoria do comando divino para um limitado número de casos. Além das disposições da lei natural básica, a liberdade de Deus para ordenar é absoluta. Ele pode dispensar a lei contra matar seres humanos: quando ordenou a Abraão que sacrificasse Isaac estava substituindo a original proibição universal por uma regra nova, mais específica. Ademais, Deus era livre, em princípio, a jamais ter promulgado, de modo algum, o mandamento "Não matarás". E Deus pode dar ordens, tais como a proibição de comer o fruto da árvore no Éden, em que a ação determinada ou proibida não possui exatidão ou inexatidão intrínsecas. Em tais casos o valor moral da ação realmente consiste em nada senão sua relação com o conteúdo do comando divino.

As leis da segunda parte do Decálogo, para Scotus, enquadram-se entre essas ordens arbitrárias e as ordens que constituem parte da lei natural básica. É verdade, inteiramente à parte de qualquer comando divino, que o assassinato é uma má ação, mas essa é uma verdade contingente, não necessária. Pode-se dizer que os princípios que encontram expressão nos Mandamentos posteriores pertencem à lei da natureza somente num sentido por extensão. Ao dar esses comandos, Deus exibe justiça para suas criaturas: mas pode cancelá-los, quando necessário, no interesse de uma justiça superior — como quando permitiu a poligamia aos patriarcas do Antigo Testamento. Ademais, Deus não está sujeito a nenhuma necessidade de tratar suas criaturas, de modo algum, justamente: o infinito não deve obrigação ao finito. A vontade expressa em seus comandos é uma vontade livre; sem qualquer contradição ele poderia ordenar o assassinato, o adultério, o furto e a mentira (*Oxon*. 4. 4. 6. 1). O único limite ao poder de ordenar é o colocado pelo próprio princípio de contradição: mesmo ordens divinas não podem ser incoerentes entre si. Assim, a totalidade de ordens vigentes tem que constituir um sistema coerente.

Duas importantes consequências resultam da teoria ética de Scotus. A primeira é uma limitação da capacidade humana para o raciocínio moral; a segunda é uma exteriorização da noção de pecado. A lei natural é a lei moral que é capaz de ser descoberta pela razão natural: mas, se esses princípios que dizem respeito às relações dos seres humanos entre si não fazem parte da lei natural, então, não importa quão plausivelmente possam receber argumentos a favor, só podemos estar certos deles em virtude da revelação. Um ato que transgride a lei divina coloca alguém num estado de pecado; mas isso, segundo Scotus, não produz nenhuma mudança interna no pecador. Culpa não é uma propriedade intrínseca do transgressor humano: é simplesmente o fato externo que Deus resolveu na punição. Ambas essas teses de Scotus viriam a se converter em pontos fundamentais de controvérsia na época da Reforma.

A ética de Ockham

A teoria ética de Ockham é muito semelhante à de Scotus, a despeito das divergências dos dois filósofos nas questões metafísicas. Ainda que sua análise da liberdade tenha sido diferente da de Scotus, Ockham concorda que a liberdade constitui o traço fundamental dos seres humanos, e que a vontade é independente da razão. "Todo homem experimenta que não importa quanto a razão possa ditar uma coisa, sua vontade pode ou querê-la ou deixar de querê-la, ou querer seu oposto" (*OTh*. 9. 88). Mesmo a escolha do fim fundamental é livre: um ser humano pode recusar-se a fazer da felicidade sua meta, na crença de que é um estado inatingível pelo tipo de seres humanos que julgamos nós mesmos que somos (*OTh*. 1. 443).

Como Scotus, Ockham coloca a lei, não a virtude, no centro da teoria ética. Vai contudo mais longe do que Scotus no enfatizar a absoluta liberdade de Deus na estipulação da lei divina. Enquanto Scotus aceitava que alguns preceitos (por exemplo, a ordem de amar a Deus) faziam parte de uma lei natural, e extraía sua vigência não da livre decisão de Deus, mas de sua própria natureza, Ockham ensinou que o valor moral dos atos humanos procedia inteiramente da vontade soberana, irrestrita, de Deus. Deus, em seu poder absoluto, poderia ordenar o adultério ou o furto, e se o fizesse tais atos não só deixariam de ser pecaminosos, como também se tornariam obrigatórios (II *Sent.* 15. 353).

Obrigação é um conceito ético central para Ockham. O mal é definido como uma ação realizada diante de uma obrigação de fazer o oposto. Seres humanos estão obrigados pelas ordens divinas; mas Deus não está submetido a nenhuma obrigação relativamente aos seres humanos. Deus não estaria violando qualquer obrigação se ordenasse a um ser humano que odiasse o próprio Deus. Pelo mero fato de Deus querer alguma coisa, é certo para ela ser realizada. Ele não estaria fazendo nada errado mesmo que diretamente produzisse tal ato de ódio na vontade de uma pessoa. Nem Deus nem a pessoa humana pecariam; Deus porque não está submetido a nenhuma obrigação, o ser humano porque o ato não seria um ato livre, e somente ações livres são passíveis de culpa (IV *Sent.* 9).

Ockham, como seus predecessores aristotélicos, diz ocasionalmente que o que torna um ato virtuoso é estar de acordo com o correto juízo racional e que seja executado precisamente por essa razão. Por outro lado, acata a tradição declarando que uma pessoa tem que agir de acordo com sua consciência (isto é, seu juízo moral racional) mesmo que esteja errada. Mas essas observações aristotélicas não entram em conflito com a natureza fundamentalmente autoritária de sua ética. Se nos cabe acatar a razão e a consciência, é porque Deus nos ordenou assim agir (III *Sent.* 13). Presumivelmente, Deus em seu poder absoluto poderia nos ordenar a desobedecer nossas consciências tal como pode nos ordenar a abominar a bondade divina.

Se as ordens de Deus são arbitrárias, pode o conteúdo da lei divina ser conhecido sem revelação? Ockham coloca a questão de se em matérias morais pode haver uma ciência demonstrativa. Em resposta a isso faz uma distinção entre dois tipos de ensinamento moral. Há teoria moral positiva, a qual contém leis, divinas e humanas, que dizem respeito a ações que são boas e más somente porque são ordenadas ou proibidas pelo legislador pertinente. Mas há também um outro tipo de teoria moral — o tipo a que se refere Aristóteles — que se ocupa de princípios éticos. A teoria moral positiva, Ockham nos diz, não é dedutiva; o outro tipo, porém, realmente admite que conclusões sejam demonstradas (*OTh.* 9. 176-7).

Poder-se-ia imaginar, dada a teoria geral de Ockham, se qualquer conclusão específica poderia ser tirada que fosse além de "Obedece às ordens de Deus". Mas ele nos diz que há princípios que excluem tipos particulares de atos (II *Sent.* 15. 352). Assassinato, furto, adultério, nos diz, são, por definição, para não ser realizados. "Assassinato" denota matar, e conota que o assassino está obrigado por ordem divina a fazer o oposto. Isso pode capacitar alguém a concluir que o assassinato é errado; mas não capacitará alguém a dizer, sem a revelação, se um matar particular — por exemplo o matar de Abel realizado por Caim — foi ou não foi assassinato.

Verifica-se, ademais, que para Ockham o verdadeiro tema da moral não são ações públicas como o assassinato e o adultério, mas sim atos privados, interiores do querer. Nenhum ato externo pode ter, em si próprio, um valor moral, porque qualquer ato externo é passível de ser realizado por um louco, que é incapaz da ação virtuosa. Uma ação realizada em conformidade com uma vontade virtuosa não possui valor moral adicional ao valor moral do querer. O mesmíssimo ato de ir à igreja é virtuoso se realizado com devoção, vicioso se realizado por ostentação. Um suicida que se atira de um penhasco, mas se arrepende durante a queda, passa de um estado vicioso para um estado virtuoso sem qualquer alteração no comportamento externo.

Já encontramos no ensinamento moral de Abelardo um semelhante privilégio da ação interior contra a exterior. O que é notável em Ockham é o completo rompimento entre a vida interior e a exterior. O querer de um ser humano de realizar uma ação é uma ação independente apenas contingentemente associada à efetiva execução da ação. Está claro que uma ação externa minha pode se conformar, ou deixar de se conformar, à minha vontade — mas assim podem as ações de causas completamente fora de meu controle. Minha vontade pode precisamente também "ordenar" que uma vela queime na igreja ou que um burro defeque na igreja (*OTh.* 9. 102).

9

Deus

O Deus de Agostinho

No segundo livro de *Do livre-arbítrio* Agostinho levanta a questão "Como sabemos que recebemos nossa origem de Deus?", e em resposta ele desenvolve uma estruturada argumentação a favor da existência de Deus. Seu interlocutor no diálogo, Evódio, parte da posição de um simples crente que aceita a existência de Deus como ensinada na Bíblia. Agostinho quer mudar essa posição de mera crença para uma posição de conhecimento (*DLA* 2. 1. 5). Sua estratégia é edificar uma hierarquia de seres de diferentes tipos.

Podemos dividir as coisas que encontramos no mundo em três classes: coisas inanimadas que meramente existem, tais como toras e pedras, coisas vivas que possuem sensação, mas não inteligência, tais como animais irracionais, e coisas que possuem existência, vida e inteligência, tais como os seres humanos racionais. Partilhamos com os animais os cinco sentidos exteriores, e partilhamos com eles também um sentido interior. É por esse sentido que os animais estão cientes da operação dos outros sentidos e é por meio dele que sentem prazer e dor. Mas a coisa mais elevada em nós é "uma espécie de cabeça ou olho de nossa alma".

Classificamos essas diferentes faculdades numa hierarquia — o sentido interior é superior aos sentidos exteriores, a razão é superior ao sentido interior — sob o fundamento de que se A produz juízos sobre B então A é superior a B. Dentro de nós, nada é superior à razão. Mas se encontrarmos algo fora de nós mesmos superior à razão, Agostinho pergunta, chamaremos isso de Deus? Para ser Deus, Evódio responde, não basta ser superior à razão. Deus é aquilo a que nada é superior (*DLA* 2. 6. 14).

Entre as coisas mais elevadas na mente humana estão o conhecimento dos números e os juízos de valor. As verdades da aritmética são inalteráveis, diferentemente de frágeis corpos humanos, e são comuns a todas as pessoas educadas, diferentemente dos objetos particulares da sensação. Sete mais três é igual a dez para sempre e para todos. Nosso conhecimento de aritmética não é derivado da experiência de contar: pelo contrário, utilizamos as regras da soma e da subtração para salientar quando alguém contou errado. Estamos cientes de regras que se aplicam através da série interminável dos números, uma coleção mais numerosa do que jamais poderíamos encontrar na experiência (*DLA* 2. 8. 22-4).

Como as verdades aritméticas, há verdades éticas que são a propriedade comum de todos os seres humanos. Sabedoria é conhecimento a respeito do bem supremo: todos desejam ser felizes, e assim todos desejam ser sábios, uma vez que isso é indispensável para a felicidade. Embora as pessoas possam divergir acerca da natureza do bem supremo, todas concordam com juízos como que devemos viver justamente, que o pior deve estar sujeito ao melhor e que a cada ser humano deve ser dado o que lhe é devido (2. 10. 28). Essas "regras e luzes norteadoras da virtude", diz Agostinho, são verdadeiras, inalteráveis e disponíveis para a contemplação comum de toda mente e razão.

O que é isso que une a aritmética e a sabedoria? Afinal, alguns matemáticos são muito destituídos de sabedoria, e alguns sábios são completamente ignorantes da matemática. A resposta de Agostinho é surpreendente:

> Quanto à sabedoria, longe de mim considerá-la inferior, em comparação ao número, visto que ela lhe é idêntica. Requer, porém, olhos capazes de a contemplar. Do mesmo modo como no fogo, percebe-se a luz e o calor, que são por assim dizer consubstanciais, sem poderem ser separados um do outro, contudo o calor atinge somente os objetos que se colocam perto dele. A luz, entretanto, difunde-se também nos lugares mais distantes e espaçados. De igual maneira, o poder da inteligência, inerente à sabedoria, inflama com seu calor os seres mais próximos a ela, como são as almas racionais. Quanto aos seres mais afastados, como os corpos, esses não são tão atingidos pelo calor da sabedoria, mas ela os inunda com a luz dos números. (*DLA* 2. 11. 32)

O que a aritmética e a sabedoria têm em comum é ambas serem verdadeiras, e inalteravelmente verdadeiras e encerradas numa verdade imutável única.

Essa verdade não é a propriedade de nenhum indivíduo humano: é partilhável por todos. Ora, essa verdade é superior, igual ou inferior às nossas mentes? Se fosse inferior às nossas mentes, emitiríamos juízos acerca dela, como podemos julgar que uma parede não está tão branca como deveria estar, ou que uma caixa não é tão quadrada como deveria ser. Se fosse igual às nossas mentes, emitiríamos igualmente juízos acerca dela: dizemos, por exemplo, que compreendemos menos do que devemos. Mas não emitimos juízos sobre as regras da virtude ou sobre as verdades da aritmética: dizemos que o eterno *é* superior ao temporal e que sete mais três *são* dez. Não dizemos que essas coisas *devem* ser assim. Dessa maneira, a verdade imutável não é inferior às nossas mentes ou igual a elas: é superior a elas e estabelece o critério pelo qual as julgamos (*DLA* 2. 12. 34).

Assim descobrimos algo superior à mente e à razão humanas. É isso Deus? Apenas se não houver nada que lhe seja superior. Se há qualquer coisa mais excelente do que a verdade, então essa coisa é Deus; se não, a própria verdade é Deus. Havendo ou não havendo tal coisa superior, temos que concordar que Deus existe (*DLA* 2. 15. 39). Assim, transformamos nossa fé inicial em Deus numa forma de conhecimento, ainda que tênue, de sua existência.

Pode a filosofia nos dizer mais de sua natureza? Para Agostinho uma das coisas mais importantes que podemos conhecer sobre Deus é que ele é *simples*. Num trecho de *A Cidade de Deus* explica o que quer dizer com "simples".

> Uma natureza é classificada como simples quando não há nada que possui que possa perder, e quando não há diferença entre o que é e o que possui. Um vaso contém líquido, um corpo possui uma cor, a atmosfera possui luz e calor, uma alma possui sabedoria. O vaso não é o mesmo que o líquido, um corpo não é o mesmo que sua cor, a atmosfera não é o mesmo que sua luz e calor, a alma não é sua sabedoria. Tais coisas podem perder o que possuem e mudar, ganhando diferentes qualidades e atributos: o vaso pode ser esvaziado de seu líquido, o corpo pode perder sua cor, a atmosfera tornar-se escura e fria, e a alma tornar-se ignorante. (*DCD* XI. 10)

Se um ser é simples, então tudo o que é verdadeiro dele a qualquer tempo é verdadeiro dele todo o tempo. Mas para a perfeita simplicidade ser imutável não basta. Um ser simples não tem apenas que ser isento de mudança, é necessário também que lhe faltem partes contemporâneas. Quando jovem, Agostinho acreditara que Deus era corpóreo: um oceano ilimitado, ele imaginou, permeando completamente o mundo criado como se fosse uma esponja (*Conf.* VII. 5. 7). Mas qualquer coisa que seja corpórea é extensa, tendo partes que são espacialmente distintas entre si. O Deus único simples não pode ser corpóreo, não pode ser extenso no espaço.

Podemos ir mais longe. Algo poderia ser imutável e não extenso e, não obstante, não ser simples se tivesse um conjunto de atributos perpétuos distintos. Em Deus, acreditava Agostinho, todos os atributos divinos são de alguma maneira idênticos entre si e à substância divina a que são inerentes (*DCD* XI. 10).

O que é então a substância ou essência divina? Agostinho prende-se a um texto do Êxodo (3,14), a mensagem de Deus intermediada por Moisés, "Eu sou quem sou", a fim de harmonizar a metafísica platônica com o ensinamento bíblico. Deus é aquele que é: quer dizer, ele é essência suprema, ele é supremamente.

> Às criaturas que ele criou a partir do nada conferiu ser; mas não lhes conferiu supremo ser como seu próprio. A algumas ele concedeu ser numa maior medida, e a outras menor, e assim organizou uma escala de essências entre naturezas. "Essência" é derivado do verbo latino *"esse"*, ser, tal como *"sapientia"* (sabedoria) é o nome derivado do verbo *sapere*. (*DCD* XII. 2)

"Essentia", Agostinho nos informa, é uma nova palavra latina, recentemente cunhada para corresponder ao grego *"ousia"*.

A essência de Deus é idêntica aos seus atributos: e um dos mais importantes de seus atributos é sua bondade. Tal como Deus confere ser às suas criaturas, também lhes confere bondade. Tudo que criou é naturalmente bom. Então qual a origem do mal? Em sua juventude, Agostinho aderira à visão maniqueísta de que havia dois princípios supremos controlando o Universo, um bom e um mau, em mútuo conflito. Como cristão abandonou a crença no princípio do mal, mas isso não significou que acreditou que o bom Deus fosse a causa do mal. O mal é apenas uma privação do bem, não é uma realidade positiva e não necessita de um princípio causal. Qualquer mal nas criaturas é simplesmente uma perda do bem — de integridade, beleza, saúde ou virtude (*DCD* XII. 3).

Deus não cria nada mau, mas realmente cria algumas coisas boas que são melhores do que outras coisas boas, e elas permanecem melhores do que outras coisas mesmo que sejam, elas próprias, deficientes. Assim, um cavalo fugitivo é melhor do que uma pedra estacionária, e um bêbado é melhor do que o vinho fino que bebe (*DLA* 3. 2. 15). Não há nada a se lamentar por uma criatura ser menos bem dotada do que outra: a variedade de dotação aumenta a beleza do Universo, e Deus não tem débito com ninguém (*DLA* 3. 15. 45).

Mas e quanto ao mal de uma vontade má? Como vimos quando discutimos a natureza da mente[1], Agostinho crê que uma escolha humana má não tem causa. A liberdade da vontade é claramente uma dádiva de Deus, e a liberdade da vontade traz consigo a possibilidade do abuso dessa liberdade. Mas nada força ou compele qualquer caso individual a tal abuso. Isso era verdadeiro ao menos da natureza humana como primeiramente criada por Deus.

A liberdade humana operava desimpedida antes da Queda: essa é uma razão para a gravidade do pecado de Adão. Mas com a queda de Adão seu pecado trouxe consigo não só a sujeição à morte, a doença e a dor, mas também debilitação moral maciça. Nós, filhos de Adão, herdamos não apenas a mortalidade como também a pecabilidade. Seres humanos corruptos maculados com o pecado original não dispõem de liberdade para viver bem sem auxílio: podemos ser livres para resistir a cada tentação, à medida que chega, mas nossa resistência não pode ser prolongada dia a dia. Necessitamos da graça de Deus não somente para conquistar o céu, mas também para evitar uma vida de contínuo pecado (*DCG* 7).

A graça que capacita os seres humanos a evitar o mal é aquinhoada a algumas pessoas e não a outras não com base em qualquer mérito delas, vigente ou previsto. É concedida simplesmente pelo inescrutável bel-prazer de Deus. Ninguém pode ser salvo sem ser predestinado. A escolha daqueles que são para ser salvos, e implicitamente também daqueles que são para ser condenados, foi feita por Deus muito antes de eles terem passado a existir ou terem realizado quaisquer ações boas ou más.

A relação entre predestinação divina e virtude e vício humanos constituiu um tópico que ocupou os derradeiros anos de Agostinho. Um asceta bretão chamado Pelágio, que se dirigiu primeiro a Roma e, em seguida,

---

1. Ver acima o capítulo 7.

após o saque de Roma, à África, pregou uma visão da liberdade humana totalmente conflitante com a de Agostinho. O pecado de Adão, ensinava Pelágio, não causou prejuízo aos seus herdeiros exceto pelo fato de lhes dar um mau exemplo; os seres humanos, através de sua história, retiveram plena liberdade da vontade. A morte não foi uma punição pelo pecado, mas uma necessidade natural, e até pagãos que haviam vivido virtuosamente gozaram de uma vida feliz após a morte. Cristãos haviam recebido a graça especial do batismo, o que os habilitou à felicidade superior do céu. Tais graças especiais foram aquinhoadas por Deus aos que ele previu que seriam merecedores delas.

Agostinho assegurou a condenação de Pelágio num concílio em Cartago em 418 (*DB* 101-8), mas isso não encerrou a questão. Ascetas devotos em mosteiros na África e na França queixaram-se de que se a explicação de Agostinho da liberdade fosse correta então a exortação e a censura eram vãs e toda a disciplina monástica não tinha propósito. Por que deveria um abade censurar um monge que errasse? Se o monge estava predestinado a ser melhor, então Deus o faria assim; caso contrário, o monge continuaria em pecado independentemente do que o abade dissesse. Em resposta, Agostinho insistiu que não só a vocação inicial para o cristianismo, o primeiro impulso da fé, era uma questão de pura graça: também o era a perseverança na virtude do mais devoto cristão próximo da morte (*DCG* 7; *DDP*).

Se a graça era necessária à salvação, era também suficiente? Se a ti é oferecida a graça, podes resistir a ela? Se podes, então haveria algum espaço para a liberdade no destino humano. Enquanto alguns terminariam no inferno porque jamais lhes foi oferecida a graça, o inferno também conteria aqueles aos quais foi oferecida a graça e a rejeitaram. No curso da controvérsia, a posição de Agostinho endureceu continuamente e, no fim, ele negou mesmo esse vestígio de arbítrio humano: a graça não pode ser rejeitada, não pode ser vencida. Há apenas duas classes de pessoas: as que receberam a graça e as que não a receberam, os predestinados e os réprobos. Estamos incapacitados de apresentar uma razão por que este ou aquele indivíduo cai numa classe e não na outra.

> Se tomamos dois bebês, igualmente nos grilhões do pecado original, e indagamos por que um é acolhido e o outro abandonado; se tomamos dois adultos pecadores, e indagamos por que um é chamado e o outro não; em cada caso os juízos de Deus são inescrutáveis. Se tomamos dois homens santos, e

perguntamos por que o dom da perseverança até o fim é dado a um e não ao outro, os juízos de Deus são ainda mais inescrutáveis. (*DDP* 66)

O cruzado rabugento da predestinação no mosteiro de Hipona é muito diferente do jovem defensor da liberdade humana nos jardins de Cassiciaco. Foi o primeiro e não o segundo que exerceu poderosa influência após sua morte e arrojou uma sombra sobre séculos vindouros.

Boécio sobre a presciência divina

O problema enfrentado por Agostinho no harmonizar a liberdade humana com o poder de Deus pode ser solucionado se nos dispomos a alijar a doutrina da predestinação. Mas para todos aqueles que creem que Deus é onisciente persiste um problema sobre a presciência divina: esse problema concerne não ao *querer* de Deus que os seres humanos ajam virtuosamente e sejam salvos, mas simplesmente ao *saber* Deus o que os seres humanos farão ou não farão. Esse problema foi discutido de uma maneira clara e vigorosa no quinto livro da *Consolação da filosofia* de Boécio.

O livro devota-se à questão: num mundo governado pela providência divina, pode haver qualquer coisa como sorte ou acaso? A Senhora Filosofia diz que, se por acaso entendemos um evento produzido por um movimento fortuito sem qualquer encadeamento de causas, então não existe essa coisa chamada acaso. O único tipo de acaso é o definido por Aristóteles como o efeito inesperado de coincidência de causas (*DCP* 5. 1). Nesse caso, pergunta Boécio, a rede causal deixa qualquer espaço para o livre-arbítrio humano ou o encadeamento do destino obriga até os movimentos de nossas mentes? A dificuldade é essa. Se Deus tudo prevê, e não pode estar errado, então o que é previsto por ele tem que acontecer necessariamente, pois, se é possível para nossas ações e nossos desejos se mostrarem de qualquer maneira distintos do que Deus previu, então é possível que Deus erre. Mesmo que de fato tudo venha a se verificar como ele previu, sua previsão pode ter sido somente conjectura, não verdadeiro conhecimento.

Boécio admite que o conhecimento não causa, em si mesmo, o que é conhecido. Podes saber que estou sentado, mas é estar eu sentado que causa teu conhecimento, não teu conhecimento que causa estar eu sentado. Entretanto, a necessidade difere da causalidade; e "Se sabes que estou sentado, então estou sentado" é uma verdade necessária. Assim, também, "Se Deus sabe que pecarei, pecarei" é uma verdade necessária. Certamente isso basta para destruir nosso livre-arbítrio, e com ele toda a justificação para recompensa ou punição de ações humanas. Por outro lado, se ainda é possível para mim não pecar, e Deus pensa que eu inevitavelmente pecarei, então ele está errado — uma blasfema sugestão!

A Senhora Filosofia admite que uma ação genuinamente livre não pode ser prevista com certeza. Mas podemos observar, sem qualquer margem para dúvida, algo acontecendo no presente. Quando observamos um auriga dirigindo seus cavalos ao redor de uma pista de corrida, nem nossa visão, nem qualquer outra coisa compele seu controle habilidoso de sua parelha. O conhecimento de Deus de nossas futuras ações é como nosso conhecimento das ações presentes de outros: ele está fora do tempo, e seu ver não é realmente um *prever*. "O mesmo acontecimento futuro, quando relacionado ao conhecimento divino, é necessário; mas quando é considerado em sua própria natureza pode ser visto como sendo inteiramente livre e não condicionado. [...] Deus contempla como presente aqueles acontecimentos futuros que ocorrem devido à vontade livre" (*DCP* 5. 6).

Há dois tipos de necessidade: a manifesta e direta necessidade, como em "Necessariamente todos os seres humanos são mortais", e a necessidade condicional, como em "Necessariamente, se sabes que estou caminhando, estou caminhando". A necessidade condicional não traz consigo a manifesta necessidade: não podemos inferir "Se sabes que estou caminhando, estou necessariamente caminhando". Em consonância com isso, os futuros acontecimentos que Deus vê como presentes são condicionalmente necessários, mas não são necessários no sentido direto que interessa quando estamos falando da liberdade da vontade (*DCP* 5. 6).

Enquanto explicava que Deus está fora do tempo, Boécio criou uma definição de eternidade que se tornou canônica. "A eternidade é a posse integral e perfeita, em completo caráter simultâneo, da vida infindável" (*DCP* 5. 6). Nós que vivemos no tempo procedemos do passado para o futuro; já perdemos o ontem e ainda não alcançamos o amanhã. Deus, porém, possui a totalidade de sua vida simultaneamente; nada dela fluiu para o passado e nada dela está ainda aguardando nas asas do tempo.

O tratamento de Boécio da liberdade, da presciência e da eternidade converteu-se na explicação clássica de grande parte da Idade Média. Mas problemas persistem com sua solução do dilema apresentado por ele com tal clareza sem paralelo. Certamente, as matérias realmente são como

Deus as vê; assim, se Deus vê a batalha naval de amanhã como presente, então ela realmente já está presente. Por outro lado, a noção de eternidade suscita mais problemas do que resolve. Se o encarceramento de Boécio é simultâneo à eternidade de Deus, e a eternidade de Deus é simultânea ao saque de Troia, isso não significa que Boécio estava encarcerado enquanto Troia queimava? Não podemos dizer que o encarceramento é simultâneo a uma parte da eternidade, e o saque simultâneo a uma outra parte, porque a eternidade não tem partes, mas, segundo a explicação da Senhora Filosofia, acontece toda imediatamente[2].

Teologia negativa em Erígena

Scotus Erígena, dois séculos depois, retornou ao problema agostiniano da predestinação[3], mas sua principal contribuição à teologia filosófica reside na explicação extremamente restritiva que dá do uso da linguagem a respeito de Deus. Deus não está em nenhuma das categorias de Aristóteles, de modo que todas as coisas que são podem ser negadas dele — isto é, teologia negativa ("apofática"). Por outro lado, Deus é a causa de todas as coisas que são, de modo que todas podem ser afirmadas dele: podemos dizer que Deus é bondade, luz etc. — isto é, teologia positiva ("catafática"). Mas todos os termos que aplicamos a Deus são aplicados a ele apenas imprópria e metaforicamente. Isso é aplicável tanto a palavras como "bom" e "justo" quanto a descrições mais obviamente metafóricas de Deus como uma rocha ou um leão. Podemos perceber isso quando refletimos que tais predicados têm um oposto, mas Deus não tem oposto. Pelo fato de a teologia afirmativa ser meramente metafórica não está em conflito com a teologia negativa, que é literalmente verdadeira.

De acordo com Erígena, Deus não é bom, mas mais do que bom, não sábio, mas mais do que sábio, não eterno, mas mais do que eterno. Está claro que essa linguagem realmente não acresce nada, exceto um tom de admiração à negação de que quaisquer desses predicados são literalmente verdadeiros de Deus. Erígena chega a dizer que Deus não é Deus, mas mais do que Deus. Assim também com as pessoas individuais da Trindade: o Pai não é um Pai a não ser metaforicamente.

---
2. Ver meu *The God of the Philosophers*, Oxford, Clarendon Press, 1979, 38-48.
3. Ver anteriormente p. 317.

John Scotus Erígena (à direita) discutindo com um abade grego, Teodoro.

Entre as categorias aristotélicas que, segundo Erígena, são para ser negadas de Deus estão aquelas da ação e da paixão. Deus nem age nem sofre ação, exceto metaforicamente: estritamente nem move nem é movido, nem ama nem é amado. A Bíblia nos diz que Deus ama e é amado, mas isso tem que ser interpretado à luz da razão. A razão é superior à autoridade; a autoridade é derivada da razão e não vice-versa; a razão não requer qualquer confirmação da autoridade. A razão nos diz que a Bíblia não está empregando nomes e verbos em seu sentido próprio, mas empregando alegorias e metáforas para se ajustar à nossa inteligência pueril. "Nada pode ser dito propriamente de Deus, uma vez que ele ultrapassa todo intelecto, o qual é mais bem conhecido pelo não conhecimento, de quem a ignorância é o verdadeiro conhecimento, o qual é mais verdadeira e exatamente negado em todas as coisas do que afirmado" (*Periphyseon*, 1).

Nosso conhecimento de Deus, tal como é, é derivado tanto das afirmações metafóricas da teologia quanto das "teofanias" ou manifestações de Deus a pessoas particulares, tais como as visões dos profetas. A essência de Deus é desconhecida aos homens e aos anjos: realmente, é desconhecida ao próprio Deus. Tal como eu, um ser humano, sei *que* sou, mas não *o que* sou, do mesmo modo Deus não sabe o que é. Se soubesse, seria capaz de definir a si mesmo; mas o infinito não pode ser definido. Não é insulto a Deus dizer que ele não sabe o que ele é; pois ele não é um *o que* (*Periphyseon*, 2).

Na descrição da relação entre Deus e suas criaturas Erígena usa uma linguagem que é facilmente interpretada como uma forma de panteísmo, e foi o que o levou à sua condenação por um papa três séculos e meio mais tarde. Pode-se dizer que Deus, ele afirma, é criado nas criaturas, feito nas coisas que faz e que principia a ser nas coisas que principiam a ser (*Periphyseon*, 1. 12). Tal como nosso intelecto cria sua própria vida empenhando-se no efetivo pensar, assim também Deus, ao conferir a vida às criaturas, está produzindo uma vida para si mesmo. Àqueles que consideraram tais afirmações claramente incompatíveis com a ortodoxia cristã, Erígena poderia, sem dúvida, ter respondido que, como todas as demais afirmações sobre Deus, eram apenas metáforas.

Erígena tomou suas ideias de teologia negativa e positiva do pseudo-Dionísio, mas desdobrou essas ideias de uma forma nova e aventurosa. Sua obra atinge um nível de agnosticismo que não encontrou paralelo entre filósofos cristãos durante os séculos vindouros. Sua maneira de abordar o domínio do mistério religioso não será vista na história da filosofia novamente até toparmos com Nicolau de Cusa no século XV.

Argumentos islâmicos
a favor da existência de Deus

Enquanto isso, no mundo islâmico, os filósofos estavam assumindo uma atitude mais resoluta relativamente à teologia natural. O contemporâneo de Erígena, al-Kindi, estava preparado para oferecer uma série de provas elaboradas e sistemáticas a favor da existência de Deus, baseada no estabelecimento da natureza finita do mundo em que vivemos. Em sua *Primeira filosofia*, valendo-se de alguns dos argumentos de João Filopono, conhecido pelos árabes como Yahya al-Nahwi, al-Kindi opera do modo que se segue.

Suponhamos que o mundo físico fosse infinito em quantidade. Se dele subtrairmos uma quantidade finita, é o que sobrou finito ou infinito? Se finito, então se devolvermos o que foi subtraído teremos apenas uma quantidade finita, uma vez que a adição de duas quantidades finitas não pode produzir uma infinita. Se infinito, então se devolvermos o que foi subtraído teremos dois corpos infinitos, um (o original) menor do que o outro (o todo restaurado). Mas isso é absurdo. Logo, o Universo tem que ser finito no espaço.

Considerações similares mostram que o Universo é finito no tempo. O tempo é quantitativo, e uma quantidade atualmente infinita não pode existir. Se o tempo fosse infinito, então um número infinito de tempos anteriores deve ter precedido o momento presente. Mas um número infinito não pode ser percorrido; assim, se o tempo fosse infinito jamais teríamos alcançado o momento presente, o que é absurdo.

Se o tempo é finito, então o Universo teve necessariamente um princípio no tempo, pois o Universo não pode existir sem tempo. Mas se o Universo teve um princípio então deve ter tido uma causa distinta dele mesmo. Essa causa tem que ser a causa da multiplicidade que é encontrada no Universo, e al-Kindi a chama de o Verdadeiro. Essa, ele nos diz, é a causa do princípio do vir a ser no Universo, e é a causa da unidade que mantém a união de toda criatura. "O Verdadeiro é portanto o Primeiro, o Criador que mantém tudo que criou, e tudo aquilo que seja libertado de sua manutenção e poder retrocede e perece."[4]

Cristãos e muçulmanos julgaram conveniente que argumentos filosóficos pudessem ser oferecidos a favor da criação do mundo no tempo, de forma que o crente não precisasse aceitar isso simplesmente com base na

---
4. Ver William Lane CRAIG, *The Kalam Cosmological Argument*, London, Macmillan, 1979, 19-36.

fé, na autoridade do Gênesis ou do Alcorão. Os argumentos que al-Kindi trouxe para o Islã de Filopono retornaram ao mundo cristão na alta Idade Média, e sua validade, como veremos, tornou-se matéria de debate entre os principais escolásticos.

Nem todos os filósofos muçulmanos concordavam que o mundo fora criado no tempo. Avicena acreditava que Deus criava por necessidade: ele é bondade absoluta, e a bondade, por força de sua natureza, irradia para o exterior. Mas, se Deus é necessariamente um criador, então a criação tem que ser eterna tal como Deus é eterno. Mas, embora o mundo material seja coeterno com Deus, é, não obstante, causado por Deus — não diretamente, mas pela emanação sucessiva de inteligências que culmina na décima inteligência que é o criador da matéria e o doador das formas[5].

Apesar de o mundo ser eterno, é ainda possível provar a existência de Deus por meio de um exame da contingência e da necessidade. Para Avicena, há um sentido em que todas as coisas são necessárias, uma vez que tudo é uma necessária criação de um Deus eterno. Há, contudo, uma importante distinção a ser feita entre coisas que existem necessariamente por si mesmas e as que consideradas em si mesmas são contingentes. Partindo dessa distinção, Avicena oferece uma prova de que deve haver ao menos uma coisa que é necessariamente existente por si mesma.

Começa com qualquer entidade de tua escolha — pode ser qualquer coisa no céu ou na Terra. Se essa é necessariamente existente por si mesma, então nossa tese está provada. Se é contingentemente existente por si mesma, então é necessariamente existente através de alguma coisa mais. Essa segunda entidade é necessariamente existente ou por si mesma, ou através de alguma coisa mais. Se através de alguma coisa mais, então há uma terceira entidade, e assim por diante. Por mais longa que seja a série, não pode findar com alguma coisa que seja por si mesma contingente, visto que essa coisa e, assim, toda a série requereriam uma causa para explicar sua existência. Mesmo que a série causal completa seja infinita, tem que conter ao menos uma causa que seja necessariamente existente por si mesma, porque se contivesse somente causas contingentes necessitaria de uma causa externa e assim não seria completa.

A fim de mostrar que um ser necessariamente existente por si mesmo é Deus, Avicena tem que provar que tal ser (o qual doravante chama, abreviadamente, de "ser necessário") tem que possuir os atributos definidores de divindade. Na sétima seção do primeiro tratado de sua *Metafísica*,

---

5. Ver anteriormente p. 255.

Avicena argumenta que é possível haver no máximo um ser necessário; no oitavo tratado ele desenvolve os outros atributos do ser necessário único. É perfeito, é pura bondade, é verdade, é pura inteligência; é a fonte da beleza e esplendor de tudo o mais (*Metaf.* 8. 368).

O mais importante aspecto do ser necessário é que ele não possui uma essência distinta de sua existência[6]. Se possuísse, teria que haver uma causa para unir a essência à existência, com o que o ser necessário não seria necessário, mas causado. Uma vez que não possui essência distinta de sua existência, estamos facultados a dizer que de modo algum possui essência, mas é puro ser. E se não possui uma essência então não pertence a qualquer gênero: Deus e as criaturas nada têm em comum e "ser" não pode ser aplicado a ser necessário e contingente em idêntico sentido. Como essência e quididade são o mesmo, o ser supremo não possui uma quididade: quer dizer, não há resposta para a pergunta "O que é Deus?" (*Metaf.* 8. 344-7).

A prova de Deus de Anselmo

A teologia natural de Avicena foi imensamente fértil: pode-se com frequência mostrar que teorias a ser encontradas em filósofos da religião durante os dez séculos sucessivos são (amiúde inconscientemente) desenvolvimentos de ideias primeiramente encontradas em seus escritos. Mas um teólogo cujas ideias apresentam uma notável semelhança com as suas certamente nunca o leu. Esse foi Anselmo, que nasceu quatro anos antes da morte de Avicena e morreu quarenta anos antes que as obras de Avicena fossem traduzidas para o latim.

Aparentemente, a prova de Avicena da existência de um ser necessário e o argumento "ontológico" de Anselmo a favor da existência de Deus são muito diferentes entre si. Mas de um prisma filosófico possuem uma estrutura comum, quer dizer, operam aproximando o mundo em que vivemos e algum outro tipo de mundo. Avicena argumenta a partir de uma consideração de mundos possíveis e argumenta que Deus tem que existir no mundo atual; Anselmo parte de uma consideração de mundos imagi-

---

6. A palavra árabe para existência, *"anniya"*, é traduzida para o latim como *"anitas"* — é o que responde à pergunta *"An est* = "Há uma...?, tal como *quidditas* é o que responde a *"Quid est"* = "O que é uma...?" *"Anity"* ("Anidade") jamais obteve cidadania inglesa como *"Quiddity"* ("Quididade") obteve; se alguém quisesse cunhar uma palavra teria que ser *"ifness"* ("seidade") — o que nos diz *se* há um Deus.

O *Proslogion* de Anselmo numa cópia manuscrita do século XII.

nários e argumenta que Deus tem que existir no mundo real. Ambos assumem que uma entidade pode ser identificada como uma e a mesma entidade caso exista ou não atualmente: creem no que foi chamado, séculos depois, de identidade transmundo. Ambos, portanto, violam o princípio de que não há individuação sem *atualização*.

O argumento ontológico é formulado da seguinte forma por Anselmo:

> Acreditamos que tu és alguma coisa comparada à qual nada maior pode ser concebido. Supõe que não há essa natureza, de acordo com o que o insensato diz em seu coração, *Não há Deus* (Sl 14,1). Mas de qualquer modo esse mesmo insensato, quando escuta o que estou dizendo — alguma coisa comparada à qual nada maior pode ser concebido — entende o que escuta. O que entende está em seu entendimento, mesmo que não entenda que existe. De fato, é uma coisa um objeto estar no entendimento, e outra entender que esse objeto existe. [...] Mesmo o insensato, então, está obrigado a concordar que existe, ainda que somente no entendimento, alguma coisa comparada à qual nada maior pode ser concebido; porque escuta isso e o entende, e tudo quanto é entendido está no entendimento. Mas certamente aquilo comparado a que nada maior pode ser concebido não pode existir exclusivamente no entendimento. Pois supõe que exista exclusivamente no entendimento: então pode ser considerado que exista na realidade, a qual é maior. Portanto, se aquilo comparado a que nada maior pode ser concebido existe exclusivamente no entendimento, essa mesma coisa comparada à qual nada maior pode ser concebido é uma coisa comparada à qual alguma coisa maior pode ser concebida. Mas isso é impossível. Portanto não há dúvida de que existe, tanto no entendimento quanto na realidade, um ser comparado ao qual nada maior pode ser concebido. (*Proslogion*, c. 2)

Ao apresentar esse argumento, Anselmo diz que o prefere aos argumentos aventados por ele anteriormente em seu *Monologion* porque é muito mais imediato. Seu argumento anterior — que pretende que seres dependentes de outros seres têm que depender em última instância de um único ser independente — apresentava certa semelhança ao argumento de Avicena da contingência e necessidade. Mas o argumento do *Proslogion* marca um avanço em relação à teologia natural de Avicena. Enquanto Avicena afirmou que a *essência* de Deus acarretava sua existência, Anselmo argumenta que o próprio *conceito* de Deus torna manifesto que ele existe. Um opositor de Avicena pode negar a realidade tanto de Deus quanto da essência de Deus; mas alguém que nega a existência do Deus de Anselmo parece claramente enredado em confusão. Se não possui o conceito de Deus, então não sabe o que está negando; se possui o conceito de Deus, então está contradizendo a si mesmo.

Desde o tempo de Anselmo até a atualidade, seus leitores têm debatido se o argumento do *Proslogion* é válido; e filósofos altamente inteligentes têm considerado difícil tomar uma decisão. Bertrand Russell conta-nos em sua autobiografia que, quando jovem, uma súbita convicção da validade do argumento ontológico o atingiu com tal força que ele quase caiu da bicicleta em que andava naquela ocasião. Mais tarde, Russell citaria a refutação do argumento ontológico como um dos poucos exemplos incontroversos de progresso na filosofia. "Esse [argumento] foi inventado por Anselmo, rejeitado por Tomás de Aquino, aceito por Descartes, refutado por Kant e restabelecido por Hegel. Penso que possa ser dito de maneira inteiramente decisiva que, como resultado de análise do conceito 'existência', a lógica moderna demonstrou que esse argumento é inválido."[7] Mas o argumento não estava tão definitivamente decidido como pensou Russell. Quando uma geração posterior de lógicos desenvolveu a lógica modal de mundos possíveis, filósofos teístas recorreram a essa lógica para ressuscitar o argumento ontológico[8].

A crítica à prova de Anselmo começou durante sua vida. Um monge de um mosteiro vizinho, chamado Gaunilo, disse que se o argumento fosse sólido poder-se-ia provar pelo mesmo caminho que a ilha mais fabulosamente bela tinha que existir, pois caso contrário se estaria capacitado a imaginar uma mais fabulosamente bela. Anselmo respondeu que os casos eram distintos. A mais bela ilha imaginável pode ser concebida como inexistente, visto que não há contradição em supor que cesse de existir. Mas Deus não pode ser concebido como inexistente dessa maneira: qualquer coisa, não importa quão grandiosa e sublime, que deixasse de existir não seria Deus.

O elemento frágil no argumento de Anselmo é aquele que parece o mais inócuo: sua definição de Deus. Como sabe ele que "alguma coisa comparada à qual nada maior pode ser concebido" expressa uma noção coerente? Não é possível que a expressão seja tão ilegítima quanto "um número natural comparado ao qual nenhum maior pode ser encontrado"? É claro que entendemos cada uma das palavras que entra em sua definição, e parece nada haver de errado em sua sintaxe. Mas isso não basta para assegurar que a descrição expressa um pensamento inteligível. Filósofos no século XX discutiram a expressão "o menor número natural não nomeável em menos do que vinte e duas sílabas". Isso soa como uma designação prontamente inteligível de um número — até que o paradoxo nos mostre que a própria expressão nomeia o número em vinte e uma sílabas.

---

7. B. RUSSELL, *History of Western Philosophy*, Londres, Allen & Unwin, 1961, 752.
8. Ver A. PLANTINGA, *The Nature of Necessity*, Oxford, Oxford University Press, 1974.

O próprio Anselmo parece ter percebido um problema aqui. Ele se esforça para salientar que sua definição não significa que Deus é a maior coisa concebível. Realmente, Deus *não* é concebível: ele é maior do que qualquer coisa que pode ser concebida. Até aí, tudo bem: nada há de contraditório em dizer que aquilo comparado a que nada maior pode ser concebido é ele próprio demasiado grande para a concepção. Um Boeing 747 é alguma coisa comparada à qual nada maior pode acomodar-se em minha garagem. Isso não significa que um Boeing 747 se acomodará — ele é demasiado grande para isso.

O problema real para Anselmo está em explicar como algo que não pode ser concebido pode, afinal, estar no entendimento. Em resposta a essa dificuldade, ele distingue no capítulo 4 do *Proslogion* diferentes maneiras nas quais podemos pensar numa coisa ou concebê-la. Pensamos numa coisa de uma maneira, ele diz, quando pensamos numa expressão que a signifique; pensamos nela de uma maneira diferente quando entendemos o que a coisa realmente é em si mesma. O insensato, sugere, está apenas pensando nas palavras; o crente está pensando em Deus em si mesmo. Mas esta não é sua última palavra, porque ele prossegue dizendo que não só o insensato, mas todo ser humano não consegue entender a realidade que está atrás das palavras "aquilo comparado a que nada maior pode ser pensado".

As últimas palavras de Anselmo acerca desse tópico aparecem no nono capítulo da resposta escrita por ele à objeção de Gaunilo:

> Mesmo que fosse verdade que aquilo comparado a que nada maior pode ser concebido não pudesse ele próprio ser concebido ou entendido, não se inferiria que seria falso que "aquilo comparado a que nada maior pode ser pensado" pudesse ser pensado e entendido. Nada impede que alguma coisa seja classificada de inefável, mesmo que aquilo que seja inefável não possa ele próprio ser dito; e de modo semelhante o impensável pode ser pensado, ainda que aquilo que é com acerto chamado de impensável não possa ser pensado. Assim, quando "aquilo comparado a que nada maior pode ser concebido" é enunciado, não há dúvida de que o que é escutado pode ser concebido e entendido, ainda que a coisa ela mesma, comparada à qual nada maior pode ser concebido, não possa ela mesma ser concebida ou entendida.

A despeito da sutileza dessa defesa, ela é de fato equivalente a uma capitulação. A premissa fundamental do argumento ontológico era que o próprio Deus existia no entendimento do insensato. Mas se, como passamos a saber agora, tudo que está no entendimento do insensato (ou realmente de qualquer de nós) é um conjunto de palavras então o argumento não pode ser acionado.

Onipotência em Damiani e Abelardo

Um tópico que ocupou filósofos e teólogos nos séculos XI e XII foi a natureza da onipotência divina. A princípio, parece suficientemente fácil definir o que significa dizer que Deus é onipotente: significa que ele pode fazer tudo. Mas logo dificuldades se apinham. Ele pode pecar? Pode tornar contraditórios verdadeiros ao mesmo tempo? Pode desfazer o passado? A discussão variou entre extremos. No século XI, Pedro Damiani estendeu a onipotência tão amplamente quanto possível; no século XII, Abelardo definiu-a muito restritamente.

S. Jerônimo uma vez escreveu à monja Eustóquio: "Deus que tudo pode fazer não pode recuperar uma virgem depois de ter ela decaído". Em seu tratado *Sobre a onipotência divina* Damiani faz objeção a isso. Numa discussão durante o jantar, ele nos conta, seu amigo Desidério de Cassino defendera Jerônimo, dizendo que a única razão para Deus não poder recuperar virgens era que não queria fazê-lo. Isso, Damiani diz, não se sustenta. "Se Deus não pode fazer quaisquer das coisas que não quer fazer, como nunca faz nada exceto o que quer fazer, conclui-se que não pode fazer nada exceto o que faz. O resultado é que teremos que dizer francamente que Deus não está fazendo chover hoje porque não pode." Deus não pode fazer coisas más, como mentir; mas fazer uma virgem de uma não virgem não é uma coisa má, de modo que não há razão por que Deus não o possa fazer.

Muitos entenderam que Damiani argumentara que Deus podia mudar o passado, fazer que (por exemplo) Roma jamais tivesse sido construída. Objetou-se que isso equivalia a atribuir a Deus a habilidade de tornar contraditórios verdadeiros ao mesmo tempo: Roma foi construída, e Roma não foi construída. É possível, entretanto, que ao atribuir a Deus o poder de recuperar uma virgem o que Damiani tinha em mente fosse uma operação física, de preferência a qualquer autêntico desfazer do passado. A razão de Deus não devolver as marcas da virgindade àquelas que as perderam, ele diz, é dissuadir jovens lascivos de ambos os sexos tornando seus pecados de fácil detecção. Rejeita a ideia de que o poder de Deus estende-se até a contradição. "Nada pode tanto ser quanto não ser; mas o que não é na natureza das coisas é indubitavelmente nada: és um duro mestre, tentando fazer Deus realizar o que não é seu, nomeadamente o nada". Mas, embora Deus não possa mudar o passado, pode realizar o passado. Não pode mudar o presente ou tampouco o futuro: o que é é, e o que será será. Isso não impede muitas coisas de serem contingentes, tal como o tempo hoje será bom ou chuvoso (*PL* 145, 595ss.).

Abelardo foi mais longe nesse tópico. Levantou a questão de se Deus pode fazer mais coisas, ou coisas melhores, do que as coisas que fez, e se pode abster-se de agir como age. A questão, ele disse, parece difícil de receber uma resposta afirmativa ou negativa. Se Deus pode fazer mais coisas e melhores coisas do que fez, não é mesquinho de sua parte não agir assim? Afinal, isso não lhe custa esforço algum. Tudo quanto faz, ou se abstém de fazer, é feito ou deixado por fazer pelas melhores razões possíveis, não importa quão ocultas de nós possam ser. Assim, parece que Deus não pode agir salvo do modo que de fato agiu. Por outro lado, se tomamos qualquer pecador em seu caminho para a danação, está claro que ele podia ser melhor do que é; pois, se não, não cabe a ele culpa, e ainda menos condenação por seus pecados. Mas se ele podia ser melhor então Deus podia fazê-lo melhor; assim, é algo que Deus podia fazer melhor do que fez (*Theologia scholarium*, 516).

Abelardo opta pela primeira coisa desagradável entre duas coisas igualmente desagradáveis que exigem opção. Suponhamos que agora não está chovendo: isso deve ser porque Deus assim quer. Isso deve significar que agora não é um bom tempo para a chuva. Assim, se dizemos que Deus poderia fazer chover agora, estamos atribuindo a Deus o poder de fazer algo tolo. Tudo quanto Deus quer fazer, ele pode, mas se não quer então não pode. É verdade que nós, pobres criaturas, podemos agir diferentemente do que agimos; porém, isso não é algo de que se orgulhar, é uma marca de nossa fraqueza, como nossa capacidade de caminhar, comer e pecar. Estaríamos melhores sem a capacidade de fazer o que não devemos fazer.

Em resposta ao argumento segundo o qual pecadores têm que ser capazes de salvação se é para receberem justa punição, Abelardo rejeita a pequena distância de "Este pecador pode ser salvo por Deus" para "Deus pode salvar este pecador". O princípio lógico subjacente — que "p se e somente se q" vincula "possivelmente p se e somente se possivelmente q" — é inválido, afirma, e encontra muitos contraexemplos. Um som é ouvido se e somente alguém o ouve; mas um som pode ser audível sem que haja qualquer pessoa capaz de ouvi-lo. Poder-se-ia objetar que Deus não mereceria nenhuma gratidão da parte dos seres humanos se não pode fazer diferentemente do que faz. Mas Abelardo tem uma resposta. Deus não está agindo sob compulsão: sua vontade é idêntica à bondade que o compele a agir como age.

A discussão de Abelardo — aqui apenas resumida com brevidade — constitui um exemplo notável de brilho dialético, introduzindo e reinventando muitas distinções importantes em muitos contextos de lógica modal. Entretanto, dificilmente se pode dizer que equivale a uma análise ou defesa convincentes do conceito de onipotência, e certamente não satisfez seus contemporâneos, particularmente S. Bernardo. Uma das proposições condenadas em Sens era: Deus pode agir e abster-se de agir somente da maneira e no tempo que ele realmente age e abstém-se de agir, e de nenhum outro modo (DB 374).

Grosseteste sobre a onisciência

No século XIII, a atenção transferiu-se dos problemas da onipotência divina para aqueles da onisciência divina. Robert Grosseteste escreveu um breve mas engenhoso tratado acerca da liberdade da vontade, *De libero arbitrio*, que se inicia expondo o problema que se segue. Considere-se o argumento "Tudo quanto é conhecido por Deus ou é, ou foi, ou será. A (algum contingente futuro) é conhecido por Deus. Portanto A é, ou foi, ou será. Mas não é e não foi, portanto será". Ambas as premissas são necessárias; portanto a conclusão é necessária, uma vez que o que se segue de premissas necessárias é, ele próprio, necessário. Assim, A ele próprio tem que ser necessário, e não há contingência real no mundo.

Como lidar com esse argumento? Não há dúvida, diz Grosseteste, que a premissa maior é necessária. Mas é a menor uma verdade necessária? Alguns argumentaram que é falsa sob o fundamento de que Deus somente conhece universais. Mas isso é uma impiedade. Outros argumentaram que é falsa porque o conhecimento é somente do que é, mas contingentes futuros não estão aí para ser conhecidos. Isso, porém, tornaria o conhecimento de Deus sujeito a mudança: haverá coisas que ele não conhece agora, mas conhecerá mais tarde.

Diremos então que a premissa menor é verdadeira, mas contingente? Se for assim, então haverá um caso em que Deus conhece aquele p, mas pode deixar de conhecer aquele p. Mas novamente, se Deus fosse capaz de

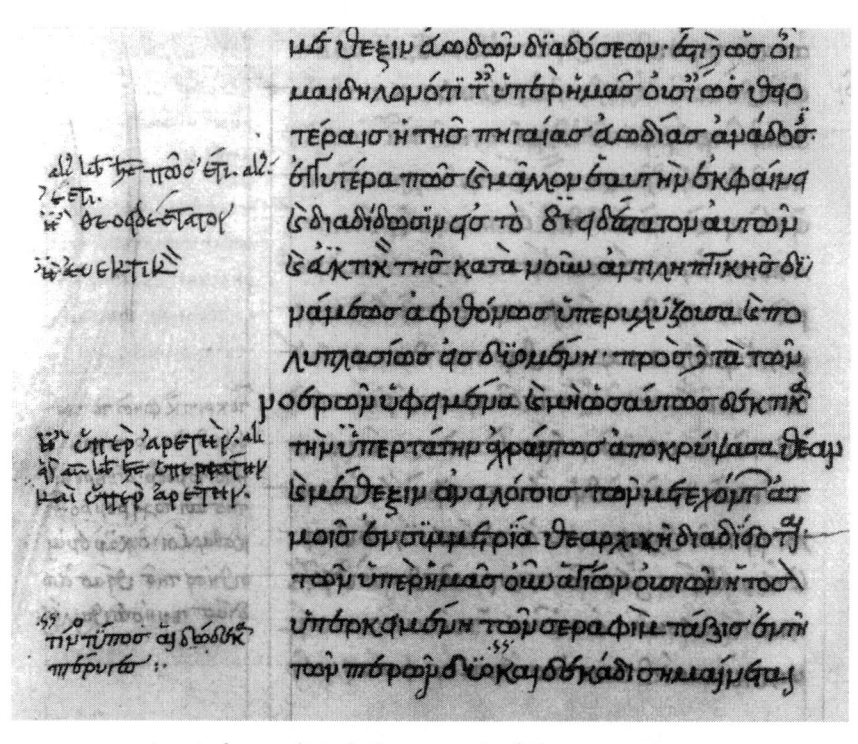

A meticulosa erudição de Grosseteste é exibida nestes acréscimos marginais, em sua caligrafia, ao manuscrito de um texto de teologia.

passar de um estado de conhecer aquele *p* para não conhecer aquele *p*, então seu conhecimento seria sujeito a variação. Poder-se-ia argumentar que é realmente variável, da seguinte maneira: "Deus sabe que sentarei. Uma vez tenha eu sentado, não saberá mais que sento, mas que sentei. Assim ele conhece agora algo que não conhecerá mais tarde" (*De lib. arb.* 160).

Grosseteste descarta esse sofisma. Ele não mostra que o conhecimento de Deus varia em relação às essências das próprias coisas; mostra apenas as mudanças dos tempos de verbo humanos. Temos que dizer que tudo quanto Deus conhece agora não pode não conhecer mais tarde, e assim é assim não importa se o objeto de seu conhecimento existe agora ou não. Nem "O anticristo virá", nem "Deus sabe que o anticristo virá" podem mudar de verdadeiro para falso. Suponhamos "O anticristo virá" mudado agora de ser verdadeiro para ser falso. Se agora é falso, tem que sempre ter sido falso, o que é conflitante com a hipótese de que mudou. Daí não pode mudar de modo algum exceto vindo a se verificar verdadeiro; e o mesmo se aplica a "Deus sabe que o anticristo virá" (*De lib. arb.* 165).

Considerando a mesma questão, se Deus sempre conhece o que eternamente conhece, Pedro Lombardo em suas *Sentenças* forneceu uma resposta semelhante. Os profetas que predisseram que Cristo era para nascer, e os cristãos que agora celebram o fato de que Cristo nasceu, ele diz, estão lidando com a mesma verdade.

> O que era então futuro é agora passado, de modo que as palavras usadas para designá-lo precisam ser mudadas, tal como em tempos diferentes, ao falar de um e mesmo dia, o designamos quando ainda está no futuro como "amanhã", e quando está no presente como "hoje", e quando está no passado como "ontem". [...] Como diz Agostinho, os tempos variaram e, assim, as palavras foram alteradas, mas não nossa fé. (I *Sent.* 41. 3).

Isso, entretanto, deixa o problema inicial de Grosseteste não resolvido. Na antiga Israel, por exemplo, alguém poderia argumentar: "Isaías previu o cativeiro dos judeus. Assim, ele não pode não ter previsto o cativeiro dos judeus. Assim, o cativeiro dos judeus não pode não ocorrer". Teremos que dizer, portanto, ou que tudo acontece por necessidade, ou que o que é necessariamente acarretado por verdades necessárias é ele mesmo meramente contingente?

A solução, para Grosseteste, está em distinguir dois tipos de necessidade. É fortemente necessário aquele p se não é possível que tenha jamais sido o caso aquele não-p. É fracamente necessário aquele p se não é possível que deva se tornar doravante o caso aquele não-p. Em nosso argumento, a premissa menor e a conclusão são fracamente necessárias, mas não fortemente necessárias. A necessidade fraca é compatível com a liberdade, de maneira que o argumento não destrói o livre-arbítrio. Por outro lado, preservamos o princípio de que o que se infere do que é necessário é ele próprio necessário, mas necessário somente no mesmo sentido que suas premissas são (*De lib. arb.* 168).

Tomás de Aquino sobre o conhecimento e o poder eternos de Deus

A solução de Grosseteste, ainda que engenhosa, não satisfez pensadores medievais posteriores. Tomás de Aquino rejeitou a opinião, comum a Grosseteste e Lombardo, de que "Cristo nascerá" e "Cristo nasceu" eram uma e a mesma proposição. Ele descreve os defensores dessa opinião como "antigos nominalistas".

> Os antigos nominalistas disseram que "Cristo nasce", "Cristo nascerá" e "Cristo nasceu" eram uma e a mesma proposição [*enuntiabile*] porque a mesma realidade é denotada por todas as três, a saber, o nascimento de Cristo. Disso deduziram que Deus agora conhece tudo quanto conheceu, porque ele agora conhece Cristo nascido, o que tem a mesma significação que "Cristo nascerá". Entretanto, essa opinião é falsa por duas razões. Em primeiro lugar, se as partes do discurso numa sentença diferem, então a proposição difere. Em segundo lugar, se inferiria que qualquer proposição que foi uma vez verdadeira seria para sempre verdadeira, o que contraria a máxima de Aristóteles de que a mesmíssima sentença "Sócrates está sentando" é verdadeira quando ele se senta e falsa quando ele se levanta. (*ST* 1a 14. 15)

Assim, se consideramos o objeto do conhecimento de Deus como proposicional, não é verdadeiro que tudo quanto Deus uma vez conheceu ele agora conhece. Isso, contudo, não significa que o conhecimento de Deus é variável: simplesmente significa que seu conhecimento não é exercido através de proposições do modo que nosso conhecimento é.

A própria solução de Aquino para o problema de harmonizar a presciência divina com a contingência é apresentada em dois estágios. O primeiro estágio, que foi moeda corrente desde Boécio, recorre a duas maneiras diferentes nas quais proposições modais podem ser analisadas[9]. A proposição "Tudo quanto é conhecido por Deus é necessariamente verdadeiro" é ambígua: pode significar (A) ou (B):

(A) "Tudo quanto é conhecido por Deus é verdadeiro" é uma verdade necessária.
(B) Tudo quanto é conhecido por Deus é uma verdade necessária.

(A), na terminologia de Tomás de Aquino, é uma proposição *de dicto*: toma a afirmação original como uma meta-afirmação a respeito da condição da proposição nas aspas. (B), por outro lado, é uma proposição *de re*, uma afirmação de primeira ordem. De acordo com Tomás de Aquino (A) é verdadeira e (B) é falsa; mas somente (B) é incompatível com Deus conhecer verdades contingentes.

---
9. Ver em Abelardo acima, p. 151-152.

Até aí, tudo bem. Mas Tomás de Aquino compreende que encara uma dificuldade mais séria no que se refere a harmonizar presciência divina com contingência no mundo. Em qualquer proposição condicional verdadeira, se o antecedente é necessariamente verdadeiro, então o consequente é também necessariamente verdadeiro. "Se chegou ao conhecimento de Deus que esta e aquela coisa acontecerão, então esta e aquela coisa acontecerão" é uma verdade necessária. O antecedente, se verdadeiro, é necessariamente verdadeiro, pois está no tempo passado, e o que é passado não pode ser mudado. Portanto, o consequente é também uma verdade necessária; assim, a coisa futura, seja qual for, acontecerá necessariamente.

A solução de Tomás de Aquino para essa dificuldade depende da tese segundo a qual Deus está fora do tempo: sua vida é medida não pelo tempo, mas pela eternidade. A eternidade, que não tem partes, sobrepõe o todo do tempo; consequentemente, as coisas que acontecem em tempos diferentes estão todas conjuntamente presentes para Deus. Um evento é conhecido como *futuro* somente quando há uma relação de futuro para passado entre o conhecimento do conhecedor e o acontecer do evento. Mas a relação entre o conhecimento de Deus e qualquer evento no tempo é sempre uma relação de simultaneidade. Um evento contingente, à medida que chega ao conhecimento de Deus, não é futuro, mas presente; e como presente é necessário; pois o que é o caso é o caso e ultrapassa o poder de qualquer um alterar (*ST* 1a 14. 13).

A solução de Tomás de Aquino é essencialmente idêntica à de Boécio, e ele emprega a mesma ilustração para explicar como o conhecimento de Deus está acima do tempo. "Um homem que está caminhando ao longo de uma estrada não pode ver aqueles que estão vindo atrás dele; mas um homem que olha de uma colina toda a extensão da estrada pode ver ao mesmo tempo todos aqueles que a percorrem." A solução de Aquino é vulnerável à mesma objeção da de Boécio: a noção de eternidade como simultânea a todo ponto no tempo desmorona distinções temporais, na Terra como no céu, e torna o tempo irreal. Não se pode dizer que Tomás de Aquino teve êxito em harmonizar contingência, e liberdade humana em particular, com onisciência divina.

Tomás de Aquino teve mais êxito na defesa da coerência da noção de um atributo divino diferente, a saber, a onipotência. Sua primeira tentativa de uma definição é dizer que Deus é onipotente porque pode fazer tudo que é logicamente possível. Isso não será satisfatório porque há muitos contraexemplos que o próprio Tomás de Aquino teria aceitado. É logicamente possível que Troia não caiu, mas Tomás de Aquino (diferentemente de Grosseteste) não pensava que havia qualquer sentido em que Deus pudesse mudar o passado. De fato, Tomás de Aquino preferia a formulação "O poder de Deus é infinito" à formulação "Deus é onipotente". "Deus possui todo poder logicamente possível" é mais coerente do que a formulação anterior, mas ainda é apenas uma aproximação de uma definição correta, porque alguns poderes logicamente possíveis — tais como o poder de enfraquecer, adoecer e morrer — colidem com outros atributos divinos.

Pode Deus fazer o mal? Pode Deus fazer melhor do que faz? Aquino responde que Deus só pode fazer o que é adequado e justo; mas devido à condenação de Abelardo ele tem que aceitar que Deus pode fazer diferentemente do que faz. Ele explica como as duas proposições devem ser conciliadas.

> No entanto, quando digo *conveniente e justo*, pode ser entendido de duas maneiras. Primeiro, quando digo *conveniente e justo*, entenda-se que estão unidos ao verbo *é*, e assim o sentido se restringe às coisas presentes; desse modo referem-se à potência. Nesse caso, a proposição é falsa, pois seu sentido é o seguinte: *Deus só pode fazer o que é, atualmente, conveniente e justo*. Se, pelo contrário, os termos estiverem unidos primeiro ao verbo *pode*, que tem maior amplitude, e somente em seguida ao verbo *é*, daí resultará algo presente e indeterminado, e a proposição será verdadeira neste sentido: *Deus não pode fazer nada que não seja conveniente e justo, se o fizesse*. (1a 25. 5. 2)

Se preferirmos a expressão dos mundos possíveis à expressão dos poderes, poderemos traduzir o ponto essencial de Tomás de Aquino como se segue. Em todo mundo possível, o que Deus faz é adequado e justo; não se infere, nem é verdadeiro, que tudo quanto Deus faz é algo que é adequado e justo em todo mundo possível.

Poderia Deus ter feito o mundo melhor? Não poderia tê-lo feito por qualquer método melhor do que fez; ele o fez do modo mais sábio e melhor possível. Poderia ter feito os seres humanos melhores? Não poderia ter feito a natureza humana melhor do que é; criaturas por natureza melhores do que somos não seriam, de modo algum, seres humanos. Mas no que se refere a qualquer indivíduo humano é verdade que Deus poderia tê-lo feito melhor. E dada qualquer criatura real, não importa quão augusta, está no poder de Deus criar algo melhor. Não há isso de a melhor de todas as criaturas possíveis, e tampouco o melhor de todos os mundos possíveis.

As provas de Tomás de Aquino da existência de Deus

Na teologia filosófica, Tomás de Aquino é lembrado com mais frequência não por seu tratamento de atributos divinos tais como onisciência e onipotência, mas por seu empenho em estabelecer, mediante métodos puramente filosóficos, a efetiva existência de Deus. Provas da existência divina podem ser encontradas em muitos lugares em suas obras: em *De potentia*, por exemplo, toma como ponto de partida de sua prova o sabor da pimenta e do gengibre. Onde, ele diz, causas cujos efeitos próprios são diversos também produzem um efeito comum, o efeito comum adicional tem que ser produzido em virtude de alguma causa superior da qual é o efeito próprio. Por exemplo, a pimenta e o gengibre, além de produzirem seus próprios efeitos peculiares, têm em comum o fato de produzirem calor: realizam-no em virtude da causalidade do fogo, do qual o calor é o efeito peculiar.

> Todas as causas criadas, embora tenham seus próprios efeitos peculiares que as distinguem entre si, também partilham de um efeito comum singular que é ser. O calor faz as coisas serem quentes, e um construtor faz haver uma casa. Têm em comum, portanto, produzirem o ser, e diferem em que o fogo produz o fogo e um construtor produz uma casa. É necessário que haja, consequentemente, alguma causa superior cujo efeito próprio é o ser e em virtude da qual tudo o mais produz ser. E essa causa é Deus. (*DP* 7. 2c)

Mais conhecidos são as Cinco Vias colocadas próximo ao início da *Summa theologiae*: (1) o movimento no mundo somente é explicável se houver um primeiro movente imóvel; (2) a série de causas eficientes no mundo tem que conduzir a uma causa não causada; (3) seres contingentes e corruptíveis têm que depender de um ser independente e incorruptível; (4) os vários graus de realidade e excelência no mundo têm que ser aproximações de um máximo subsistente de realidade e excelência; (5) a teleologia ordinária de agentes não conscientes no Universo acarreta a existência de um ordenador universal inteligente[10].

Nenhuma das Cinco Vias apresenta êxito como prova da existência de Deus: cada uma delas encerra ou uma falácia, ou uma premissa falsa ou discutível. A primeira via depende da premissa segundo a qual tudo

---
10. Para uma abordagem minuciosa das Cinco Vias, ver meu livro *The Five Ways*, London, Routledge, 1969.

quanto está em movimento é movido por alguma outra coisa, um princípio universalmente rejeitado desde Newton. A série mencionada na segunda via não é uma série de causas através do tempo (que o próprio Tomás de Aquino admitia que podia recuar para sempre), mas uma série de causas simultâneas, como um homem que movesse uma pedra movendo uma alavanca; não há razão por que a primeira causa em tal série devesse ser Deus e não um ser humano ordinário. A terceira via contém uma inferência falaciosa de "Toda coisa possui um certo tempo no qual não existe" para "Há um certo tempo no qual nada existe". A quarta via depende de uma noção platônica e, em última instância, incoerente do Ser. A quinta via é, de longe, o mais persuasivo dos argumentos, mas sua premissa-chave, "Coisas inscientes não tendem para uma meta a não ser se dirigidas por algo ciente e inteligente, como uma flecha por um arqueiro", exige, desde Darwin, mais argumentação em apoio do que nos é dado.

Muitas tentativas foram feitas e, sem dúvida, serão feitas no sentido de expor novamente as Cinco Vias de uma maneira que elimine falsas premissas e o raciocínio falacioso. Mas uma das mais promissoras tentativas recentes de restabelecer provas de Tomás de Aquino da existência de Deus parte não da *Summa theologiae*, mas da *Summa contra gentiles*[11].

O teor do argumento é o seguinte: toda coisa existente possui uma razão para sua existência, ou na necessidade de sua própria natureza, ou na eficiência causal de alguns outros seres. Jamais toleraríamos, no caso de um existente ordinário, um anúncio jovial de que não havia simplesmente razão para sua existência; e é irracional renunciar a esse princípio quando a coisa existente em questão é uma totalidade, como o universo.

Suponhamos que A seja uma coisa natural existente, um membro de uma série (talvez destituída de princípio) de causas e efeitos que em sua própria natureza encontra-se disposto indistintamente para a existência ou não existência. A razão para o existir de A tem que estar na eficiência causal de outros seres. Embora muitos seres podem estar contribuindo para a presente existência de A, não poderiam ser a razão para ela se não houvesse alguma primeira causa encabeçando a série — alguma coisa tal que tudo que fosse distinto dela teria que ser reencaminhado a ela como a causa de seu ser.

Embora persuasivo, esse argumento contém uma fraqueza capital. O que significa dizer que A se encontra "disposto indistintamente para a existência ou não existência"? Se significa "disposto indistintamente para con-

---
11. Ver N. KRETZMANN, *The Metaphysics of Creation*, Oxford, Clarendon Press, 1999, 84-138.

tinuar existindo ou não", então os seres contingentes do mundo cotidiano, dos quais parte o argumento, não se ajustam a isso. Coisas contingentes não são, por sua natureza, igualmente dispostas a existir ou não: pelo contrário, a maioria das coisas tende naturalmente a permanecer existindo. Por outro lado, se significa "dispostos indistintamente para vir a existir ou não", então caímos no absurdo: antes de A existir não há tal coisa como um A não existente para ter ou não ter uma tendência a vir a existir.

Prova metafísica de Duns Scotus de um ser infinito

Falhas nas provas de Tomás de Aquino da existência de Deus foram destacadas logo depois de sua morte. Entre seus críticos estava Duns Scotus que, em lugar das provas de Tomás de Aquino, ofereceu as suas próprias. Sua prova mais próxima do argumento da *Summa contra gentiles* emprega o conceito de causalidade para provar a existência de uma primeira causa. Suponhamos que dispomos de algo capaz de ser trazido à existência. O que poderia trazê-lo à existência? Tem que ser algo, pois o nada não pode causar alguma coisa. Tem que ser algo distinto de si mesmo, pois nada pode causar a si mesmo. Chamemos esse algo mais de A. É A ele próprio causado? Se não, é uma primeira causa, que é o que procurávamos. Se é causado, que sua causa seja B. Podemos repetir o mesmo argumento com B. Então ou continuamos para sempre, o que é impossível, ou alcançamos uma primeira causa absoluta.

Scotus, como Tomás de Aquino, faz uma distinção entre dois tipos de série causal, um dos quais ele denomina "essencialmente ordenado" e o outro, "acidentalmente ordenado". Não nega a possibilidade de um regresso interminável de causas acidentalmente ordenadas, tal como a série de seres humanos, cada um gerado por um ser humano anterior. Tal série é apenas acidentalmente ordenada. Um pai pode ser a causa de seu filho, mas não é a causa de seu filho gerar seu neto. Numa série essencialmente ordenada, A não só causa B, que é a causa de C, como também realmente leva B a causar C. É somente no caso da série essencialmente ordenada — por exemplo, um jardineiro movendo a terra pela movimentação de uma pá — que um regresso infinito é excluído. Uma série acidentalmente ordenada é, por assim dizer, uma série horizontal de causas; uma série essencialmente ordenada é uma hierarquia vertical; e Scotus nos diz: "a infinidade é impossível na ordem ascendente" (*DPP* 4, p. 22).

Mesmo após os dois tipos de séries terem sido distinguidos, parece haver vários pontos fracos no argumento de Scotus, considerado como uma prova da existência de Deus. Em primeiro lugar, parece, como a prova da *Summa contra gentiles* numa interpretação, assumir que é sensato falar de alguma coisa não existente como tendo ou carecendo do poder de vir a existir[12]. Em segundo lugar, não está claro por que, em lugar de a uma única primeira causa infinita, o argumento não conduz a muitas primeiras causas finitas.

Scotus, na verdade, admite que não produziu uma prova de Deus; mas a razão por ele apresentada não é nem uma nem outra das acima indicadas. Diferentemente de Tomás de Aquino, que tomou como seu ponto de partida a existência real de sequências causais no mundo, Scotus começou simplesmente com a mera possibilidade da causação. Ele o fez deliberadamente porque preferiu basear sua prova não em fatos contingentes da natureza, mas em possibilidades puramente abstratas, pois acreditava que partindo da mera física nunca ultrapassaria o cosmos finito.

Mas a consequência disso é que o argumento, até esse ponto, conseguiu provar apenas a possibilidade de uma primeira causa: ainda precisamos provar que ela realmente existe. Scotus de fato vai além e se propõe a provar que *tem que* existir. Uma primeira causa, por definição, não pode ter sua existência produzida por qualquer outra coisa; assim, ou simplesmente existe ou não existe. Se não existe, por que não existe? Se sua existência é, afinal, possível, nada há que pudesse causar sua não existência. Mas mostramos ser isso possível; consequentemente tem que existir. Ademais, tem que ser infinita, uma vez que não pode haver nada que possa limitar seu poder. Scotus aceita a possibilidade de um ser infinito somente se não houver incoerência na noção de tal entidade. É um ponto fraco, reflete ele, no argumento de Anselmo, não mostrar ele que "aquilo comparado ao que nada maior pode ser concebido" é um conceito coerente. Mas se houvesse qualquer incoerência entre as noções de ser e infinidade, afirma Scotus, teria sido há muito detectada. O ouvido pode rapidamente detectar uma dissonância, e o intelecto ainda mais facilmente detecta incompatibilidades (*Ord.* 4. 162-3).

Mesmo que concedamos a Scotus que a noção de Deus é coerente, seu argumento parece não obter êxito por intercambiar diferentes sentidos de "possível": possibilidade lógica, possibilidade epistêmica e possibilidade

---

12. Ver p. 233-234 a respeito da possibilidade objetiva.

real. A partir da mera possibilidade lógica da existência de Deus, nada se infere acerca de se ele existe em ato. Um agnóstico pode admitir que talvez, ao que nos é dado supor, haja um Deus: isto é o que se quer dizer com "possibilidade epistêmica". Mas a partir da possibilidade lógica e da possibilidade epistêmica nada se infere de possibilidade real, e ainda menos de *atualidade*. "É possível que haja um Deus" não é o mesmo que "É possível para Deus vir a ser"[13]. Como o conceito de divindade inclui existência perpétua, nada possui o poder de trazer à existência qualquer deus. Se Deus existe, tem que ter existido sempre. Tampouco possui qualquer coisa o poder de impedir que um deus exista, ou de fazer cessar a existência de um deus. Esses poderes são todos conceitualmente impossíveis devido à natureza do conceito *Deus*. A ausência, porém, de tais poderes nada indica acerca de se esse conceito é ou não é instanciado.

Para Scotus, o elemento mais importante no conceito de Deus é infinidade. A noção de infinidade é mais simples, mais básica, do que outros conceitos tais como bondade: é constitutiva de ser divino, não apenas um atributo de divindade. Infinidade é a característica definidora de todos os atributos divinos: bondade divina é bondade infinita, verdade divina é verdade infinita, e assim por diante. Cada perfeição divina "possui sua perfeição formal a partir da infinidade da essência como sua raiz e fundamento" (*Oxon*. 4. 3. 1. 32). Scotus prova a existência de Deus provando a existência de um primeiro princípio infinito; somente depois de estabelecer a infinidade de Deus é que ele passa a deduzir outros atributos divinos tais como os de unicidade e simplicidade.

Scotus não acreditava que todos os atributos divinos podiam ser provados pela razão natural. A razão podia mostrar que Deus era infinito, único, simples, excelente e perfeito. A razão, contudo, não podia mostrar que Deus era onipotente porque a revelação mostrara que Deus possuía o poder de fazer coisas que a razão jamais poderia ter conjecturado (por exemplo, gerar um filho). A razão podia, entretanto, mostrar que Deus tinha o poder de criar um mundo a partir do nada e que assim criando gozava de absoluta liberdade.

O Deus infinito, refletindo sobre sua própria essência, a vê como capaz de ser reproduzida ou imitada de vários modos parciais possíveis: é isso que, antes de toda a criação, produz as essências das coisas, existindo sob

---

13. A diferença entre as duas afirmações é muito mais óbvia em inglês e português do que no equivalente em latim medieval.

a forma de ideias divinas. Essa reflexão constitui um exercício do intelecto divino; não é uma ação livre da vontade divina.

> O intelecto divino, como, de algum modo, isto é, logicamente anterior ao ato da vontade divina, produz aqueles objetos em seu ser inteligível e, assim, com respeito a eles parece ser uma causa meramente natural, visto que Deus não é uma causa livre com respeito a nada salvo aquilo que pressupõe de algum modo sua vontade ou um ato de sua vontade. (*Ord.* 1. 163)

As essências na mente divina, como as concebe Scotus, não são em si mesmas nem singulares nem múltiplas, nem universais nem particulares. Assemelham-se — e não por acidente — à *cavalidade* de Avicena, que não era idêntica quer a qualquer um dos muitos cavalos individuais, quer ao conceito universal de cavalo presente na mente humana. Mediante um ato de vontade soberano e inexplicável, Deus decreta que algumas dessas essências devem ser instanciadas; e assim o mundo é criado. O decreto de sua vontade é eterno, imutável; mas a execução do decreto ocorre no tempo (*Ord.* 1. 566). Não podemos procurar por qualquer razão para o decreto criativo de Deus: ele não cria por causa de qualquer bem, uma vez que todo bem nas criaturas é a consequência de sua criação.

Scotus, Ockham e Valla acerca da presciência divina

O conhecimento de Deus do que é possível, como vimos, precede o ato de vontade pelo qual ele traz à existência entidades possíveis escolhidas; mas seu conhecimento do que é atual depende exclusivamente de seu conhecimento de sua própria vontade. Scotus rejeita a opinião de Tomás de Aquino de que Deus é onisciente porque vê o todo do tempo para ele como presente de uma vez. Qualquer coisa que esteja presente para Deus, argumenta Scotus, não pode ser genuinamente passado ou futuro; a maneira que as coisas aparecem a Deus é a maneira que realmente são. Para Scotus, Deus conhece o que foi o caso, o que é o caso e o que será o caso, porque está ciente de seu próprio decreto determinando o que foi, o que é e o que será. Poder-se-ia muito bem pensar que tal explicação da onisciência divina, e em particular da presciência divina, não deixa espaço para o exercício do livre-arbítrio humano. Scotus acolhe essa queixa com muita seriedade, mas no fim a rejeita.

Consideremos, diz ele, o seguinte argumento: "Deus crê que me sentarei amanhã, mas não me sentarei amanhã; portanto, Deus está errado". Esse argumento é claramente válido. Devemos, portanto, certamente dizer que a seguinte variação do argumento também é válida: "Deus crê que me sentarei amanhã, mas é possível que não me sentarei amanhã; portanto, Deus pode estar errado". Estamos simplesmente empregando o esquema: se p e q acarretam r, então p e *possivelmente* q acarretam *possivelmente* r. Como Deus não pode estar errado, o argumento parece mostrar que não é possível para mim fazer nada exceto o que Deus previu que eu de fato farei.

A solução de Scotus para esse argumento é negar a validade do esquema envolvido. Ele dá um contraexemplo que pode ser reproduzido como se segue. Suponhamos que haja duas valises A e B, cada uma das quais posso carregar. Mas suponhamos adicionalmente que estou carregando minha valise A. Nessas circunstâncias, carregar tua valise B seria carregar tanto A quanto B, o que ultrapassa minhas forças. "Estou carregando A e estou carregando B" obviamente acarreta "Estou carregando A e B". Mas "Estou carregando A" e "Posso carregar B" não acarretam entre si "Posso carregar A e B" (*Lect.* 17. 509).

A resposta de Scotus é eficiente, e é aplicável em muitos contextos além do teológico. Há muitos casos em que posso executar alguma ação X, mas não executarei. Em tais casos, haverá descrições de executar X que o descreverão em termos do fato de que não vou, efetivamente, executar X. Assim, suponhamos que vou comer meu bolo. Posso, se eu quiser, ter meu bolo, mas não vou ter meu bolo, vou comê-lo. Dados os fatos do caso, ter meu bolo seria tê-lo e também comê-lo. Mas posso, se quiser, tê-lo. Assim, se o princípio for válido, posso ter meu bolo e também comê-lo. A demolição do princípio por parte de Scotus com o objetivo de mostrar que a liberdade humana é compatível com decretos divinos fornece o suporte essencial para qualquer forma de compatibilismo, quer dizer, a tentativa de mostrar que a liberdade e o determinismo não são os opostos contraditórios que parecem, à primeira vista, ser.

Ockham rejeitou o método de Scotus de harmonizar a presciência divina com a liberdade humana, tal como Scotus rejeitara o de Tomás de Aquino. Deus, diz Scotus, prevê eventos futuros por estar ciente de suas próprias intenções, e eventos futuros são contingentes, não necessários, porque os decretos de Deus com respeito ao mundo são eles mesmos contingentes. É possível que isso, replica Ockham, seja suficiente para preservar a contingência, mas não basta para deixar as decisões das criaturas livres enquanto se estabelece, ao mesmo tempo, uma base para a presciência delas[14].

A crítica de Ockham da posição de Scotus é vigorosa, mas ele próprio não oferece, para que a substitua, qualquer solução ao problema da presciência divina e da liberdade humana. Deixa claro, de fato, que simpatiza com a posição (a qual erroneamente atribui a Aristóteles) de que afirmações acerca de contingentes futuros carecem de um valor de verdade. Mas, a menos que sejam já verdadeiras, proposições de contingentes futuros não podem ser conhecidas, mesmo por Deus. Apesar desse raciocínio filosófico, diz Ockham, somos obrigados a sustentar que Deus evidentemente conhece todos os contingentes futuros. Um tratado exclusivamente devotado a esse problema, *Tractatus de praedestinatione et de praescientia*, conclui: "Digo que é impossível expressar claramente a maneira na qual Deus conhece eventos contingentes futuros. Entretanto, é necessário sustentar que ele efetivamente os conhece, mas contingentemente"[15].

Isso foi apenas um exemplo da combinação de fideísmo devoto com agnosticismo filosófico, o que é característico da teologia de Ockham. Ele é crítico com referência aos argumentos a favor da existência de Deus encontrados em Tomás de Aquino e Scotus. Concorda com Scotus em que sem um conceito unívoco de ser seria impossível até mesmo conceber Deus (III *Sent*. 9, R); mas concorda com Tomás de Aquino em que o objeto primordial da mente humana não é o ser, mas a natureza da substância material (I *Sent*. 3. 1d).

A razão filosófica é incapaz de provar que Deus é a primeira causa eficiente de tudo. Tem que haver, realmente, uma primeira causa se não for para haver um infinito regresso causal; mas não precisa ser Deus; poderia ser um corpo celeste ou algum espírito finito (*Quodl*. 2, p. 1; *OTh*. 6. 108). Mas mesmo a impossibilidade de um regresso causal infinito está aberta ao questionamento — por que não deveria haver uma série de gerados e gerador estendendo-se para sempre de maneira regressiva? Em lugar de perguntar o que traz algo à existência, faríamos melhor em perguntar o que o conserva existindo; e Ockham concorda que é implausível pensar que há uma série infinita de entidades simultâneas nos conservando correntemente na existência. Isso pode ser mostrado, ele pensa, não com certeza absoluta, porém por argumentos que são suficientemente razoáveis (I *Sent*. 2. 10).

---

14. Ockham também rejeitou o poder não manifesto de Scotus. Ver p. 277-281.
15. Trad. Norman Kretzmann e Marilyn Adams, Chicago, Appleton-Century-Crofts, 1969.

É até esse ponto que Ockham está preparado para se manter admitindo a possibilidade de uma prova da existência de Deus; e mesmo isso, sustenta, não basta para estabelecer que há apenas um Deus. *A fortiori* não nos é possível demonstrar pela razão natural que Deus é infinito, eterno, onipotente e criador do céu e da Terra. Com referência ao conhecimento de Deus, não podemos provar filosoficamente que Deus conhece coisas atuais além de si mesmo, isso sem mencionar as futuras ações livres dessas coisas. Todas essas verdades sobre Deus têm que ser aceitas como matérias de fé.

A harmonização de liberdade e providência foi um problema que ocupou tanto pensadores humanistas quanto escolásticos. Lourenço Valla, filólogo da corte de Nicolau V, escreveu em 1439 um diálogo sobre o livre-arbítrio, criticando a *Consolação*, de Boécio. Parte de um problema repisado: "Se Deus prevê que Judas será um traidor, é impossível para este não se transformar num traidor". Na sua maior parte, o diálogo adota movimentos e contramovimentos familiares às discussões escolásticas: pode ser lido como uma versão infantil de Scotus. Mas, próximo do fim, dois movimentos surpreendentes são feitos.

Em primeiro lugar, Valla introduz dois deuses pagãos na discussão. Apolo previu ao rei romano Tarquínio que seria exilado e pereceria. Em resposta às queixas de Tarquínio, Apolo declarou que desejaria que sua profecia fosse mais venturosa, mas que meramente predizia, e não decidia o destino de Tarquínio. Quaisquer reclamações deveriam ser endereçadas a Júpiter. A introdução dos deuses não é apenas um floreado humanista: permite a Valla, sem blasfêmia, separar os dois atributos de sabedoria onisciente e vontade irresistível que na teologia cristã estão inseparáveis no Deus único.

A segunda surpresa é que, quando as coisas ficam realmente muito difíceis, Valla se refugia nas citações das Escrituras. Volta-se para a passagem na Epístola de Paulo aos Romanos acerca da predestinação de Jacó e a reprovação de Esaú. "Ó, profundidade da riqueza tanto da sabedoria quanto do conhecimento de Deus! Quão insondáveis são seus juízos e seus métodos fora do alcance da detecção". Em lugar de oferecer uma conciliação filosófica entre a providência divina e a liberdade humana, Valla termina com uma denúncia dos filósofos e, acima de tudo, de Aristóteles. No que tange a esse tópico crucial de teologia natural, tanto a escolástica nominalista quanto o conhecimento humanista atingem o mesmo beco sem saída.

A ignorância informada de Nicolau de Cusa

O pensamento medieval, no seu último período, alcança um clímax de agnosticismo com o *De docta ignorantia* de Nicolau de Cusa. Ninguém desde Sócrates frisara tão intensamente que a sabedoria consiste em estar ciente dos limites do próprio conhecimento. A ignorância de animal irracional não é virtude: mas o processo de aprendizado constitui uma percepção gradualmente crescente de quanto não se conhece. A verdade é suficientemente real: mas nós, seres humanos, só podemos dela nos aproximar assintoticamente.

> A verdade não admite mais ou menos, mas permanece absoluta. Nada além da própria verdade pode medi-la com precisão, tal como um não círculo não pode medir um círculo em seu ser absoluto. Nosso intelecto, que não é verdade, jamais pode compreender a verdade com tal precisão que não reste a possibilidade de uma compreensão infinitamente mais precisa. Nosso intelecto está relacionado à verdade da maneira que um polígono está relacionado a um círculo: quanto mais ângulos ele contém, mais semelhante ele é a um círculo, mas jamais iguala o círculo mesmo que seus ângulos sejam multiplicados ao infinito. (*DDI* 9)

O que é verdadeiro no que se refere à aproximação do intelecto da verdade em geral é, *a fortiori*, verdadeiro no que toca à sua aproximação da verdade acerca de Deus.

O paradigma de Cusa da investigação racional é a medição: abordamos o desconhecido medindo-o com referência ao que já conhecemos. Mas não podemos esperar medir o infinito porque não há proporção entre o que é infinito e qualquer coisa finita. Toda tentativa que empreendemos para aprender mais sobre Deus revela uma nova lacuna infinita entre o que pensamos e o que Deus é realmente.

Nossa razão, guiada pelo princípio de não contradição, procede efetuando distinções. Distinguimos, por exemplo, grande de pequeno. Mas essas distinções são inúteis na investigação acerca de Deus. Podemos pensar, por exemplo, que Deus é a maior de todas as coisas, o máximo. Certamente, Deus é algo comparado ao qual nada pode ser maior. Mas Deus, que não possui tamanho algum, também é algo comparado ao qual nada pode ser menor. Ele é o mínimo bem como o máximo. Isso é apenas um exemplo de um princípio geral: Deus é a união e coincidência de opostos (*DDI* 1. 4).

Um dos pares de opostos que coincidem em Deus é o par ser–não-ser. O máximo "não é mais comparado a tudo quanto é concebido ser. E tampouco é comparado ao que é concebido não ser. É uma coisa de tal modo a ser todas as coisas, e é todas as coisas de tal modo a ser nenhuma coisa. E é maximamente assim de tal modo a ser também minimamente assim" (*DDI* 1. 4). Não há dúvida de que tudo isso soa muito irracional. Cusa louva os filósofos que distinguiram razão de intelecto, considerando o intelecto uma faculdade intuitiva capaz de transcender as contradições detectadas pela razão. A linguagem literal é incapaz de apreender o mistério divino: é necessário que façamos uso da metáfora e do símbolo. As metáforas preferidas de Cusa eram matemáticas. Se tomamos um círculo finito e gradualmente aumentamos seu diâmetro, a curvatura da circunferência diminui. Quando o diâmetro atinge o infinito, a circunferência torna-se absolutamente reta. Assim, uma linha reta (o máximo de retidão) é idêntica a um círculo infinito (o mínimo de curvatura).

Outras metáforas são usadas para descrever a relação entre Deus e o Universo. Todas as criaturas estão envolvidas (*complicata*) em Deus; Deus está exposto (*explicatus*) em todas as criaturas. Uma criatura está na mesma relação com Deus que minha imagem numa imagem de espelho está relacionada comigo — com a ressalva de que, no que toca a Deus e as criaturas, não há nenhum espelho além da própria imagem. Cada criatura não só espelha a Deus, como forma a imagem de toda outra criatura. Diferentes criaturas são imagens mais próximas ou mais distantes de Deus (*DDI* 2. 3).

Cusa, obviamente, pertence à tradição da *via negativa*, remontando a Dionísio, o Arcopagita. Mas seu agnosticismo vai além daquele de seus predecessores tais como Erígena. Cusa considera predicados negativos não menos enganosos do que positivos se aplicados a Deus. Nenhum nome é adequado para Deus. Não podemos sequer chamá-lo de "o Único", porque para nós unidade exclui alteridade e pluralidade. Se excluímos essa exclusão, ao chamar Deus de "o Único", com o que ficamos? Estamos ainda infinitamente distantes de nomear a Deus (*DDI* 1. 24). Se realmente nos desentendermos com essa realidade, nossa ignorância informada se converterá em ignorância sagrada. Isso é o melhor sobre o que nós, seres humanos, podemos ter expectativa aqui.

Cronologia

387	Conversão de Sto. Agostinho
430	Morte de Sto. Agostinho.
480	Nascimento de Boécio.
525	Morte de Boécio.
529	Justiniano fecha escolas de Atenas.
575	Morte de João Filopono.
781	Alcuíno encontra Carlos Magno
800	Carlos Magno coroado em Roma.
863	*Periphyseon*, de Erígena.
980	Nascimento de Avicena.
1077	*Proslogion*, de Anselmo.
1140	Abelardo condenado em Sens.
1155	*Sentenças*, de Pedro Lombardo.
1179	*Harmonia*, de Averróis.
1188	Primeiras faculdades de Oxford.
1190	*Guia dos perplexos*, de Maimônides.
1215	Universidade de Paris recebe estatutos.
1225	Nascimento de Tomás de Aquino.
1248	Alberto Magno em Colônia.
1253	Morte de Grosseteste.

1266	Começo da *Summa theologiae*.
1274	Morte de Tomás de Aquino e de Boaventura.
1277	219 teses condenadas em Paris.
1300	Duns Scotus preleciona em Oxford.
1307	Dante Alighieri inicia a *Divina comédia*.
1308	Morte de Duns Scotus.
1318	Ockham preleciona em Oxford.
1324	*Defensor Pacis*, de Marsílio.
1347	A Peste Negra; morte de Ockham.
1360	Wyclif, mestre de Balliol.
1415	Concílio de Constança condena Wyclif.
1439	Concílio de Florença dá boas-vindas aos gregos.
1440	*De docta ignorantia*, de Nicolau de Cusa.
1469	Ficino principia a *Theologia Platonica*.
1474	Pedro de Rivo condenado por Sisto IV.
1513	Concílio Laterano condena Pomponazzi.

Algumas destas datas são aproximativas e outras, especialmente relativas a épocas mais antigas, conjecturais.

Abreviações e convenções

CCCM	Corpus Christianorum, Continuatio Medievalis
CCMP	A. S. McGrade, *The Cambridge Companion to Medieval Philosophy*, Cambridge, Cambridge University Press, 2003
CCSL	Corpus Christianorum, Série Latina
CHLGP	A. H. Armstrong (ed.), *The Cambridge History of Later Greek and Early Medieval Philosophy*, Cambridge, Cambridge University Press, 1967
CHLMP	N. Kretzmann, A. Kenny, e J. Pinborg (eds.), *The Cambridge History of Later Medieval Philosophy*, Cambridge, Cambridge University Press, 1982
CPA	*Comentário dos "Segundos Analíticos"*
CSEL	Corpus Scriptorum Ecclesiasticorum Latinorum
DB	H. Denzinger (ed.), *Enchiridion Symbolorum*, Barcelona, Herder, ^{33}1950
IHWP	Anthony Kenny (ed.), *The Oxford Illustrated History of Western Philosophy*, Oxford, Oxford University Press, 1994
PG	Patrologia Graeca
PL	Patrologia Latina
PMA	A. Hyman e J. J. Walsh, *Philosophy in the Middle Ages*, Indianapolis, Hackett, ^{2}1973

Sent.   *Comentário das "Sentenças" de Lombardo*; citado por livro, distinção, artigo e questão

Abelardo

AE	Abelardo, *Ética* (*Conhece a ti mesmo*)
D	*Dialectica*
LI	*Logica ingredientibus*
LNPS	*Logica nostrorum petitioni scholarium*

Tomás de Aquino

DEE	*De ente et essentia* ("Sobre ser e essência")
DP	*De potentia* ("Sobre a potência")
DRI	*De regimine iudaeorum* ("Sobre o governo dos judeus"); edição leonina, vol. 42
DV	*De veritate* ("Sobre a verdade")
IBT	*In Boethium de Trinitate* ("Sobre A Trindade, de Boécio")
In I Periherm.	*In II libros perihermeneias Aristotelis expositio*, ed. R. M. Spiazzi, Torino, Marietti, 1966
ScG	*Summa contra gentiles* ("Sobre a verdade da fé católica"); citado por livro e capítulo
ST	*Summa theologiae*; citado por parte, questão (q.), artigo e (se apropriado) objeção ou resposta

Aristóteles

De An.	*De anima* (ou comentário)
EE	*Ética a Eudemo*
NE	*Ética a Nicômaco*

Agostinho

Referências são a livro, capítulo e capítulo alternativo onde for relevante.

83Q	*De diversis quaestionibus LXXXIII* ("Oitenta e três diferentes questões")
CA	*Contra academicos* ("Contra os céticos")

CCA	E. Stump e N. Kretzmann (eds.), *The Cambridge Companion to Augustine*, Cambridge: Cambridge University Press, 2001
Conf.	*Confessiones* ("Confissões")
DBC	*De bono conjugali* ("Sobre o bem do casamento")
DCD	*De Civitate Dei* ("A Cidade de Deus")
DCG	*De correptione et gratia* ("Sobre a graça")
DDP	*De dono perseverantiae* ("Sobre a perseverança")
DLA	*De libero arbitrio* ("Do livre-arbítrio")
DM	*De mendacio* ("Sobre a mentira")
DMg	*De magistro* ("Sobre o mestre")
DPS	*De praedestinatione sanctorum* ("Sobre a predestinação")
DT	*De Trinitate* ("A Trindade")
DUC	*De utilitate credenti* ("O benefício da crença")
Ep.	*Epistulae* ("Cartas")
S	*Soliloquia* ("Solilóquios")

Averróis

HPR	*A harmonia da filosofia e religião*

Avicena

Metaf.	*Metafísica*

Boécio

DCP	*De consolatione philosophiae* ("A consolação da filosofia")

Boaventura

Brev.	*Breviloquium*
CH	*Collationes in Hexameron*
De Myst. Trin.	*De mysterio Trinitatis*
Itin.	*Itinerarium mentis in Deum*

Burley, Walter

PAL	*The pure art of logica*, ed. Philotheus Boehner, St. Bonaventure [NY], Franciscan Institute, 1955

Cusa, Nicolau de

DDI   *De docta ignorantia* ("A douta ignorância")

Duns Scotus

CCDS	T. Williams (ed.), *The Cambridge Companion to Duns Scotus*, Cambridge, Cambridge University Press, 2003
DPP	*De primo principio* ("Sobre o primeiro princípio")
Lect.	*Lectura*, em *Opera omnia*, ed. C. Balic *et al.*, Cidade do Vaticano, 1950-, vols. 1-3; *Ordinatio* 1-2, vols. 16-20; *Lectura* 1-3; citado por volume e página
Ord.	*Ordinatio*, em *Opera omnia*, ed. C. Balic et al., Cidade do Vaticano, 1950-, vols. 1-3; *Ordinatio* 1-2, vols. 16-20; *Lectura* 1-3; citado por volume e página
Oxon.	*Opus Oxoniense*
Quodl.	*God and creatures: the quodlibetical questions*, Princeton, Princeton University Press, 1975

Erígena

Referências são a livro e a capítulo

Grosseteste, Robert

De Lib. Arb.	*De libero arbitrio*, em *Die philosophische Werke des Robert Grosseteste*, ed. L. Bauer, Beiträge zur Geschicte de Philosophie des Mittelalters 9. Munster, Aschendorff, 1912
Hex.	*Hexaemeron*

Ockham, Guilherme de

CCO	P. V. Spade (ed.), *The Cambridge Companion to Ockham*, Cambridge, Cambrige University Press, 1999
OND	*Opus nonaginta dierum* ("Obra de Noventa Dias")
OPh.	*Opera philosophica*; citado por parte e capítulo
OTh.	*Opera theologica*; citado por volume e página

Pedro da Espanha

SL   Pedro da Espanha, *Tractatus, denominado posteriormente Summule logicales*, ed. L. M. de Rijk, Assen, van Gorcum, 1972

Platão

Fedr.   *Fedro*
Tim.   *Timeu*

Proclo

ET   *Elementos de teologia*

Wyclif, John

U   *Sobre os universais*; citado por livro e linha

Referências bibliográficas

Obras gerais

ARMSTRONG, A. H. (ed.). *The Cambridge History of Later Greek and Early Medieval Philosophy*. Cambridge, Cambridge University Press, 1967.

CATTO, J. I. *The History of the University of Oxford*. I. *The Early Oxford Schools*. Oxford, Oxford University Press, 1984.

———, EVANS, T. A. R. *The History of the University of Oxford*, II. *Late Medieval Oxford*, Oxford, Oxford University Press, 1992.

COPLESTON, F. C. *A History of Philosophy*. London, Burnes Oates, 1947-1975, 9 vols.

CRAIG, William Lane. *The Problem of Divine Foreknowledge and Future Contingents from Aristotle to Suarez*, Leiden, E. J. Brill, 1988.

DENZINGER, H. (ed.). *Enchiridion Symbolorum*, Barcelona, Herder, [33]1950. Traduzido como *The sources of catholic dogma* por R. J. DeFerrari, Fitzwilliam (NY), Loreto Publications, 1955. [Textos de documentos oficiais da Igreja.]

GEACH, P. T., *Reference and Generalitty*: An Examination of some Medieval and Modern Theories. Ithaca, NY, Cornell University Press, 1980.

GRACIA, J., NOONE, T. *A Companion to Philosophy in the Middle Ages*. Oxford, Blackwell, 2003.

GRANT, E. *God and Reason in the Middle Ages*. Cambridge, Cambridge University Press, 2001.

HUGHES, Philip. *A History of the Church*. III. Aquinas to Luther. London, Sheed & Ward, 1947.
HYMAN, A., WALSH, J. J. *Philosophy in the Middle Ages*. Indianapolis, Hackett, ²1973.
KENNY, A. *A Brief History of Western Philosophy*. Oxford, Blackwell, 1998.
—— (ed.). *The Oxford Illustrated History of Western Philosophy* Oxford, Oxford University Press, 1994.
KNEALE, W., KNEALE, M. *The Development of Logic*. Oxford, Oxford University Press, 1962.
KNUUTILLA, S. *Modalities in Medieval Philosophy*. London, Routledge, 1993.
KRETZMANN, N., KENNY, A., PINBORG, J. *The Cambridge History of Later Medieval Philosophy*. Cambridge, Cambridge University Press, 1982.
——, STUMP, E., et al. *The Cambridge Translations of Medieval Philosophical Texts*. I. Logic and the Philosophy of Language; II. Ethics and Political Philosophy; III. Mind and Knowledge. Cambridge, Cambridge University Press, 1998-.
LEFTOW, B. *Time and Eternity*. Ithaca [NY], Cornell University Press, 1991.
MCGRADE, A. S. *The Cambridge Companion to Medieval Philosophy*. Cambridge, Cambridge University Press, 2003.
MARENBON, John. *Later Medieval Philosophy*. London, Routledge & Kegan Paul, 1987.
——. *Early Medieval Philosophy*. London, Routledge & Kegan Paul, 1988.
—— (ed.). *Aristotle in Britain during the Middle Ages*. Turnhout, Brepols, 1996.
—— (ed.). *Routledge History of Philosophy*. III-Medieval Philosophy. London, Routledge, 1998.
PASNAU, Robert. *Theories of Cognition in the Later Middle Ages*. New York, Cambridge University Press, 1997.
SCHMITT, C. B., SKINNER, Q. *The Cambridge History of Renaissance Philosophy*. Cambridge, Cambridge University Press, 1988.
SORABJI, R. *Time, Creation and the Continuum*. Londres, Duckworth, 1983.
SPADE, P. V. (ed. e trad.). *Five Texts on the Medieval Problem of Universals*. Porphyry, Boethius, Abelard, Duns Scotus, Ockham. Indianapolis, Hackett, 1994.

Agostinho

The City of God. Trad. de H. Bettenson. Harmondsworth, Penguin, 1972.
Confessions. Trad. H. Chadwick. Oxford, Oxford University Press, 1991.
Confessions. Text, trans. and comm. J. J. O'Donnell. Oxford, Clarendon Press, 1992, 3 vols.
De Bono Conjugali. CSEL 41. Wien, Tempsky, 1900.

De Civitate Dei. CCSL 47-8. Turnhout, Brepols, 1955.
De Dialectica. Ed. Darrell Jackson Dordrecht, Reidel, 1985.
De Libero Arbitrio. CCSL 29. Turnhout, Brepols, 1970.
De Trinitate. CCSL 50. Turnhout, Brepols, 1970.
Earlier Writings. Trad. John H. S. Burleigh. Philadelphia, Westminster Press, 1953.
On the Free Choice of the Will. Trad. T. Williams. Indianapolis, Hackett, 1993.
Soliloquies. Text, trans. and comm. de G. Watson. Warminster, Aris & Phillips, 1990.
Treatises on marriage and other subjects. Trad. Roy J. DeFerrari. New York, Fathers of the Church, 1955.
The Trinity. Trad. S. McKenna. Washington, CUA Press, 1963.

BROWN, P. *The Body and Society*. New York, Columbia University Press, 1988.
———. *Agostinho de Hipona*. Uma biografia. Rio de Janeiro, Record, 2005.
DIHLE, A. *The Theory of the Will in Classical Antiquity*. Berkeley, California University Press, 1982.
JORDAN, Mark D. *The Ethics of Sex*. Oxford, Blackwell, 2002.
KIRWAN, C. *Augustine*. London, Routledge, 1989.
MARKUS, R. A. Augustine. In. ARMSTRONG, A. H. (ed.). *The Cambridge History of Later Greek and Early Medieval Philosophy*. Cambridge, Cambridge University Press, 1967.
MATTHEWS, G. B. *The Augustinian Tradition*. Berkeley, University of California Press, 1999.
MENN, Stephen. *Descartes and Augustine*. Cambridge, Cambridge University Press, 1998.
SORABJI, R. *Time, Creation and the Continuum*. London, Duckworth, 1983.
STUMP, E., KRETZMANN, N. *The Cambridge Companion to Augustine*. Cambridge, Cambridge University Press, 2001.
WILLS, Garry. *St. Augustine*. London, Weidenfeld & Nicolson, 1999.

Boécio

Boethius. *The Theological Tractates and the Consolation of Philosophy*. Text and trans. H. J. Stewart and E. K. Rand. Rev. S. J. Tester. Loeb Classical Library, Cambridge [Mass.], Harvard University Press, 1973.

CHADWICK, H. *Boethius, The Consolation of Music, Logic, Theology & Philosophy*. Oxford, Clarendon Press, 1981.
MARENBON, J. *Boethius*. Oxford, Oxford University Press, 2003.

Filosofia grega tardia

CHADWICK, H. *East and West.* The Making of a Rift in the Church. Oxford, Oxford University Press, 2003.

FILOPONO. *Against Aristotle on the Eternity of the World.* Trans. Christian Wildberg. Londres, Duckworth, 1987.

———. *On Aristotle on the Intellect.* Trans. W. Charlton London, Duckworth, 1991.

PROCLO. *The Elements of Theology.* Ed. and trans. E. R. Dodds. Oxford, Clarendon Press, 1992.

SORABJI, R. (ed.). *Philoponus and the Rejection of Aristotelian Science.* London, Duckworth, 1987.

Erígena

De Praedestinatione Divina. CCCM 50. Turnhout, Brepols, 1978.

Periphyseon (The Division of Nature). Ed. E. Jeanneau. CCSL 161-5. Turnhout, Brepols, 1996-2003.

Periphyseon (The Division of Nature). Trans. I. P. Sheldon-Williams, rev. J. J. O'Meara. Dublin, Dublin Institute for Advanced Studies, 1968-1995.

MORAN, D. *The Philosophy of John Scotus Erigena.* Cambridge, Cambridge University Press, 1989.

O'MEARA, J. J. *Erigena.* Oxford, Clarendon Press, 1988.

Filosofia islâmica

AVICENNA, *Metafisica.* Trad. O. Lizzini. Milano, Bompiani, 2002.

AVICENNA LATINUS. *Liber de Anima.* Ed. S. van Riet. Louvain-la-Neuve, Institut Supe'rieur de Philosophie, ²1977-1983.

———. *Liber de Philosophia Prima.* Ed. S. van Riet. Louvain-la-Neuve, Institut Supe'rieur de Philosophie, ³1977-1983.

CRAIG, William Lane. *The Kalam Cosmological Argument.* London, Macmillan, 1979.

DAVIDSON, H. A. *Alfarabi, Avicenna and Averroes on Intellect.* New York, Oxford University Press, 1992.

ESPOSITO, J. L. *Islam: The Straight Path.* New York, Oxford University Press, 1991.

NASR, S. H., LEAMAN, O. *History of Islamic Philosophy.* London, Routledge, 1996, 2 vols.

PETERS, F. E. *Aristotle and the Arabs.* New York, New York University Press, 1968.

Anselmo

Anselm of Canterbury, The Major Works. Ed. B. Davies and G. R. Evans. Oxford, Oxford University Press, 1998.
Opera Omnia. Ed. F. S. Schmitt. Edimburg, Thomas Nelson, 1946-1961, 6 vols.
Proslogion. Text with translation M. J. Charlesworth. Oxford, Oxford University Press, 1965.

BARNES, Jonathan. *The Ontological Argument*. London, Macmillan, 1975.
PLANTINGA, A. *The Nature of Necessity*. Oxford, Oxford University Press, 1974.
SOUTHERN, R. W. *St. Anselm and his Biographer*. Cambridge, Cambridge University Press, 1963.
———. *Anselm: A Portrait in a Landscape*. Cambridge, Cambridge University Press, 1990.

Averróis

Commentary on Plato's Republic. Ed. E. Rosenthal. Cambridge, Cambridge University Press, 1956.
The Incoherence of the Incoherence. Trans. and introd. S. van den Bergh. London, Luzac, 1954, 2 vols.
Middle Commentaries on Aristotle's Categories *and* De Interpretatione. Trans. C. Butterworth. Princeton, Princeton University Press, 1983.
On the Harmony of Religion and Philosophy. Trans. and introd. G. Hourani. London, Luzac, 1961.

LEAMAN, O. *Averroes and his Philosophy*. Oxford, Clarendon Press, 1988.

Filosofia do século XII

DRONKE, P. (ed.). *A History of Twelfth Century Western Philosophy*. Cambridge, Cambridge University Press, 1988.
SOUTHERN, R. W. *Scholastic Humanism and the Unification of Europe*. Oxford, Blackwell, 2001.

Abelardo

Dialectica. Ed. L. M. de Rijk. Assen, Van Gorcum, 1971.
Ethics (Scito te ipsum). Ed. and trans. D. Luscombe. Oxford, Oxford University Press, 1971.

Logica. In *Peter Abelards philosophische Schriften*. Beiträge zur Geschict der Philosophie des Mittelalters 15. Munster, Aschendorff, 1919-1931. [Contém *Logica Ingredientibus* e *Logica Nostrorum Petitioni*.]

MARENBON, J. *The Philosophy of Peter Abelard*. Cambridge, Cambridge University Press, 1997.

Maimônides

The Guide of the Perplexed. Trans. S. Pines. Chicago, Chicago University Press, 1963, 2 vols.

RUDAVSKY, T. (ed.). *Divine Omniscience and Omnipotence in Medieval Philosophy*. Dordrecht, Reidel, 1982.

Grosseteste e Alberto

Die philosophischen Werke des Robert Grosseteste. Ed. L. Bauer. Beiträge zur Geschichte der Philosophie des Mittelalters 9. Munster, Aschendorff, 1912.
Hexaemeron. Ed. Richard Dales and Servus Gieben. London, British Academy, 1982.

MCEVOY, James. *The Philosophy of Robert Grosseteste*. Oxford, Oxford University Press, 1982.
WEISHEIPL, J. (ed.). *Albertus Magnus and the Sciences*. Toronto, Pontifical Institute of Medieval Studies, 1980.

Boaventura

The Journey of the Mind to God. Ed. S. Brown. Indianapolis, Hackett, 1993.
Opera Omnia. Quarracchi, Collegium S. Bonaventurae, 1882-1902, 10 vols.

GILSON, E. *The Philosophy of St. Bonaventure*. Trad. I. Trethowan and F. J. Sheed. London, Sheed & Ward, 1965.

Lógica do século XIII

PEDRO DA ESPANHA. *Tractatus, Called Afterwards Summule Logicales*. Ed. L. M. de Rijk. Assen, van Gorcum, 1972.

Tomás de Aquino

A edição leonina (Roma, 1882-), que incluirá todas as obras de Tomás de Aquino, é incompleta e inconveniente para o uso. Mais convenientes, e comumente derivadas do texto leonino, são as edições Marietti de obras particulares, incluindo o seguinte:

In II Libros Perihermeneias Aristotelis Expositio. Ed. R. M. Spiazzi. Torino, Marietti, 1966.

Quaestiones Disputatae I (De Veritate). Ed. R. M. Spiazzi. Torino, 1955.

Quaestiones Disputatae II (De Potentia, De Malo). Ed. R. Pession et al. Torino, 1949.

Summa contra Gentiles. Ed. C. Pera. Torino, 1961.

Summa contra Gentiles. Trad. *On the Truth of the Catholic Faith* by A. C. Pegis et al. South Bend [Ind.], Notre Dame University Press, 1975.

Summa Theologiae, edição dos monges dominicanos, 61 vols. London, Eyre & Spottiswoode, 1964-1980. [Para leitores da língua inglesa, essa é a melhor edição, com o latim e o inglês em páginas face a face.]

Suma Teológica. São Paulo, Loyola, 2001-2006. [Edição brasileira sob a direção de Pe. Gabriel C. Galache, SJ e Pe. Fidel Garcia Rodriguez, SJ, com direção geral de Carlos-Josaphat Pinto de Oliveira, OP. Esta tradução reproduz a introdução e as notas da edição francesa publicada por Les Éditions du Cerf, Paris, 1984, bem como o texto latino integral.]

DAVIES, Brian, OP. *The Thought of Thomas Aquinas*. Oxford, Clarendon Press, 1992.

FINNIS, John. *Aquinas: Moral, Political, and Legal Theory*. Oxford, Oxford University Press, 1998.

GEACH, Peter. Aquinas. In ANSCOMBE, G. E. M., GEACH, Peter. *Three Philosophers*. Oxford, Blackwell, 1961.

KENNY, Anthony. *The Five Ways*. London, Routledge, 1969.

―――. *The God of the Philosophers*. Oxford, Clarendon Press, 1979.

―――. *Aquinas*. Oxford, Oxford University Press, 1980.

―――. *Aquinas on Mind*. London, Routledge, 1993.

―――. *Aquinas on Being*. Oxford, Oxford University Press, 2002.

――― (ed.), *Aquinas: A Collection of Critical Essays*. London, Macmillan, 1969.

KRETZMANN, Norman. *The Metaphysics of Theism*. Oxford, Clarendon Press, 1997.

―――. *The Metaphysics of Creation*. Oxford, Clarendon Press, 1999.

LONERGAN, Bernard. *Verbum, Word and Idea in Aquinas*. Notre Dame [Ind.], Notre Dame University Press, 1967.

PASNAU, R. *Thomas Aquinas on Human Nature*. Cambridge, Cambridge University Press, 2001.

STUMP, Eleonore. *Aquinas*. London, Routledge, 2003.
TORRELL, Jean-Pierre. *Saint Thomas Aquinas*: The Person and his Work. Washington, Catholic University of America Press, 1996. [*Iniciação a Santo Tomás de Aquino*. São Paulo, Loyola, ²2004.]
WEISHEIPL, James A. *Friar Thomas d'Aquino*. Oxford, Blackwell, 1974.

Duns Scotus

De Primo Principio. Ed. and trans. F. Roche. St. Bonaventure [NY], Franciscan Institute, 1945.
God and Creatures: The Quodlibetical Questions. Princeton, Princeton University Press, 1975.
Opera Omnia. Ed. C. Balic et al. Cidade do Vaticano, 1950-, vols. i-iii; *Ordinatio* 1-2; vols. xvi-xx, *Lectura* 1-3.
Opus Oxoniense. Ed. Luke Wadding. Lyon, Durand, 1639, 12 vols.
Questions on the Metaphysics *of Aristotle*. Trans. G. Etzkorn and A. Wolter. St. Bonaventure [NY], Franciscan Institute, 1997, 2 vols.

BOS, E. P. (ed.). *John Duns Scotus (1265/1266-1308)*. Renewal of Philosophy. Amsterdam, Rodopi, 1998.
BROADIE, A. *The Shadow of Scotus:* Philosophy and Faith in Pre-Reformation Scotland. Edimburg, T. & T. Clark, 1995.
CROSS, Richard. *The Physics of Duns Scotus*: The Scientific Context of a Theological Vision. Oxford, Clarendon Press, 1998.
———. *Duns Scotus*. Oxford, Oxford University Press, 1999.
LANGSTON, Douglas C. *God's Willing Knowledge*: The Influence of Scotus' Analysis of Omniscience. Philadelphia, University of Pennsylvania Press, 1986.
VOS JACZN, Antonie, et al. *John Duns Scotus: Contingency and Freedom.* Dordrecht, Kluwer, 1994.
WILLIAMS, T. (ed.). *The Cambridge Companion to Duns Scotus*. Cambridge, Cambridge University Press, 2003.
WOLTER, Allan B. *The Philosophical Theology of John Duns Scotus*. Ed. M. M. Adams. Ithaca [NY]., Cornell University Press, 1990.

Ockham

Opera Philosophica et Theologica. Ed. GÁL, Gedeon, et al. St. Bonaventure [NY], Franciscan Institute, 1985, 17 vols.

Opera Politica. Ed. OFFLER, H. S. et al. 4 vols. [Vols. I-III, Manchester, Manchester University Press, 1956-74; vol. IV, Oxford, Oxford University Press, 1997.]

Philosophical writings. Trans. P. Boehner. Indianapolis, Hackett, 1990.

Quodlibetal question. Trans. A. J. Freddoso, Francis E. Kelly. New Haven, Yale University Press, 1991, 2 vols.

Tractatus de Praedestinatione et de Praescientia Dei. Trans. Norman Kretzmann and Marilyn Adams. Chicago, Appleton-Century-Crofts, 1969.

ADAMS, Marilyn McCord. *William Ockham.* Notre Dame [Ind.], University of Notre Dame Press, 1987, 2 vols.

SPADE, P. V. (ed.). *The Cambridge Companion to Ockham.* Cambridge, Cambridge University Press, 1999.

Filosofia após Ockham

BURLEY, Walter. *The Pure Art of Logic.* Ed. Philotheus Boehner. St. Bonaventure [NY], Franciscan Institute, 1955.

CAJETANO, Tomás de Vio. *Commentary on Being and Essence.* Trans. L. H. Kendzierski and F. C. Wade. Milwaukee [Wis.], Marquette University Press, 1964.

CASSIRER, E. et al. (eds.). *The Renaissance Philosophy of Man.* Chicago, Chicago University Press, 1959.

COURTENAY, William J. *Schools and Scholars in Fourteenth Century England.* Princeton, Princeton University Press, 1987.

HUDSON, Anne, WILKS, Michael. *From Ockham to Wyclif.* Oxford, Blackwell, 1987.

KENNY, Anthony. *Wyclif.* Oxford, Oxford University Press, 1985.

―――― (ed.). *Wyclif in his Times.* Oxford, Oxford University Press, 1986.

KILVINGTON, Richard. *The Sophismata of Richard Kilvington.* Introd., trans. and comm. Norman Kretzmann and Barbara Ensign Kretzmann. Cambridge, Cambridge University Press, 1990.

KRETZMANN, Norman (ed.). *Infinity and Continuity in Ancient and Medieval Thought.* Ithaca, NY, Cornell University Press, 1982.

MARSÍLIO DE PÁDUA. *The Defender of the Peace.* Trans. A. Gewirth. Toronto, Pontifical Institute of Medieval Studies, 1980.

NICOLAU DE CUSA. *Devotional Works.* Ed. J. Doakes. Washington, Westminster Press, 1995.

Ilustrações

22   Sto. Agostinho.
     © Photo Vasari/Index

33   *Massa Damnata, Cidade de Deus*
     Bibliothèque nationale de France, Ms 01 Fr.19 f 38

39   Boécio com Símaco
     Staatsbibliothek Bamburg

45   Hipátia
     Charles William Mitchell, Laing Art Gallery
     (Tyne and Wear Museums)

47   Justiniano
     Archivi Alinari

55   Sta. Catarina de Alexandria
     Archivi Alinari

63   A torre de Anselmo, Catedral de Cantuária

67   Heloísa e Abelardo
     The Art Archive/Dagli Orti

78 Papa Inocêncio III
    Giotto; Archivi Alinari

85 Tomás de Aquino
    Filippo Lippi; Archivi Alinari

96 Carlos d'Anjou
    Archivi Alinari

103 A mecânica da visão
    Roger Bacon; British Library, Ms Roy 7 FVIII f54v

113 Palácio dos papas, Avignon
    © Angelo Hornak/Corbis

122 John Wyclif
    National Library of the Czech Republic, Praga;
    De Veritae Sacrae Scripturae, 1472

131 Cardeal Bessarion
    Gentile Bellini; *Cardeal Bessarion e
    Dois Membros da Scuola della Carità em Prece.*
    Foto © The National Gallery, Londres

136 Platão e Aristóteles
    Rafael; Archivi Alinari

144 Boécio
    Glasgow University Library,
    Department of Special Collections, MS Hunter 374 f 4r

153 Sra. Filosofia, Platão e Sócrates

159 Preleção escolástica
    Archivi Alinari

170 Guilherme de Ockham
    The Master and Fellows of Gonville
    and Caius College, Cambridge, MS 464/571

179 Platina diante do papa Sisto IV
    Archivi Alinari

190 Boaventura
    Fra Angélico; Archivi Alinari

199	Duns Scotus	
	Polly Buston/Sonia Halliday Photographs	
211	Alberto Magno	
	University Library, Salzburg, MS M III 36	
224	Manuscrito de Tomás de Aquino	
	© Biblioteca Ambrosiana, Milão, cód. F. 187 inf (S.P.38) f.2v	
241	Agostinho ditando	
	Archivi Alinari	
253	Transmissão de *A Cidade de Deus*	
	Hildeberto e Evervino a partir de Sto. Agostinho, Civitatis dei, c. 1150; Arquivos do Castelo de Praga, Metropolitan Chapter Library, A.21/1, f.153r	
262	Averróis com Porfírio	
	Bibliothèque Nationale de France	
280	Quinto Concílio Laterano	
	© Archivio Fotografico Musei Vaticani	
290	O ensinamento de Agostinho sobre sexo	
	Held Collection/www.bridgeman.co.uk	
295	O ensinamento de Abelardo sobre intenção	
	Bayerische Staatsbibliothek, Munique Ms Clm 17161, fol 138r	
305	Saltério do século IX, MS	
	Bildarchiv Foto Marburg/Württemberg Landesbibliothek	
322	John Scotus Erígena	
	Bibliothèque nationale de France, Ms Latin 6734 f 3r	
327	*Proslogion* de Anselmo	
	Vatican Apostolic Library, Val. Lat. 532 f.219v	
334	Acréscimos marginais de Grosseteste	
	Bodleian Library, University of Oxford, MS Canon. Gr. 97, fol. 86v	

Índice remissivo

Abelardo 17, 19, 65-69, 147-152, 157, 158, 277, 292, 294-298, 311, 331-333, 336, 338
aborto 303, 304, 306
Abraão 30, 225, 295, 308
abstração 87, 163, 186, 191, 198, 200, 220, 255, 264, 268
acidentes 144, 165, 222, 223, 225, 227-229, 239-241
Adão e Eva 27, 29, 33, 250, 292
Adeodato 140-142
Agostinho, sto. 13, 17, 19, 21-38, 46, 51, 55, 61, 62, 66, 79, 83, 122, 138-143, 183-189, 192, 205-208, 219, 235, 241, 245-254, 258, 285-294, 301, 313-319, 335
   A Cidade de Deus 24-37, 46, 142, 184, 188, 189, 207, 208, 253, 254, 286-289, 291-293, 315, 316
   Confissões 23, 62, 66, 139, 140, 142, 184, 185, 192, 205-207, 247, 248, 252, 285, 293, 316
   Da Trindade 23, 183-185, 246, 247, 249-251, 285-287
   Do livre-arbítrio 64, 184, 247, 248, 313-315, 317
   Sobre o mestre 140-142
Alberto, sto. 77, 78, 80, 81, 86, 102, 210, 211, 263, 264
Alcuíno 50, 143
Alexandre de Hales 81, 102, 105, 301
al-Farabi 56, 58, 59, 72, 75, 254-256, 260
al-Ghazali 61, 70, 71, 75
al-Kindi 56, 75, 212, 254, 324, 325
alma, racional *versus* sensitiva *versus* vegetativa 59, 236, 265, 273, 281, 303
alma vegetativa 59, 265, 303

alma *versus* corpo 28, 59, 84
analogia *versus* univocidade 108,
    164-167, 231
anjos 27, 28, 53, 64, 80, 87, 91, 100,
    228-230, 254, 264, 323
Anselmo 17, 61-66, 82, 189,
    326-330, 342
   Monologion 61, 328
   Proslogion 62, 327, 328, 330
Anticristo 32, 233, 334
Aquino, sto. Tomás 15-19, 46, 69, 72,
    76, 77, 80, 81, 84-101, 108-111,
    129, 134, 135, 138, 157, 161-167,
    191-200, 212-214, 224-235, 245,
    265-275, 278, 281-283, 297-307,
    329, 335-342, 344-346
   Comentário às Sentenças 86
   De potentia 339
   Questões disputadas 87
   Sobre a verdade da fé católica 88
   Sobre ser e essência 86, 135, 163,
       164, 225, 229, 230
   Summa contra gentiles 19, 88, 89,
       91, 92, 193, 195, 303, 340-342
   Summa theologiae 89, 91, 92, 102,
       111, 134, 135, 162, 163, 165,
       191, 192, 194, 196, 197, 212,
       226-229, 265-269, 271-273, 297-
       301, 303-306, 336, 337, 339, 340
argumento ontológico 62, 149, 189,
    328-330
Aristóteles 14, 24, 38, 41, 46-48, 50,
    52, 54, 56, 58, 59, 64, 65, 68,
    70-72, 74-79, 81, 82, 84, 86, 88,
    89, 91-95, 100-102, 106, 108,
    109, 111, 112, 114, 119, 121,
    122, 129, 130, 132, 134-137,
    142, 143, 145-148, 151, 152,
    157-159, 161, 164, 165, 173,
    180, 186, 189, 191, 195,
    208-210, 212-216, 219, 220,
    222, 223, 226, 228, 231, 233,
    234, 240, 245, 247, 250, 252,
    254, 255, 258, 261, 265, 266,
    273, 274, 278, 281-283, 291,
    297, 300, 301, 306, 307, 310,
    319, 321, 336, 346, 347
assassinato 30, 41, 66, 288, 306, 308,
    309, 311
asserção 151, 157
astrologia 102, 132, 133
Átila 37, 38
ativo *versus* contemplativo 95, 250
ato *versus* potência 108, 225-229, 247
atomismo 215-218
atos indiferentes 297
Averróis 17, 61, 69-72, 74, 75,
    81, 101, 134, 191, 210,
    261-264, 281
averroísmo latino 101
Avicebron 60
Avicena 17, 19, 50, 57-61, 70-72, 75,
    81, 86, 109, 191, 210, 219-223,
    225, 226, 229, 233, 256-261, 264,
    267, 325, 326, 328, 344
Avignon 113-115
Babilônia 30, 31
Bacon, Roger 101-104, 198
Barbara celarent 160
baroco 160
Basileia, Concílio de 127
bem, supremo 30, 40, 92, 251,
    267, 306
ben Maimon, Moses 69.
   Ver Maimônides
Bernardo, são 67, 333

Bessarion, cardeal 129-132
Boaventura, são 16, 77, 81-84, 87,
    105, 115, 138, 189-192, 215,
    228, 235
Bocardo 160
Boécio 37-44, 46, 56, 65, 75, 87,
    143-147, 152, 319-321, 336,
    337, 347
Bonifácio VIII, papa 105
Brabant, duquesa de 306
Bradwardine, Tomás 120, 122, 216
Brown, Peter 292
Buridan, João 118
Burley, Walter 120, 176, 177, 217, 218
Caetano 135
Caim e Abel 29, 276
Calcedônia, Concílio de 37, 48, 54
Carlos d'Anjou 95, 96
Carlos Magno 49, 50
Carlos, o Calvo 50, 52, 54
castidade 86, 287
categoremático *versus*
    sincategoremático 154
categorias 52, 64, 108, 113, 114,
    142, 143, 145, 152, 158, 165,
    166, 168, 210, 220, 227, 232,
    239, 297, 321, 323
causas 42, 53, 71, 114, 194, 202, 282,
    311, 319, 325, 339-342
ceticismo 21, 110, 114, 119, 183, 198,
    199, 201, 281
Chatton, Walter 114, 120
Chaucer, Geoffrey 40, 42, 125
Cidade de Deus, A 29-31, 36, 286
ciência 38, 46, 47, 59, 79, 80, 83, 87,
    102, 104, 108, 133, 194-197,
    210, 219, 220, 226, 231, 251,
    260, 263-265, 275, 310

Cinco Vias 195, 339, 340
cognição 200, 201, 250
comandos da vontade 252, 270, 311
compatibilismo 345
composição e divisão 157, 161, 268
conceitos 49, 59, 93, 108, 109, 113,
    121, 130, 150, 154, 157, 164-166,
    169, 191, 193, 196, 198, 207,
    210, 213, 226-229, 233, 238,
    239, 255, 257, 261, 264, 265,
    268, 269, 297, 343
Concílio Laterano 135, 137, 138, 280
conhecimento 183-203
    intuitivo *versus* abstrativo 114,
        201-203
conhecimento evidente 202
consciência 38, 87, 119, 189, 193,
    200-203, 207, 245, 252, 262,
    265, 271, 296, 298, 310
consequências 74, 126, 146, 147, 152,
    153, 163, 174-176, 230, 287, 298,
    306, 309
consequências, materiais *versus*
    formais 175
consequentiae 174
Constança, Concílio de 125, 243
contemplativo *versus* ativo 95, 249
contingência 232, 233, 243, 244,
    272, 276, 277, 325, 328, 333,
    336, 337, 345
continuum 19, 215-217
conversão 13, 21, 23, 31, 160, 183
Copleston, Frederick 17, 19
corpo *versus* alma 28, 58, 84
corporeidade 59, 60, 235, 236, 273
Corpus Christi 88
criação 17, 27, 28, 44, 70, 73, 77,
    82, 83, 89, 91, 92, 101, 130,

133, 134, 186, 188, 193, 205, 207-209, 212, 228, 233, 235, 237, 302, 324, 325, 343, 344
Cross, Richard 236, 306
Damiani, são Pedro 61, 331
Dante Alighieri 72, 96, 101, 102, 105
decálogo 307, 308
defesa própria 289, 294, 298
demônios (*daimones*) 26, 27
Descartes 14, 98, 110, 111, 119, 184, 187, 245, 256, 275, 329
destino 42, 43, 51, 132, 189, 214, 259, 271, 318, 319, 347
determinismo 134, 180, 242-244, 254, 345
Deus 22-31, 34, 36-38, 41-43, 48, 51-53, 56, 59-62, 64, 65, 67, 69, 71, 73, 74, 79, 80, 83, 84, 87, 89-91, 93, 94, 100, 107, 108, 110, 111, 113, 114, 116, 117, 119, 124, 125, 127-130, 132, 133, 137, 140, 142, 149, 151, 159, 162, 164-167, 169, 175, 186-189, 191, 193-195, 202, 203, 205, 207-209, 212, 213, 216, 219, 220, 223-225, 227, 231-234, 242-244, 250, 251, 253, 255, 264, 276, 281, 286, 287, 289-292, 294-296, 299-301, 303, 306-311, 313-321, 323-349
dialética 61, 147
dictum 150, 158
Dionísio, o Areopagita 44, 52, 323, 349
direitos naturais 116, 117
distinção formal 109, 237, 238
distinções 156, 176, 231, 333, 337, 348

dominicanos 16, 77, 81, 87, 95, 134, 135
Duns Scotus, *ver* Scotus
Eckhardt, João 126
Éfeso, Concílio de 37, 54
emanação 71, 256, 325
embrião 259, 303, 304
empirismo 192, 202, 203
enuntiabile 158, 336
epistemologia 110, 114, 118, 126, 137, 189, 194-198
Erasmo, Desidério 127
Erígena 50-54, 56, 321-324, 349
erro de fato *versus* erro de lei 298
escolástica 15-17, 19, 36, 43, 62, 75, 76, 79, 81, 100, 101, 110, 120, 125, 127, 128, 132, 142, 164, 218, 232, 235, 241, 325, 347
escravidão 30, 41, 291
essência 162, 323
    genérica *versus* individual 221-223, 229, 230
essência *versus* existência 58, 70, 223-225, 229, 230, 326
estoicismo 40, 47, 142, 145, 146, 286
estrita responsabilidade 296
eternidade do mundo 52, 56, 74, 84, 91, 207-210, 212-215, 324, 344
ética 29, 56, 66, 75, 77, 83, 93, 137, 220, 285, 291, 292, 294, 297, 299, 300, 302, 303, 307, 309, 310
ética do comando divino 308
Eugênio IV, papa 127, 128
existência 28, 43, 48, 56, 59-62, 69, 71, 72, 74, 79, 83, 91, 107, 108, 119, 145, 148, 149, 151, 158, 163, 167, 171, 184, 186,

189, 194, 195, 198, 200-203,
212-214, 216, 220, 221, 223-225,
229-231, 233, 235, 242, 243, 247,
251, 256, 257, 270, 273, 279,
281, 300, 313, 315, 324-326, 328,
329, 339-344, 346, 347
Êxodo 316
falsafa 55, 56
fé 21, 25, 31-33, 52, 83, 89-91, 93,
94, 98, 101, 135, 137, 159, 162,
181, 183, 188, 189, 194, 195,
198, 212, 232, 281, 283, 286,
287, 294, 296, 300, 315, 318,
325, 335, 347
felicidade 29, 41, 42, 64, 89, 93, 121,
129, 189, 252, 260, 270, 278,
283, 286-288, 300, 306, 307, 309,
314, 318
Ficino, Marsílio 132
fideísmo 346
Filipe, o Belo 105
Filopono, João 46-48, 52, 57, 70, 84,
118, 208-210, 212, 324, 325
filosofia islâmica 53-60, 69-72, 75,
212, 225-244, 255-261, 324-326
filosofia judaica 17, 36, 59, 60, 69-75
Finnis, João 301
Fitzralph, Ricardo 122
Florença, Concílio de 128, 129
forma *versus* matéria 58, 86, 108, 139,
233
franciscanos 16, 77, 78, 81, 82, 87, 92,
102, 104, 105, 107, 112, 114,
115, 117
Francisco della Rovere 179, 180
Frege, Gottlob 149
Gaunilo 329, 330
Geach, Peter 17, 172

gêneros 80, 145
Gênesis 27, 28, 30, 79, 133, 212,
302, 325
George de Trebizond 129, 130
Gibbon, Edward 25, 38, 43, 47
Gog e Magog 32
Gottschalk 51
Gozzoli, Benozzo 128
graça 28, 31, 33, 87, 93, 121, 124, 188,
189, 194, 286, 300, 302, 317, 318
gramática 50, 51, 56, 64, 143, 147,
170, 178
Gregório de Rimini 118
Grosseteste, Robert 78-81, 83, 102,
210, 333-335, 338
guerra 94, 104, 116, 126, 214, 289,
291, 301, 302
Guilherme de Champeaux 65, 149
Guilherme de Moerbeke 76, 88
Guilherme de Sherwood 152, 156,
168, 177
habitus 93, 99, 196, 226
Hamlet 134
heceidade 109, 199, 235-238
Heidegger, Martin 167
heliocentrismo 53
Heloísa 65-68
Henrique de Gant 19, 108, 110,
165, 166
Henrique de Harclay 19, 216
hilemorfismo 60, 84, 109, 137, 228
Hipátia 45, 46
homicídio 301, 303, 304
Hopkins, G. M. 111
Hus, João 125
Ibn Gabirol 60, 75, 84
Ibn Rushd, *ver* Averróis
Ibn Sina, *ver* Avicena

ideias inatas 191
Ideias platônicas 52, 53, 71, 79, 80,
    82, 83, 129, 130, 163, 186,
    187, 191
iluminação 27, 56, 60, 83, 84, 110,
    186-194, 264, 265, 300
imaginação 162, 172, 200, 227, 246,
    255, 256, 258-260, 262-265, 267,
    268, 278, 279
imortalidade da alma 135-137, 259,
    263, 273, 274, 281-283, 286
ímpeto 25, 118, 209
indução 193, 198, 199
inefabilidade 52, 330
inferências 151, 176
inferno 32, 33, 51, 83, 87, 97,
    205, 318
infinidade 108, 324
    atual *versus* potencial 214-218
Inocêncio III, papa 78
insolubilia 152
intelecto agente 84, 92, 130, 163,
    191-194, 254-261, 264, 265, 268,
    269, 275, 278, 279
intelecto passivo 71, 84, 255
intelecto receptivo 254, 255, 261,
    262, 264, 265, 269
intemporalidade 42, 205, 321,
    338, 345
intenção 70, 74, 116, 139, 171, 242,
    266, 294-298, 302
intencionalidade 266, 270, 275
Islã 61, 325
Jaime de Veneza 75
Jerusalém celestial 32
João de Mirecourt 118, 119
João Paulo II, papa 99, 106
João XXII, papa 97, 115, 117

João XXI, papa 152
John Duns Scotus, *ver* Scotus
John Scot, *ver* Erígena
Jordan, Mark 292
juízo 32, 97, 117, 157, 162, 172, 183,
    184, 197, 201-203, 246, 279,
    296, 310
Júlio II, papa 135, 137
Justiniano 46-48, 77
kalam 55-57, 84, 212
Kempis, Tomás de 127
Kilvington, Ricardo 121, 217
Kneale, William 18, 156, 173
Kretzmann, Norman 18, 19, 217,
    340, 346
Lanfranc 61, 64
Leão III, papa 49
Leão XIII, papa 16, 98, 99
Leão X, papa 135-137
lei natural 301, 306-309
liberdade contracausal 254
Liber de Causis 46, 81
livre-arbítrio 43, 87, 90, 91, 133,
    214, 272, 276, 300, 319, 320,
    335, 344, 347
loci 147
lógica 68
lógica de três valores 180, 181
lógica modista 167, 168
lolardos 125
Lombardo, Pedro 69, 77, 81, 82, 86,
    105, 134, 335
Lonergan, Bernard 17
Ludovico da Bavária 115
Luís IX, são 81, 95
Lutero, Martinho 111, 127, 135, 136
Lutterell, Tomás 112, 114
Lyon, Concílio de 82, 97

magia 104, 133, 134
magnanimidade 94
Maimônides 21, 69, 72-74
Major, John 126
mal 317, 318
Maomé 49
Marco Aurélio 24
Marsílio de Pádua 115-117
matemática 38, 46, 55, 57, 58, 87,
	102, 121, 184, 186, 197, 220, 314
matéria espiritual 60, 84
matéria *versus* forma 58, 84, 108, 109,
	137, 233
Matthews, Gareth 247
Máximo, o Confessor 48, 49
Médici 128, 132, 134, 135
memória 53, 54, 125, 140, 206, 207,
	246-251, 258, 259, 267, 269
mentira 288, 293, 294, 309
metafísica 21, 56, 59, 60, 77, 80, 86,
	87, 91, 108, 112, 130, 135, 197,
	219-221, 226, 231, 260, 316, 341
metáfora 73, 83, 164, 165, 187, 188,
	191, 258, 272, 349
Michael Scot 75
Miguel de Cesena 115
milênio 21, 32, 143, 219, 245, 254
modi significandi 168
monofisismo 37
monotelitismo 48
mulheres 24, 35, 60, 86, 130, 251,
	287, 289, 293, 302-304
mundos possíveis 109, 233, 326,
	329, 338
natureza 23, 26-28, 31, 32, 34, 35, 37,
	38, 42, 44, 48, 52, 53, 59, 61, 65,
	66, 72, 79-81, 89-91, 93, 95, 99,
	100, 106, 109, 110, 113, 133,
	137, 157, 160, 161, 163, 167,
	169, 171, 177, 184-186, 188, 189,
	192-194, 198-200, 205, 209, 210,
	213, 217-220, 227, 230, 232-235,
	237, 238, 245, 248, 249, 255,
	261, 266, 269, 270, 273, 275,
	278, 282, 288, 291, 293, 297,
	299-302, 307-310, 314, 315, 317,
	320, 324, 325, 328, 331, 332,
	338, 340-343, 346
navalha de Ockham 112, 238, 279
necessidade 25, 64, 88, 90, 91,
	112, 151, 167, 171, 187, 192,
	212, 220, 222, 238, 243, 244,
	264, 265, 272, 275, 279, 293,
	305, 308, 318-320, 325, 328,
	335, 340
nestorianos 37
Newman, J. H. 123
Nicolau de Autrecourt 118, 119
Nicolau de Cusa 127, 128, 130, 323,
	348, 349
Nicolau V, papa 130, 132, 347
nominalismo 65, 113, 114, 118,
	123, 149, 150, 172, 176, 177,
	239, 242
números 54, 55, 83, 170, 185,
	215, 314
Ockham, Guilherme de 16, 19, 77,
	104, 112-118, 120, 123, 125, 126,
	169-178, 201-203, 216, 238-242,
	277-279, 281, 309-311, 344-347
o melhor mundo 338
onipotência 34, 61, 71, 108, 331, 333,
	337, 339
onisciência 108, 333, 337, 339, 344
ordens religiosas 16, 76-78, 94, 115
Oresme, Nicole 118, 121

panteísmo 323
paradoxos 207, 298
paraíso 28, 29, 101
Pasnau, Robert 20, 192
Paulo, são 44, 93, 132, 274, 291, 293, 302, 303, 347
pecado original 132, 317, 318
Pedro da Espanha 152, 154, 156, 168, 172, 177, 217
Pedro da Irlanda 86
Pedro de Maricourt 102
Pedro de Rivo 180
Pelágio 317, 318
pena capital 302
Pico della Mirândola, Giovanni 132, 133, 134
Pio X, papa 98
Plantinga, Alvin 329
Platão 25, 28, 36, 38, 40-42, 44, 46, 55, 69, 71, 79, 82, 94, 100, 111, 121, 129, 130, 132, 133, 136, 137, 141, 142, 149, 153, 163, 173, 176, 185, 186, 189, 225, 228, 237, 239, 241, 242, 307
Plethon, George Gemistos 129
Plotino 24, 25, 44, 132, 143, 186, 189
pluralidade de formas 273
pobreza 115, 116
poder *versus* oportunidade 277
poderes, óbvios *versus* ocultos 276
Pomponazzi, Pedro 135, 137, 280-283
Porfírio 65, 106, 143, 145, 146, 152, 262
positivismo lógico 120
possibilidade, lógica *versus* sincrônica *versus* epistêmica 230, 343
potência, subjetiva *versus* objetiva 232

prazer 23, 31, 42, 93, 247, 248, 258, 260, 286, 313
predestinação 51, 52, 87, 112, 243, 254, 317, 319, 321, 347
predicação 95, 151, 152, 157, 164, 177, 178
predicáveis 143, 145
presciência 40, 43, 51, 123, 158, 319, 320, 336, 337, 344-346
primeira causa 59, 108, 221, 256, 340-342, 346
princípio individuador 84, 109, 234, 237, 238, 269
Proclo 44, 46, 47, 132
profecia 87, 260, 302, 347
propósito 14, 62, 68, 73, 132, 170, 225, 226, 228, 291-293, 296, 297, 299, 318
propriedade 53, 86, 115-117, 124, 143, 144, 156, 236, 266, 293, 301, 304, 305, 309, 314, 315
propriedade *versus* uso 115, 124
providência 24, 42, 43, 73, 74, 83, 87, 130, 319, 347
punição, eterna 32
qualidade 19, 61, 81, 87, 104, 144, 171, 210, 216, 218, 239, 240, 242
quantidade 184, 210, 216, 218, 234, 239-241, 278, 324
quididade 162, 220, 221, 230, 236, 268, 326
quimeras 148, 171
quodlibets 17, 87, 106, 107, 112
Radulfo Brito 167
Rafael 136, 137
razão, inferior *versus* superior 250
razão prática 250-252, 275, 301
realismo 69, 114, 123, 149, 177

reencarnação 286
religião romana 25, 26
representacionalismo 246, 266
representações imaginárias 264, 268, 269, 279, 282
ressurreição do corpo 35, 93
Robin Hood 305
Roscelin 64-66, 149, 150
Russell, Bertrand 98, 121, 149, 329
Ryle, Gilbert 231
Saadiah Gaon 56, 57
Sacro Império Romano 50, 117
sapientia 251, 316
Savonarola 134
Scholarios, George 129
Scotus 16, 18, 19, 50, 77, 104-114, 125, 126, 135, 165-167, 198-201, 231-238, 274-279, 306-309, 341-347
   De primo principio 106, 107, 341
   Lectura 107, 111, 166, 200, 201, 232-236, 345
   Ordinatio 107, 166, 200, 232, 235, 237, 242, 277, 307, 342, 344
Sens, Concílio de 67, 297, 333
sentidos 17, 30, 57, 59, 83, 119, 145, 154, 167, 183, 184, 187, 188, 191, 192, 197, 198, 202, 203, 229-231, 246-248, 258-261, 264, 265, 267, 270, 278, 279, 281, 289, 313, 342
sentidos interiores 248, 258, 260, 261, 264, 265, 267, 278, 279, 313
Ser 44, 53, 108, 110, 163, 220, 228, 231, 340
   possível *versus* necessário 220-221
ser necessário 56, 59, 220, 221, 325, 326, 333

Severino, são 43
sexo 35, 94, 150, 288, 291-293, 302, 303
Siger de Brabant 72, 101, 102
significação 120, 150, 154, 158, 169, 176, 223, 336
signos 49, 113, 139-141, 156, 169, 178, 294
silogismos hipotéticos 146
simplicidade 42, 51, 156, 315, 343
Simplício 46, 47, 208
Sisto IV, papa 179, 181
sodomia 293
Soissons, Concílio de 66
sophismata 19, 121, 217
Stump, Eleonore 99, 147, 197, 203
substância 38, 59, 71, 80, 95, 108, 109, 137, 142, 144, 145, 209, 216, 219, 227, 228, 231, 234-236, 239, 240, 249, 250, 257, 261, 281, 303, 316, 346
suicídio 289, 291, 293
Swineshead, Ricardo 120
Tarquínio 30, 347
tempo 14, 18, 23, 30, 35, 38, 39, 42, 43, 46, 50, 51, 53, 55-57, 64-66, 68, 73, 76, 77, 80, 84, 86, 87, 92, 93, 98, 101, 105, 109, 111, 112, 117, 119, 121, 127, 130, 142, 143, 146, 148, 149, 156, 158, 159, 167, 168, 170, 171, 178, 180, 198, 205-208, 210, 212, 215, 217, 223, 230, 232, 233, 240, 243, 248, 263, 276, 277, 281, 315, 320, 324, 325, 328, 331-333, 337, 340, 344, 346
Teodorico 38
Teodósio 31, 293

teofanias 323
teologia apofática 321
teoria de duplo nome 173
testemunho 30, 95, 184, 195, 288, 293
tortura 291
transubstanciação 88, 95, 124, 125, 228
Trento, Concílio de 97
trindade 24, 38, 44, 48, 56, 61, 62, 65, 66, 89, 91, 127, 130, 188, 189, 194, 195, 242, 251, 321
universais 59, 65, 79, 109, 110, 113, 114, 123, 145, 147, 149, 150, 154, 160, 162, 163, 169, 171, 172, 177, 178, 192, 197-199, 213, 222, 225, 239, 255, 257, 258, 264, 268-270, 273, 275, 333, 344
Universidade de Bolonha 76
Universidade de Louvain 126, 180
Universidade de Oxford 54, 76-78, 97, 101, 102, 104-107, 111, 112, 114, 118, 120-126, 128, 152, 160, 176, 216, 242
Universidade de Pádua 80, 126, 127, 134, 135
Universidade de Paris 76, 77, 80-82, 86-89, 92, 95, 97, 101, 102, 104-108, 115, 118, 121, 125, 126, 152
Universidade de Praga 126
Universidade de Salerno 76
Universidade de St. Andrews 126
univocidade *versus* analogia 108
Urbano IV, papa 87, 88
usura 136, 305, 306

Valla, Lourenço 43, 344, 347
valores de verdade 121, 158, 159, 174
verdade 15, 16, 23, 24, 27, 29, 35, 41, 44, 62, 64, 70, 73, 80, 83, 87, 88, 97, 98, 100, 128, 132, 137, 143, 146-148, 150, 151, 156-158, 161-163, 173, 177, 180, 184, 185, 189, 191-198, 202, 203, 215, 240, 242, 243, 259, 263, 292, 308, 315, 320, 326, 330, 332, 333, 335-338, 342, 343, 346, 348
virgindade 292, 331
virtude 31, 39, 41, 93, 94, 129, 130, 149, 168, 188, 191, 226, 240, 251, 255, 260, 286, 287, 299-301, 306, 309, 314-318, 339, 348
virtudes teológicas 94, 287, 300
visão beatífica 110, 117, 300
Vitorinos 69
volição 243, 252, 254, 271, 275, 277, 295
voluntariedade 297
vontade 27, 28, 34, 36, 48, 49, 90, 91, 110, 111, 116, 118, 140, 166, 214, 243, 248-254, 257-260, 265, 270-273, 275-279, 289, 294, 298, 307-311, 317, 318, 320, 333, 344, 347
Vos, Antoon 105
Wittgenstein, Ludwig 139, 140, 178, 245, 258
Wodeham, Adão 120
Wyclif, John 16, 78, 122-127, 176-178, 242-244

LEITURAS **L F** FILOSÓFICAS

PIERRE HADOT — O QUE É A FILOSOFIA ANTIGA?

PAUL RICOEUR — A METÁFORA VIVA

EMMANUEL LEVINAS — VIOLÊNCIA DO ROSTO

MICHEL FOUCAULT — A ORDEM DO DISCURSO: aula inaugural no Collège de France, pronunciada em 2 de dezembro de 1970

ENRICO BERTI — CONVITE À FILOSOFIA

Esses e demais títulos dessa
coleção *Leituras Filosóficas*
você encontra em
www.loyola.com.br
vendas@loyola.com.br
11 3385.8500

OBRA COMPLETA
PADRE ANTÓNIO VIEIRA

OBRA INÉDITA NO BRASIL • DIVIDIDA EM BLOCOS TEMÁTICOS • 30 VOLUMES

Mais de quatro séculos depois do nascimento de Padre António Vieira, só agora, em pleno século XXI, sua obra completa é editada no Brasil. Um ambicioso projeto concretizado por Edições Loyola.

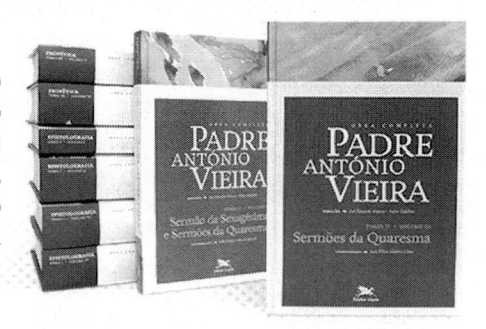

Para adquirir:
11 3385.8500
vendas@loyola.com.br
www.loyola.com.br

Suma
teológica

Reunindo em forma de compêndio importantes tratados filosóficos, religiosos e místicos, Santo Tomás de Aquino, através da Suma teológica, procurou estabelecer parâmetros a todos os que se iniciam no estudo do saber da teologia. Dividida em nove volumes, a obra permanece como um dos mais relevantes escritos do cristianismo de todos os tempos.

Para adquirir:
11 3385.8500
vendas@loyola.com.br
www.loyola.com.br

Edições Loyola é uma obra da Companhia de Jesus do Brasil e foi fundada em 1958. De inspiração cristã, tem como maior objetivo o desenvolvimento integral do ser humano. Atua como editora de livros e revistas e também como gráfica, que atende às demandas internas e externas. Por meio de suas publicações, promove fé, justiça e cultura.

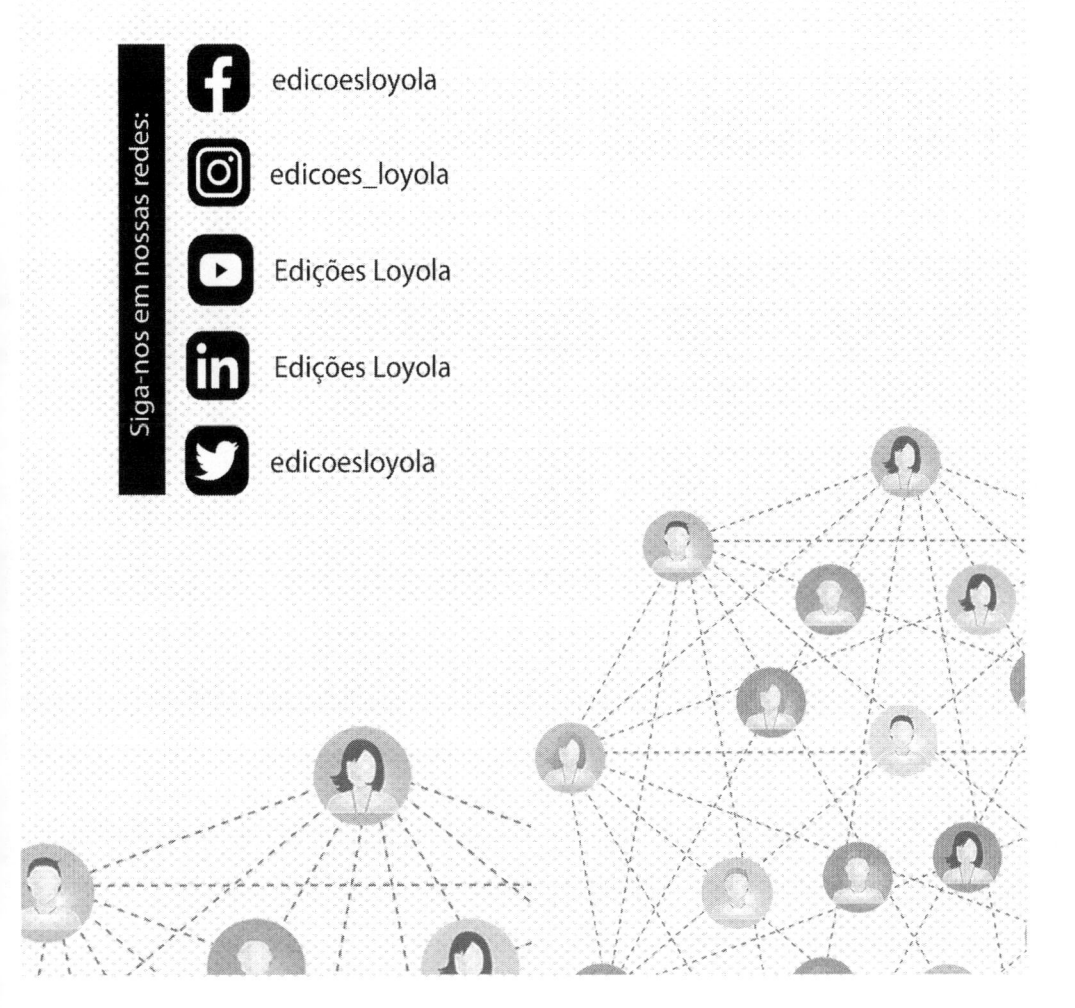

Siga-nos em nossas redes:

- edicoesloyola
- edicoes_loyola
- Edições Loyola
- Edições Loyola
- edicoesloyola

Edições Loyola

editoração impressão acabamento
rua 1822 n° 341
04216-000 são paulo sp
T 55 11 3385 8500/8501 • 2063 4275
www.loyola.com.br